Die Christuskirche in Mannheim

Ich bin der Weg und die Wahrheit und das Leben. (Johannes 14,6)

Die Christuskirche in Mannheim

Bauwerk – Gemeinde – Kirchenmusik

Anlässlich des 100-jährigen Jubiläums
herausgegeben vom
Ältestenkreis der Christusgemeinde

in Zusammenarbeit mit
Andreas Schenk, Thomas Schlage und Udo Wennemuth

verlag regionalkultur

Impressum

Einbandbild:	*Die Christuskirche 2011. Foto: Renate J. Deckers-Matzko, Heidelberg*
Frontispiz:	*Altar, Kanzel und Kreuzigungsgruppe 1911. Detail einer Aufnahme des Fotografen G. Tillmann-Matter. Stadtarchiv Mannheim – ISG*
Herausgeber:	Der Ältestenkeis der Christusgemeinde
Autoren:	Andreas Schenk, Thomas Schlage, Udo Wennemuth
mit Beiträgen von:	Stefan M. Dettlinger, Günter Eitenmüller, Thomas Jesatko, Heinz-Günter Kämpgen, Matthias Meyer, Johannes Michel, Falk M. Zimmermann

und vom Redaktionsteam redigierten und verantworteten Texten von:
Nicola Bergelt, Sylvia Birnbaum, Daphne Cladders, Margot Dammast, Hilde Diefenbacher, Werner Diefenbacher, Fabian Erat, Hilde Fischer, Elisabeth Gabrisch, Rudolf Günther, Siegfried Haas, Regina Helm-Jolles, Brigitte Hohlfeld, Ingrid Holdefleiß, Jürgen Holdefleiß, Ingeborg Kämpgen, Brigitte Kehrberger, Susanne Kobler-von Komorowski, Birgit Koch, Ursula Kollhoff, Eleonore Kopsch, Christa Krieger, Thomas Paul, Hildegard Riegel, Karl Schneider, Renate Schneider, Jürgen Steinbach, Armgard von Stael, Birgit Stegmann, Tammy Strohm, Hildegard Urban, Michael Wegner, Sebastian Wennemers, Philipp Zimmermann

Redaktion:	Rudolf Günther, Brigitte Hohlfeld, Eleonore Kopsch, Michael Wegner
Bildnachweis:	Alle Abbildungen stammen vom Herausgeber, soweit nicht anders vermerkt
Herstellung:	verlag regionalkultur (vr)
Layout und Satz:	Harald Funke (vr)
Umschlaggestaltung:	Jochen Baumgärtner (vr)
Endkorrektorat:	Kerstin Heemann, Marbach (vr)

ISBN 978-3-89735-680-1

Bibliographische Information der Deutschen Bibliothek
Die Deutsche Bibliothek verzeichnet diese Publikation in der Deutschen Nationalbibliographie; detaillierte bibliographische Daten sind im Internet über http://dnb.ddb.de abrufbar.

Diese Publikation ist auf alterungsbeständigem und säurefreiem Papier
(TCF nach ISO 9706) gedruckt entsprechend den Frankfurter Forderungen.

Alle Rechte vorbehalten.
© 2011 verlag regionalkultur

verlag regionalkultur
Ubstadt-Weiher • Heidelberg • Basel
Korrespondenzadresse:
Bahnhofstraße 2 • D-76698 Ubstadt-Weiher
Tel. 07251 36703-0 • Fax 07251 36703-29
E-Mail kontakt@verlag-regionalkultur.de • Internet www.verlag-regionalkultur.de

Inhaltsverzeichnis

Vorwort

A Bauwerk

Die Christuskirche – Monument des Glaubens, liturgischer Ort und Gesamtkunstwerk 11
Andreas Schenk

Erste Pläne für eine Oststadtkirche 12
Der Werderplatz als Kirchenstandort 13
Bauverzögerung und andere Bauaufgaben 15
„Eisenacher Regulativ" und „Wiesbadener Programm" 17
Das Bauprogramm 18
Der Architektenwettbewerb und die Konkurrenzentwürfe 20
Das Preisgericht und seine Entscheidung 24
Theophil Frey und der Vorschlag für einen neubarocken Kuppelbau 25
Die Beauftragung Christian Schrades 28
Die Überarbeitung des Entwurfs 29
Die Frage der Finanzierung und andere Schwierigkeiten 35
Die Grundsteinlegung 37
Die Bauausführung 39
Die Einweihung 40
Die Baukosten 42
Beschreibung des Außenbaus 42
Beschreibung des Innenraums und seiner Ausstattung 50
Taufkapelle, Sakristei und Konfirmandensäle 58
Kuppelturm mit Uhrwerk und Glockenstube 59
Kriegsschäden und Instandsetzung nach 1945 62
Sanierungen und andere Baumaßnahmen 63

B Gemeinde

1. Die Pfarrgemeinden Ost und West 1911–1998 73
Udo Wennemuth

Die Errichtung der beiden Pfarreien in der Oststadt 73
Wachsen und Leben der Gemeinde 1911–1932:
Die Ära Klein und Hoff 79
Die Gemeinde der Christuskirche von der Zeit des Dritten
Reiches bis in die Nachkriegszeit: Die Ära Weber und Mayer 94
Neue Aufbrüche und „unheilige Traditionen" (1956–1970):
Die Ära Wäldin und Karle 115
Entwicklungen in den 70er und 80er Jahren 129
An der Schwelle zur Gegenwart: Die 90er Jahre 142

2. Die Christusgemeinde seit 1999 151

Gemeindeleitung 151
Ältestenkreis 151 • Pfarramt 155 • Gemeindebeauftragte 158 •
Gemeindebeirat 160 • Gemeindeversammlung 160 • Förderkreis
Pfarrvikariat 161 • „Engel der Christuskirche" 163

Kirche des Wortes 164
Sondergottesdienste 164 • Bibel im Gespräch 166 • Evangelischer Bund 167

Kirche der Generationen 167
Hauskreis 30+ 167 • Frauenkreis und Mittwochskreis 168 • Frauen-
gesprächskreis 169 • Gesprächskreis für Seniorinnen und
Senioren 169 • Jubiläumskonfirmation 170

Kirche der Jugend 171
Kindergottesdienst 171 • Jungschar 172 • Konfirmandenunterricht 173 •
XX-Kreis 174 • Kreis Junger Christen (KJC) 174 •
Jugendgottesdienst 175

Kirche der Diakonie und der sozialen Vernetzung 177
Evangelischer Hilfsverein 177 • Krabbelgruppe 178 •
Kindergärten 179 • Besuchsdienst 180 • Empfänge und
Gemeindefeste 181 • Gemeindebrief 182

Kirche der Ökumene 183
Stadtteilökumene 183 • Weltgebetstag 183 • Ökumenischer
Kreuzweg 184 • Ökumenisches Frühstück 185 • Pfingstmontag 186 •
Eröffnung des Weihnachtsmarktes 186 • Meile der Religionen 186

Kirche der Bezirksgemeinde Mannheim und der
Landeskirche 187
Christusgemeinde und Evangelische Kirche in Mannheim 187 • Bezirks-
und Landeskantorat 189 • Stiftung Christuskirche – Kirche Christi 190 •
Gemeindepartnerschaft Mannheim-Toulon 190 • Vesperkirche 191

Kirche der Stadt 192
Kirchenöffnung 192 • Kirchenführungen 192 • Lange Nacht der Museen 192

C Kirchenmusik

1. Soli Deo Gloria – Die Kirchenmusik an der Christuskirche 1911–1998 195
THOMAS SCHLAGE

Arno Landmann 196
Exkurs: „Der große Pflüger" 205

Dr. Oskar Deffner 207
Exkurs: Die Kirchenmusikalische Erneuerung 209

Heinz Markus Göttsche 216
Exkurs: Das Bachorchester 221

Stephan Kroll 223

Hermann Schäffer 226
Exkurs: Hermann Schäffer und die „Historische Aufführungspraxis" 233 •
Exkurs: Renovierung der Steinmeyer-Orgel und Neubau der Marcussen-Orgel 236

2. Die Kirchenmusik an der Christuskirche seit 1999 243

Aufgaben und Ziele 243

Chöre und Instrumentalensemble 245
Bachchor Mannheim 245 • Kammerchor Mannheim 247 •
Kinderchöre 249 • Blechbläserensemble 250

Orgelkonzerte 250

BACHfestival und Gastkonzerte 252

Drei Stimmen aus der Fachwelt 253
Thomas Jesatko 253 • Falk M. Zimmermann 254 • Stefan M. Dettlinger 254

Förderkreis für die Kirchenmusik 255

CDs aus der Christuskirche 257

D Anhang

Synopse 259

Die Pfarrer, die Pfarrvikarinnen und Pfarrvikare,
die Organisten und Kantoren, die kirchenmusikalischen
Assistentinnen und Assistenten, die Kirchendiener
an der Christuskirche 266

Personenregister 268

Vorwort

„Gott sei Dank" – So lautet das Motto des 100-jährigen Jubiläums der Christuskirche.

Dieser Dank ist auch das Motiv, das den Ältestenkreis der Christusgemeinde bewogen hat, die vorliegende Monografie über die Christuskirche in Mannheim in Auftrag zu geben.

Denn es ist ein großes Glück, dass die Evangelische Kirche in Mannheim dieses eindrucksvolle Bauwerk seinerzeit errichten ließ und dass es nahezu unbeschädigt den Zweiten Weltkrieg überstanden hat. Es wurde innen und außen sorgfältig restauriert und jüngst durch moderne Beleuchtungstechnik zu optisch verbesserter Wirkung gebracht.

Mit diesem Bauwerk hat die 1911 mit zwei Pfarreien gegründete Gemeinde eine wechselvolle Geschichte erlebt und glücklich überstanden: Vier politische Systeme, veränderte Kirchenordnungen und zwei Weltkriege haben das Gemeindeleben ebenso geprägt wie die unterschiedlichen Charaktere der Pfarrer, Pfarrvikarinnen und Pfarrvikare, der Ältesten und vieler engagierter Gemeindeglieder.

Die berühmte Steinmeyer-Orgel, die Marcussen-Orgel und der 1914 gegründete Bachchor haben von Anbeginn bedeutende Organisten und Kantoren angezogen. Die Christuskirche ist seither das kirchenmusikalische Zentrum der Evangelischen Kirche in Mannheim, hoch geschätzt von Gottesdienstbesuchern, Musikern und einem Konzertpublikum aus der gesamten Stadt und der Metropolregion Rhein-Neckar.

Bauwerk – Gemeinde – Kirchenmusik: Das sind die drei Hauptlinien der Tradition der Christuskirche. Nach ihnen wurde auch dieses Buch strukturiert.

Im ersten Teil des Buches (A) wird die Geschichte des Bauwerks von der ersten Planung bis zu den letzten Erhaltungsmaßnahmen erzählt und seine architektonische Bedeutung erklärt.

Es folgt im zweiten Teil (B) eine historische Darstellung des Gemeindelebens der zwei Pfarreien von 1911 bis 1998; daran schließt sich eine Selbstdarstellung der heutigen Christusgemeinde seit 1999 an.

In gleicher Weise wird im dritten Teil (C) die Kirchenmusik an der Christuskirche dargestellt: Auf eine musikwissenschaftliche Abhandlung für die Zeit von 1911 bis 1998 folgt eine Beschreibung der heutigen Aufgaben und Ziele.

Teil A und die historischen Abschnitte der Teile B und C wurden von den ausgewiesenen Fachwissenschaftlern Andreas Schenk, Thomas Schlage und Udo Wennemuth verfasst; sie werden am Schluss des Buches kurz vorgestellt.

Vorwort

Die Abschnitte über die Situation der Gemeinde und der Kirchenmusik seit 1999 werden von den leitenden Repräsentanten der Gemeinde und der Kirchenmusik eingeleitet und von einigen Gastautoren ergänzt. Die Absätze über die einzelnen Aktivitäten wurden von Brigitte Hohlfeld und Eleonore Kopsch bzw. vom Kantorat konzipiert und aufgrund von Beiträgen zahlreicher Gemeindeglieder bearbeitet. Alle Mitwirkenden werden im Impressum des Buches genannt wie auch die Autoren der namentlich gezeichneten Texte.

Im Anhang (D) findet sich eine Synopse von wichtigen Ereignissen an der Christuskirche sowie auf lokaler, nationaler und internationaler Ebene, gefolgt von Namenslisten, einer Konfirmandenstatistik und einem Personenregister.

Die Abbildungen für die historischen Teile stammen überwiegend aus dem Stadtarchiv Mannheim und dem Landeskirchlichen Archiv Karlsruhe sowie aus dem Pfarramt und dem Kantorat der Christusgemeinde. Die Abbildungen zur Darstellung der gegenwärtigen Christusgemeinde und ihrer Kirchenmusik stammen zumeist von Renate Schneider. Weitere Bilder wurden von Bildagenturen und aus Privatbeständen beigesteuert. Die jeweiligen Quellen werden bei den Abbildungen genannt.

Das vom Ältestenkreis eingesetzte Redaktionsteam dankt im Namen der Christusgemeinde allen, die Texte geschrieben, Bilder beigesteuert und in vielseitiger Weise geholfen haben. Es dankt besonders Herrn Dr. Fridolin und Frau Barbara Scheuerle, dem Rotary Club Mannheim-Kurpfalz und dem Bezirksbeirat Schwetzingerstadt/Oststadt für die finanzielle Unterstützung der Drucklegung sowie Herrn Harald Funke und seinen Kolleginnen und Kollegen vom „verlag regionalkultur" für die freundliche und kompetente Zusammenarbeit bei der Herstellung des Buches.

Möge das vorliegende Werk seinen Lesern verständlich machen, weshalb sich die Christusgemeinde für ihr Jubiläum das anfangs zitierte Motto „Gott sei Dank" gewählt hat.

Im Juli 2011
Das Redaktionsteam:
Rudolf Günther, Brigitte Hohlfeld, Eleonore Kopsch, Michael Wegner

A Bauwerk

Die Christuskirche – Monument des Glaubens, liturgischer Ort und Gesamtkunstwerk

Andreas Schenk

Als die Christuskirche am 1. Oktober 1911 ihre feierliche Weihe erhielt, veröffentlichte der Kirchengemeinderat eine „mit vielen Illustrationen geschmückte Festschrift".[1] Dieses von Regierungsbaumeister Christian Schrade und Stadtpfarrer Dekan Georg Ludwig Simon verfasste Büchlein blickt auf die wichtigsten Stationen vom Beginn der Planung bis zur Fertigstellung des Bauwerks zurück und widmet sich in einer zusammenfassenden Beschreibung auch den Grundzügen der architektonischen und künstlerischen Gestaltung.[2] Die Aufzeichnungen sind uns heute nicht nur eine wichtige Quelle über die Planungs- und Baugeschichte des Gotteshauses, sondern vermitteln auch etwas vom Stolz der Kirchengemeinde und des Architekten über das gemeinsam geschaffene Werk. Darüber hinaus tragen sie zum Verständnis der Christuskirche bei, da sie auf deren Bedeutung als „dauerndes Denkmal der Bekenntnistreue der evangelischen Einwohnerschaft Mannheims" ebenso verweisen wie auf die Besonderheit des Gottesdienstraumes als Zentralbau mit „achsiale[r] Stellung von Altar, Kanzel und Orgel". Auch die dem Bauprogramm zugrundeliegende Idee des „Gesamtkunstwerkes unter Zuziehung aller bildenden Künste" ist angesprochen.[3] So wesentlich diese drei Aspekte – das Monument des Glaubens, der liturgische Ort und das Gesamtkunstwerk – zum Verständnis sind, so interessieren bei einer erneuten Betrachtung des Bauwerks aber auch die Umstände, unter denen die Kirche geplant und realisiert wurde. Die Festschrift von 1911 bietet uns hierzu wichtige Hinweise und führt uns zunächst in die achtziger Jahre des 19. Jahrhunderts zurück.

Gegenüberliegende Seite: Die Christuskirche im Jahr ihrer Einweihung, 1911. Blick auf die Hauptfassade, aufgenommen von Fotograf G. Tillmann-Matter für die Festschrift von 1911. Stadtarchiv Mannheim – ISG

Erste Pläne für eine Oststadtkirche

Der historische Bericht erwähnt, dass sich der Kirchengemeinderat schon 1889 mit dem „Projekt der Erbauung einer Kirche in der Nähe des Wasserturms" beschäftigte.[4] Aus den Akten wissen wir, dass am 10. Juli des Jahres 1889 der Entschluss fiel, sich wegen Überlassung eines entsprechenden Grundstücks an den Stadtrat zu wenden.[5] Die Initiative zur Errichtung des Gotteshauses wurde also ergriffen, noch bevor die Oststadt als großbürgerliches Wohnviertel existierte. Die Kommune lobte zwar schon 1872 einen Wettbewerb für das Neubaugebiet aus, doch wurde die Gründung des Stadtteils mehrfach aus finanziellen Gründen verschoben.[6] Als sich die Pläne ab Mitte der achtziger Jahre des 19. Jahrhunderts konkretisierten, entstand als erstes Bauwerk der Oststadt der Wasserturm. Er wurde 1886 bis 1889 ausgeführt und erhielt seinen Standort auf der Fläche des späteren Friedrichsplatzes. Der Turm sollte neben dem eigentlichen Zweck der Wasserversorgung auch als Wahrzeichen der florierenden Handels- und Industriestadt dienen und den westlichen Eingang zur Oststadt durch seine aus einem Wettbewerb hervorgegangene repräsentative Architektur hervorheben. Somit besaßen die benachbarten Baugrundstücke hohe Attraktivität und der Vorstoß des evangelischen Kirchengemeinderats kam zweifellos zur richtigen Zeit. Stadt und Kirchengemeinde einigten sich zunächst auf ein Gelände südlich des Friedrichsplatzes. Die „Zukunftskirche", wie das Gotteshaus damals genannt wurde,[7] sollte in der Moltkestraße errichtet werden, an dem Platz, an dem heute die 1907 errichtete Kunsthalle steht. Der Stadtrat reservierte das Grundstück, behielt sich allerdings die endgültige Entscheidung vor, „da über die Anlage und Bebauung des Friedrichsplatzes noch kein definitiver Beschluß vorlag".[8]

Derweil drängten nicht nur die Protestanten, sondern auch die Katholiken auf einen Bauplatz in diesem Teil der Oststadt. 1895 erwarb die katholische Gemeinde ein benachbartes Grundstück, ebenfalls an der Moltkestraße liegend, aber nicht unmittelbar an den Friedrichsplatz angrenzend. Drei Jahre später wurde der Grundstein für die neugotische Heilig-Geist-Kirche gesetzt. Damit konnte „der früher reservierte Kirchenbauplatz nicht mehr in Betracht kommen", wie die Chronik von 1911 berichtet, ohne uns jedoch aufzuklären, ob allein städtebauliche Gründe oder auch die Konkurrenz zwischen beiden Konfessionen die räumliche Nähe von evangelischem und katholischem Gotteshaus verhinderten. Stattdessen erfahren wir, dass der Stadtrat „als Ersatz für den früher reservierten Bauplatz [...] unter anderem auch den Werderplatz" anbot.[9] Eine „Bauplatzsuchkommission" besichtigte die verschiedenen in der Nähe des Wasserturms gelegenen Plätze und kam einstimmig zum Urteil, „daß der Platz in Block XXII am Werderplatz allen Anforderungen, die man an einen schön gelegenen Kirchenplatz stellen könne, entspreche".[10]

Der Werderplatz als Kirchenstandort

Wie im Bebauungsplan der Oststadt von 1888/89 vorgegeben, bildet der Werderplatz das topografische Zentrum der Oststadt, welches, im Schnittpunkt mehrerer Diagonalachsen liegend, über die breite Elisabethstraße mit dem Friedrichsplatz verbunden ist. Somit konnte die Kirche „auch im Bild des Friedrichsplatzes" in Erscheinung treten, sie war „förmlich in dieses Bild hinein zu komponieren", wie Christian Schrade und Ludwig Simon 1911 betonten. Auch die Betrachtung anderer Straßenzüge, wie die zum Friedrichsring führende Tullastraße sowie die Werderstraße als Allee zwischen Augustaanlage und Luisenpark, bestätigte die „vorzügliche Lage".[11] Dem hohen Anspruch an das Bauprojekt kam entgegen, dass der Werderplatz an das im Bebauungsplan ausgewiesene Villenviertel angrenzte. Den exklusiven Charakter des Ortes berücksichtigend, hatten die Planer der Oststadt den Platz bereits 1888/89 für repräsentative Bauaufgaben reserviert. Somit spielten auch städtebauliche Gründe eine Rolle, als der Stadtrat das Areal schließlich für die kirchliche Bebauung freigab.

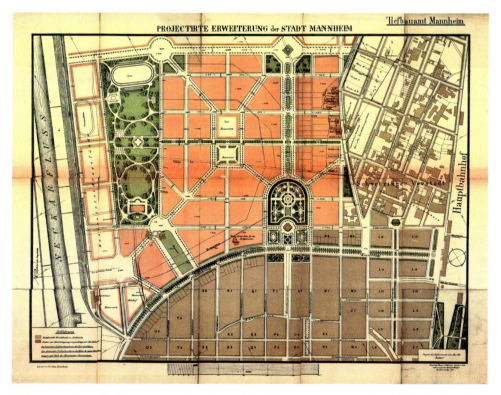

Bebauungsplan des Tiefbauamts für die östliche Stadterweiterung, 1888/89. Stadtarchiv Mannheim – ISG

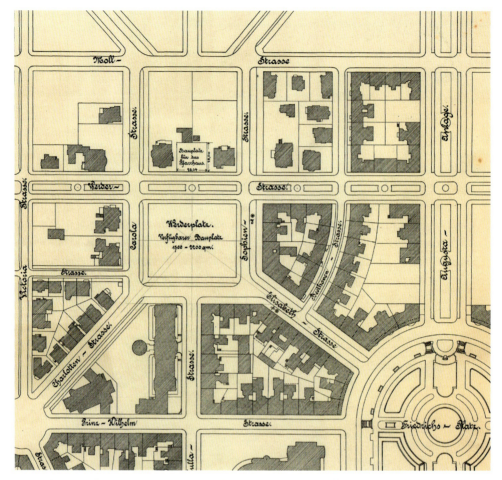

Lageplan zum Neubau der Kirche auf dem Werderplatz, Beilage zur Auslobung des Wettbewerbs im Januar 1904, mit handschriftlicher Notiz „Büroexemplar Schrade". Neben dem Werderplatz mit einem verfügbaren Bauplatz von 1.700 bis 2.200 qm ist auch der für das Pfarrhaus geplante Bauplatz an der Werderstraße mit einer Größe von 28,64 auf 28 m eingezeichnet. Stadtarchiv Mannheim – ISG

Nach der Fertigstellung des Wasserturms und noch während der Planungen für den Friedrichsplatz erhoffte sich die Kommune für die Oststadt einen weiteren Bau von herausragender architektonischer und städtebaulicher Wirkung. In die Überlegungen wurde im Übrigen auch der reservierte Baublock östlich vom Werderplatz einbezogen. Dort sollte das Pfarrhaus errichtet werden. Später allerdings wurde dieser Gedanke wieder aufgegeben.

Nach der Empfehlung des Kirchengemeinderats, der seine Einwilligung am 19. Januar 1898 erteilte, stimmte auch die Kirchengemeindeversammlung dem Erwerb des

Platzes zuzüglich des als Standort des Pfarrhauses vorgesehenen Grundstücks in der Werderstraße 40 zu. Weitere Genehmigungen mussten vom großherzoglichen Bezirksamt in Mannheim und vom Evangelischen Oberkirchenrat in Karlsruhe eingeholt werden. Am 11. Mai 1898 kam es zur Unterzeichnung des Kaufvertrags, „wonach ein Teil des Werderplatzes mit 1.700–2.200 qm für die Kirche und ein Platz mit zirka 800 qm an der Ostseite der Werderstraße, dem Kirchplatz gegenüber, für das Pfarrhaus um den Preis von 66.000 Mark in das Eigentum der evangelischen Gemeinde überging".[12] Die übrige Fläche des Platzes sollte als öffentliche Anlage im Besitz der Kommune verbleiben, welche sich bereit erklärte, die notwendige Auffüllung des Kirchen- und Pfarrhausplatzes gegen einen Unkostenbeitrag von 1,50 Mark für den Quadratmeter zu übernehmen.[13] Vertragsgemäß sollte der Kirchenbau spätestens zum 1. Mai 1904 erfolgen. Im Falle der Überschreitung dieser Frist galt der Vertrag „mit rückwirkender Kraft als aufgelöst".[14]

Bauverzögerung infolge anderer Bauaufgaben

Dass die Stadtverwaltung eine Frist von sechs Jahren bis zur Erfüllung des Vertrags einräumte, kam der Kirchengemeinde zweifellos entgegen. Denn kaum waren der Werderplatz und das Nachbargrundstück käuflich erworben, musste die zügige Umsetzung des Bauvorhabens aufgrund neuer Entwicklungen zurückgestellt werden. Ausschlaggebend hierfür war „die ungeahnte rasche Entwicklung der Außengemeinden"[15], deren Ursache in der massenhaften Zuwanderung von Arbeitern in die industriell geprägte Stadt zu sehen ist. Vor allem der Lindenhof, die Neckarstadt und die Schwetzingerstadt, die nur über kleine Notkirchen verfügten, benötigten dringend neue Gotteshäuser. Hinzu kamen andere Verpflichtungen wie die Erneuerung der alten baufälligen Pfarrhäuser. Die

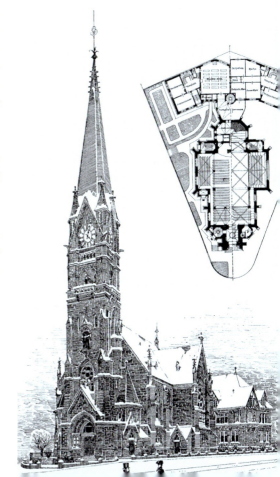

Lutherkirche in der Neckarstadt-West, erbaut 1903–1906 nach Entwurf von Emil Döring, Architekt der Evangelischen Kirchenbauinspektion Heidelberg, Außenstelle Mannheim. Stadtarchiv Mannheim – ISG

Johanniskirche auf dem Lindenhof, erbaut 1901–1904 nach Entwurf von Robert Curjel und Karl Moser. Grundriss und Ansicht. Stadtarchiv Mannheim – ISG

damit einhergehenden finanziellen Belastungen führten dazu, dass das Projekt durch den Beschluss der Kirchengemeindeversammlung vom 5. Mai 1899 zurückgestellt wurde, „bis die dringlichen Aufgaben in den Außengemeinden gelöst waren".[16]

1901 wurde auf dem Lindenhof der Grundstein zur Johanniskirche gelegt, 1903 folgte der erste Spatenstich für die Lutherkirche in der Neckarstadt-West, und ein Jahr darauf wurde in der Schwetzingerstadt mit dem Bau der Friedenskirche begonnen. Hervorzuheben ist, dass jedes dieser Gotteshäuser sowohl in seiner gottesdienstlichen Funktion als auch mit Blick auf die repräsentative Wirkung mit hohem Anspruch geplant war. Des Weiteren fallen die Johannis- und die Lutherkirche dadurch auf, dass sie bereits den Einfluss des Wiesbadener Kirchenbauprogramms zeigen, welches maßgeblich zum Verständnis der Christuskirche als Zentralbau mit axialer Stellung von Altar, Kanzel und Orgel beiträgt.

„Eisenacher Regulativ" und „Wiesbadener Programm"

1856 schrieben die deutschen evangelischen Landeskirchen auf der Kirchenkonferenz in Dresden für den Bau neuer Gotteshäuser längsgerichtete Grundrisse entsprechend den mittelalterlichen Vorbildern vor. 1861 bekräftigten sie diesen Standpunkt mit dem „Eisenacher Regulativ" und postulierten das längliche Viereck „als die dem evangelischen Gottesdienst angemessenste Grundform der Kirche". Wesentlich für diese Forderung war die Orientierung an der Baukunst des Mittelalters. Als Vorbild wurden neben frühchristlichen und romanischen Kirchen vor allem die gotischen Kathedralen empfohlen. Doch nicht nur der Grundriss, auch die Stellung der Kanzel wurde festgeschrieben: „Die Kanzel darf weder vor noch hinter oder über dem Altar, noch überhaupt im Chore stehen. Ihre richtige Stellung ist da, wo Chor und Schiff zusammenstoßen, an einem Pfeiler des Chorbogens nach außen (dem Schiffe zu); in mehrschiffigen großen Kirchen an einem der östlicheren Pfeiler des Mittelschiffs."[17]

Das „Eisenacher Regulativ" besaß offiziell bis 1908 Gültigkeit, wurde aber bereits Ende des 19. Jahrhunderts durch die Reformideen des Wiesbadener Pfarrers Emil Veesenmeyer, die als „Wiesbadener Programm" in die Geschichte des evangelischen Kirchenbaus eingegangen sind, in Frage gestellt. Emil Veesenmeyer schrieb erstmals 1889/90 in der nassauischen Kirchenzeitung gegen die Bestimmungen an. Er forderte Gottesdiensträume, die vom Muster der römisch-katholischen Kirche abweichen und stattdessen der Lutherschen Idee vom Priestertum aller Gläubigen entsprechen sollten: „Die Kirche soll im allgemeinen das Gepräge eines Versammlungshauses der feiernden Gemeinde, nicht dasjenige eines Gotteshauses im katholischen Sinne an sich tragen."

Veesenmeyer berief sich auf alternative protestantische Entwicklungen, wie die aus der ersten Hälfte des 18. Jahrhunderts stammende Dresdener Frauenkirche, und empfahl den Einheitsraum ohne Chor und Kirchenschiff: „Der Einheit der Gemeinde und dem Grundsatze des allgemeinen Priesterthums soll durch die Einheitlichkeit des Raumes Ausdruck gegeben werden. Eine Theilung des letzteren in mehrere Schiffe, sowie eine Scheidung zwischen Schiff und Chor darf nicht stattfinden." Größten Wert legte er auch auf die Teilhabe der Gemeinde am Abendmahl: „Die Feier des Abendmahls soll sich nicht in einem abgesonderten Raume, sondern inmitten der Gemeinde vollziehen. Der mit einem Umgang zu versehende Altar muss daher, wenigstens symbolisch, eine entsprechende Stellung erhalten. Alle Sehlinien sollen auf denselben hinleiten." Veesenmeyer wandte sich entschieden gegen die Praxis, die Kanzel an der Seite abseits des Altars und die Orgel im Rücken der Gemeinde über dem Kircheneingang unterzubringen: „Die Kanzel, als derjenige Ort, an welchem Christus als geistige Speise der Gemeinde dargeboten wird, ist mindestens als dem

Altar gleichwerthig zu behandeln. Sie soll ihre Stelle hinter dem letzteren erhalten und mit der im Angesicht der Gemeinde anzuordnenden Orgel- und Sängerbühne organisch verbunden werden." [18]

Die Thesen Veesenmeyers waren mehr als nur kirchenbauliche Überlegungen, sondern hatten in Bezug auf das protestantische Verständnis vom Gottesdienst grundsätzliche Bedeutung. Ihnen lag ein gottesdienstlicher Reformansatz zugrunde, der die Einbeziehung der Gemeinde in die Liturgie und zugleich die Bedeutung der Predigt hervorhob. 1891 wurden die Forderungen Veesenmeyers als Grundlage für die Planung der Wiesbadener Ringkirche bestimmt und im selben Jahr in der Deutschen Bauzeitung in einem Aufsatz über die „Dritte evangelische Kirche für Wiesbaden" im gesamten deutschsprachigen Raum bekannt gemacht.[19] Die Ringkirche, 1892–94 nach dem Entwurf des Berliner Architekten Johannes Otzen ausgeführt, erhielt einen aus einem Quadrat abgeleiteten Grundriss, in dem Altar, Kanzel und Orgel räumlich zu einer Einheit in zentraler Anordnung vor der Gemeinde verbunden sind.[20]

1894 konnte Veesenmeyer seine Thesen auf dem Kongress für protestantischen Kirchenbau in Berlin vorstellen. Sie fanden große Beachtung, führten aber nicht zur offiziellen Anerkennung. De facto setzten sie aber die Verbindlichkeit des Regulativs von 1861 außer Kraft, so dass dem Wiesbadener Zentralbau schon bald weitere Predigtkirchen fortschrittlicher Gemeinden folgten. Bis Ende der neunziger Jahre wurden die Ideen Veesenmeyers unter anderem in Basel, Duisburg, Halle, Hannover, Karlsruhe, Mönchengladbach und Wuppertal aufgegriffen. Dann fanden sie auch in Mannheim Aufnahme, zuerst 1901 bei der Johanniskirche auf dem Lindenhof[21], dann 1903 bei der Lutherkirche in der Neckarstadt-West und schließlich bei der Christuskirche, deren Planung als „Repräsentationskirche am Werderplatz" Anfang 1903 wieder aufgenommen wurde, da inzwischen die Oststadt rasch gewachsen und der vertragsmäßige Termin des Baubeginnes nahe war".[22]

Das Bauprogramm

Am 1. Mai 1903 berief der Kirchengemeinderat eine Kommission zur Ausarbeitung des Bauprogrammes für den Neubau der „Werderkirche", wie das Gotteshaus seit der Wahl des Bauplatzes gerne genannt wurde, ehe man sich am 16. März 1904 auf den populären, weil in dieser Zeit häufig verwendeten Namen „Christuskirche" festlegte.[23] Dem zehnköpfigen Gremium gehörten an: „Oberbaurat Behag[h]el aus Heidelberg, Stadtpfarrer Hitzig und Simon, die Kirchenältesten Buch, Hartmann und Karch, die Kirchengemeindeversammlungs-Mitglieder R. Bassermann, Ingenieur A. Ludwig, Geh. Kommerzienrat Scipio und Baurat Uhlmann."[24] Dies alles waren namhafte Persönlichkeiten, Architekten, Ingenieure, Kaufleute, Pfarrer und Gemeindeälteste, die unterschiedliche Fähigkeiten und Kenntnisse in die komplexe Planung

Das Bauprogramm

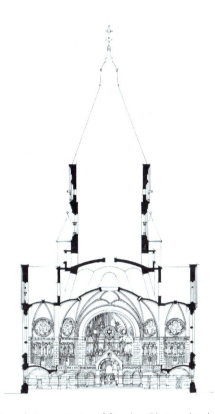

Nicht realisierter Entwurf für die Christuskirche, 1904 von Johannes Otzen. Ansichtszeichnung und Querschnitt mit Altar, Kanzel und Orgel. Stadtarchiv Mannheim – ISG

einbrachten. Neben den liturgischen und baukünstlerischen Anforderungen mussten ja auch die städtebaulichen und ingenieurtechnischen Aspekte und nicht zuletzt die Frage der Finanzierung des Vorhabens berücksichtigt werden. 1905 stießen zur Kommission noch Landgerichtsdirektor Friedrich Wilhelm Wengler sowie der Fabrikant und spätere Präsident der Handelskammer, Emil Engelhard, hinzu.[25]

Oberbaurat Hermann Behaghel war als Vorstand der Evangelischen Kirchenbau-Inspektion in Heidelberg in besonderer Weise berufen, den Ausschuss zu leiten, zumal er sich als Architekt zahlreicher Gotteshäuser einen Namen gemacht hatte.[26] Interessanterweise war er als Preisrichter auch schon an der Planung der Johanniskirche beteiligt gewesen. Mit Baurat Gustav Uhlmann gehörte dem Gremium ein weiterer exzellenter Planer an.[27] Er leitete von 1888 bis 1901 das städtische Hochbauamt und schuf in dieser Zeit verschiedene Schulen und andere öffentliche Gebäude.

Auch Ingenieur August Ludwig wusste als Chef der Mannheimer Baufirma F. & A. Ludwig, die auf die Planung und Errichtung von Fabrikgebäuden spezialisiert war, mit schwierigen Bauaufgaben umzugehen.

Aus der Kenntnis des realisierten Bauwerks dürfen wir annehmen, dass die Planung von der Idee geleitet war, ein weit über die Stadt hinaus strahlendes Vorzeigebauwerk der evangelischen Konfession zu schaffen. Gleichwohl scheinen sich die Erwartungen in das Bauprojekt gegenüber den früheren Vorstellungen etwas zurückgeschraubt zu haben.[28] War man 1898 noch von einer Kirche mit 2.000 bis 2.200 Sitzplätzen ausgegangen, legte man sich nun auf 1.200 Plätze „einschließlich des Raums für einen Kirchenchor von 80 Personen auf der Orgelempore" fest. Das Programm galt entsprechend den Wiesbadener Thesen einem „Zentralbau mit allen Eigenschaften einer Predigtkirche".[29] Mit dem Gotteshaus sollten ein Konfirmandensaal für 100 Schüler und ein Versammlungssaal für die Gemeindemitglieder bei Taufen und Trauungen verbunden werden. Außerdem war ein „an der Werderstraße besonders stehendes Pfarrhaus"[30] mit einem Amtszimmer und mindestens sieben Wohnräumen vorgegeben. In der Kirche sollte der Geistliche „am Altar und auf der Kanzel von allen Sitzplätzen aus sichtbar sein".[31] Zu den weiteren Vorgaben zählten unter anderem das aus fünf Glocken bestehende, im Turm unterzubringende Geläut sowie die Ausstattung der Kirche mit Zentralheizung und elektrischem Licht. Zusätzlich waren im Konfirmanden- und Versammlungssaal sowie in der Sakristei eine Ofenheizung vorzusehen, um diese Räume unabhängig vom Kirchenraum heizen zu können. Als Baukosten inklusive Architektenhonorar wurden 900.000 Mark genannt, die sich wie folgt verteilen sollten: „a) für die Kirche mit Turmbauten, Konfirmandensaal und Nebenräumen einschließlich Altar, Kanzel und Bestuhlung, Heizung, Beleuchtung und Geläut 780.000 M., b) für die Orgel 20.000 M., c) für Einfriedung, Kanalisation und Planung 35.000 M., d) für das Pfarrhaus mit Zubehör 65.000 M."[32]

Das Programm fand seitens des Kirchengemeinderats und der Kirchengemeindeversammlung die notwendige Zustimmung. Auch der Vorschlag, zur Gewinnung eines geeigneten Bauplans einen Architektenwettbewerb auszuschreiben, wurde angenommen.

Der Architektenwettbewerb und die Konkurrenzentwürfe

Am 28. Januar 1904 erfolgte die Ausschreibung. Zur Konkurrenz wurden alle Mannheimer Architekten, sofern sie evangelischen Glaubens waren, zugelassen. Weitere Entwürfe wünschte man von „vier auswärtigen hervorragenden Kirchenbaumeistern".[33] Der Name eines dieser Experten unterstreicht in besonderer Weise die Bedeutung des „Wiesbadener Programms". Denn kein geringerer als Johannes Otzen (1839–1911), Schöpfer der ersten Predigtkirche nach den Thesen Veesenmeyers, wurde um einen Entwurf gebeten.[34]

Der Architektenwettbewerb und die Konkurrenzentwürfe

Nicht realisierter Entwurf für die Christuskirche, 1904 von Schilling & Graebner, 1906 in der Zeitschrift „Moderne Bauformen" veröffentlicht. Außen- und Innenansicht mit Altar, Kanzel und Orgel. Stadtarchiv Mannheim – ISG

Der Wegbereiter des neuen protestantischen Kirchenbaus plante für die Oststadt eine imposante turmförmige Anlage, die sich über dem Grundriss eines griechischen Kreuzes erhebt. Aus der Vierung schiebt sich ein von Ecktürmchen flankierter, massiger oktogonaler Turm mit hohem Zeltdach. So lässt bereits das äußere Erscheinungsbild den Zentralbaugedanken erkennen. Die monumentale Wirkung des in die Höhe strebenden Bauwerks geht mit einer neuromanischen Gestaltung bei gleichzeitiger Verwendung gotisch anmutender Details einher. Auch der Bautypus ist von romanischen Gotteshäusern inspiriert. Johannes Otzen hatte eine ähnliche Kirche schon einmal entworfen. Sie steht auf dem Friedhof in Wuppertal-Elberfeld und datiert aus den Jahren 1894-98. Auch sein nicht realisierter Vorschlag von 1894 für die Mainzer Christuskirche erinnert an die Mannheimer Planung.[35]

Zu den weiteren Experten, die zur Konkurrenz eingeladen wurden, zählte das Architekturbüro Schilling & Graebner in Dresden. Rudolf Schilling (1859-1933) und Julius Graebner (1858-1917) hatten beide am Polytechnikum in Dresden studiert und gründeten 1889 ein gemeinsames Büro, das sich im Wohnungsbau sowie vor allem im Kirchenbau einen Namen machte.[36] Für Mannheim entwarf das Duo eine eher

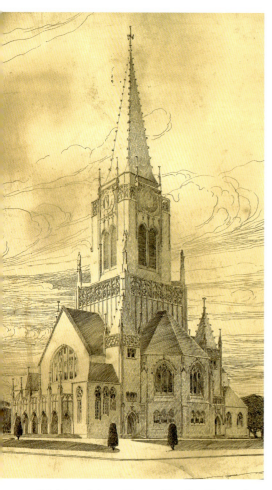

Nicht realisierter Entwurf für die Christuskirche, 1904 von Hermann Billing und Leopold Stober. Stadtarchiv Mannheim – ISG

breit gelagerte als in die Höhe strebende Kirche mit eindeutig definierter Schauseite, gekennzeichnet durch die von Ecktürmen flankierte Eingangsfront, den Helm über der Vierung und die dahinter aufragenden beiden Türme. Strenge Symmetrie und reduzierte Formen verleihen einen würdevollen, erhabenen Eindruck. Die Fassadengestaltung mutet zwar romanisch an, ist aber im Unterschied zum Historismus des 19. Jahrhunderts nicht mehr darauf ausgerichtet, mittelalterliche Baukunst zu imitieren. Mithin repräsentiert der Wettbewerbsbeitrag eine neue Stilauffassung der Zeit um 1900. In ihr verbinden sich Tradition und Moderne. Bereits 1902 hatten sich die Architekten mit der Dresdner Christuskirche eindrucksvoll zu dieser neuen Richtung bekannt.

Die Baukommission bewies mit der Einladung an Schilling & Graebner, dass sie nicht nur in der Frage des Grundrisses, sondern auch in stilistischer Hinsicht Neuem offenstand. Andererseits ließ sie sich auch von dem konservativen Berliner Architekten Franz Schwechten (1841–1924) einen Entwurf vorlegen.[37] Schwechten vertrat eine monumentale wilhelminische Neuromanik, für welche seine Berliner Kaiser-Wilhelm-Gedächtniskirche von 1891–95 in besonderer Weise steht. Auch der vierte zum Wettbewerb eingeladene Experte, Baurat Theophil Frey aus Stuttgart, zählte eher zu den Traditionalisten als zu den Erneuerern. Auf ihn, der den Wettbewerb gewann, werden wir noch zu sprechen kommen.

Bis zum Einlieferungstermin am 15. Juni 1904 trafen insgesamt 14 Entwürfe ein – alle anonymisiert, d.h. mit einem Kennwort versehen, um sie von der Jury ungeachtet des Verfassernamens bewerten zu lassen. Vier Entwürfe gingen auf die auswärtigen Kirchenbaumeister zurück, die anderen stammten aus den Reihen der hiesigen evangelischen Architektenschaft. Einer dieser Architekten war Hermann Billing (1867–1946), der mit Hauptbüro und Wohnsitz zwar in Karlsruhe gemeldet war, seit 1899 in Mannheim aber eine von seinem Mitarbeiter Leopold Stober (1871–1911) geleitete Zweigstelle betrieb.³⁸ Viele seiner Bauten, wie insbesondere die Mannheimer Kunsthalle von 1905–07, sind beeindruckende Beispiele des Jugendstils. Gerade in seinen Kirchenentwürfen ging Billing jedoch einen konventionelleren Weg. Er plante die Christuskirche als Zeltdachkirche im neuromanischen Stil, vergleichbar dem Entwurf Otzens und älteren nicht realisierten Kirchenprojekten Billings, der bereits 1894 für die Christuskirche in Karlsruhe und 1900 für die Mannheimer Johanniskirche eine neuromanische Kirche mit Vierungsturm und Zeltdach vorgesehen hatte. Eine weitere Kirche dieses Typs entwarf Emil Döring, der als Architekt der Mannheimer Außenstelle der evangelischen Kirchenbauinspektion Heidelberg am Wettbewerb teilnahm. Er ist der Schöpfer der Lutherkirche in der Neckarstadt-West und sollte später mit der technischen Ausführung der Christuskirche beauftragt werden.

Nicht realisierter Entwurf für die Christuskirche, 1904 von Emil Döring. Querschnitt mit Altar, Kanzel und Orgel sowie Fotokollage mit der Elisabethstraße, 1908. Stadtarchiv Mannheim – ISG

Wie die Entwürfe Otzens, Billings und Dörings zeigen, förderte die städtebauliche Situation am Werderplatz die Konzeption einer zentralen Turmkirche. Dieser Planungsidee folgt denn auch der prämierte Wettbewerbsbeitrag, dessen Kennzeichen allerdings kein neuromanischer Zeltdachturm, sondern ein Kuppelturm in neubarocker Anmutung ist.

Das Preisgericht und seine Entscheidung

Die mit der Begutachtung der Entwürfe beauftragte Jury setzte sich nach den Angaben der Chronik von 1911 aus „folgenden acht Herren" zusammen: „Geh. Rat Professor Dr. Durm und Baurat Burkhard aus Karlsruhe, Oberbaurat Professor Reinhardt aus Stuttgart, Architekt Hch. Hartmann, Ingenieur Ludwig, Baurat Uhlmann, Stadtpfarrer Hitzig und Fabrikant Karl Reuther von hier."[39] Den Vorsitz führte Josef Durm, Professor der Architektur an der Technischen Hochschule Karlsruhe und bis 1902 als Oberbaudirektor der oberste Baubeamte im Großherzogtum Baden, der auch Preisrichter für die Mannheimer Johanniskirche und davor für die Karlsruher Christuskirche gewesen war.[40] Durm war Spezialist für komplexe Bauaufgaben. Zu seinen Hauptwerken, die er teils im Stil der Neurenaissance, teils in neubarocker Formensprache ausführte, zählen die Kunstgewerbeschule und das Erbgroßherzogliche Palais in Karlsruhe, die Heidelberger Universitätsbibliothek und das Gebäude der Oberrheinischen Versicherungsanstalt in der Mannheimer Augustaanlage. Hochkarätig besetzt war die Jury auch mit Baurat Rudolf Burkhard, Vorstand der evangelischen Kirchenbau-Inspektion in Karlsruhe, und Oberbaurat Robert Reinhardt, Professor an der Technischen Hochschule und der Kunstgewerbeschule in Stuttgart, der ebenfalls als Preisrichter der Johanniskirche tätig gewesen war.[41] Dass auch die anderen Mitglieder des Preisgerichts, von denen die meisten bereits der Baukommission angehörten, wie zum Beispiel Hermann Behaghel als Vertreter der Heidelberger Kirchenbaubehörde oder Mannheims früherer Stadtbaumeister Gustav Uhlmann, ausgewiesene Kenner der Materie waren, muss hier nicht weiter erläutert werden.

Mit sicherem Auge führte die Jury am 23. Juni 1904 die Entscheidung herbei. Mit einem Ankauf wurde der Entwurf mit dem Kennwort „Tuff" belohnt. Dessen Urheber war Emil Döring, der als Anerkennung für die Qualität seines Beitrags 1.000 Mark erhielt. Zwei zweite Preise in Höhe von jeweils 2.300 Mark gingen an die Entwürfe von Johannes Otzen und Billing & Stober, die ihre Vorschläge unabhängig voneinander mit dem Kennwort „Central" bzw. „Centrale" bezeichneten.[42] Somit wurden drei Projekte in die vorderen Ränge gewählt, die einer zentralen Turmkirche mit Zeltdach und der Nachahmung mittelalterlicher Baustile galten. Auf den mit 3.500 Mark dotierten ersten Platz setzte man indessen den Entwurf für eine neubarocke Kuppelkirche. Er trug das Kennwort „Mannheim" und stammte von Theophil Frey.

Theophil Frey und der Vorschlag für einen neubarocken Kuppelbau

Als der Stuttgarter Baurat Theophil Frey (1845 – 1904) Anfang 1904 zur Konkurrenz eingeladen wurde, konnte er auf eine langjährige Tätigkeit im Kirchenbau zurückblicken. Teils hatte er ältere Gotteshäuser restauriert und ausgebaut, wie die Stadtkirchen in Böblingen und Esslingen sowie die Stuttgarter Leonhardskirche. Teils hatte er neue evangelische Gotteshäuser erstellt, unter anderem für Freudenstadt, Heilbronn-Sontheim, Tübingen-Hagelloch, Stuttgart-West und Stuttgart-Gablenberg. 1898 – 99 verwirklichte er mit der neuromanischen Matthäuskirche in Sontheim seinen ersten Zentralbau, um kurz danach am Wettbewerb für die Mannheimer Johanniskirche teilzunehmen, die er als neugotischen Bau über zentralem Grundriss mit einem der Eingangsfront seitlich angefügten Zeltdachturm plante – ein Vorschlag, der seinerzeit mit dem dritten Preis ausgezeichnet wurde.[43] Eine ganz andere Lösung fand er für die Christuskirche. So wie seine Konkurrenten ließ er sich von der Idee eines

Prämierter Entwurf, 1904 von Theophil Frey unter Mitarbeit von Christian Schrade. Zeichnung des Außenbaus und Lageplan, veröffentlicht 1907 in der „Bauzeitung für Württemberg, Baden, Hessen, Elsass-Lothringen". Der Plan zeigt die Kirche noch ohne die beiden Pfarrhäuser und Konfirmandensäle. An der Südseite des Werderplatzes waren zwei nicht näher bezeichnete Denkmäler vorgesehen. Stadtarchiv Mannheim – ISG

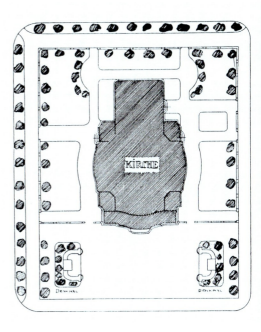

weithin sichtbaren turmförmigen Bauwerks im Zentrum des Werderplatzes leiten, er entschied sich jedoch gegen die Nachahmung mittelalterlicher Bauformen und wählte stattdessen eine Gestaltung, die sich an barocken Kuppelkirchen orientiert. Angesichts der Vorherrschaft neuromanischer und neugotischer Stile im Kirchenbau des 19. und frühen 20. Jahrhunderts ist dies besonders bemerkenswert.

Prämierter Entwurf, 1904 von Theophil Frey unter Mitarbeit von Christian Schrade. Grundriss des Erdgeschosses und Querschnitt mit Altar, Kanzel und Orgel, veröffentlicht 1907 in der „Bauzeitung für Württemberg, Baden, Hessen, Elsass-Lothringen". Anders als später realisiert, ist für die Ausgestaltung noch die Idee eines neubarocken Kirchenraums kennzeichnend. Stadtarchiv Mannheim – ISG

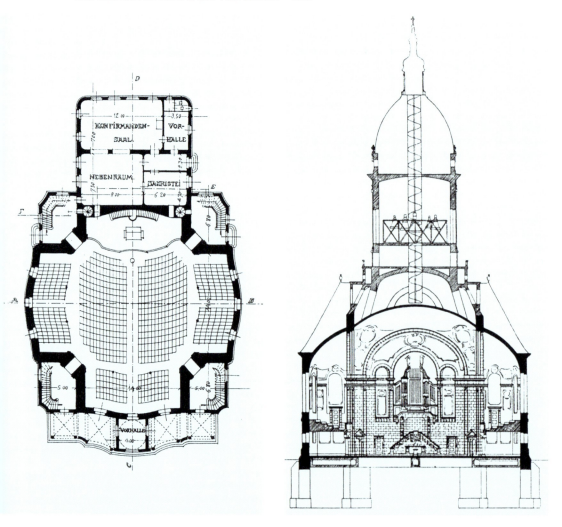

Das „Eisenacher Regulativ" von 1861 hatte nicht nur in Bezug auf den Grundriss und die Platzierung der Kanzel im Kirchenraum klare Regeln aufgestellt, sondern sich auch zum Baustil verbindlich geäußert. Als Gegenreaktion auf die Antikenrezeption im Klassizismus hatte es die Besinnung auf christliche Baustile, vor allem die vermeintlich deutsche Gotik, eingefordert: „Die Würde des christlichen Kirchenbaues fordert Anschluss an einen der geschichtlich entwickelten christlichen Baustyle und empfiehlt in der Grundform des länglichen Vierecks neben der altchristlichen Basilika und der sogenannten romanischen (vorgotischen) Bauart vorzugsweise den sogenannten germanischen (gotischen) Styl."[44]

Im ausgehenden 19. Jahrhundert ließ sich die Vorstellung von der Gotik als „germanischem" Stil nicht mehr halten, nachdem die Kunstgeschichte die französischen Wurzeln gotischer Baukunst aufgedeckt hatte. Anstelle des gotischen avancierte nun der romanische Stil zum deutschen Nationalstil. Die Baukunst der Romanik diente der Wiesbadener Ringkirche und vielen anderen Zentralkirchen als Vorbild, darunter auch der Mannheimer Johanniskirche und der Lutherkirche. Das „Wiesbadener Programm" gab andererseits keine Stilempfehlungen mehr und lenkte das Interesse auch auf die barocken Kuppelkirchen, wie vor allem die Dresdner Frauenkirche, die als früher protestantischer Zentralbau aus der ersten Hälfte des 18. Jahrhunderts bereits die räumliche Einheit von Kanzel, Altar und Orgel verkörperte. Veesenmeyer selbst verwies zustimmend auf die Arbeiten des Kunsthistorikers Cornelius Gurlitt, der eine Neubewertung des Barock forderte.

Der Wettbewerbsentwurf Theophil Freys ist offenbar von der Dresdner Frauenkirche inspiriert, allerdings weniger in den Detailgestaltungen als vielmehr in der städtebaulichen und architektonischen Gesamtwirkung. Als weiteres Vorbild kommen die in der zweiten Hälfte des 18. Jahrhunderts errichteten Berliner Kuppeltürme des deutschen und französischen Doms in Frage, ohne dass auch diese im Detail nachgeahmt worden wären. So wie andere Architekten seiner Zeit orientierte sich Frey aber nicht nur an der Baugeschichte, sondern auch am zeitgenössischen Bauschaffen, so dass wir als weitere Inspirationsquellen den 1894 errichteten neubarocken Berliner Dom sowie vor allem die 1903 fertiggestellte Mainzer Christuskirche ins Feld führen können, obwohl letztere nicht neubarock, sondern in einem Stilgemisch von Neuromanik und italienisch anmutender Neurenaissance gestaltet ist.

Die Entscheidung Freys für eine neubarocke Ausführung ist aber auch als Reverenz an die Mannheimer Barockbauten zu sehen. In der wohlhabenden Handels- und Industriestadt erinnerte man sich gerne an die Zeit zurück, als Mannheim noch kurfürstliche Residenz war und die Barockbaukunst so eindrucksvolle Monumente wie das Schloss und die Jesuitenkirche hervorgebracht hatte. Als Reflex auf das historische Erbe entstanden um 1900 viele Villen, Miethäuser und Geschäftsbauten im neubarocken Stil, zugleich erhielt der Friedrichsplatz mit der Festhalle des Rosengartens und den Arkadenhäusern eine barockisierende, vom Jugendstil beeinflusste Gestaltung. Die Planung Freys knüpfte also an den „Genius loci von Mannheim" an, wie die Deutsche Bauzeitung 1912 treffend bemerkte.[45] Ein anderes Fachblatt schrieb 1907: „Die Architektur schließt sich an die alten Mannheimer Barockbauten an und dürfte sich auch in das Architekturbild des Rosengartenplatzes einfügen sowie auch zu den vorhandenen Gebäuden der direkten Umgebung des Werderplatzes passen."[46]

Die Beauftragung Christian Schrades

Am 3. August 1904, nur sechs Wochen nach der Entscheidung des Preisgerichts, wurde Theophil Frey durch einen jähen Tod aus dem Leben gerissen – eine Nachricht, die in Mannheim mit großer Bestürzung aufgenommen worden sein muss. Wohl nicht wenige Mitglieder des Kirchengemeinderats dürften sich die Frage gestellt haben, ob das Projekt, so wie es Frey geplant hatte, noch realisiert werden konnte. Wie wir heute wissen, hatte der Architekt den Entwurf jedoch nicht alleine erstellt. Der Entwurf war zwar unter seinem Namen eingereicht worden, doch hatte sein Mitarbeiter Christian Schrade (1876–1964) unter der Leitung von Frey „den vorliegenden Plan hauptsächlich ausgearbeitet", wie die Bauzeitung für Württemberg, Baden, Hessen und Elsass-Lothringen ihren Lesern im April 1907 berichtete.[47]

Aus der leider sehr lückenhaften Überlieferung der Lebensdaten Christian Schrades wissen wir, dass der Sohn eines Handwerkers aus Mehrstetten auf der Schwäbischen Alb ab 1896 an den Technischen Hochschulen in München und Stuttgart Architektur studierte und danach erste berufliche Erfahrung in einem Architekturbüro in Essen sammelte, ehe er in Stuttgart in das Büro Theophil Freys eintrat. Frey hatte in seinen früheren Kirchenentwürfen ausschließlich die Stile des Mittelalters aufgegriffen. Deshalb liegt die Vermutung nahe, dass der Anstoß für die neubarocke Gestaltung der Christuskirche in erster Linie nicht von ihm, sondern von seinem über 30 Jahre jüngeren Mitarbeiter ausging. Als Architekt einer jüngeren Generation war Schrade vielleicht eher als Frey bereit, einen neuen Weg bei der Planung der Christuskirche zu gehen.

Der Kirchengemeinderat jedenfalls verließ sich auf das Können Christian Schrades als Planer und beauftragte ihn mit der weiteren Bearbeitung des prämierten Entwurfs. Für die Leitung des Baus wurde dem damals erst 29-jährigen allerdings ein erfahrener Kirchenarchitekt zur Seite gestellt. Die Festschrift von 1911 vermerkt hierzu: „Baurat Frey starb leider kurz nach der Wettbewerbsentscheidung, so wurde seinem Mitarbeiter die Projektbearbeitung und künstlerische Leitung des Baues übertragen, während mit der technischen Ausführung der Vorstand des hiesigen evangelisch kirchlichen Baubureaus, Kirchenbauinspektor Emil Döring, betraut wurde."[48]

Die Überarbeitung des Entwurfs

Christian Schrade stand zunächst vor der Aufgabe, den Wettbewerbsentwurf für die Realisierung weiter auszuarbeiten, wobei neben der endgültigen architektonischen Form auch Fragen der Ausstattung und der künstlerischen Ausgestaltung gelöst werden mussten. Ganz neu mussten die Nebengebäude geplant werden, da aufgrund des erwarteten raschen Wachstums der Oststadt der Entschluss gefasst wurde, der Christuskirche zwei Pfarreien mit jeweils eigenem Pfarrhaus und Konfirmandensaal anzugliedern. Die endgültige Entscheidung hierüber fiel zwar erst 1911, vorsorglich wurden aber zwei Konfirmandensäle und zwei Pfarrhäuser geplant.[49] Die „bauleitenden Architekten" regten an, diese insgesamt vier Einrichtungen aus städtebaulichen

Entwurfszeichnung Christian Schrades, datiert vom 15.11.1905. Ansicht aus der Vogelschau. Stadtarchiv Mannheim – ISG

Christian Schrade (1876–1964) – Architekt der Christuskirche

Christian Schrade vor der Christuskirche, aufgenommen im Jahr des 50-jährigen Bestehens der Kirche, 1961. Foto: Ev. Pfarramt Christuskirche

Christian Schrade wurde am 29. Mai 1876 im württembergischen Mehrstetten auf der Schwäbischen Alb geboren.[50] Die Mutter Juliane, geb. Tröster stammte aus Reutlingen; der Vater Johannes übte den Beruf des Wagners aus. Christian scheint zunächst eine Ausbildung als Steinmetz absolviert zu haben, ehe er in den Jahren 1896 bis 1900 in München und Stuttgart Architektur studierte. Einer seiner Lehrer an der Technischen Hochschule in Stuttgart war der Erbauer des Mannheimer Wasserturms, Gustav Halmhuber, der auf den angehenden Architekten großen Einfluss ausübte.

Nach dem Studienabschluss arbeitete Schrade zunächst im Architekturbüro von Julius Flügge und Carl Nordmann in Essen. Durch seine Tätigkeit für dieses Büro sammelte er erste Erfahrung im evangelischen Kirchenbau. Flügge und Nordmann waren mit der Errichtung der neugotischen Gedächtniskirche in Speyer beauftragt, an deren Fertigstellung Schrade mitwirkte. Danach trat er eine Studienreise nach Italien an, die ihm ein Stipendium der württembergischen Regierung ermöglichte. In Italien studierte er vor allem die Baukunst der Renaissance – ein Interesse, das sich später auch auf die Ausgestaltung der Christuskirche auswirkte.

Nach seiner Rückkehr trat er 1903 in das Büro des renommierten Stuttgarter Kirchenbauspezialisten Theophil Frey ein. Als dessen Mitarbeiter beteiligte er sich an der Erstellung des Wettbewerbsentwurfs für die Christuskirche, so dass ihm der Mannheimer Kirchengemeinderat nach dem frühen Tod Freys die weitere Planung und die künstlerische Leitung der Baumaßnahme übertrug. Schrade verlegte seinen Wohnsitz im Dezember 1905 von Stuttgart nach Mannheim. Weniger Monate später, im August 1906, zog er nach Heidelberg, doch schon im Oktober des darauf folgenden Jahres kehrte er wieder in die Quadratestadt zurück, um sich hier endgültig niederzulassen. Nach dem Architekturstudium hatte er den Titel des Regierungsbauführers erlangt – eine Qualifikation, die ihm die Laufbahn eines Baubeamten ermöglichte und mit der er zum Regierungsbaumeister avancierte. In dieser Zeit, in der er mit der Christuskirche seinen ersten großen Auftrag erhielt und sich beruflich weiter qualifizierte, gründete er auch eine Familie. Er heiratete 1906 Pauline Troll aus Tübingen; aus der Ehe gingen 1909 Sohn Wolfram und 1910 Tochter Waltraut hervor. Wolfram studierte ebenfalls Architektur, konnte aber nicht mehr in die Fußstapfen des Vaters treten, da er im Zweiten Weltkrieg an der Front starb.

Bis 1911 war Schrade im Wesentlichen mit der Vorbereitung und Durchführung des Kirchenbaus am Werderplatz befasst. Weitere Beispiele seines Könnens präsentierte er 1909 in einer Ausstellung, die die Mannheimer Ortsgruppe des Bundes Deutscher Architekten in der hiesigen Kunsthalle ausrichtete. Neben den Plänen der Christuskirche waren nicht näher bezeichnete Entwürfe für einen Bahnhof, für Wassertürme, ein Opernhaus, ein Waisenhaus und ein Krematorium zu sehen.[51] Nachdem er als Soldat am Ersten Weltkrieg teilgenommen hatte, machte er in den zwanziger Jahren durch neue Projekte von sich Reden. So gewann er beispielsweise die Wettbewerbe für einen Neubau der Handelskammer, für ein evangelisches Gemeindehaus in der Richard-Wagner-Straße und eine Wohnanlage am Carl-Reiß-Platz. Allerdings scheiterte die Realisierung dieser Projekte jeweils aus finanziellen Gründen. 1929 schuf er im Auftrag der Gemeinnützigen Wohnungsbaugesellschaft Mannheim einen Wohnblock im Stadtteil Wohlgelegen. Im Stil der Neuen Sachlichkeit ausgeführt, verdeutlicht dieses Beispiel seines weiteren Wirkens die Wandlungsfähigkeit des Architekten, der sich in den zwanziger Jahren vom Historismus löste, um sich den Bauströmungen der Moderne zuzuwenden. 1936 zeichnete Schrade für den Bau der Auferstehungskirche in der Kuhbuckelsiedlung verantwortlich, ein einfaches kleines Gotteshaus, das er in einem für die Zeit charakteristischen traditionellen Stil gestaltete. Seine Vita verweist auch auf Bauten und Projekte außerhalb Mannheims. 1930 ist von erfolgreichen Wettbewerbsarbeiten für die evangelischen Kirchen in Oppau und Schönau im Schwarzwald sowie für den Friedhof in Leimen die Rede. 1937 schuf er die evangelische Kirche in Steinsfurt, bei der er Typus und Baustil der Auferstehungskirche wiederholte. Während des Zweiten Weltkriegs war Schrade am Bunkerbauprogramm der Stadt Mannheim beteiligt. Nach 1945 wirkte er an der Instandsetzung der Christuskirche und am Wiederaufbau der kriegszerstörten Friedenskirche in der Schwetzingerstadt mit. Als Neubau nach seinem Entwurf entstand 1949–50 die Thomaskirche in Neuostheim, ebenfalls ein kleines Gotteshaus in einfachem, traditionell geprägtem Stil. Wertvolle Verdienste erwarb sich der Architekt darüber hinaus mit der Instandsetzung der Arkadenhäuser am Friedrichsplatz, die er mit neuen Dachaufbauten als elegante moderne Akzente krönte.
Christian Schrade war bis ins hohe Alter mit seinem wichtigsten Bau, der Christuskirche, eng verbunden. Mit Rat und Tat stand er bei Sanierungs- und Instandsetzungsmaßnahmen zur Seite. Auch bei anderen Projekten wurde sein Urteil gehört, war er als Gutachter gefragt. Presseberichte, die zu seinen Lebzeiten und kurz nach seinem Tod erschienen, schildern ihn als bescheidenen, arbeitsamen Menschen, aber auch als überzeugungsstarke Persönlichkeit mit Ecken und Kanten. Er sei nicht „einfach" gewesen und habe es auch nicht „einfach" gehabt. Zu den Beratungen des Kirchengemeinderats über den Bau der Christuskirche sei er mit der Bibel erschienen, seine architektonischen Forderungen mit testamentarischen Zitaten bekräftigend. Vom Steinmetzhandwerk kommend, habe er den Handwerkern auf dem Baugerüst schon mal über die Schulter geschaut und mitunter selbst zum Meisel gegriffen.[52] Schrade war zeitweise zweiter Vorsitzender der Mannheimer Kreisgruppe des Bundes Deutscher Architekten. Als er am 10. April 1964 im Alter von nahezu 88 Jahren starb, würdigte ihn die Kreisgruppe als hervorragenden Baumeister – „ein Architekt aus Berufung und Leidenschaft".[53] Mit seinem Hauptwerk, der Christuskirche, hat er der Nachwelt eines der bedeutendsten Beispiele des evangelischen Kirchenbaus in Deutschland um die Wende vom 19. zum 20. Jahrhundert hinterlassen.

Gründen als geschlossene Gruppe mit der Kirche zu vereinen. Die Kirche sollte an Volumen gewinnen, um sich besser in den groß bemessenen Platz einfügen zu können. Die Festschrift von 1911 stellt diesen städtebaulichen Aspekt folgendermaßen dar: „Zwischen den Häuserfronten gemessen, hatte der Platz eine Ausdehnung von 127 x 137 Meter. Die gesamte Kirche war mit ihren geforderten 1.200 Sitzplätzen allein viel zu klein für solche gewaltigen Platzabmessungen, um zu einer angemessenen Wirkung kommen zu können."[54] Erinnert sei in diesem Zusammenhang an die bereits

Planzeichnungen Christian Schrades, datiert vom 31.7.1906. Grundriss des Emporengeschosses und Querschnitt mit Blick auf die Chorwand. Beide Blätter nehmen in den Grundzügen die spätere Realisierung vorweg, sie unterscheiden sich aber in den Details von der Ausführung. Wände, Decken und Gewölbe aus Eisenbeton sind rot markiert. Stadtarchiv Mannheim – ISG

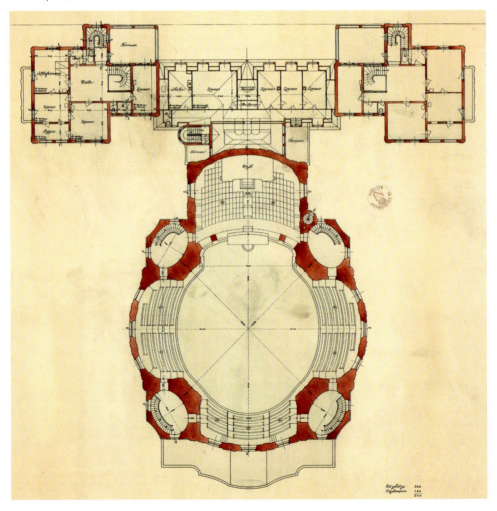

erwähnte ursprüngliche Absicht, auf den Werderplatz ein größeres Kirchengebäude mit 2.000 bis 2.200 Plätzen zu stellen.

Der Vorschlag für den Anbau der beiden Pfarrhäuser und Konfirmandensäle fand die Zustimmung der Baukommission, machte allerdings einen Geländetausch mit der Stadtgemeinde notwendig.[55] Das Grundstück an der Ostseite der Werderstraße fiel wieder der Stadtgemeinde zu, während der bis dahin in städtischem Besitz verbliebene nördliche Teil des Werderplatzes an die Kirchengemeinde wechselte, die nun über eine Fläche von insgesamt über 3.300 qm verfügte. Schrade stellte die Pfarrhäuser an die Nordseite der Kirche und fügte zwischen beide die Konfirmandensäle ein. So entstand eine breitgelagerte, symmetrische Baugruppe, welche das Kirchengebäude hinterfängt

und rahmt. Eine ähnliche Lösung zeigt auch die Mainzer Christuskirche, deren Pfarrhäuser und Gemeindesäle den Entwurf Schrades vermutlich beeinflusst haben.

Über weitere Veränderungen am Wettbewerbsentwurf berichtet die Festschrift von 1911: „Das Ausführungsprojekt der Kirche unterscheidet sich von dem Konkurrenzentwurf durch den massigeren Turm und durch die verschieden geartete Auffassung der Innenräume, die gänzlich umgearbeitet sind."[56] Der Vergleich zeigt, dass Schrade den Turm nicht nur verbreiterte, sondern auch für die Gliederung der Turmwand eine andere Lösung fand, indem er die zunächst vorgesehenen Pfeiler durch Doppelsäulen ersetzte. Dies ließ den Baukörper noch repräsentativer und ausdrucksstärker erscheinen.

Weitreichender waren indes die Veränderungen im Inneren des Gebäudes. Denn während sich im Erstentwurf der neubarocke Stil des Äußeren in den Kirchenraum einfach nur fortsetzt, plante Schrade einen Raum, der von den Kuppelkirchen der italienischen Renaissance beeinflusst ist und durch die Details seiner Ausgestaltung, insbesondere durch die Kassettengewölbe und die Chorwand mit der Kreuzigungsfi-

Entwurf Christian Schrades für den Kirchenraum mit Blick auf die Chorwand. Das nicht datierte Blatt entspricht dem Planungsstand vom Juli 1906. Am Kruzifix fehlen noch die Begleitfiguren der Muttergottes und des Evangelisten Johannes. Das Wandgemälde über dem Kruzifix zeigt das Jüngste Gericht und nicht, wie später realisiert, die Auferstehung. Stadtarchiv Mannheim – ISG

gur, sehr viel eindrucksvoller als zunächst geplant zur Geltung kommt. Bemerkenswert sind auch die Modifikationen im Grundriss. Ist die Vierung im ersten Entwurf noch als Polygon ausgebildet, so wurde sie im Lauf der weiteren Planung zur kreisrunden Anlage. Korrespondierend dazu erhielten die Kreuzarme der West- und Ostseite fast halbkreisförmige Abschlüsse. Mit diesen feinen, aber entscheidenden Korrekturen konnte die Kirche ihre Funktion und Wirkung im Sinne der Idee des zentralen Einheitsraums noch besser entfalten.

Zugleich mit der Überarbeitung des Erstentwurfs stand die Planung des Bildprogramms und der künstlerischen Umsetzung der Motive, welche die Heilsgeschichte mit Leben und Wirken Christi darstellen sollten, zur Aufgabe. Unterstützung fand Schrade „durch die vom Kirchengemeinderat bestellte Baukommission unter dem Vorsitz des Herrn Dekan Simon, später des Herrn Stadtpfarrer von Schoepfer, welche sich insbesondere sehr um die Festlegung der Themen für die Werke höherer Kunst in der Kirche annahmen."[57] Selbstverständlich musste auch die Konstruktion des Bauwerks sorgfältig geplant werden. Vom Fundament über die Emporen und Gewölbe des Innenraums bis hin zum runden Vierungsturm und seiner Kuppel waren aufwendige statische Berechnungen notwendig, um die hohen Lasten sicher abzuführen. Zur Berechnung wurde die Mannheimer Baufirma Grün & Bilfinger hinzugezogen. Die Überarbeitung des Entwurfs erhielt am 13. Dezember 1905 die prinzipielle Zustimmung der Kirchengemeindeversammlung, die endgültige Genehmigung erfolgte am 30. Juli 1906.

Die Frage der Finanzierung und andere Schwierigkeiten

Noch während der umfangreichen Projektierungsarbeiten kam es zu unerwarteten Schwierigkeiten. Zwei Anwohner strengten einen Zivilprozess gegen die Bebauung des Werderplatzes an, weil sie darin eine Beeinträchtigung ihrer Anwesen sahen, zumal nun „nicht wie ursprünglich beabsichtigt, die Kirche auf der Mitte des Platzes allein, sondern auch noch zwei Pfarrhäuser auf denselben zu stehen kommen".[58] Weder das Landgericht in Mannheim noch das Oberlandesgericht in Karlsruhe konnten sich diesem Argument anschließen, so dass die Klage scheiterte.

Derweil musste sich die Kirchengemeinde noch einmal mit der Frage der Finanzierung befassen. Ein Kredit in Höhe der ursprünglich veranschlagten Bausumme von 900.000 Mark wurde bei der Arbeiterpensionskasse für die Badischen Staatseisenbahnen aufgenommen.[59] Durch die Ausweitung des Bauprogramms, aber auch „wegen der inzwischen eingetretenen Verteuerung der Baumaterialien und der Erhöhung der Arbeitskosten"[60] stiegen die veranschlagten Kosten jedoch auf 1.166.000 Mark. Der von Emil Döring 1906 aufgestellte Kostenplan berechnete für „Inbau, Orgel, Glocken, Uhr etc." 786.000 Mark, für die beiden Pfarrhäuser mit Konfirmandensaal und Kirchendienerwohnung wurden je 128.000 Mark, für die Balustrade und sonstige Arbeiten außerhalb der Gebäude 52.000 Mark veranschlagt – Summen die deutlich über der früheren Berechnung lagen.[61] Der Mehraufwand für die Außenanlagen war durch die Höherlegung der Kirche um 1,50 m über Trottoirhöhe bedingt – eine Maßnahme, durch die das Gebäude noch wirkungsvoller zur Geltung kommen sollte.[62] Die Planbearbeitung und Bauleitung waren im Kostenplan von 1904 noch pauschal einberechnet. Später wurden sie entsprechend der Gebührenordnung für Architekten auf 2,5 Prozent der Bausumme festgelegt.[63] 1906 waren für diese Leistungen jedoch deutlich mehr, nämlich 72.000 Mark, vorgesehen.[64] Nicht zuletzt wirkte sich die Erhöhung der Baupreise um etwa 20 Prozent in erheblichem Maße auf den Anstieg der Kosten aus.[65]

Im Kirchengemeinderat stieß die Höhe der Bausumme auf heftige Kritik. Mehrere Stadtpfarrer und andere einflussreiche Persönlichkeiten befürchteten, die Repräsentationskirche könne die Finanzkraft übersteigen und den inneren Ausbau der Gemeinde beeinträchtigen. Zudem wurde die Notwendigkeit eines Kirchenbaus in der Oststadt zum damaligen Zeitpunkt, da der Stadtteil noch im Entstehen begriffen war, überhaupt in Frage gestellt. Die Befürworter des Bauvorhabens, an deren Spitze die Stadtpfarrer Simon, von Schöpffer und Hitzig standen, konnten sich diesem Argument nicht ganz entziehen. Sie räumten ein, dass ein „dringendes" Bedürfnis für den Kirchenbau nicht vorläge, betonten aber, dass sich dieses bis zur Vollendung sicher einstellen werde.[66]

Das Für und Wider wurde in der Kirchengemeindeversammlung vom 30. Juli 1906 mit großem Ernst diskutiert. Wie wir aus der Berichterstattung im Mannheimer General-Anzeiger wissen, überwogen aber die Stimmen derer, die eine Übernahme der Mehrkosten empfahlen, um die Kirche als „großartiges Bauwerk" und „Kunstwerk in seiner ganzen Pracht" realisieren zu können.[67] Der Antrag, dem erweiterten Bauplan zuzustimmen, wurde schließlich einstimmig angenommen. Danach ergriff Stadtpfarrer Hitzig das Wort. Er merkte an, „der Kirchengemeinderat sei nicht leichten Herzens mit der Forderung gekommen. Die Diskussionsredner hätten kunstverständig und lokalpatriotisch gesprochen, vor allen Dingen aber mit lebendigem kirchlichem Sinn, wie es einer großen Gemeinde gezieme. Der heutige Tag sei zu den Ehrentagen der evangelischen Kirchengemeinde zu rechnen."[68]

Am 16. August 1906 erteilte auch der Evangelische Oberkirchenrat in Karlsruhe seine Zustimmung. Wenig später, am 3. September, lag die Genehmigung der Staatsbehörde vor.[69] Nach weiteren Monaten der Planung wurden schließlich am 24. April 1907 die ersten Ausführungsarbeiten vergeben. Der ursprünglich ins Auge gefasste Termin für den ersten Spatenstich, „spätestens am 1. Mai 1904", war nun längst überschritten.[70] Doch hatte der Stadtrat für den Baubeginn „die erbetene Frist gewährt", wie die Festschrift von 1911 berichtet.[71] Beide Seiten hatten sich darauf geeinigt, im Jahr des 300. Stadtjubiläums mit dem Kirchenbau zu beginnen und die Grundsteinlegung als besonderen Festakt zu gestalten. So sollte die Zeremonie in die Jubiläumsfeierlichkeiten eingebunden werden, mit denen die Kommune weit über die Region hinaus als Stadt der Kunst und Kultur wahrgenommen werden wollte.

Die Grundsteinlegung

Der Kirchengemeinderat wählte als Termin für die Grundsteinlegung den 9. September 1907, so dass das Ereignis auf den Geburtstag des Großherzogs Friedrich I. von Baden fiel. Damit wurde der offizielle Baubeginn zur Ehrerweisung an das badische Herrscherhaus und seinen Regenten. Wie das Abendblatt des Mannheimer General-Anzeigers wenige Stunden nach dem Festakt berichtete, waren Mittags um 12 Uhr die Mitglieder der Kirchengemeindeversammlung fast vollständig erschienen. Die Behörden waren durch „Oberamtmann Levinger, Polizeidirektor Dr. Korn, Gendarmeriekommandant Major Faller, Bürgermeister Ritter und die Stadträte Denzel und Löwenhaupt" vertreten. Nach Gesangsvorträgen der Kirchenchöre und der Schriftlesung durch Stadtpfarrer Hitzig hielt jener eine „gehaltvolle Ansprache". Ihr lag das Schriftwort aus dem Lukasevangelium, Kap. 14 zugrunde: „Wer ist unter Euch, der einen Turm bauen will und rechnet nicht".

Der Geistliche bezog sich in seiner Rede auf das augenfällige Charakteristikum der Kirche, den turmförmigen Aufbau, dem er in pathetischen Worten besondere Bedeutung zuwies: „[...] wie eine Sternwarte, von der man zu den ewigen Gestirnen aufblickt, wie ein Leuchtturm, dessen gewaltiger Scheinwerfer die gesammelten Lichtstrahlen hineinwerfen soll in die weite Welt, um die Finsternis zu zerstören, den falschen Schein zu enthüllen und die vergängliche Welt mit dem Goldglanz der Ewigkeit zu verklären." Hitzig sprach auch von einem „dauernden Denkmal unserer Kirchengemeinde" – ein Wort, das später in der Festschrift von 1911 noch einmal aufgegriffen wurde. Ausführlich ging er auf die Vorarbeiten zum Kirchenbau ein und nahm unter Hinweis auf

Grundsteinlegung am 9. September 1907. Links neben dem Grundstein Dekan Simon beim Hammerschlag. Foto des Mannheimer Fotografen Hubert Lill. Stadtarchiv Mannheim – ISG

das Bibelwort „Wer bauen will, sagt Jesus, muß sitzen und rechnen" noch einmal zur Frage der Finanzierung Stellung. Folgt man seinen Ausführungen, wird deutlich, dass man sich bemühte, die Belastungen für die Kirchengemeinde möglichst gering zu halten, dass mit dem Kirchenbau aber nicht länger gewartet werden sollte, weil dann die Gefahr bestanden hätte, des Werderplatzes verlustig zu werden: „Wer weiß, ob wir in fünf Jahren noch so einen herrlichen Bauplatz bekommen, wie wir ihn jetzt bekommen haben." Aus diesem Grund also hatte man nach Abwägung aller Vor- und Nachteile den Entschluss gefasst, mit der Ausführung zu beginnen, und zwar „im Jubiläumsjahr unserer teuren Stadt" und „am Geburtstag unseres geliebten Landesfürsten, dem diese Stadt und unsere Kirche so viel verdankt".

Nach dieser Rede wurde die Urkunde des Grundsteins verlesen und eine kupferne Kassette in einem Sandsteinquader vermauert. Sie enthielt Zeitungen und Münzen. „Außerdem waren zwei Flaschen Wein beigegeben", wie der General-Anzeiger berichtete.[72] Die Zeremonie wurde nach den Hammerschlägen und Widmungsworten durch die Stadtpfarrer Hitzig, Simon, Ahles, Schöpffer, Achtnich und Klein sowie weiteren Hammerschlägen der anwesenden Vikare und sonstigen Persönlichkeiten mit Chorgesängen abgeschlossen.

Die Bauausführung

Am 5. Dezember 1908 besuchten der Badische Architekten- und Ingenieurverein und der Architektur- und Ingenieurverein Mannheim-Ludwigshafen die Baustelle. Dem Bericht des Mannheimer General-Anzeigers entnehmen wir, dass unter Führung von Christian Schrade und Emil Döring zuerst der Kirchenraum besichtigt wurde, um danach „über die Lauftreppen und Leitern bis zur jetzigen Arbeitsstätte, die etwa 30 Meter über Terrain liegt, hinaufzusteigen". Die Kirche stand bis zum Unterbau des Turms und sollte im folgenden Jahr bis zur Kuppelspitze fertiggestellt werden. Nach der Besichtigung wurden im Baubüro die Pläne und das Gipsmodell der Gesamtanlage in Augenschein genommen. Mannheims Hochbauinspektor Albert Hauser zollte der Planung höchstes Lob. Das Werk sei berufen, „unter den neuzeitlichen Schöpfungen auf baukünstlerischem Gebiete eine erste Stelle einzunehmen".[73]

Die Bauausführung war eine Herausforderung in konstruktiver und technischer, darüber hinaus in organisatorischer und finanzieller Hinsicht, wie allein das überlieferte Verzeichnis von 90 am Kirchenbau beteiligten Firmen, Handwerkern und Künstlern belegt.[74] Die Wände wurden gemauert und nach außen und innen mit gelbem Sandstein, den man aus Sankt Julian in der Pfalz bezogen hatte, verkleidet. Die Farbigkeit des Steins war mit Bedacht gewählt, nicht nur, weil sie zu den Bauten der Umgebung passte und mit dem Wasserturm am Friedrichsplatz korrespondierte, sondern auch, weil sie zum freundlichen und eleganten Erscheinungsbild der Architektur mit beitrug.

Als Material für die Gewölbe, Dächer und Emporen kam Eisenbeton zur Anwendung. Dies war ein seit Ende des 19. Jahrhunderts für schwierige Konstruktionen empfohlenes Verfahren. Erst 1902 hatte einer der Pioniere des Eisenbetonbaus in Deutschland, Ingenieur Emil Mörsch, das vielbeachtete Buch „Der Eisenbetonbau, seine Theorie und Anwendung" vorgelegt, um für den Baustoff zu werben. In Mannheim fand das Material in großem Maßstab erstmals um 1900 beim Bau des Rosengartens Verwendung, dann 1906/07 auch bei der Kunsthalle. Die Planung und Ausführung der Eisenbetonarbeiten erfolgte durch die „A.G. für Hoch- und Tiefbau vorm. Gebr. Helfmann" in Frankfurt a.M. und die „Heinrich Eisen GmbH" in Mannheim.[75] Wie Schrade 1911 betonte, wurde die Kirche „durchaus feuersicher" ausgeführt.[76]

Aus den erhaltenen Bauzeichnungen und Modellen wissen wir, dass während der Ausführungsarbeiten noch viele Details geändert wurden. Bei der Erstellung der Entwürfe fand Schrade Unterstützung durch die Mitarbeiter des Evangelischen Kirchenbaubüros in Mannheim, die „Herren Gröper aus Mansfeld und Beuttenmüller aus Durlach, sowie für kürzere Zeit noch Herr Jülch aus Neckarelz".[77] Es scheint, als habe man bis zuletzt an den Schmuckelementen der Innenräume gearbeitet, auch die künstlerischen Werke wurden noch während des Entstehungsprozesses des Gebäudes auf ihre endgültige Form festgelegt. Namhafte Maler und Bildhauer aus Mannheim, Karlsruhe, Stuttgart und Darmstadt, auf die wir noch im Einzelnen zu sprechen kommen, waren an der Ausgestaltung beteiligt. Die mit den Ausführungsarbeiten beauftragten Firmen und Handwerker stammten in der Regel aus Mannheim und der Region.

Der Kirchengemeinderat war in den gesamten Planungs- und Schaffensprozess eng eingebunden und legte offenbar größten Wert auf das repräsentative Erscheinungsbild. So lehnte er die zunächst geplante einfache Ausführung der ornamentalen Malereien im Kircheninneren ab und ließ stattdessen eine reichere Bemalung mit Vergoldungen verwirklichen, obwohl diese allein mit 16.000 Mark veranschlagt war. Außerdem mussten auf Verlangen des Kirchengemeinderats die Reliefdarstellungen Johannes des Täufers an der Chorwand und des Sämanns an der Kanzel neu modelliert sowie die Pietà und die Mariengestalt überarbeitet werden.[78] Für die Orgel, die in Übereinstimmung mit dem „Wiesbadener Programm" auf der Chorempore hinter Altar und Kanzel, also im Angesicht der Gemeinde unterzubringen war, wurden Angebote namhafter Orgelbauer eingeholt. Die Ausschreibung erfolgte nach intensiver Planung durch den Heidelberger Orgelsachverständigen Hermann Meinhard Poppen. Als Preisgrenze waren 30.000 Mark vorgesehen. 1910 erhielt die Firma Steinmeyer & Co. in Öttingen den Zuschlag bei einem Vertragspreis von 34.150 Mark. Danach wurde die Disposition noch einmal überarbeitet. Zuletzt kostete die Orgel 49.575 Mark.

Emil Döring hat in der Festschrift von 1911 die wichtigsten Etappen der Bauausführung vermerkt. Am 13. März 1909 wurden die Apostelfiguren auf dem ersten Umgang des damals noch unvollendeten Kuppelturms aufgestellt. Am 18. Juni 1909 war der Turm bis zum zweiten Umgang fertig, am 10. Oktober konnten die Eisenbetonarbeiten sämtlicher Dächer abgeschlossen werden und am 15. Januar 1910 war die Kuppel eingedeckt. Am 31. Dezember 1909 wurden die Turmglocken erstmals zur Probe geläutet, symbolträchtig zum Ende des alten und zu Beginn des neuen Jahres. Nachdem der Bau Anfang 1910 stand, schritt die Ausgestaltung des Inneren voran. Im Oktober 1910 wurden die Malerarbeiten aufgenommen, im März des darauffolgenden Jahres die Plattenböden verlegt. Das Gestühl konnte im Mai und die Orgel im Juni 1911 eingebaut werden. Wenige Monate später, am 1. Oktober 1911, wurde die Kirche feierlich ihrer Bestimmung übergeben.

Die Einweihung

„Für alle Evangelischen Mannheims ist der morgige Tag von ganz besonderer Bedeutung. Wird doch morgen in Gegenwart des Landesherrn die Repräsentationskirche der Mannheimer Protestanten [...] eingeweiht."[79] Am Vorabend der Einweihung berichtete der General-Anzeiger noch einmal über das bevorstehende Ereignis, das die Stadt seit Tagen bewegte. Großherzog Friedrich II. von Baden hatte die Einladung der Kirchengemeinde angenommen und zugesagt, der Einweihung persönlich

Einweihung am 1. Oktober 1911, Begrüßung des Großherzogs. Links hinter der Kutsche Friedrich II. von Baden, der in der Uniform des Leibgrenadierregiments erschienen ist. Am Kircheneingang wartet die Tochter des Pfarrers Dr. Hoff mit dem Kirchenschlüssel, neben ihr Architekt Schrade. Stadtarchiv Mannheim – ISG

beizuwohnen. Er sollte mit dem Zug anreisen, und so erging am 29. September die Aufforderung der Stadtverwaltung an die Anwohner der Straßen zwischen Christuskirche und Bahnhof, „zu Ehren des hohen Gastes" die Häuser zu beflaggen.[80]

Das Festgeläute am Abend des 30. Septembers und das Choralblasen vom Kuppelturm am frühen Morgen des 1. Oktobers kündigten das Ereignis an. Um 10 Uhr traf der Großherzog gemeinsam mit Mannheims Oberbürgermeister Paul Martin und den Repräsentanten der badischen Regierung vor der Kirche ein. Dort warteten Dekan Simon, Vertreter des Oberkirchenrats, Mitglieder des Kirchengemeinderats und der Kirchengemeindeversammlung, selbstverständlich auch Christian Schrade sowie weitere Persönlichkeiten. Neben den geladenen Gästen hatten viele Neugierige den Weg zum Werderplatz gefunden. Nach einer kurzen Ansprache des Dekans folgten die Schlüsselübergabe und der feierliche Einzug. In seiner Weiheansprache würdigte der Dekan das Bauwerk als ein „hehres Denkmal frommer Gesinnung und hoher Opferwilligkeit".[81] Im weiteren Verlauf hielt Stadtpfarrer Dr. Hans Hoff die Festpredigt und ergriff Prälat Ludwig Schmitthenner als Vertreter des Oberkirchenrats das Wort. Im Anschluss an den Gottesdienst begaben sich die eingeladenen Gäste zum

Festmahl ins nahe Parkhotel, an dem der Großherzog wegen anderer Verpflichtungen aber nicht mehr teilnehmen konnte. Von 14 bis 18 Uhr war die Kirche zur Besichtigung geöffnet. Ein zweiter Festgottesdienst um 18 Uhr und ein Gemeindeabend im Gemeindehaus in der Seckenheimer Straße mit einem Vortrag über Martin Luther bildeten den Abschluss des denkwürdigen Ereignisses.

Die Baukosten

Mehrfach war am Tag der Einweihung die Opferbereitschaft der Kirchengemeinde angesprochen worden. Die Summe, die das Bauwerk gekostet hatte, wurde nicht erwähnt, sie war aber im Anhang der Festschrift nachzulesen: 1.470.500 Mark, nicht dazu gerechnet der „Aufwand für Planfertigung, Arbeitsvergebung nebst Planvervielfältigung und Bauausführung".[82] Der Prüfbericht vom 20. Dezember 1911 nennt als Gesamtsumme aller Kosten 1.665.255,31 Mark.[83] Somit lag der Betrag deutlich über den 1906 veranschlagten 1.166.000 Mark bzw. jenen 900.000 Mark, die 1904 genannt worden waren.

Zu Buche schlugen vor allem die Steinmetz- und Maurerarbeiten mit jeweils rund 300.000 Mark, ferner die Bildhauerarbeiten mit über 100.000 und die Eisenbetonarbeiten mit zirka 85.000 Mark. Vergleichsweise hoch waren auch die Ausgaben für die Schreinerarbeiten mit rund 60.000 und die Malerarbeiten mit fast 50.000 Mark. Die Prüfkommission, gebildet aus Mitgliedern des Kirchengemeinderats und der Kirchengemeindeversammlung, stellte indes fest, dass alle Aufwendungen „im Interesse der konstruktiven und künstlerischen Ausführung des monumentalen Bauwerkes notwendig und nicht zu beanstanden" waren.[84] Alles in allem hatte man also keine Kosten und Mühen gescheut, um das Gotteshaus als Repräsentationskirche und einzigartiges Zeugnis des Glaubens in Erscheinung treten zu lassen.

Beschreibung des Außenbaus

„Wenn wir uns heute von Osten her der Stadt nähern [...], so beherrscht der Kuppelturm der Christuskirche das gesamte Stadtbild dieser Seite. Gelangen wir dann auf den Friedrichsplatz, so erscheint die Kirche mit ihrem hochaufragendem Turm in der Achse der Elisabethstraße und bringt durch den energischen Straßenschluß nach dieser Seite eine neue Note".[85] Mit diesen Worten hob Christian Schrade 1911 die von ihm beabsichtigte besondere städtebauliche Wirkung des Gotteshauses, die bis heute auf das eindrucksvollste zur Geltung kommt, hervor.

Das 65 m hohe Bauwerk überragt weit sichtbar die Oststadt und tritt durch den Standort in der Verlängerung der Elisabethstraße in Sichtverbindung mit dem Friedrichsplatz, so dass sich eine reizvolle Wechselbeziehung zwischen der Turmkirche einerseits und dem Schmuckplatz und seinen Bauten andererseits ergibt. Mit den bewegten Sandsteinfassaden, den Mansarddächern, dem runden Turm und der von einer Laterne überhöhten Kuppel setzt die Kirche einen einzigartigen architektonischen Akzent im Zentrum der Oststadt. Die ausgesprochen repräsentative Wirkung wird durch die insgesamt reiche Fassadengestaltung, die angegliederten Pfarrhäuser und Konfirmandensäle, aber auch die aufwendige Platzgestaltung unterstrichen. Ebenso tragen die Größenverhältnisse und Proportionen zum eindrucksvollen Erscheinungsbild bei. Die Kirche ist rund 35 m breit, am Vierungsturm verjüngt sie sich auf eine Breite von etwa 13 m, ehe sie in 65 m Höhe in der Laternenspitze endet. Der Turm selbst ist, von der unteren Balustrade gerechnet, etwa halb so hoch wie das gesamte Gebäude, so dass sich die Anlage durch eine starke vertikale Tendenz auszeichnet. 1911 war die Christuskirche eines der höchsten Bauwerke Mannheims.

Die Silhouette des Gebäudes wird dadurch geprägt, dass sich die vier Kreuzarme an den runden Kuppelturm anlehnen, so dass der „innere Organismus der Kirche [...] auch nach außen beredten Ausdruck gefunden hat", wie Schrade 1911 formulierte.[86] Am Fuß des Kuppelturms fallen vier Eckürmchen als malerisch-dekorative Elemente auf. Wie der Architekt darlegte, haben sie aber auch eine konstruktive Funktion: „Die Ecken sind durch mächtige Widerlagspfeiler verstärkt, welche noch durch 4 turmartige Aufsätze in ihrer Funktion, den Schub der Turmunterkonstruktion in die Vertikale zu leiten, unterstützt werden."[87]

Blick über die Oststadt und die Quadrate, Luftbild um 1930. Im Vordergrund die Christuskirche, dahinter der Wasserturm und der Rosengarten, im Hintergrund als weitere stadtbildprägende Kuppelkirche die Jesuitenkirche des 18. Jahrhunderts. Stadtarchiv Mannheim – ISG

Blick über den Friedrichsplatz durch die Elisabethstraße zur Christuskirche, Postkarte um 1917. Stadtarchiv Mannheim – ISG

Blick von Südwesten auf die Hauptfassade der Christuskirche, Foto 1911 von G. Tillmann-Matter. Stadtarchiv Mannheim – ISG

Die geschwungenen Außenwände, die konkaven Gebäudeecken, die Ecktürmchen sowie die Mansard- und Walmdächer lassen keinen Zweifel daran, dass sich Theophil Frey und Christian Schrade von barocken Kuppelkirchen inspirieren ließen. Desgleichen entsprechen die Fassadengliederungen und der Baudekor dem neubarocken Stil. Mithin ist das Gebäude nach seinem äußeren Erscheinungsbild ein Beispiel des zu Beginn des 20. Jahrhunderts ausklingenden Historismus. Hervorzuheben ist, dass es auf bemerkenswert selbstbewusste Art und Weise Baustile und Bauformen des Barock aufgreift, nicht um diese zu kopieren, sondern um an kirchenbauliche Traditionen anzuknüpfen, während es sich in seiner spezifischen neubarocken Ausformung in einer durchaus eigenständigen, zeitgemäßen Architektursprache äußert.

Die Hauptfassade, die aus städtebaulichen Gründen nach Südwesten und damit zum Friedrichsplatz hin orientiert ist, fällt durch das imposante Giebelrelief und die breit gelagerte Vorhalle auf. Letztere ist durch Pfeiler und dorische Säulen gegliedert und schließt mit einer Brüstung aus Balustersäulen ab. Den in der Mittelachse sitzenden Haupteingang betont ein Ziergiebel mit einem kleineren Relief, welches „Christus als Kinderfreund" zeigt[88] – eine Szene, die durch zwei Kinderpaare zu beiden Seiten des Eingangs abgerundet wird. Weitere Reliefs, „Christus in Bethanien" (links) und „Christus und die Samariterin" (rechts), schmücken die beiden Nebeneingänge. Alle diese Bildwerke wurden 1911 als „überaus schöne Komposition" und „sehr temperamentvoll" charakterisiert.[89] Sie entstanden nach den Entwürfen Karl Albikers (1878–1961); ausgeführt wurden sie von dem Karlsruher Bildhauer Naudascher. Der in Überlingen geborene Albiker, der seit 1905 in Ettlingen bei Karlsruhe sein eigenes Atelier betrieb, war nicht nur Meisterschüler der Akademie der Bildenden Künste in Karlsruhe, sondern hatte zeitweise auch in Paris bei Auguste Rodin gearbeitet.[90]

Über dem Vorbau gliedern ionische Doppelpilaster und hohe Segmentbogenfenster das Obergeschoss, auf dem der mächtige Dreieckgiebel mit dem Hauptrelief aufragt. Die großformatige Darstellung ist, wie in der Festschrift von 1911 erläutert wird, auf „Fernwirkung vom Friedrichsplatz aus" berechnet. Sie bezieht sich auf das Christuswort „Kommet her zu mir alle, die ihr mühselig und beladen seid" (Matthäus

11, 28) und ist in der Art eines Triptychons gegliedert, in welcher die überlebensgroße Figur Christi dominiert. Notleidende, Kranke und Gebrechliche wenden sich dem Erlöser zu. Das Relief ist im Motiv traditionell, während die Figuren in ihrer ausdrucksstarken Darstellung modern aufgefasst sind. Schrade würdigte das Werk als strenge, in der Linienführung jedoch fließende Komposition, die sich „außerordentlich gut in die Architektur" einordne.[91] Den Entwurf schuf Ludwig Habich (1872–1949), ein in Darmstadt geborener Bildhauer, der in Frankfurt, Karlsruhe und München studiert hatte.[92] Er wirkte im Auftrag von Großherzog Ernst Ludwig von Hessen in der Darmstädter Künstlerkolonie, ehe er 1906 nach Stuttgart wechselte, wo er zunächst an der Technischen Hochschule, dann ab 1910 als Professor an der Kunstakademie lehrte. Die gelungene Umsetzung seines Entwurfs ist dem Stuttgarter Bildhauer Hauenstein zu verdanken.

Hinter dem Giebelrelief steigt der von den vier Ecktürmchen umstellte Kuppelturm auf, dessen Tambour abwechselnd durch Doppelsäulen und Fensterrahmen mit dreieckigen Ziergiebeln gegliedert ist. Das Motiv erinnert an barocke und klassizistische Rundtürme. Die Fenster dienen als Schallöffnungen der Glockenstube. Die beiden Umgänge, einer am Fuß des Tambours, der andere am Übergang zur Kuppel, sind mit Brüstungen versehen, die sich als waagerechtes Band um den Turm ziehen. Auf der unteren Balustrade stehen Standbilder der zwölf Apostel mit ihren Zeichen. Petrus, Paulus, Jakobus und Johannes sind einzeln wiedergegeben, die anderen je zu zweit. Die 2,54 m hohen Figuren, in französischem Kalkstein aus den Brüchen von Maizières-les-Metz gehauen, stammen von Wilhelm Gerstel aus Karlsruhe sowie Karl Cassar, Wilhelm Ballmann und Hermann Taglang aus Mannheim. 1911 wurden die Skulpturen bemerkenswerterweise mit den Worten

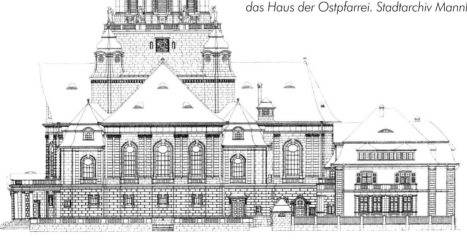

Seitenansicht an der Werderstraße, Aufrisszeichnung, 1912 in der „Deutschen Bauzeitung" veröffentlicht. Rechts das Haus der Ostpfarrei. Stadtarchiv Mannheim – ISG

kommentiert: „Die Figuren zeigen außer der feinempfundenen Johannesgestalt von Gerstel nur dekorativen Charakter."[93] Tatsächlich war Wilhelm Gerstel (1879–1963) der bedeutendere der vier Bildhauer. In Bruchsal geboren und in Pforzheim zum Steinmetz ausgebildet, studierte er an der Karlsruher Akademie der Bildenden Künste. 1906 ließ er sich in der badischen Residenzstadt als freischaffender Künstler nieder, der sich mit seinen Arbeiten weit über die Region hinaus Anerkennung erwarb.[94] Für die Christuskirche schuf Gerstel auch die Evangelistensymbole über den Hauben der vier Ecktürmchen. Der Engel steht für Matthäus, der Stier für Lukas, der Löwe für Markus und der Adler für Johannes. Der Bildhauer fertigte die Modelle; die Metalltreibarbeiten entstanden in der Heidelberger Kunstschmiede Karl Schönenberger GmbH.

Entwurfszeichnung Christian Schrades für den Eckturm mit der Skulptur des Löwen auf der Helmspitze. Stadtarchiv Mannheim – ISG

Malerischen Abschluss des Gebäudes bilden die mit Zierbögen geschmückte Kuppel und deren Laterne, die von der Skulptur des Erzengels Michael, einem weiteren Werk Wilhelm Gerstels und der Heidelberger Kunstschmiede, gekrönt wird. Die 2,25 m hohe Figur ist in Kupfer getrieben und vergoldet. Mit Schwert und Posaune ausgestattet, verweist der Erzengel auf das Kommen des Jüngsten Gerichts, um zugleich die Funktion eines Wächters über die Gemeinde und das Gotteshaus zu erfüllen.

Das reiche Bildprogramm findet seinen Niederschlag auch in kleineren Steinmetzarbeiten, etwa an den Fensterbrüstungen des Erdgeschosses, an denen symbolische Darstellungen wie der Abendmahlskelch oder das den Opfertod Christi symbolisierende Lamm mit dem Kreuz auftauchen. Eines der Motive ist der Pelikan, der nach der Legende mit dem eigenen Blut seine Jungen vor dem Hungertod rettete und so zum Sinnbild für Christus wurde. Diese Darstellungen gehen auf die Mannheimer Kienzle & Hacker, Eugen Schreck und Gustav Liebmann zurück. Andere Bildwerke finden sich über den Eingangshallen der beiden Pfarrhäuser. Zwei Reliefs an der Ostpfarrei zeigen Szenen aus dem Gleichnis vom barmherzigen Samariter. An der Westpfarrei ist das Gleichnis vom

Mittelportal an der Südseite mit dem Relief „Christus als Kinderfreund". Foto 1911 von G. Tillmann-Matter und Entwurfszeichnung Christian Schrades. Stadtarchiv Mannheim – ISG

verlorenen Sohn wiedergegeben. Diese Darstellungen wurden von dem Karlsruher Bildhauer Naudascher nach den Entwürfen Konrad Tauchers ausgeführt, eines weiteren Schülers der Karlsruher Akademie, der sich in Mannheim vor allem mit dem Denkmal Großherzogin Stephanies einen Namen gemacht hatte.[95] Zusätzlich zu den

Hauptgiebel mit dem Relief zum Christuswort „Kommet her zu mir alle, die ihr mühselig und beladen seid". Foto 1911 von G. Tillmann-Matter. Stadtarchiv Mannheim – ISG

Pfarrhaus der Ostpfarrei. Blick auf die Eingangshalle mit den beiden Reliefs zum Gleichnis des Barmherzigen Samariters. Foto 1911 von G. Tillmann-Matter. Stadtarchiv Mannheim – ISG

Blick von der Rathenaustraße auf die Kirche mit den beiden Pfarrhäusern und Konfirmandensälen. Foto 1911 von G. Tillmann-Matter. Stadtarchiv Mannheim – ISG

figürlichen Darstellungen schmücken Friese mit Weintrauben- und Blumenmotiven die Fassaden der Pfarrhäuser.

Nachdrücklich weist die Festschrift von 1911 darauf hin, dass sich beim Umschreiten des Bauwerks „immer neue Bilder, neue, interessante Überschneidungen" ergeben: „Die besten Blicke ergeben sich von der Werderstraße, und auf der anderen

Entwurf für einen Fries mit floralen Ornamenten. Stadtarchiv Mannheim – ISG

Beschreibung des Außenbaus

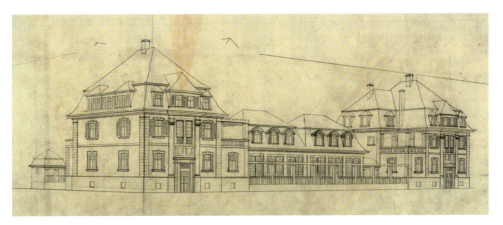

Entwurfszeichnung für die Pfarrhäuser und Konfirmandensäle. Stadtarchiv Mannheim – ISG

Seite, von der Lachner- und Charlottenstraße. Hier bietet sich die Gruppierung in ihrer reichsten Erscheinung, im Vordergrund erheben sich die beiden Pfarrhäuser [...]. Dahinter erscheinen die Dächer und der Turm der Kirche."[96] Zur Vielfalt tragen auch die Ziergärten an der Ost- und Westseite bei, die 1911 von den Mannheimer Landschaftsgärtnern Christian Schönhaar und Jakob Neuer gestaltet wurden. Die Gärten sind von Balustraden umgeben und jeweils mit einem Treppenaufgang versehen, dem ein Brunnen im italienischen Stil mit einem Putto als Wasserspeier zugeordnet ist. Wesentlich für den Gesamteindruck ist nicht zuletzt der südliche Vorplatz. Er unterstreicht den repräsentativen Charakter des Kirchengebäudes und zeichnet sich durch ein in das Pflaster eingelassenes geometrisches Ornament aus. Dieses führt als breites Band von der Straße bis zum mittleren Kircheneingang. Zudem stehen am Treppenaufgang zum Portal zwei Lichtstelen von feierlich-repräsentativer Gestaltung. Dadurch wird der Weg zum Gotteshaus optisch hervorgehoben.

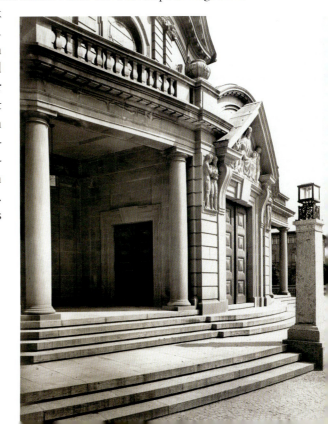

Blick auf die Eingangsvorhalle mit Mittelportal, Treppenaufgang und Lichtstele. Foto 1911 von G. Tillmann-Matter. Stadtarchiv Mannheim – ISG

Beschreibung des Innenraums und seiner Ausstattung

„Der erste Eindruck, den der Besucher beim Betreten des Gotteshauses empfängt, ist ein alle Erwartungen übertreffender." Der Innenraum fand nach seiner Vollendung höchstes Lob, und setzte, wie dem Bericht über die Einweihungsfeier im Mannheimer General-Anzeiger zu entnehmen ist, zugleich in Erstaunen, „weil das Innere ganz von der gewohnten Bauart abweicht. Man ist an die durch den Kuppelbau bedingte Rundform hier nicht gewöhnt."[97]

Das räumliche Zentrum bildet die von einer Hängekuppel überwölbte kreisrunde Vierung. Diese öffnet sich an der Nord-, Süd-, West- und Ostseite in die vier kurzen Kreuzarme, in welche die Emporen eingestellt sind. Letztere besitzen konkav geschwungene Brüstungen, die als „breites, wenig gegliedertes Band ohne Unterbrechung" die Vierung umgreifen, um im Chor zurückzuschwingen und „das Auge sicher nach Kanzel und Altar als dem Höhepunkt des Raumes und dem Mittelpunkt der gottesdienstlichen Handlung" zu lenken, wie Christian Schrade 1911 betonte.[98] Das Hauptgestühl unter der Vierungskuppel fügt sich in die kreisrunde Form ein, während die Bänke in sanft geschwungener Form auf den Ort der Liturgie ausgerichtet sind. Dadurch ist der Forderung des Bauprogramms entsprochen, Altar und Kanzel von allen Sitzplätzen aus sichtbar werden zu lassen. Weitere Bänke befinden sich in den Kreuzarmen der Süd-, Ost- und Westseite, wobei die Gestühlsreihen auf den Emporen zur Verbesserung der Sichtverhältnisse nach hinten ansteigen. Im Bauprogramm von 1904 waren 1.200 Sitzplätze gefordert, realisiert wurden 1.380 Plätze. Für die Ausführung zeichneten die Schreinereien Carl Zeyher & Co. in Mannheim und Beißbarth & Hoffmann im heute eingemeindeten Vorort Rheinau verantwortlich.

Die kreisrunde Vierung, die Emporen und das Gestühl entsprechen der Funktion des Innenraums als Zentralbau und Predigtkirche, während die baukünstlerische Gestaltung darauf ausgerichtet ist, dem Raum ein würdevoll-monumentales Erscheinungsbild zu verleihen. Im

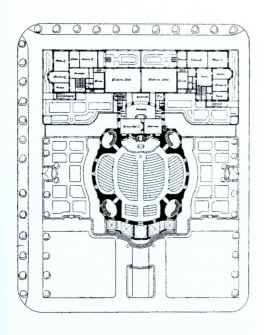

Lageplan der Christuskirche mit Grundriss des Erdgeschosses, 1906 in „Mannheim und seine Bauten" veröffentlicht. Stadtarchiv Mannheim – ISG

Beschreibung des Innenraums und seiner Ausstattung

Der Kirchenraum im Jahr der Einweihung, 1911. Chorwand mit Altar, Kanzel, Kreuzigungsgruppe und Orgel. Foto von G. Tillmann-Matter. Stadtarchiv Mannheim – ISG

Unterschied zum Äußeren präsentiert sich das Kircheninnere nicht in neubarocker Anmutung, sondern im Stil der italienischen Renaissance mit Bezügen zum frühen Christentum und zur Antike. Teile der Ausstattung lassen zwar den Einfluss des Jugendstils erkennen, der Gesamteindruck ist jedoch der eines Raumes des späten Historismus. So wie am Außenbau ist die selbstbewusste Aufnahme historischer Baustile und Architekturformen kennzeichnend. Wieder sind bestimmte Traditionen aus der Geschichte des Kirchenbaus aufgegriffen und im Sinne einer zeitgemäßen Gestaltung umgeformt.[99]

Das Vierungsgewölbe und die in den Kreuzarmen sitzenden Tonnen und Halbkuppeln sind durch Kassetten gegliedert, die auf das Vorbild der italienischen Renaissance verweisen und darüber hinaus einen Bogen zum Pantheon und anderen Denkmälern des alten Roms schlagen. Allein schon dieser geschichtliche Bezug trägt zum würdevoll-monumentalen Charakter des Raums bei. Die Kassetten sind zur Verbesserung der Akustik und „Wärmehaltung" mit Korkplatten verkleidet, die durch ornamentale Malereien belebt sind. Den von der italienischen Renaissance inspirierten Architekturstil reflektieren auch die Gestaltungen der Pilaster, Kapitele, Friese und Gesimse.

Blick vom Altarraum nach Südwesten. Foto 1911 von G. Tillmann-Matter. Stadtarchiv Mannheim – ISG

Chorwand mit Altar und Kanzel. Foto 1911 von G. Tillmann-Matter. Stadtarchiv Mannheim – ISG

So wie die Maße des Außenbaus spielen auch die Größenverhältnisse und die harmonischen Proportionen eine wichtige Rolle in Bezug auf die Wirkung der Architektur. Die Vierungskuppel besitzt eine lichte Spannweite von zirka 23 m. Ihr Scheitel sitzt ebenfalls rund 23 m über dem Niveau des Fußbodens. Mithin sind in der Vertikalen und Horizontalen zwei etwa gleich große Kreise eingeschrieben. Die Eckpfeiler sind 11 m hoch, etwa doppelt so hoch wie die über ihnen sitzenden Rundbögen, während die Kreuzarme an der Süd-, Ost- und Westseite mit 14 m ungefähr doppelt so breit wie tief sind. Während der Außenbau in die Höhe strebt, wirkt das Innere als in sich ruhender Raum.

Das liturgische Zentrum hebt die Chorwand hervor, die Schrade 1911 als einen „an die alten Lettner entfernt anklingenden Einbau" beschrieben hat.[101] Tatsächlich erinnert die Wand an die Chorschranken, die ehemals die Aufgabe hatten, das für die Laien zugängliche Kirchenschiff vom Chorraum der Priester und Mönche zu trennen. Der Einbau hat hier jedoch eine andere Funktion; er hebt den Ort der Predigt und des Abendmahls hervor. Die Kanzel ist in einen Baldachin gestellt, davor befindet sich der Altar, den die beiden Altarschranken flankieren; dort empfängt die Gemeinde beim Abendmahl Brot und Wein.

Das Ideal der räumlichen Einheit von Kanzel und Altar verbindet sich mit einer feierlichen Gestaltung, die an Renaissance und frühchristliche Kirchenkunst anknüpft. Doppelsäulen mit ionischen Kapitellen tragen den Baldachin, weitere Säulen ionischer Ordnung gliedern die Wand, während an der Kanzel und am Altar toskanische Säulen Verwendung finden. Die Nische hinter der Kanzel schließt mit einer Halbkuppel aus Holz ab, die korrespondierend zu den Gewölben mit Kassetten verziert ist. Gemeinsam mit den Doppelsäulen unterstreicht sie den würdevollen Charakter des Ortes, sie erfüllt aber auch die Funktion eines Schalldeckels, damit das von der Kanzel gesprochene Wort akustisch auf die Gemeinde ausgerichtet wird und nicht im weiten Kirchenraum verhallt. Dem repräsentativen Charakter der Chorwand und der beiden Prinzipalstücke entsprechen die vier messingbeschlagenen Türen. Sie sind in frühmittelalterlich-romanisch anmutendem Stil geschmückt und wurden in der renommierten Karlsruher Bauornamentefabrik und Kupfertreibanstalt Peter Huckschlag angefertigt. Zwei dieser Türen führen hinter die Chorwand, links in die Taufkapelle, rechts in die Sakristei, während die beiden anderen funktionslos und allein aus Gründen der Symmetrie in die Wand eingefügt sind.

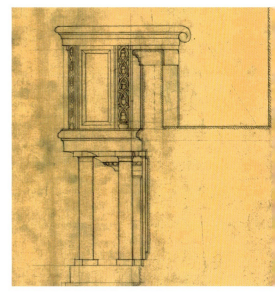

Entwurfszeichnung für die Kanzel, Seitenansicht. Stadtarchiv Mannheim – ISG

Über den Türen sitzen Reliefs, die an die Leidensgeschichte Jesu erinnern. Dargestellt sind Fußwaschung, Christus in Gethsemane, Petri Verleugnung und Christus vor Pilatus. Weitere Reliefs über der Kanzelnische zeigen die Pietà mit zwei Grabwächtern, links und rechts davon Bildnisse der vier Evangelisten sowie auf gleicher Höhe entlang der Brüstung die Propheten, die das Kommen Christi angekündigt haben: Jesaia, Jeremias, Ezechiel, Daniel, Micha und Johannes der Täufer.

Entwurfszeichnung für ein Kapitell mit Fischmotiv. Stadtarchiv Mannheim – ISG

Beherrscht wird der Kirchenraum jedoch von der großen, steinernen Kreuzigungsgruppe, die auf der Brüstung der Chorwand aufragt. Maria und Johannes der Evangelist stehen zur Rechten und Linken des Kreuzes, sie haben sich Christus zugewandt, blicken zu ihm empor, während Maria Magdalena zu Füßen des Gekreuzigten kniet. Das Motiv steht in der Tradition mittelalterlicher Kreuzigungsdarstellungen, während es stilistisch an die Bildhauerkunst der Renaissance und des Klassizismus anschließt. Dem Kunstgeschmack der Zeit um 1910 entspricht, dass die Darstellung nicht das körperliche Leiden Jesu widerspiegelt, sondern den Gekreuzigten im Typus des sogenannten schönen Christus zeigt. Als „mächtig, packend" wurde die Skulptur 1911 beschrieben. Das Werk rufe „unwillkürlich andächtige, erhebende Gefühle"

Radleuchter im Zentrum des Kirchenraums, im Hintergrund Kreuzigungsgruppe und Orgel der Nordempore. Foto 1911 von G. Tillmann-Matter. Stadtarchiv Mannheim – ISG

wach.[97] Die Kreuzigungsgruppe und die ihr zugeordneten Reliefs gehen auf die Entwürfe Johannes Hoffarts (1851–1921) zurück, während sich die Ausführung dem Mannheimer Bildhauer Eugen Schreck verdankt. Hoffart, ein gebürtiger Mannheimer, war Schüler der Münchner Akademie, der sich in Paris und in den Niederlanden weitergebildet hatte. Seit 1881 in München und seit 1896 in Berlin ansässig, war er mit seiner Heimatstadt dennoch eng verbunden. In Mannheim schuf er unter anderem auch die Brunnenfiguren des Gruppellodenkmals am Paradeplatz und die Figur der Amphitrite auf dem Dach des Wasserturms.[102]

Einen weiteren Höhepunkt der künstlerischen Ausgestaltung des Innenraums bildet das Wandbild über der Kreuzigungsgruppe, das 1911 als Werk umschrieben ist, welches den Auferstehungsgedanken „in einer neuen, eigenartigen Weise" zum Ausdruck gebracht habe.[103] Es befindet sich auf einem von schlanken Pfeilern getragenen Bogen, der eigens für das Bild eingezogen und in der Art eines Triumphbogens gestaltet wurde, so dass er sich inhaltlich auf die Heilsgeschichte beziehen lässt. Folgt man der Beschreibung von 1911, so lag der Darstellung das Schöpferwort „Es werde Licht" zugrunde. In einem aktuellen Kirchenführer greift Friedrich Burrer diese Interpretation auf: „Es stellt den Augenblick dar, da Gott nach der Dunkelheit der Passion das Wort spricht: Es werde Licht. Ganz oben stehen die Erlösten im göttlichen Licht, darunter ringen vom neuen Tag Berührte zwischen Licht und Finsternis, ganz unten verharren diejenigen, die noch im Dunkel, in der Materie gefangen sind. Da Gottes Auge alles durchdringt, sind alle Figuren nackt dargestellt."[104] Das Gemälde ist ein Beispiel des Symbolismus, jener Kunstströmung der Zeit um 1900, die sich von der akademischen Malerei des Realismus und Naturalismus absetzte und durch die Suche nach geistiger Tiefe im künstlerischen Ausdruck zu neuen Bildmotiven fand. Entworfen und ausgeführt wurde das Werk von Adolf Ferdinand Schinnerer (1876–1949) aus Tennenlohe bei Erlangen. Der Schüler der Karlsruher und Münchner Kunstakademie wurde 1909 mit dem Villa Romana-Preis geehrt, verbunden mit einem einjährigen Aufenthalt in Italien.[105] Kein geringerer als Hans Thoma (1839–1924), Professor an der Großherzoglichen Kunstschule und Direktor der Kunsthalle in Karlsruhe, hatte ihn für die künstlerische Ausmalung der Christuskirche empfohlen.[106]

Schinnerer schuf auch die Zwickelbilder der Vierung, die über Leben und Wirken Christi berichten. Die vier Rundbilder zeigen die Heilung des Blinden, die Tempelreinigung, Jesus im Ährenfeld, Jesus und die Sünderin. Die Beschreibung von 1911 erläutert, dass die Motive den „segnenden", „zürnenden", „lehrenden" und „tröstenden" Christus vergegenwärtigen.[107] Unter den vier Szenen erscheint jeweils eine von Rankenornamenten umgebene nackte Menschengestalt, so als „windet sich ein Mensch in Dornenumstrickung".[108] Nicht nur Leben und Wirken Christi, auch die Sündhaftigkeit des Menschen wird hier thematisiert.

Das umfangreiche Bildprogramm findet seine Fortsetzung in den Ovalen der Farbglasfenster, in denen weitere Szenen aus dem Leben Christi wiedergegeben sind: Geburt, zwölfjähriger Jesus im Tempel, Taufe, Versuchung, sinkender Petrus, Verklärung, Christus und Nikodemus, Christus in der Wüste und die Salbung in Bethanien. Die beiden Glasbilder auf der Orgelempore beziehen sich auf David. Sie zeigen ihn mit König Saul und, als Bezug zur Orgelmusik, beim Dichten der Psalter. Die Glasgemälde wurden ebenfalls von Adolf Schinnerer entworfen, ausgeführt wurden sie vom Mannheimer Glasmaler Johann Kriebitzsch.

Das umfangreiche Bildprogramm des Innenraums berücksichtigt neben den biblischen Motiven auch die Reformatoren Martin Luther und Philipp Melanchthon. Beide stehen als Reliefs an den Pfeilern der Südemporen, so dass sie den Weg der Gemeindemitglieder zum Kirchenausgang flankieren. Die Reformatoren sind mit ihren Attributen, einer Nachtigall bei Luther und einer Eule bei Melanchthon, wiedergegeben. Die anderen Pfeiler schmücken symbolische Motive wie der Abendmahlskelch oder die Fische. Inschriften über den Türen der Vierungspfeiler runden die Themen der künstlerischen Ausgestaltung mit Bibelzitaten ab: „Jesus Christus gestern und heute der selbe in Ewigkeit", „Ich bin bei Euch alle Tage bis an der Welt Ende", „Wer mich siehet, der siehet den Vater", „Ich und der Vater sind eins".

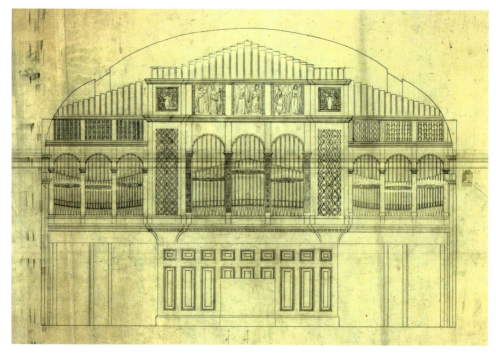

Entwurfszeichnung für den Orgelprospekt. Stadtarchiv Mannheim – ISG

All diese Details entsprechen der Konzeption des Kirchenbaus als Gesamtkunstwerk, in dem sich Architektur, Bildhauerei und Malerei zum eindrucksvollen Ganzen verbinden. Dazu zählen auch die mit hohem kunsthandwerklichen Anspruch gestalteten Ausstattungsstücke. Auf das Gestühl, die Chorwand, die Kanzel und den Altar wurde bereits verwiesen. Weitere bemerkenswerte Teile des Gesamtkunstwerks sind die Orgel auf der Nordempore und der in der Vierungskuppel aufgehängte Radleuchter. Zu letzterem vermerkt die Schrift von 1911: „Die künstliche Beleuchtung geht von einem Kronleuchter aus, welcher 12 große und 48 kleine Laternen trägt, die mit Osram-Lampen versehen sind."[109] Radleuchter erfüllten seit jeher die Funktion, große Kirchenräume zu beleuchten. Doch gewannen sie seit dem 11. Jahrhundert auch symbolische Bedeutung und wurden häufig mit zwölf Lampen ausgestattet, um die endzeitliche Vision des Himmlischen Jerusalem mit seinen zwölf Toren, wie es der Text der Offenbarung des Johannes schildert, zu versinnbildlichen. In Deutschland sind die letzten erhaltenen Exemplare aus romanischer Zeit der Barbarossa-Leuchter im Aachener Dom, der Hezilo- und Azelin-Leuchter in Hildesheim sowie der Hartwig-Leuchter im Kloster Comburg. Die Lichterkrone in der Christuskirche hat diese eindrucksvollen Beispiele mittelalterlicher Schmiedekunst zum Vorbild und übernimmt durch die an Türme erinnernden zwölf Lampen deren Symbolik. Damit einhergehend entspricht die Zahl von 48 kleinen Leuchten als Vielfaches der Zahl Zwölf der Zahlensymbolik der Offenbarung des Johannes. Auf dem Metallband sind die Tierkreisbilder dargestellt. Der prachtvoll gestaltete 2,5 t schwere und im Durchmesser 8,40 m große Leuchter erfüllt aber auch die Funktion eines Raumschmucks, der sich harmonisch in das kreisförmige Zentrum der Kirche einfügt.

„Die Orgel der Christuskirche ist zurzeit das bedeutendste und größte Orgelwerk Badens und eines der schönsten Deutschlands."[110] Dieses Lob des ersten Organisten der Christuskirche, Arno Landmann, lässt sich nicht nur auf die Klangschönheit des Instruments und seiner 7.869 Pfeifen, sondern auch auf die Gestaltung des Eichenholz-Gehäuses beziehen, welches durch die dreiteilige Gliederung an einen Altar erinnert und als weiteres Ausstattungsstück den Kirchenraum schmückt. Die fein ausgearbeiteten Schnitzereien greifen Elemente der Architektur auf Rundbögen korrespondieren mit den Fensterformen, während die Ornamente der Zierleisten auf die Gesimse der Kirchenwände Bezug nehmen. Weitere Details zeigen Pfeiler- und Kapitellmotive und floralen Dekor. Den Hauptschmuck bilden neben kunstvoll durchbrochenen Ornamentfeldern Reliefs mit musizierenden Engeln, die nach dem Entwurf Karl Albikers ausgeführt sind. Wie wir aus der Planungsgeschichte wissen, fiel die Orgel infolge der Erweiterung ihrer Register größer aus, als ursprünglich beabsichtigt, so dass der Anschluss des Gehäuses an die Seitenwände des Chors nur durch Einfräsungen in den Pilastern erreicht werden konnte. Auch ein Fernwerk, gespendet von Julia Lanz, wurde nachträglich in die Planung aufgenommen. Es befindet sich versteckt über der Eingangsempore; den Klang leiten Schallöffnungen im Vierungsgewölbe nach unten in den Kirchenraum.

Anders als vor 100 Jahren befindet sich heute auch auf der Südempore eine Orgel.[111] Sie wurde 1985 bei der dänischen Firma Marcussen & Sohn in Auftrag gegeben und konnte dank großzügiger Spenden am 8. Mai 1988 ihrer Bestimmung übergeben werden. Mit einer mechanischen Traktur für die Musik der Barockzeit ausgestattet, bereichert sie das kirchenmusikalische Leben, mit dem das Gotteshaus seit seiner Fertigstellung untrennbar verbunden ist. Hervorzuheben ist, dass man bei der Planung des Prospekts größten Wert auf die dem Stil der Kirche angepasste Gestaltung legte. Die Orgel sitzt zwischen den beiden äußeren Fenstern der Südempore und gibt durch ihren zur Mitte abgestuften Aufbau das Glasgemälde des mittleren Fensters frei, während die Kapitelle des Prospekts und die Schleierbretter die Stilelemente der Architektur reflektieren. So wie die Steinmeyer-Orgel darf die Marcussen-Orgel heute als Teil des Gesamtkunstwerks Christuskirche gelten.

Taufkapelle, Sakristei und Konfirmandensäle

Neben dem Kirchenraum sind auch die Taufkapelle, die Sakristei und die Konfirmandensäle wichtige Bestandteile des Gesamtwerks. Dass das Taufbecken nicht im Kirchenraum, sondern in einer eigens geschaffenen Kapelle hinter der Chorwand aufgestellt ist, könnte dem Wunsch der Gemeindemitglieder geschuldet sein, die Taufe in familiärem Rahmen zu feiern. Schrade wählte auch für diesen Raum eine an die Renaissance und das frühe Christentum erinnernde edle Gestaltung. Ihr besonderes Gepräge erhält die Kapelle außer durch die Pfeiler und Mosaikverkleidungen der Wände auch durch den Mosaikfußboden sowie das aus einem dunkelgrünen Marmorblock gehauene runde Taufbecken mit dem an antike Bildtraditionen anknüpfenden Relief zweier Fische und eines nackten Knaben.

Das Taufbecken ist in eine Apsis gestellt, von der wir wissen, dass sie von Anfang an zur Ausmalung vorgesehen war.[112] Nachdem das Fresko vor dem Ausbruch des Ersten Weltkriegs nicht mehr zustande kam, wurde es erst 1959 in Auftrag gegeben. Entworfen und ausgeführt wurde es von dem aus Würzburg stammenden und in der Münchner Akademie der Bildenden Künste ausgebildeten Maler Wolfgang Lenz (geb. 1925).[113] Sein Gemälde zeigt eine Quelle inmitten einer paradiesischen Landschaft. Lenz schuf auch die Bilder in den Lünetten der beiden Längswände. Im Süden ist Jesus mit Kindern und Müttern dargestellt, gegenüber erscheint Christus bei einem Bauernpaar während der Heuernte, ihn begleiten zwei junge Männer, hinter denen eine weitere Person zu erkennen ist, ein alter Mann, der an den damals 83-jährigen Christian Schrade erinnert – offenbar eine Würdigung des Architekten, der Zeit seines Lebens dem Bauwerk verbunden blieb. Alle drei Gemälde wurden von einem prominenten Mitglied der Gemeinde, Dr. Fritz Reuther, gestiftet.

Taufkapelle. Foto 1911 von G. Tillmann-Matter. Stadtarchiv Mannheim – ISG

Auch bei der Ausgestaltung der Sakristei wurde auf ein gediegenes und ansprechendes Erscheinungsbild Wert gelegt, wie die Wandvertäfelungen und Stichkappengewölbe sowie der kunstvoll gearbeitete Leuchter zeigen. Das Abendmahls- und Taufgerät von 1911 stammt von Ernst Riegel (1871–1939), einem renommierten Goldschmidt und Bildhauer, der 1906 an die Darmstädter Künstlerkolonie berufen wurde und sich außer mit profanen Werken auch als Schöpfer liturgischer Geräte einen Namen machte.[114] Bertha Diffené, geborene Bassermann und Witwe des Kommerzienrats Karl Diffené, stiftete die mit einem Efeuzweig geschmückte Taufschale. Einen der beiden Abendmahlskelche spendete Marie Reuther, Witwe des Ingenieurs und Firmengründers Carl Reuther.

Die beiden Konfirmandensäle sind jeweils 104 Quadratmeter groß und durch Wandvertäfelungen und Stuckdecken repräsentativ gestaltet. Darüber hinaus verfügen beide über eine technische Besonderheit: Eine Trennwand, die bei Bedarf in das Untergeschoss versenkt werden kann. Die Räume können so zu einem großen Saal vereinigt und „zusammen mit dem Vorraum und allen Nebenräumlichkeiten, Teeküche etc. bei den verschiedensten Anlässen im Gemeindeleben"[115] genutzt werden. Früher wurde die Wand durch einen handbetriebenen Mechanismus bewegt. Heute funktioniert dies auf elektrischem Weg. Über die Pfarrhäuser lesen wir in der Festschrift von 1911: „Die innere Einrichtung ist in gut bürgerlichem Sinne gediegen durchgeführt."[116]

Sakristei. Foto 1911 von G. Tillmann-Matter. Stadtarchiv Mannheim – ISG

Konfirmandensaal der Ostpfarrei. Foto 1911 von G. Tillmann-Matter. Stadtarchiv Mannheim – ISG

Kuppelturm mit Uhrwerk und Glockenstube

Dass die Christuskirche nicht nur in baukünstlerischer, sondern auch in konstruktiver Hinsicht bemerkenswert ist, zeigt der Dachraum, zu dem eine schmale Wendeltreppe in der Nordostecke der Kirche führt. Dort sind als besondere ingenieurtechnische Leistungen die Eisenbetonkonstruktion der Dächer und der gemauerte, nach oben sich verjüngende Unterbau des Turms sichtbar. Außerdem verbirgt sich im Dach als eine weitere Besonderheit das große Uhrwerk, welches die an den Außenseiten des Turms angebrachten vier Uhren antreibt. Es sitzt auf einer Betonplattform über

Querschnitt mit Kirchenraum und Kuppelturm, von Christian Schrade signiert und im Juli 1906 datiert. Stadtarchiv Mannheim – ISG

dem Vierungsgewölbe in einem Holzkasten von 3 m Länge, 1,50 m Breite und 2 m Höhe und geht auf den Heidelberger Uhrmachermeister Georg Schmuch zurück. Ursprünglich war es mit einem Schlagwerk für den viertelstündlichen Glockenschlag verbunden, der heute aber nicht mehr in Betrieb ist. Schon 1911 beschwerten sich Nachbarn, weil sie sich in ihrer Nachtruhe gestört fühlten. Hervorzuheben ist, dass nicht alle Anwohner diese Ansicht teilten. Viele lehnten in einer Petition eine Änderung an dem „schönen und melodischen Glockengeläut" ab.[117] Die evangelische Kirche ließ es auf einen Rechtsstreit ankommen, der schließlich zu einem Vergleich führte. In die Schallöffnungen wurden Läden eingebaut, die jeweils um 20 Uhr automatisch geschlossen und morgens um acht Uhr wieder geöffnet wurden. Heute beschränkt sich das Läuten der Glocken im Regelfall auf die Gottesdienste und den täglichen Glockenschlag mittags um 12 und abends um 19 Uhr.

Von der Plattform gelangt man über eine 6 m hohe Wendeltreppe in die Glockenstube, von der eine zweite, 22 m hohe Wendeltreppe zur Laterne führt. Aus der Planungsgeschichte wissen wir, dass die Kirchengemeinde auf ein kraftvolles und wohlklingendes Geläut großen Wert legte.[118] Nach eingehender Beratung, zu der man den Musikdirektor und Organisten der Mannheimer Trinitatiskirche, Albrecht Hänlein, hinzuzog, fiel die Entscheidung für fünf Bronze-Glocken in der Tonfolge $as°$, $b°$, $c´$, $es´$ und $f´$. Mit dem Guss wurde die Glockengießerei Bachert in Karlsruhe beauftragt, ein traditionsreiches, 1745 im Odenwald gegründetes Unternehmen, das seit 1904 auch in Karlsruhe vertreten war. Am 22. Februar 1909 berichtete der Mannheimer General-Anzeiger, dass „in allernächster Zeit" mit dem Guss der Glocken begonnen werde, so „daß jetzt ein besonders günstiger Augenblick für etwaige Stiftungen gekommen" sei. Durch Übernahme einer der Glocken könnten „edle Stifter ihren Namen im Zusammenhang mit diesem herrlichen Gebäude verherrlichen".[119] Die große As-Glocke stiftete Julia Lanz, Witwe des

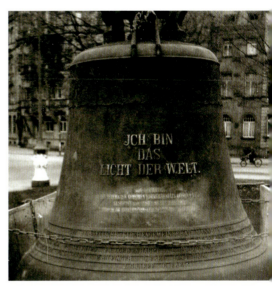

Entwurfszeichnung Christian Schrades für die Uhr an der Giebelseite. Stadtarchiv Mannheim – ISG

Glocke mit der Aufschrift „Ich bin das Licht der Welt" beim Abtransport im April 1942. Stadtarchiv Mannheim – ISG

Fabrikanten Heinrich Lanz, die auch das Fernwerk der Orgel spendete. Die F-Glocke finanzierten der Kirchenälteste Direktor Philipp Bohrmann und dessen Gattin. Jede der fünf Glocken erhielt eine Inschrift mit einem Christuswort: „Ich bin das Licht der Welt" (Joh. 8, 12), „Ich bin der Weg" (Joh. 14, 6), „Ich bin die Wahrheit" (Joh. 14, 6), „Ich bin das Leben" (Joh. 14, 6; 11, 25), „Dein Reich komme" (Vaterunser). Das Geläut war das größte seiner Art in Baden und galt als eines der schönsten in Süddeutschland. Allerdings musste es von Hand bedient werden. Nicht weniger als zwölf Mann waren nötig, um das Vollgeläut in Gang zu setzen. Aufgrund der damit verbundenen Personalkosten wurde 1922 eine elektrische Läutemaschine angeschafft.

Über dreißig Jahre erfreute der Klang der Glocken die Kirchengemeinde. Im April 1942 wurden jedoch die vier größten Glocken vom NS-Staat beschlagnahmt, um für Kriegszwecke eingeschmolzen zu werden. 1956 ermöglichten großzügige Spenden den Einbau neuer Glocken, die auf Beschluss des Ältestenrats wieder von der Glockengießerei Bachert in Karlsruhe und in gleicher Tonabstimmung wie das alte Geläut hergestellt wurden. Des harmonischen Zusammenklangs wegen wurde auch die kleine Glocke neu gegossen. Das ältere Pendant wechselte in die Friedenskirche. Die Familien Reuther und Boehringer spendeten die neue Es-Glocke. Die C-Glocke schenkte Heinrich Schloz. Nach dem Neuguss Anfang 1956 wurden die Glocken am 7. April mit Unterstützung der amerikanischen Besatzungsmacht nach Mannheim transportiert. Am 26. April 1956 läuteten erstmals wieder alle fünf Glocken zu einem Festgottesdienst.

Kriegsschäden und Instandsetzung nach 1945

„Ein dauerndes Denkmal der Bekenntnistreue der evangelischen Einwohnerschaft Mannheims soll der Bau immer sein."[120] Hoffnungsfroh blickte die Kirchengemeinde 1911 in die Zukunft. Doch nur drei Jahre nach der feierlichen Einweihung brach der Erste Weltkrieg aus. Mannheim wurde zum Ziel von Fliegerangriffen, in deren Folge verschiedene Gebäude von Bomben getroffen wurden. Die Christuskirche indes blieb von Schäden verschont. Alles in allem hielt sich die Bilanz der Zerstörung nach dem Ende des Ersten Weltkriegs noch in Grenzen.

Sehr viel dramatischer waren jedoch die Folgen des Zweiten Weltkriegs. Dem ersten Luftangriff am 5. Juni 1940 folgten über 150 Offensiven, die von so gewaltiger Zerstörungskraft waren, dass große Teile der Stadt in Schutt und Asche sanken. „Während der schlimmsten Bombardierung suchte die Kirchengemeinde zur Abhaltung von Gottesdiensten den Keller auf. Einmal fielen 40 Sprengbomben über der Kirche und allein auf den kleinen Rasenflächen vor der Kirche wurden 200 Brandbomben gezählt. Eine der Sprengbomben fiel an der nördlichen Außenmauer der Kirche herab. Wie durch ein Wunder wurde im Inneren niemand verletzt und die Kirche nicht zerstört". So berichtete später Pfarrer Dr. Wilhelm Weber, der die Geschicke der Ostpfarrei von 1933 bis 1958 lenkte. Ganze Wohngebiete wurden im Bombenhagel ausgelöscht, und

Blick über die Innenstadt Mannheims nach der Zerstörung im Zweiten Weltkrieg. Rechts im Hintergrund die Christuskirche. Foto von 1945. Stadtarchiv Mannheim – ISG

viele prachtvolle Bauwerke gingen verloren. Dagegen waren die Schäden an der Christuskirche vergleichsweise gering. Teile des Mauerwerks, die Steinmeyer-Orgel, das Auferstehungsgemälde und die Fenster wurden in Mitleidenschaft gezogen. Schwerer traf es jedoch die Nebengebäude. Das Pfarrhaus Werderplatz 16 und der dazugehörige Gemeindesaal brannten aus, und auch das Dach des zweiten Pfarrhauses wurde ein Opfer der Flammen. Zu den weiteren Verlusten in diesen Jahren zählten die 1942 zu Kriegszwecken beschlagnahmten Turmglocken.

Nach dem Krieg leitete Christian Schrade die Instandsetzung der Bauschäden. Er achtete auf die Wiederherstellung des alten Zustands, ersetzte aber das Mansarddach der Konfirmandensäle durch ein Vollgeschoss, um die Kirchendienerwohnung ausbauen zu können. Nach den ersten Bombenangriffen hatte die Gemeinde die bemalten Farbglasfenster im Keller verstaut. Als man sie nach dem Krieg wieder auspackte, stellte man fest, dass die Glasgemälde zwar gut erhalten waren, nicht aber die Ornamentfelder, so dass die Verzierungen 1953 durch einfachere und schlichtere Fassungen ersetzt wurden.[121] Drei Jahre später gelang mit dem Einbau des neuen Geläuts ein weiterer wichtiger Schritt, dem 1958 die Restaurierung des Auferstehungsgemäldes folgte. Diese schwierige Aufgabe vertraute man dem Mannheimer Maler und Meisterschüler der Karlsruher Akademie Carolus Vocke (1899–1979) an, der in den fünfziger Jahren auch für Wiederherstellung der zerstörten Deckengemälde im Mannheimer Schloss verantwortlich zeichnete.

Die Christuskirche mit beschädigtem Hauptgiebel und Teilverkleidung der Fenster, Foto um 1945. Stadtarchiv Mannheim – ISG

Sanierungen und andere Baumaßnahmen

Ende der siebziger Jahre stand die Frage einer umfassenden Innenrenovierung zur Diskussion. Im Juli 1979 wurde ein Bauausschuss einberufen, der sich für die Einbeziehung des Landesdenkmalamtes Karlsruhe aussprach, das nach der ersten Begehung die Denk-

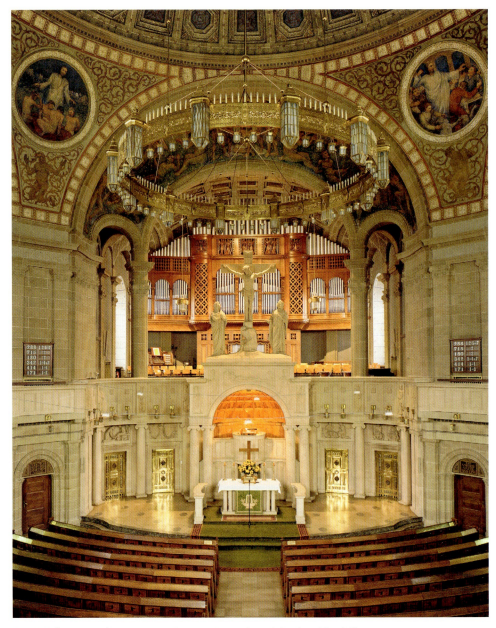

Der Kirchenraum heute. Foto: Renate J. Deckers-Matzko, Heidelberg

malwürdigkeit bestätigte. Die 1981 eingeleitete Sanierung erfolgte durch den Karlsruher Restaurator Horst Leyendecker. Die Gesamtleitung über alle Maßnahmen hatte der seit vielen Jahren für die Christuskirche tätige Architekt Kurt F. Müller inne.

Die Zwickelbilder der Vierung waren so gut erhalten, dass sie nur gesäubert und aufgefrischt werden mussten, um ihre alte leuchtende Farbigkeit wieder zu erhalten. Sehr viel schwieriger war die Sanierung des in Pastelltechnik auf Kalkputz aufgetragenen Auferstehungsgemäldes, das infolge der Übermalungen von 1958 an Reiz eingebüßt hatte. In mühsamer Arbeit gelang es dem Restaurator, die ursprüngliche Qualität wieder herzustellen. Auch die Säuberung und Wiederherstellung der Korkplatten in den Gewölben erfolgten mit Rücksicht auf die aufgemalten Ornamente mit größter Sorgfalt. Der Radleuchter und andere Metallarbeiten wurden von Kunstschmiedemeister Christian Traubel restauriert. Ihm oblag es auch, die Lampen im Eingang und in den Treppenhäusern nach alter Form von 1911 neu zu gestalten. Sämtliche Maßnahmen waren von der Intention geprägt, sich dem historischen Erscheinungsbild möglichst detailgetreu anzunähern. Da auch spätere Veränderungen rückgängig gemacht werden sollten, entschloss man sich zur Wiederherstellung der alten Fensterornamente. Die Heidelberger Glasmalerei-Werkstätte Meysen erhielt den Auftrag und nutzte als Vorlage für die Rekonstruktionen der Farben die gut erhaltenen Fenster der Orgelempore. Nach intensiver zweijähriger Arbeit konnte die bedeutende Sanierung 1983 abgeschlossen werden.

In der Chronik der weiteren Ereignisse verdient zunächst die 1986 anlässlich des 75-jährigen Kirchenjubiläums durchgeführte Umbaumaßnahme im Pfarrhaus der Ostpfarrei Erwähnung. Das Reutherzimmer, benannt nach dem 1980 verstorbenen Kirchenältesten Dr. Ing. Carl Reuther, wurde als Versammlungsstätte und Ausstellungsraum eingerichtet, in den ein Teil der erhaltenen Gipsmodelle und Pläne gelangte. 1987 wurde die

Kreuzigungsgruppe und Steinmeyer-Orgel. Foto: Renate J. Deckers-Matzko, Heidelberg

Auferstehungsgemälde über der Kreuzigungsgruppe. Foto: Renate J. Deckers-Matzko, Heidelberg

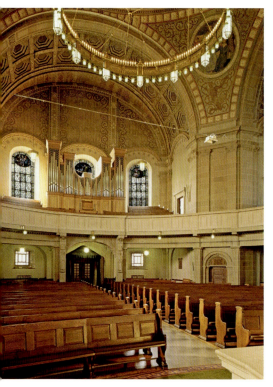

Blick auf die Südempore mit der neuen Marcussen-Orgel. Foto: Renate J. Deckers-Matzko, Heidelberg

bereits unter Denkmalschutz stehende Kirche aufgrund ihres überragenden kunst- und heimatgeschichtlichen Rangs zum „Kulturdenkmal von besonderer Bedeutung" erhoben, eine Auszeichnung, die das Gotteshaus mit anderen herausragenden Kulturdenkmälern wie dem Schloss, der Jesuitenkirche oder den Friedrichsplatzbauten gleichstellte. 1988 erfolgte der bereits erwähnte Einbau der Marcussen-Orgel über der Südempore. Ein Jahr später wurde mit der dringend notwendigen Sanierung sämtlicher Fassaden und Skulpturen des Außenbaus begonnen. Diese Maßnahme wurde von Peter Klett, Architekt des Bauamtes der evangelischen Gesamtkirchengemeinde, geleitet. Vordringlich war die Rettung der zwölf Apostel auf dem Turmumgang, da die Schadstoffbelastung der Luft dem Kalkstein schwer zugesetzt hatte. Auch der Erzengel auf der Kuppelspitze hatte unter Wind und Wetter gelitten, außerdem wies er Beschädigungen aus der Zeit des Zweiten Weltkriegs auf. Nach seiner Restaurierung durch Christian Traubel wurde er am 26. Mai 1992 mit Hilfe eines Helikopters wieder auf seinen 65 m hohen Standort gesetzt.

Nach dem Abschluss der Außensanierung reifte die Idee, das Bauwerk auch nachts ins rechte Licht zu rücken. Die Konzeption für die Beleuchtung entwickelte Günther Kehrberger, früher Obermeister der Elektroinnung und Mitglied des Ältestenkreises der Gemeinde. Er plante keine frontale, sondern eine in die Architektur des Gebäudes integrierte Beleuchtung. Axel Kehrberger zeichnete für die Realisierung verantwortlich, die dank großzügiger Spenden 2001, zum neunzigjährigen Bestehen der Kirche, realisiert werden konnte. 56 Hochdrucklampen und Leuchten sind an das Gebäude unsichtbar unterhalb des Kuppelturms montiert. Sie strahlen vertikal nach oben, betonen so die Höhenausdehnung des Turms und verleihen der Kirche weithin sichtbar ein stimmungsvolles nächtliches Erscheinungsbild.

Das 400-jährige Stadtjubiläum schließlich wurde zum Anlass genommen, die sogenannte Schradestube zu sanieren und mit einer kleinen Ausstellung über Leben und Werk des Architekten auszustatten. Das kleine Turmzimmer in der Nordostecke der Kirche diente Christian Schrade über viele Jahre als Depot, in dem er Pläne und Modelle der Christuskirche und Entwürfe anderer Bauten aufbewahrte. 2003 konnten mit

Unterstützung des Mannheimer Architektur- und Bauarchivs rund 2.800 Einzelblätter geborgen werden. Sie wurden als Depositum dem Stadtarchiv Mannheim – Institut für Stadtgeschichte übergeben, wo sie wissenschaftlich erschlossen, verzeichnet und digitalisiert wurden, um sie so auch der Öffentlichkeit zugänglich zu machen.

Auch die Verbesserung der Innenbeleuchtung, die Errichtung eines barrierefreien Zugangs und die Sanierung des Werderplatzes standen in den letzten Jahren auf der Agenda der Kirchengemeinde. Die neue Innenbeleuchtung wurde 2007 ihrer Bestimmung übergeben. Unter Berücksichtigung des Denkmalschutzes tauschten die Heidelberger Licht-Designer Belzner Holmes die alten Lichtquellen gegen leistungsstärkere und sparsamere Leuchtmittel aus und fügten an versteckten Stellen neue Strahler ein. Seitdem ist nicht nur der Kirchenraum in helleres Licht getaucht, auch die Kassettengewölbe mit ihren Malereien sowie der Altarbereich und die Kreuzigungsgruppe kommen nun besser als je zuvor zur Geltung. Der barrierefreie Zugang nach Entwurf der Evangelischen Kirchenverwaltung, Abteilung Bau und Liegenschaften, entstand 2009 im Bereich der westlichen Außenanlage. Im Spätjahr 2010 konnte der Werderplatz instand gesetzt werden. Rund 2.000 Steine, die sich im Lauf der Zeit gelockert hatten, wurden gereinigt und neu verlegt.

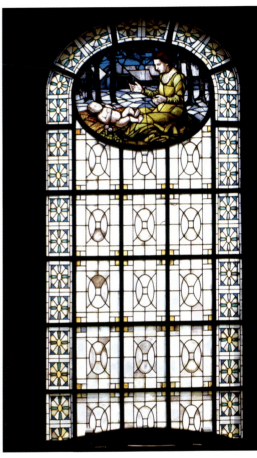

Glasgemälde auf der Südempore mit der Darstellung der Geburt Christi. Foto: Foto-Hauck-Werbestudios, Mannheim

Alle diese Maßnahmen erfolgten in enger Zusammenarbeit mit dem Denkmalschutz, der selbstverständlich auch in die jüngste Baumaßnahme eingebunden ist. Denn zwanzig Jahre nach der Renovierung des Außenbaus wurden wieder Mauerwerksschäden entdeckt, so dass Teile des Gebäudes zum Zeitpunkt der Abfassung dieses Berichts wieder mit Baugerüsten umstellt sind. Die Schäden sollen zur Feier des 100-jährigen Bestehens der Kirche behoben, die Gerüste wieder entfernt sein. Derweil hat ein Gemeindemitglied angeregt, die Laterne mit der Skulptur des Erzengels Michael in die nächtliche Beleuchtung der Kirche einzubeziehen. Dieser Vorschlag ist neben den Restaurierungs- und Instandhaltungsmaßnahmen der letzten Jahre ein weiterer Beleg für die allgemein hohe Wertschätzung des Bauwerks.

Der Gemeinde ist die Erhaltung und Pflege des historischen Erscheinungsbildes zur Verpflichtung geworden. So dürfen wir davon ausgehen, dass die Christuskirche als Monument des Glaubens, als liturgischer Ort und als Gesamtkunstwerk noch weit über das Jubiläumsjahr 2011 hinaus ihre einzigartige Wirkung entfalten wird.

Außenansicht mit Blick auf die Hauptfassade. Foto: Katrin Schwab, Stadtarchiv Mannheim – ISG

Anmerkungen

1. General-Anzeiger vom 30.9.1911.
2. Christuskirche Mannheim, 1. Oktober 1911, gedruckt in der Hofbuchdruckerei Max Hahn & Co., Mannheim [1911]. Die Fotografien, einzigartige Zeugnisse der Christuskirche zum Zeitpunkt ihrer Fertigstellung, stammen aus dem Atelier des Mannheimer Fotografen Tillmann-Matter.
3. Ebd. S. 19, 23.
4. Ebd. S. 5.
5. Herbert Wäldin: Christuskirche Mannheim 1911–1961, Mannheim 1961, S. 7.
6. Siehe Andreas Schenk: Oststadt, Oststadterweiterung und Neuostheim, in Ferdinand Werner: Mannheimer Villen, Bürgerliche Architektur und Wohnkultur in den Quadraten und der Oststadt, Worms 2009, S. 104–120.
7. Wäldin (wie Anm. 5) S. 7.
8. Christuskirche 1911 (wie Anm. 2) S. 5.
9. Ebd. S. 5.
10. Wäldin (wie Anm. 5) S. 8.
11. Christuskirche 1911 (wie Anm. 2) S. 11.
12. Ebd. S. 5.
13. Wäldin (wie Anm. 5) S. 8.
14. Verwaltungsbericht Mannheim 1903/1904, S. 318.
15. Christuskirche (wie Anm. 2) S. 7.
16. Ebd. S. 7.
17. Der Wortlaut des „Eisenacher Regulativs" u.a. bei Carl Clemen: Quellenbuch zur praktischen Theologie, Bd. 1, Gießen 1910, S. 180–190. Gerhard Langmaack: Evangelischer Kirchenbau im 19. und 20. Jahrhundert. Geschichte - Dokumentation - Synopse, Kassel 1971, S. 272 f.
18. Der Wortlaut des „Wiesbadener Programms" u.a. bei Clemen (wie Anm. 17) S. 190 und Langmaack (wie Anm. 17) S. 276.
19. Deutsche Bauzeitung 25, 1891, S. 251–258.
20. Vgl. Elke Flentge (Hrsg.): Ringkirche Wiesbaden 1894–1994, Wiesbaden 1994.
21. Vgl. Deutsche Konkurrenzen 1900, S. 231; Deutsche Konkurrenzen, Bd. 12, 1901, S. 1.
22. Christuskirche 1911 (wie Anm. 2) S. 7.
23. Udo Wennemuth: Geschichte der evangelischen Kirche in Mannheim, hrsg. vom Stadtarchiv Mannheim (Quellen und Darstellungen zur Mannheimer Stadtgeschichte), Sigmaringen 1996, S. 181–189.
24. Christuskirche 1911 (wie Anm. 2) S. 7, 9.
25. Wäldin (wie Anm. 5) S. 9.
26. Der in Mannheim geborene Behagel (auch Behaghel geschrieben) schuf unter anderem die evangelischen Kirchen der Mannheimer Vororte Wallstadt (1868–1871), Seckenheim (1867–1869), Neckarau (1891–1893), Friedrichsfeld (1901–1902) und Waldhof (1907–1908).
27. Zu Uhlmann vgl. Michael Ruhland: Gustav Uhlmann, Richard Perrey und das städtische Hochbauamt, in Badische Kommunale Landesbank (Hrsg.): Jugendstil - Architektur um 1900 in Mannheim, Mannheim 1986, S. 121–154.
28. Wennemuth (wie Anm. 23) S. 182.
29. Bauzeitung für Württemberg, Baden, Hessen, Elsass-Lothringen 4. Jg., 20. April 1907, Nr. 16, S. 121.
30. Christuskirche 1911 (wie Anm. 2) S. 9.
31. Bauzeitung 1907 (wie Anm. 29) S. 121.
32. Ebd.
33. Christuskirche 1911 (wie Anm. 2) S. 9.
34. Zu Otzen vgl. Künstlerlexikon Thieme-Becker 26, S. 95.
35. Vgl. Paul-Georg Custodis: Die evangelische Christuskirche in Mainz (Rheinische Kunststätten Heft 264), Neuss 1982, Abb. S. 6.
36. Zu Schilling & Graebner vgl. Künstlerlexikon Thieme-Becker 14, S. 574f.; ebd. 30, S. 170; R. Kube: Schilling und Graebner, Bd. 2, S. 143. Zum Entwurf für Mannheim: ebd. 37, 1903, S. 668; Deutsche Bauzeitung 38, 1904, S. 324; Moderne Bauformen 5, 1906, Taf. 42, 43, S. 195.
37. Zu Schwechten vgl. Künstlerlexikon Thieme-Becker 30, S. 371; Peer Zietz: Franz Heinrich Schwechten. Ein Architekt zwischen Historismus und Moderne, Stuttgart und London 1999.

38 Zu Billing & Stober vgl. Gerhard Kabierske: Der Architekt Hermann Billing (1867–1946), Leben und Werk, Karlsruhe 1996.
39 Christuskirche 1911 (wie Anm. 2) S. 9.
40 Zu Josef Durm vgl. Wulf Schirmer: Josef Durm und das Gebäude der Badischen Kommunalen Landesbank, in: Badische Kommunale Landesbank (Hrsg.): Jugendstil – Architektur um 1900 in Mannheim, Mannheim 1986, S. 100–120; Künstlerlexikon Thieme-Becker 10, S. 219.
41 Zu Reinhardt vgl. Künstlerlexikon Thieme-Becker 28, S. 128.
42 Wäldin (wie Anm. 5) S. 10.
43 Vgl. Deutsche Konkurrenzen 22, 1901, S. 1–9 mit Abb. S. 9.
44 Wie Anm. 17.
45 Deutsche Bauzeitung 46. Jg., Nr. 20, 9.3.1912, S. 188–190, hier S. 188. Vgl. ebd. Nr. 19, 6. März 1912, S. 177–181.
46 Bauzeitung 1907 (wie Anm. 29) S. 122.
47 Ebd. S. 121.
48 Christuskirche 1911 (wie Anm. 2) S. 9.
49 Vgl. hierzu Wäldin (wie Anm. 5) S. 66–69 und Wennemuth (wie Anm. 23) S. 186f.
50 Zu Leben und Werk Schrades: Stadtarchiv Mannheim – ISG, Zeitgeschichtliche Sammlung ZGS S 1/ 747 (darin Presseberichte u. a. von 1930, 1954 und 1964). Weitere Hinweise aus Meldeunterlagen in Mehrstetten und Mannheim sowie den Adressbüchern der Städte Stuttgart, Mannheim und Heidelberg.
51 Ausstellungskatalog Baukunstausstellung Mannheim, veranstaltet vom Bund Deutscher Architekten, Ortsgruppe Mannheim vom 17. April bis 1. Juni 1909, Mannheim 1909.
52 Mannheimer Morgen 14.4.1964.
53 Ebd., Todesanzeige des Bundes Deutscher Architekten BDA, Kreisgruppe Mannheim.
54 Christuskirche 1911 (wie Anm. 2) S. 11.
55 Eine Nachricht hierzu im General-Anzeiger 20.3.1906.
56 Christuskirche 1911 (wie Anm. 2) S. 13.
57 Ebd. S. 27.
58 General-Anzeiger 2.7.1906.
59 Ebd. 11.12.1906.
60 Ebd. 31.7.1906.
61 Ebd. 30.7.1906.
62 Wäldin (wie Anm. 5) S. 12.
63 Ebd. S. 11.
64 General-Anzeiger 30.7.1906.
65 Ebd.
66 Wäldin (wie Anm. 5) S. 11.
67 General-Anzeiger 31.7.1906.
68 Ebd.
69 Wäldin (wie Anm. 5) S. 13.
70 Christuskirche 1911 (wie Anm. 2) S. 5.
71 Ebd. S. 9.
72 General-Anzeiger 9.9.1907.
73 Ebd. 9.12.1908.
74 Christuskirche 1911 (wie Anm. 2) S. 43.
75 Ebd.
76 Ebd. S. 27.
77 Ebd. S. 29.
78 Wäldin (wie Anm. 5) S. 25.
79 General-Anzeiger 30.9.1911.
80 Zitiert nach Rudolf Günther, Kurt F. Müller: 75 Jahre Christuskirche Mannheim 1911–1986. Festschrift, Mannheim 1986, S. 18.
81 General-Anzeiger 2.10.1911.
82 Christuskirche 1911 (wie Anm. 2) S. 46.
83 Wäldin (wie Anm. 5) S. 48.
84 Ebd.
85 Christuskirche 1911 (wie Anm. 2) S. 13.
86 Ebd. S. 13.
87 Ebd. S. 13, 15.
88 Ebd.
89 Ebd.
90 Zu Albiker vgl. Künstlerlexikon Thieme-Becker 1, S. 227; u. a. auch Sigrid Walther: Karl Albiker 1878–1961, Plastik – Zeichnung, Ausstellungskatalog, Dresden 1996.
91 Christuskirche 1911 (wie Anm. 2) S. 17. Das Relief wurde „Rembrandts 100-Gulden-Blatt in Stein" genannt, so Wäldin (wie Anm. 5) S. 19.
92 Zu Habich vgl. Künstlerlexikon Thieme-Becker 15, S. 401; Peter Weyrauch: Der Bildhauer Ludwig Habich (1872–1949). Hessische Historische Kommission, Darmstadt 1990.
93 Christuskirche 1911 (wie Anm. 2) S. 15.
94 Zu Gerstel vgl. Künstlerlexikon Thieme-Becker, 13, S. 484. Außerdem Hans H. Hofstätter (Hrsg.): Wilhelm Gerstel

Anmerkungen

1879–1963, Plastisches u. grafisches Werk, Ausst.-Kat. Augustinermuseum Freiburg, Freiburg i. Br. 1979.
95 Zu Taucher vgl. Künstlerlexikon Thieme-Becker 32, S. 472.
96 Christuskirche 1911 (wie Anm. 2) S. 19.
97 General-Anzeiger 2.10.1911.
98 Christuskirche 1911 (wie Anm. 2) S. 19.
99 Zur Rezeption antiker Baukunst vgl. auch den Aufsatz von Reinhard Stupperich: Antikenrezeption zwischen Neobarock und Jugendstil bei der Gestaltung der Christuskirche in Mannheim vor einhundert Jahren, in: THETIS (Mannheimer Beiträge zur klassischen Archäologie und Geschichte Griechenlands und Zyperns) Bd. 18, 2011.
100 Christuskirche 1911 (wie Anm. 2) S. 19.
101 General-Anzeiger 2.10.1911.
102 Zu Hoffart (in der Festschrift von 1911 S. 21 Hoffarth geschrieben) vgl. Künstlerlexikon Thieme-Becker 17, S. 245.
103 Christuskirche 1911 (wie Anm. 2) S. 21.
104 Friedrich Burrer: Christuskirche Mannheim-Oststadt (Schnell Kunstführer Nr. 2582), Regensburg 2005, S. 11. Hierzu auch Wilhelm Weber: Führer durch die Christuskirche Mannheim, o.J. [um 1950], S. 6f.
105 Zu Schinnerer vgl. Künstlerlexikon Thieme-Beckcr 30, 1936, S. 84; Hans Vollmer (Hrsg.): Allgemeines Lexikon der Bildenden Künstler des 20. Jahrhunderts, Bd. 4 der Studienausgabe, Leipzig 1999, S. 188.
106 Wäldin (wie Anm. 5) S. 30.
107 Christuskirche 1911 (wie Anm. 2) S. 21.
108 Weber (wie Anm. 104) S. 5.
109 Ebd. S. 25.
110 Zitiert aus Günther, Müller (wie Anm. 80) S. 30.
111 Zur Marcussen-Orgel vgl. Evangelische Christuskirche Mannheim (Hrsg.): Die Orgeln der Christuskirche, Mannheim [1988].
112 Christuskirche 1911 (wie Anm. 2) S. 25.
113 Wäldin (wie Anm. 5) S. 50. Zu Lenz siehe u. a. Hanswernfried Muth: Der Maler Wolfgang Lenz, in Mainfränkische Hefte 64, 1976.
114 Zu Riegel vgl. Vgl. Carl Benno Heller, Wolfgang Glüber: Ernst Riegel. Goldschmied zwischen Historismus und Werkbund Heidelberg 1996.
115 Christuskirche 1911 (wie Anm. 2) S. 25.
116 Ebd.
117 Hierzu Wäldin (wie Anm. 5) S. 46f.
118 Vgl. Günther, Müller (wie Anm. 80) S. 23–26.
119 General-Anzeiger 22.2.1909.
120 Christuskirche 1911 (wie Anm. 2) S. 29.
121 Vgl. Günther, Müller (wie Anm. 80) S. 35f. mit Abbildung eines Fensters in der Fassung der 1950er Jahre.

B. Gemeinde

1. Die Gemeinden an der Christuskirche von den Anfängen bis zu ihrer Vereinigung (1911–1998)
Udo Wennemuth

Die Errichtung der beiden Pfarreien in der Oststadt

Seit der Mitte des 19. Jahrhunderts setzte in Mannheim ein starkes Wachstum der Bevölkerung ein, das sich nach 1880 noch einmal deutlich beschleunigte.[1] In dieser Zeit überschritt die Stadtentwicklung den Ring. In der Arbeitersiedlung der Neckarstadt war seit 1871 eine kirchliche Betreuung („Pastoration") notwendig geworden, die seit 1875 durch ein selbstständiges Vikariat und seit 1888 als eigenständige Pfarrei organisiert war, womit eine umfassende Strukturreform in der Kirchengemeinde Mannheim angemahnt wurde, die freilich erst im Jahre 1900 umgesetzt werden konnte; 1905 wurde in der Neckarstadt schließlich eine zweite Pfarrstelle errichtet. Auch südlich der Bahnlinie waren etwa seit 1870 mit den Fabrikanlagen neue Wohnsiedlungen entstanden, die sich bald bis zum Rhein hin ausdehnten. Zunächst noch von der Schwetzingerstadt aus betreut, entstand auf dem Lindenhof 1904 ein eigener Pfarrbezirk. Nach Osten hin und entlang der Bahnlinie hatte sich als eine weitere Arbeitervorstadt seit den 1850er Jahren die Schwetzingerstadt entwickelt, die rasch wuchs, so dass sie schließlich 1889 einen eigenen Vikar erhielt; 1892 trat Ernst Lehmann seinen Dienst in diesem Stadtteil an, der sich zum „sozialen" Pfarrer in Baden schlechthin entwickeln sollte und die soziale Verantwortung der Kirche in Tat und Schrift anmahnte. Lehmann wurde später als Nachfolger Kleins Pfarrer an der Lutherkirche in der Neckarstadt.

Hiervon deutlich unterschieden war die Entwicklung in der „Oststadt", einem weiteren Terrain der Stadtentwicklung um 1900. Während sich die drei zuvor genannten Stadtteile als Wohn- und Arbeitsstätten einer dem unteren und mittleren sozialen Segment zuzurechnenden Bevölkerung rasch entwickelten, wurde für die Oststadt als künftiger Wohnraum der oberen sozialen Schichten auch ein beson-

Pfarrer Mayer begrüßt mit einer großen Menschenmenge und unter Beteiligung amerikanischer Soldaten das Eintreffen der neuen Glocken am 7. April 1956. Pfarramt an der Christuskirche

derer städtebaulicher Akzent beabsichtigt, ausgehend von dem Jugendstilensemble des Friedrichsplatzes und der „Magistrale", der Augustaanlage. In dieses städteplanerische Konzept war nach angestrengten Bemühungen des Kirchengemeinderates um einen geeigneten Bauplatz auch der Standort einer repräsentativen Kirche, der Christuskirche, einbezogen.[2] Bereits 1889 hatte der Kirchengemeinderat den Erwerb eines geeigneten Geländes für den Bau einer evangelischen Kirche in der Nähe des Wasserturms hinter der Luisenschule (heute: Max-Hachenburg-Schule), also dort wo heute die Kunsthalle steht, in den Blick genommen und in zahlreichen weiteren Sitzungen dieses Gremiums diskutiert; nach dem Bau der katholischen Heilig-Geist-Kirche auf einem benachbarten Grundstück verzichtete der Kirchengemeinderat auf diesen Baugrund. Als man sich schließlich 1898 mit der Stadt auf den Erwerb eines Baugrunds auf dem Werderplatz verständigt hatte, war der endgültige Standort für die neue „Zukunftskirche" (auch „Werderkirche" genannt) der Oststadt gefunden, auch wenn der Bau selbst noch in weiter Ferne stand. Immerhin war man von Seiten der Kirchengemeinde die Verpflichtung eingegangen, mit dem Bau der neuen Kirche bis zum 1. Mai 1904 zu beginnen. Auch wenn die ursprünglichen gigantischen Pläne bald erheblich reduziert wurden, nahm die Kirchengemeinde Mannheim mit der Bauzusage eine immense finanzielle Belastung auf sich, denn vor oder gleichzeitig mit dem Bau der bald nach der Ausschreibung nun endgültig so genannten Christuskirche (der Name taucht erstmals im Protokoll der Sitzung des Kirchengemeinderates vom 16. März 1904 auf) waren Bauvorhaben von Kirchen in anderen Stadtteilen umzusetzen: 1904 der Bau der Johanniskirche auf dem Lindenhof, im gleichen Jahr die Umsetzung der alten „Friedenskirche" nach Rheinau, 1906 die Bauten der Friedenskirche in der Schwetzingerstadt und der Lutherkirche in der Neckarstadt sowie 1907 der Bau der Pauluskirche auf dem Waldhof.

Die Einteilung der Mannheimer Pfarrbezirke (Sprengel) vor 1911. Kirchen-Kalender für die evangelisch-protestantische Gemeinde in Mannheim auf das Jahr 1908. Landeskirchliches Archiv Karlsruhe

Planung und Verwirklichung des Baues der neuen repräsentativen Stadtkirche Mannheims müssen an dieser Stelle nicht weiter ausgeführt werden. Doch sind einige für die Entwicklung der Gemeinde interessante Beobachtungen anzuschließen:

In der Oststadt ist der für Mannheim einmalige Fall festzuhalten, dass eine Kirche geplant und gebaut wurde, bevor überhaupt eine Gemeinde vorhanden war. Bei allen anderen Stadterweiterungen waren die neu entstehenden Gemeinden zum Teil über viele Jahre von der Kirchengemeinde mit Hilfe von Vikaren „pastorisiert" worden, hatten schließlich eine „Notkirche" erhalten, ehe nach der Einführung der Sprengeleinteilung in Mannheim im Jahre 1900 der Bau von „würdigen" Gotteshäusern in diesen Gemeinden ermöglicht wurde.

Die im Jahre 1904 angesetzte Bausumme von 900.000 Mark war während der Planungsphase bereits auf 1.166.000 Mark angestiegen. Die letztendlich abgerechneten Baukosten lagen dann freilich um eine halbe Million Mark höher bei zusammen 1.665.255,31 Mark. Damit lagen die Baukosten für die Christuskirche um das Dreifache höher als bei den übrigen durchaus auch repräsentativen Kirchenbauten der Zeit oder anders ausgedrückt: Der Bau der Christuskirche verschlang den gleichen Betrag wie die Bauten der Friedenskirche, der Johanniskirche und der Lutherkirche zusammen.

Niemand hat die Höhe der Kosten letztlich kritisiert. Es bestand im Kirchengemeinderat offenbar Konsens darüber, dass die Kirchengemeinde Mannheim diese neue repräsentative Kirche in dem neuen repräsentativen Stadtteil Mannheims brauchte. Natürlich gab es vereinzelt auch kritische Stimmen. Doch letztlich setzte sich das Bedürfnis nach einer Selbstinszenierung des Protestantismus in der badisch-pfälzischen Metropole durch. Anspruch und Ausstattung des Kirchenbaus entsprachen durchaus dem Wesen des durch Bildung und wirtschaftliche Kraft verkörperten „Kulturprotestantismus". Nicht zufällig erfolgte die Grundsteinlegung für die Kirche im Rahmen des Jubiläumsprogramms der Stadt anlässlich ihrer 300. Geburtstagsfeier.

Die Baumaßnahme der Christuskirche hat trotz einer Erhöhung der Ortskirchensteuer die Leistungsfähigkeit der Kirchengemeinde Mannheim erschöpft. Damit etablierte sich die neue „reiche" Gemeinde in der Oststadt mit ihrem Kirchenbau zu Lasten des inneren Gesamtausbaus der Kirchengemeinde Mannheim. Hier wurde Geld eingesetzt, das für den Bau weiterer Kirchen, Pfarrhäuser und Gemeindehäuser fehlte. So musste etwa der Bau der Melanchthonkirche bis in die 1920er Jahre aufgeschoben werden. Es kann allerdings nicht behauptet werden, dass das Geld für die Christuskirche den Armen vorenthalten wurde. Das diakonische Engagement der evangelischen Kirche[3] war in dieser Zeit noch weitestgehend auf Vereinsbasis begründet, und es war nicht zuletzt ein hohes, durchaus auch paternalistisch zu verstehendes Verantwortungsbewusstsein der „Wirtschaftselite", das Mittel für soziale Belange im Zuge eines als Verpflichtung empfundenen Mäzenatentums zur Verfügung stellte.

Der Bau der Christuskirche ist ein Werk und ein Opfer der Gesamtkirchengemeinde Mannheim. Darin zeigt sich von Anfang an die enge Wechselbeziehung zwischen der Christuskirche und ihren Gemeinden und der Gesamtgemeinde. Denn Repräsentationskirche war die Christuskirche schließlich nicht für die Oststadtgemeinde, sondern eben für die Gesamtheit der Evangelischen in Mannheim. Das konnten die ehrwürdigen Kirchen der Innenstadt, Trinitatis und Konkordien, offensichtlich nicht leisten, auch wenn die Konkordienkirche die Dekanatskirche in Mannheim blieb. Denn im Selbstbewusstsein des protestantischen Großbürgertums - und im Wettbewerb mit der katholischen Kirche - benötigte die Stadt ein kirchliches Zentrum, das den Großbauten der katholischen Kirche Paroli bieten konnte.

Im Blick bleiben müssen ferner zwei weitere Prämissen: Die Christuskirche ist von ihrer Idee und ihrem inneren Aufbau her als Predigtkirche konzipiert, was natürlich auch einen besonderen Anspruch an die Pfarrer (und künftig vielleicht auch einmal Pfarrerinnen) der Kirche stellt, und zugleich - und gewissermaßen als Kontrapunkt - ist sie auch als Stätte der Pflege der Kirchenmusik vorausgedacht. Auch dies ist ohne den kulturprotestantisch begründeten Anspruch des Kirchenprojekts Christuskirche nicht denkbar. Ironie des Schicksals ist hierbei, dass eine um 1911 bereits im Niedergang befindliche Geisteshaltung einen durch und durch modernen Aspekt der Gestaltung evangelischen Gemeindelebens mit formulierte, der ästhetische Anforderungen mit dem Anspruch von Bildung und Kultur in Einklang brachte und Menschen auch jenseits einer engeren Gemeindebindung ansprach.

So sehr ein Kirchenbau eine Gemeinde auch prägen kann, und dies darf gerade auch mit Blick auf die Zustände an der Mannheimer Christuskirche geltend gemacht werden: Entscheidend ist letztlich nicht die Hülle des Bauwerks, sondern das, was sie füllt, das Leben der Gemeinde.[4] Wir haben bereits feststellen müssen, dass die Gemeinde in ihrem Entstehungsprozess den Planungen für die Kirche durchaus nachgeordnet war. Noch bis kurz vor der Einweihung der Kirche standen Zustand und Zuschnitt ihrer Gemeinde noch vollkommen im Unklaren. Ursprünglich war an der Christuskirche - zunächst - nur eine Pfarrei vorgesehen. Noch am 18. Januar 1911 beschloss der Kirchengemeinderat, von der Errichtung einer neuen Pfarrei an der Christuskirche abzusehen. Stattdessen sollte die erste Pfarrei der Friedenskirche mit ihrem Pfarrer Hans Hoff und ihren 9.222 Seelen von der Friedenskirche losgelöst und der Christuskirche neu zugeordnet werden. Damit wäre aber - außer der Umorientierung beinahe der Hälfte der Gemeindeglieder zu einer neuen Gottesdienststätte - keine Verbesserung erreicht worden, denn auch an der Friedenskirche wäre mit über 9.800 Gemeindegliedern eine übergroße Gemeinde verblieben. Es ist sicherlich nicht von der Hand zu weisen, dass der Bau der Christuskirche die Gemeinde finanziell so erschöpft hatte, dass sie den Verzicht auf eine zweite Pfarrstelle an der Christuskirche - ein zweites Pfarrhaus war ja bereits vorhanden - als unausweichlich ansehen musste.

Doch letztlich spielten die finanziellen Argumente bei der Formierung der neuen Gemeinde an der Christuskirche nur eine untergeordnete Rolle. Überlagert wurden die

Sparabsichten des Kirchengemeinderats nämlich durch die mächtigeren Interessen der kirchenpolitischen Parteien. Hoff war bekanntlich der Pfarrer in Mannheim mit der kürzesten Dienstzeit vor Ort, der damit in der sehr bewusst gepflegten Hierarchie der Geistlichen an letzter Stelle stand: Sollte ausgerechnet ihm die potenziell angesehenste Pfarrstelle an der neuen Repräsentationskirche überlassen werden? Hoff hatte nämlich einen einflussreichen Konkurrenten erhalten, der sich auf eine breite Unterstützung in den höheren bürgerlichen Kreisen berufen konnte: Paul Klein. Klein, seit 1905 Pfarrer an der Lutherkirche, war ursprünglich einer der wenigen Kritiker des Baus der Christuskirche gewesen. Doch mit dem Näherrücken ihrer Fertigstellung trat die überragende Bedeutung dieser Kirche für Mannheim immer deutlicher hervor. Diese Predigtstätte durfte nicht einem Arbeiterpfarrer – immerhin war Hoff promovierter Theologe! – überlassen bleiben. Andererseits konnte man Hoff seine berechtigten Ansprüche kaum streitig machen, denn es war seine Pfarrei, die der Christuskirche zugeordnet wurde.

Der vorprogrammierte Konflikt wurde vermieden, indem man an der Christuskirche doch zwei Pfarrstellen errichtete. So konnten die unabweislichen Rechte Hoffs gewahrt werden, ohne die mit einer breiten Unterstützung durch das „Bildungs- und Besitzbürgertum" vorgetragenen Ansprüche Kleins abweisen zu müssen. Dass damit erhebliche Folgekosten verbunden waren – denn der Präzedenzfall „Christuskirche" ließ sich nicht von den übrigen Mannheimer Bedürfnissen trennen –, die nur mit einer Erhöhung der örtlichen Kirchensteuer zu realisieren waren, war den verantwortlichen Entscheidungsträgern bewusst, erschien mit Blick auf die Erhaltung des kirchlichen Friedens in der Stadt jedoch gerechtfertigt.

Das Ergebnis der Verhandlungen in den Gemeindegremien lässt sich wie folgt zusammenfassen:

Es wurden in Mannheim zwei neue Pfarrstellen (an Christus und Luther) errichtet sowie auch zwei Vikariate neu eingerichtet (ebenfalls an Christus und Luther); es wurde eine Neueinteilung der Pfarrsprengel vorgenommen, wobei die Abgrenzung zu Konkor-

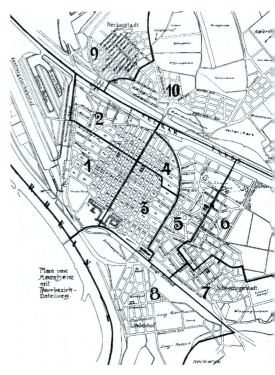

Die Einteilung der Mannheimer Pfarrbezirke (Sprengel) 1911 mit den beiden neuen Sprengeln an der Christuskirche. Kirchen-Kalender für die evangelisch-protestantische Gemeinde in Mannheim auf das Jahr 1913. Landeskirchliches Archiv Karlsruhe

dien am Ring unhinterfragt blieb. Die Abgrenzung zur Pfarrei der Friedenskirche mit jetzt „nur" noch fast 8.300 Evangelischen war hingegen deutlich schwieriger.

Es gehört zu den kirchenpolitischen Grundentscheidungen, dass die Sprengeleinteilung zwischen Christus- und Friedenskirche auf eine soziale Durchmischung der Gemeinden hinzielte. Nüchtern zu konstatieren bleibt, dass dieses Konzept in der Praxis offensichtlich nicht verwirklicht werden konnte. Die soziale Zugehörigkeit erwies sich letztlich als stärker als die strukturelle Gliederung. Die genannten Vorgaben führten dazu, dass die Sprengel der Gemeinden an der Christuskirche bis unmittelbar vor die Tore der Friedenskirche reichten; dass diese Einteilung von den Gliedern der alten Friedensgemeinde ignoriert wurde, ist sehr wohl verständlich. Namentlich viele Arbeiterfamilien hatten an der Friedenskirche ihre kirchliche Heimat gefunden, die sie nicht aufgeben wollten.

Die beiden Sprengel der Christuskirche wiesen mit knapp 6.000 (West) bzw. knapp 4.400 (Ost) Gemeindegliedern einen für Mannheimer Verhältnisse günstigen Gemeindeteiler auf. Es liegt auf der Hand, dass die günstigen Vergleichszahlen an der Christuskirche ein Maßstab für die Gemeindeentwicklung in den übrigen Pfarrsprengeln wurde.

Schreiben des Mannheimer Musikdirektors Alfred Wernicke an Dekan Ludwig Simon vom 10. Juni 1911 wegen der musikalischen Ausgestaltung der Einweihungsfeierlichkeiten der Christuskirche. Landeskirchliches Archiv Karlsruhe

Nachdem klar war, dass Dr. Hans Hoff mit seiner Gemeinde als künftiger Pfarrer der neuen Ostgemeinde an die Christuskirche wechseln würde, wurde auf die neu errichtete Westgemeinde der Christuskirche am 28. Juli 1911 Paul Klein durch den Großherzog berufen. Eine echte Pfarrwahl, wie sie die Kirchenverfassung von 1861 vorsah, fand nicht statt. Die Berufung Kleins an die Christuskirche ist letztlich ein Zeugnis des Taktierens der kirchenpolitischen Parteiungen in Mannheim. Klein war zwar im Grunde ein Kandidat des liberalen Bildungsbürgertums, das in der Gemeinde an der Christuskirche einen dominierenden Einfluss ausübte. Doch letztlich war nicht diese Klientel für die „Wahl" Kleins verantwortlich, sondern die Option der Volkskirchlichen Vereinigung,[5] die die Interessen der Arbeiterschaft in Mannheim vertrat. Indem sie die Berufung Kleins auf die Pfarrstelle an der Christuskirche vehement unterstützte, wollte sie seine bisherige Pfarrstelle an der Lutherkirche in der weitgehend von Arbeiterfamilien besiedelten Neckarstadt durch einen „sozialen" Pfarrer besetzt sehen. Diese Taktik ging auf, denn Nachfolger Kleins an der Lutherkirche wurde kein geringerer als Ernst Lehmann, der sich bereits in den 1890er Jahren in der Schwetzingervorstadt als Fürsprecher der Interessen der Arbeiterschaft einen Namen gemacht hatte.

Trotz aller Querelen im Vorfeld und trotz deutlich unterschiedlicher Persönlichkeitsmerkmale haben die beiden Pfarrer Klein und Hoff letztlich doch fruchtbar an der Christuskirche zusammengewirkt.

Wachsen und Leben der Gemeinde 1911–1932: Die Ära Klein und Hoff

Das Leben an der Christuskirche ist in den ersten beiden Jahrzehnten ganz entscheidend von den Persönlichkeiten der beiden Pfarrstelleninhaber geprägt worden.

Dr. Hans Hoff (1864-1939) war 1909 mit überwältigender Mehrheit zum Pfarrer der ersten Pfarrei an der Friedenskirche gewählt worden.[6] Trotz seiner akademischen Qualifikation und seiner hohen Bildung, die ihn ja für die Ostpfarrei an der Christuskirche besonders qualifizierte, wie man es später deutlich aussprach,[7] hatte Hoff einen guten Zugang zur Arbeiterbevölkerung. Er war ein ausgezeichneter Prediger – seine Predigten, denen „bis ins Einzelne der größeren Gedankengruppen durchgearbeitete Konzepte" zugrunde lagen,[8] werden als „lebendig und kraftvoll" beschrieben[9] – und vor allem ein begnadeter Seelsorger. Kirchenpolitisch war Hoff den Liberalen zuzuzählen, trat jedoch parteipolitisch, anders als sein Kollege Paul Klein, der eine führende Position bei der zwischen Liberalen und Konservativen (Positiven) vermittelnden Landeskirchlichen Vereinigung einnahm, nicht hervor. Hoff[10] hatte über die Passionsdarstellungen Dürers promoviert. Es ist daher nicht verwunderlich, dass er einen ausgeprägten Sinn für Kunst und Architektur hatte.

Dr. phil. Hans *Philipp* Hoff
(1864 in Mannheim-Neckarau – 1939 in Wiesbaden)

Studium der Theologie
in Heidelberg, Berlin und Straßburg
1893   2. Theologisches Examen
1893   Vikar in Obrigheim
1894   Vikar in Legelshurst und Lörrach
1896   Vikar in Eberbach
1897   Beurlaubung (6 Monate)
1898   Vikar in Sinsheim
1900   Vikar in Baden-Baden (Lichtental)
1909   Pfarrer in Mannheim, Friedenskirche
1911   Pfarrer in Mannheim, Christuskirche (Ostpfarrei)
1933   Ruhestand

Pfarrer Dr. Hans Hoff (1864–1939), um 1925. Landeskirchliches Archiv Karlsruhe

So hatte er auch entscheidenden Einfluss auf die künstlerische Ausgestaltung der Christuskirche ausgeübt. Ihm ist es auch zu verdanken, dass im Ersten Weltkrieg ihre Glocken, die Orgel und das Kupferdach der Christuskirche erhalten blieben.

Hoff war als Freund und geistlicher Berater vieler bekannter Mannheimer Familien gefragt. Sie schätzten an ihm die Verbindung einer tiefen persönlichen Frömmigkeit mit einer hohen Bildung und einer ausgesprochen liberalen Haltung. Gelegentlich nannte man ihn „den liberalsten Pfarrer Badens".¹¹ Der liberale Grundzug seiner Persönlichkeit machte sich vor allem dadurch bemerk-

Gedenkplakette für Martha Hoff am ehemaligen Pfarrhaus der Ostpfarrei 1998 (Pfarramt an der Christuskirche).

bar, dass er zwischen unterschiedlichen Interessen und Auffassungen zu vermitteln verstand. Zugleich legte er größten Wert auf Wahrhaftigkeit und galt selbst als äußerst korrekt und aufrecht. Diese Eigenschaften kamen ihm in seiner langjährigen Tätigkeit als Vorsitzender des Kirchengemeinderats in Mannheim zugute. In zweiter Ehe war Hans Hoff mit Martha, geb. Fränkel, einem „tiefreligiösen und frommen Menschen", verheiratet. Nach Hoffs Tod 1939 blieb sie ob ihrer jüdischen Wurzeln ohne Schutz zurück. Am 23. Mai 1942 wurde sie in den Osten deportiert und dort ermordet. Ihrem Andenken ist eine im Jahre 1998 eingeweihte Gedenkplakette am Pfarrhaus der ehemaligen Ostgemeinde gewidmet.[12]

Hoffs Kollege Paul Klein war in jeder Hinsicht eine außergewöhnliche Persönlichkeit.[13] Er begründete den Ruf der Christuskirche als „Predigtkirche" schlechthin. Seine Predigten, die er aufschrieb, dann aber wörtlich memorierte und weitgehend auswendig vortrug,[14] waren ein gesellschaftliches Ereignis. An der Christuskirche sammelte sich um ihn eine große Hörergemeinde, die längst nicht vollständig an der Christuskirche beheimatet war. „Er zog Menschen in das Gotteshaus, die fast keine Verbindungsfäden mehr mit dem Christentum hatten oder nie welche

Pfarrer D. Paul Klein (1871–1957), um 1925. Pfarramt an der Christuskirche

**D. Johann Jakob Paul Klein
(1871 Fröschweiler/Elsass–
1957 Cleverns bei Husum)**

Studium der Philosophie in München,
der Theologie in Straßburg und Erlangen
1896	Vikar in Nördlingen
1897	Pfarrverwalter in Lindau
1899	Pfarrer in Turn bei Teplitz (Böhmen)
1900	2. Theologische Prüfung (in Bayern)
1902	Ausweisung aus Böhmen
1904	Übertritt in den badischen Pfarrdienst
1904	Vikar in Eberbach, Vikar in Mannheim, Lutherkirche
1905	Pfarrer in Mannheim, Lutherkirche (Nordpfarrei)
1911	Pfarrer in Mannheim, Christuskirche (Westpfarrei)
1920	Ehrendoktorwürde der Universität Heidelberg
1925	Geheimer Kirchenrat
1925–27	Landeskirchenrat
1930	Ruhestand

Pfarrer D. Paul Klein (1871–1957), um 1925. Landeskirchliches Archiv Karlsruhe

gehabt hatten," berichtet Hoff anlässlich der Verabschiedung Kleins. Darin liegt jedoch nicht nur Bewunderung und Anerkennung, sondern zeigt auch einen Ansatz der Kritik. Kleins Predigtstil speiste sich aus dem Geist des Kulturprotestantismus. Dennoch: Klein war ein begnadeter Prediger,[15] auch wenn seine Predigten dem heutigen Leser doch sehr pathetisch erscheinen mögen. Seine Predigten dauerten in der Regel etwa eine Stunde, doch vermochten sie die Hörer die ganze Zeit zu fesseln. Zur Predigtvorbereitung zog er sich oft für mehrere Tage in sein Landhaus in Lingental bei Leimen zurück. In seinen Predigten verarbeitete er neben dem biblischen Text vor allem Lesefrüchte aus der klassischen Literatur. Auf die Kanzel pflegte er oft mehrere Bücher mitzunehmen, aus denen er gelegentlich längere Abschnitte zitierte, nicht nur religiöse und theologische, sondern auch ethische und belletristische Literatur, die er neben aktuellen Ereignissen heranzog, um seine Aussagen zu veranschaulichen. Klein war ein vollkommen eigenständiger Prediger ohne Vorbild und Nachahmer. Bei aller rhetorischen Begabung war Klein auch ein sehr frommer Mensch, der seine Kraft im Gebet fand. Diese persönliche Frömmigkeit hinderte Klein nicht, auch Zugang zu den anthroposophischen Lehren Rudolf Steiners zu finden, mit dem er freundschaftlich verbunden war.

Insgesamt hat Klein die Haltung eines Aristokraten gepflegt. Da auf ihn nun einmal nicht die Bedingungen einer „Alltagserscheinung" anzulegen waren,[16] beanspruchte er ohne Scheu Vorrechte, die anderen nicht zugestanden wurden. Das bedingte eine gewisse „aristokratische" Distanz zu den Mitmenschen, auch wenn er ihm nahe stehenden Menschen ein ausgezeichneter Seelsorger und Freund sein konnte. Sein Ansehen in der Stadt war auch über die Gemeinde und den kirchlichen Rahmen hinaus enorm. Als er einmal ein Schauspiel wegen dessen politisch-moralischer und religiöser Anfechtbarkeit kritisierte, wurde es von der Leitung des Nationaltheaters vom Programm abgesetzt.[17]

Auch in der Landeskirche hatte Klein Einfluss und Gewicht. Er war von 1919 bis 1927 Mitglied der General- bzw. Landessynode und Mitglied in der Kirchenregierung bzw. dem Landeskirchenrat. Nachdem er bereits 1920 die Ehrendoktorwürde der

Theologischen Fakultät der Universität Heidelberg erhalten hatte, wurde ihm 1925 auch der Titel eines „Geheimen Kirchenrats" verliehen. Von 1925 bis 1927 war er als „Landeskirchenrat" Mitglied der Kirchenregierung.

Paul Klein ist eine schillernde Persönlichkeit, die jedoch auch zwiespältige Eindrücke hinterlässt. Der Charakter Kleins oszilliert zwischen Distanziertheit oder gar Selbstherrlichkeit auf der einen und einem starken seelsorglichen Drang auf der anderen Seite. Mit Befremden nehmen wir heute seine (aus den Zeitumständen durchaus erklärbare) deutschnationalistische und antikatholische Haltung in der „Los-von-Rom-Bewegung" in Nordböhmen um die Jahrhundertwende zur Kenntnis, die zwar schon geraume Zeit zurücklag, aber in spezifischer Weise mit dem Ausbruch des Ersten Weltkrieges wieder hervortrat. Kriegsandachten und Sondergottesdienste gehörten insbesondere in den ersten Wochen und Monaten nach Ausbruch des Ersten Weltkrieges zum kirchlichen Alltag, doch einzelne Geistliche haben sich hier in dem Bewusstsein, eine wichtige Seelsorgeaufgabe wahrzunehmen, besonders hervorgetan. Zu diesen zählte nicht zuletzt Paul Klein. Seine erste Kriegspredigt am 9. August 1914 (dem Landes-Bettag) beginnt mit dem Kampfruf „Gott mit uns in diesem heiligen Krieg!" Diese Gewissheit begründete Klein aus dem Charakter des deutschen Volkes, das „im Kern doch ein ehrfürchtiges, ein sittlich-tüchtiges, ein geordnetes, ein wahrheits- und ehrliebendes, ein zu Opfern [... und] innerer Selbstverleugnung fähiges" Volk sei. Weil es sich in „Übereinstimmung befindet mit dem, was als göttlich, als heilig, als bleibend wertvoll, als mit den ewigen Ideen einer sittlichen Weltordnung in Harmonie befindlich anzusehen ist," dürfe es auf Gottes Gnade rechnen. Christus selbst wird zum „Hammer", zur „Kriegswaffe" für die Deutschen. Umgeben von einer Welt rachsüchtiger, neidischer, hasserfüllter und beutegieriger Feinde erwiesen sich die Deutschen als auserwähltes Volk, das nicht untergehen dürfe, damit es seine weltgeschichtliche Mission im „Geist der schöpferischen Innerlichkeit" vollbringen könne. Im Existenzkampf eines friedliebenden Volkes auch um seine Seele wird der Krieg zu einem aufgezwungenen heiligen Krieg stilisiert. Der Krieg selbst wird trotz aller unleugbaren Gefahren und Nöte vor allem aber auch als Chance der Erneuerung gesehen, die „das Geistige, Göttliche, Unsterbliche im deutschen Wesen" umso leuchtender hervortreten lassen werde. Der Krieg soll zur Geburtsstunde eines neuen, wahren deutschen Nationalismus und Idealismus werden. Kleins theologisches Denken hob stark auf die göttliche Vorsehung ab, einen definitiv feststehenden „Weltenplan, nach dem alle großen und kleinen Ereignisse gelenkt werden". Daraus erklärt sich sein Verständnis, dass der Sieg des deutschen Heeres eigentlich Gottes eigenster Sieg sei, ein Gottesurteil auf dem Schlachtfeld. Wie groß muss die Erschütterung bei ihm und allen, die seine Predigten aufnahmen, gewesen sein, als sich das „Gottesurteil" gegen die deutschen Soldaten richtete. Auch hieraus erklärt sich vielleicht Kleins Empfindlichkeit, mit der er im Angedenken an die Soldaten gegen Büchners Lustspiel reagierte.

Klein veröffentlichte seine Kriegsandachten der ersten Kriegswochen unter dem Titel „Du bist mein Hammer, meine Kriegswaffe"; die Sammlung war vor allem auch als geistige und geistliche Nahrung für die Soldaten im Felde gedacht. Klein wollte hier „den Krieg für unser Christentum, und unser Christentum für den Krieg nutzbar machen".[18] Die meisten dieser Andachten gehen jedoch über die heilsgeschichtliche und nationale Deutung des Krieges hinaus und wenden sich an die existentiellen Nöte der Menschen. Sie kreisen vielfach um die Themen Opfermut, Tod und Sterben. Tatsächlich verstehen sie sich immer auch als „Sterbehilfe" für die vom Tode umgebenen Soldaten wie für die trauernden Angehörigen, indem sie dem Tode als christliches Liebesopfer Sinn verleihen und die Angst vor der Unfassbarkeit der Ewigkeit beruhigen helfen.[19] Auch die Gebete im Anhang sollten unmittelbar der Seelsorge für die im Kampf stehenden Soldaten, die Verwundeten und die in Ängsten verharrenden Angehörigen dienen. Für die Kriegsandachten in Kirche und Lazarett stellte Klein auch ein kleines Liederbuch mit dem Titel „Der Herr ist dein Trotz" zusammen, das neben den „kräftigsten" Chorälen auch „die kernigsten Freiheitslieder" enthielt.[20] Doch alles Pathos kann nicht verbergen, dass auch Klein, so wie vielen Predigern, theologisch zureichende Kriterien zur Beurteilung des Krieges fehlten.

An der Christuskirche wurden bis ins Frühjahr 1919 regelmäßig Kriegsandachten gehalten. Die politischen Verhältnisse machten Klein zu schaffen, das Ende der

Paul Klein mit Wehrpflichtigen im Ersten Weltkrieg vor dem Abmarsch ins Feld. Die Soldaten hatten im Pfarrhaus übernachtet. Mit auf dem Bild Kleins Sohn Bernhard und Kirchendiener K. Häffner, um 1914. Pfarramt an der Christuskirche

Monarchie ebenso wie die Ermordung Walther Rathenaus. Um Ausgleich bemüht er sich in der badischen Kirchenpolitik. All dies hatte Klein erschöpft, so dass er einen längeren Urlaub antreten musste. Zu seiner Vertretung wurde Garnisonsvikar Sturm an die Christuskirche abgeordnet.[21] Die Folgen des Krieges waren übrigens in der Gemeinde auch durch eine deutlich erhöhte Selbstmordrate zu spüren.[22]

Aufgrund seines angeschlagenen Gesundheitszustandes wurde Klein auf den 15. Oktober 1930 in den Ruhestand versetzt. Als sein Nachfolger wurde Pfarrer Rudolf Mayer bestimmt, der bisher an der Johanniskirche auf dem Lindenhof gewirkt hatte.[23] Wie Klein seine Dienstzeit an der Christuskirche im Rückblick empfand, konnte er bei seiner Ansprache anlässlich des 40-jährigen Bestehens der Christuskirche am 30. September 1951 darlegen: Er sah sich als ein „christlicher Bruder" der Gemeinde, der nichts anderes wollte, als „die Gemeindeglieder nach bestem Vermögen hinzuführen zu dem Herrn und Heiland". Wenn man ihm die Ehrlichkeit seines Bemühens auch gerne abnimmt, so fragt man doch, warum er sich genötigt fühlte, die Gemeinde zu bitten, ihm zu bezeugen, „dass ich während meiner Wirksamkeit unter Euch ehrlich bemüht war, allen Gemeindegliedern ohne Unterschied der sozialen Stellung menschlich zu begegnen".[24]

Eine nachhaltige Wirkung auf das Wesen und Erscheinungsbild der Gemeinden an der Christuskirche hat Kleins Wirken zweifellos gehabt. Jedenfalls sprach sich die Gemeinde seinerzeit sehr anerkennend über die Tätigkeit beider Geistlichen aus.[25] Ein „dankbares Angedenken" blieb für beide auch über deren Ausscheiden aus dem Dienst erhalten, das mehrere Gemeindeglieder veranlasste, der Kirche im Mai 1933 zwei fünfarmige Altarleuchter zu spenden. Hoff selbst spendete zum Abschied der Gemeinde eine gestickte Altardecke.[26]

Bis Mitte der 20er Jahre, als die erste Visitation[27] an der Christuskirche stattfand, waren beide Pfarreien auf etwa 7.000 Gemeindeglieder angewachsen. Der Sprengel der Ostpfarrei umfasste damals auch noch Neuostheim, wo dringlichst ein eigener Vikar zur Betreuung der Menschen notwendig wurde und wo auch eine eigene Gottesdienststätte errichtet werden sollte.

Bezogen auf die Gesamtheit der den Sprengeln der Christuskirche zugehörigen Gemeindeglieder waren die beiden Pfarreien sozial gut durchmischt. In den „Christuskirchenpfarreien wohnen dicht beieinander ganz arme Industriearbeiter und kleine Mittelständler neben den in gehobener wirtschaftlicher Lage sich befindenden Großindustriellen, hohen kaufmännischen Beamten und prominenten Leuten des Handels". Problematisch wurde diese soziale „Durchmischung" durch einen ausgesprochenen „Kastengeist", der in allen Schichten gepflegt wurde und der sich in der „Wahrung von Distanz je nach Rang und Vermögen bzw. Stellung" ausdrückte. So verwundert es nicht, dass das Gemeindeleben dadurch beeinträchtigt wurde. Während die gebildete „Oberschicht" und die „Unterschicht" sich teilweise oder zum

Merkblatt für Gemeindeglieder der Christuskirche, um 1925. Landeskirchliches Archiv Karlsruhe

größten Teil der Kirche fern hielten, wurde das kirchliche Leben hauptsächlich von der „Mittelschicht" getragen. Eine ausgesprochene Ablehnung der Kirche und ihrer Tätigkeit war jedoch nirgends zu spüren.

Neben den Hauptgottesdiensten an Sonn- und Feiertagen gab es im Winterhalbjahr regelmäßig Abendgottesdienste und mittwochs auch Wochengottesdienste. Der Gottesdienstbesuch wird als sehr gut beschrieben: „Es ist ein Lauf nach der Kirche und eine starke Anhänglichkeit an das schöne Gotteshaus vorhanden." An den Zählsonntagen des Jahres 1924 zählte man zwischen 740 und 1020 Gottesdienstbesucher. Am Kindergottesdienst nahmen zwischen 450 und 500 Kinder teil. Jugendgottesdienste (die zwischen Weihnachten und Ostern vom Vikar gehalten wurden) und Christenlehre fanden im Wechsel alle zwei Wochen im Anschluss an die Sonntagsgottesdienste statt. Die konfirmierte Jugend war angehalten, ein Jahr lang die Christenlehre zu besuchen; die Teilnahme der jungen Menschen hing offenbar sehr stark von einem sozialen Umfeld und der Bildung, wie man sie in den Kreisen einer „gutbürgerlichen" Mittelschicht vorfand, ab.

Im Gottesdienst wurde die in der Agende beschriebene einfache liturgische Form angewandt, die ganz auf die Predigt ausgerichtet war. Die Geistlichen hielten sich in der Predigt im Allgemeinen an die vorgeschriebene Perikopenordnung. Gelegentlich fanden auch sogenannte liturgische Gottesdienste mit Gemeindegesang, Schriftlesung und „Bestandteilen künstlerischer Natur" wie Chor- oder Sologesang statt. Der Gemeindegesang wird wegen der Heterogenität der gottesdienstlichen Gemeinde – was zeigt, dass immer auch viele Gottesdienstbesucher in die Christuskirche kamen, die nicht den eigenen Gemeinden angehörten – als problematisch geschildert. Im Jugendgottesdienst wurde gern auch aus dem Anhang des Gesangbuches gesungen, der aus den Liederheften für die Jugendgottesdienste erwachsen war. Gelobt wird das Orgelspiel Arno Landmanns, vor allem auch die „volkserzieherische Bedeutung" seiner regelmäßig stattfindenden Orgelkonzerte, die von durchschnittlich 80 Personen besucht wurden. Missfallen erregte, dass die Frauen mit Hüten und auffallender Kleidung zum Abendmahl gingen. Gottesdienste mit Abendmahl, bei denen sich der Einzelkelch einer großen Beliebtheit erfreute, wurden einmal im Monat abgehalten und man erwog, gelegentlich „selbstständige" Abendmahlsgottesdienste und auch Beichtvorbereitungsgottesdienste, wie sie vor den Konfirmationen gehalten wurden, stattfinden zu lassen. Am Konfirmandenunterricht, der jeweils im Oktober begann, nahmen zusammen zwischen 110 und 130 Jugendliche teil, so dass teilweise in bis zu acht Gruppen unterrichtet wurde. Probleme gab es hin und wieder wegen der Vielzahl der Schulen, mit denen Regelungen wegen der Konfirmandenstunden abgesprochen werden mussten. Im Unterricht beschäftigte man sich selbstverständlich mit dem Katechismus, aber auch mit Bibel, Gesangbuch, Biblischer Geschichte und Kirchengeschichte. Taufen wurden mehrmals in der Woche in der Taufkapelle

Konfirmation mit Pfarrer Klein, um 1930. Pfarramt an der Christuskirche

durchgeführt (100–120 Taufen jährlich) und auch Haustaufen bzw. Taufen in den Anstalten waren nicht selten. Auch Trauungen wurden öfters zu Hause durchgeführt, üblicherweise jedoch in der Kirche (mit Orgelspiel) oder der Taufkapelle. Taufe und kirchliche Trauung (seit 1919 zwischen 110 und fast 200 jährlich) wurden nach dem Zeugnis der Pfarrer nur äußerst selten nicht gewünscht und vollzogen. Trauerfeiern fanden nach der vorgeschriebenen Ordnung, aber bereits schon in dieser Zeit außerhalb der Gemeinde in der Leichenhalle statt. Feuerbestattungen wurden von den Gemeindegliedern sehr häufig gewünscht.

Beeinträchtigungen erfuhren das religiöse Leben der Gemeinde und insbesondere die Gottesdienstbesuche durch die beliebten Sonntagsausflüge und durch die zunehmenden Sportveranstaltungen sowie durch die Matineen im Theater. Allgemein wurde beobachtet, dass sich die gebildete Oberschicht und die Arbeiterschaft am ehesten vom gottesdienstlichen Leben fern hielten und dass andererseits eine häusliche Religiosität fast ausschließlich in den Kreisen gepflegt wurde, die den Gemeinschaften, die einer erwecklich-pietistischen Tradition anhingen, nahe standen. In der Gemeinde wirkten auch zahlreiche dieser Gemeinschaften, denen die Geistlichen grundsätzlich offen gegenüber standen, auch wenn jene häufig eigene gottesdienstliche Veranstaltungen während der Hauptgottesdienstzeit durchführten und auch in der Seelsorge und der Betreuung Notleidender gelegentlich eigenmächtig und ohne Rücksprache mit den Pfarrern agierten.

Zu einer vorsorgenden Seelsorge, wie sie sich etwa in regelmäßigen Hausbesuchen auszudrücken vermochte, fanden die Geistlichen keine Gelegenheit. Sie konnten in diesem Bereich nur reagieren, d.h. zur Verfügung stehen in Notfällen, die die Betroffenen selbst veranlassten, Kontakt zu den Pfarrern aufzunehmen. Häufig waren dies Eheprobleme, aber auch aus der Kriegszeit mitgeschleppte Traumata. Die Pfarrämter an der Christuskirche waren – sehr zum Leidwesen der Geistlichen – auch Anlaufstelle für die Menschen, die dort ein reichlicheres Almosen erwarteten als anderswo.

Von einer gedeihlichen Ökumene kann in den 1920er Jahren keine Rede sein. Beispielsweise wurde von der Römisch-katholischen Kirche in Mischehen offensichtlich erheblicher Druck auf den katholischen Ehepartner ausgeübt. Beobachtet wurden häufige Konversionen aus jüdischen Familien, insbesondere indem man die Kinder taufen ließ. Ein gewisses Ansehen im Bereich der Christusgemeinde genoss die Freireligiöse Gemeinde.

Sieht man vom Bachchor bzw. der Kirchenmusik insgesamt ab, ist in den 1920er Jahren kein besonders aktives Gemeindeleben, wie es sich anderswo etwa in kirchlichen Gruppen oder Vereinen ausdrückte, zu beobachten. Von gelegentlichen Gemeindeabenden abgesehen weiß der Bericht zur Visitation jedenfalls in dieser Richtung nichts zu berichten. Immerhin gab es in beiden Pfarreien Jugendgruppen sowohl für Mädchen als auch für Jungen, die in der Ostpfarrei von Hoff selbst geleitet wurden, in der Westpfarrei von der Pfarrfrau bzw. einer Lehrerin und vom

Gemeindeausflug einer Mädchengruppe mit Pfarrer Klein, um 1925. Pfarramt an der Christuskirche

Vikar. Wegen seiner Verpflichtungen in der Kirchenleitung hielt Klein sich in der Gemeindearbeit zurück und erteilte auch keinen Religionsunterricht.

Anders als das kirchliche Vereinsleben war die diakonische Arbeit in der Gemeinde sehr ausgeprägt. Das Opfer, die Kollekten und Sondersammlungen brachten derart hohe Beträge (1924 waren dies über 10.000 Mark, nach heutigem Wert etwa 120.000 Euro! Bis 1932 stiegen diese Gaben sogar noch an, um erst ab 1932 deutlich zurückzugehen), dass in der Gemeinde zeitweise zwölf Almosenpfleger ehrenamtlich Dienst leisten mussten. Besuchsdienste, die die Armen aufsuchten, Bedürftige ermittelten und Gaben verteilten, gab es in beiden Gemeinden. Vor diesem Hintergrund war es besonders schmerzlich, dass ein Säuglingsheim in der Ostpfarrei in der Inflationszeit (1921) nicht mehr in kirchlicher Trägerschaft erhalten bleiben konnte. Ein Kindergarten oder eine Kinderschule in der Obhut der Gemeinde gab es nicht, jedoch wurde auf dem Gemeindegebiet ein Kindergarten (Friedrichsplatz 12) durch Schwestern des „Mutterhauses für evangelische Kinderschwestern und Gemeindepflege" auf dem Lindenhof geführt. Dagegen organisierte ein Evangelischer Hilfsverein, der über Mitgliedsbeiträge von durchschnittlich etwa 3.675 Mark im Jahr verfügen konnte, die kirchliche Krankenpflege. Der Verein unterhielt eine Kranken- und Armenstation in der Tattersallstraße 27, die von zwei, später sogar drei Schwestern aus dem Diakonissenmutterhaus betreut wurde. Dennoch stellte die Krankenpflege besonders im privaten Rahmen die Gemeinde vor Anforderungen, die sie nicht erfüllen konnte. Die

Gemeindeausflug mit Pfarrer Hoff und Pfarrer Rudolf Mayer im Jahr 1931; mit auf dem Bild auch Vikar Hans Barner. Pfarramt an der Christuskirche

Die Ära Klein und Hoff

Kindergartenausflug 1925. Betreut wurden die Kinder von einer Kinderschwester, die im Mannheimer Mutterhaus für evangelische Kinderschwestern und Gemeindepflege ausgebildet worden war. Pfarramt an der Christuskirche

„Pastoration" von durchschnittlich 50-60 Patienten im neuen Krankenhaus wurde vom Vikar der Gemeinde wahrgenommen. Mit Unterstützung des Hilfsvereins und der Kirchengemeinde konnten später zwei Kindergärten am Werderplatz 6 und in Neuostheim (Grünewaldstr. 2-10) eingerichtet werden, die von zwei Schwestern des Mutterhauses für Kinderschwestern geleitet wurden. Aufgrund der schlechten Wirtschaftslage waren Anfang der 30er Jahre die Einnahmen des Hilfsvereins deutlich zurückgegangen, so dass die Rücklagen aufgezehrt wurden. Hier deuteten sich erhebliche Probleme bei der Bewältigung der gemeindlichen Fürsorgetätigkeit an, so dass man über andere Formen der Organisation der diakonischen Arbeit in der Gemeinde nachdachte.[28]

Insgesamt glaubte der Visitator, Prälat Julius Kühlewein, der Gemeinde ein ausgezeichnetes Zeugnis ausstellen zu dürfen, weil „unter euch ein starker Zug zum Hause Gottes und ein ernstes Verlangen nach Gottes Wort lebendig ist und dass in der Christusgemeinde ein treuer Stamm solcher sich findet, die ihre Kirche lieben und dem Evangelium zugetan sind."[29]

Mit dem Ausscheiden Kleins aus dem Dienst im Jahre 1930 und Hoffs im Jahre 1933 deutet sich ein Umbruch in den Gemeinden an der Christuskirche an, der auch die Strukturen der Sprengel umfasste, denn um diese Zeit wurde in der Kirchenregierung auch die Frage erörtert, neben einem Vikariat in Neuostheim, das immerhin eine halbe Stunde Wegzeit von der Christuskirche entfernt lag, auch eine dritte Pfarrei an der Christuskirche einzurichten.[30] Zwar hatte jede der Pfarreien ab 1926 einen eigenen Vikar erhalten, doch war die Zahl der Gemeindeglieder in der Ostpfarrei stetig weiter angewachsen, während sie in der Westpfarrei seit Mitte der 1920er Jahre bei etwa 6.800 Personen stagnierte. In Neuostheim bestand seit 1929 ein eigenes Gemeindehaus mit Saal, Kinderschulraum sowie Wohnungen für Vikar, Kinderschwester, Krankenschwester und Hausmeister, in dem die sonntäglichen Gottesdienste stattfanden;[31] die „Gemeinde" wurde bisher vom Vikar der Ostpfarrei betreut. Die Anregung, an der Christuskirche eine dritte Pfarrei zu errichten, wurde im Mai 1933 vom Oberkirchenrat in Karlsruhe forciert. Er war der Auffassung, „dass eine nachdrückliche Bedienung der Evangelischen in Mannheim auf die Dauer nicht durchzuführen sein wird ohne Vermehrung der vorhandenen geistlichen Stellen". Zu dieser Zeit stand in einem kircheneigenen Haus am Werderplatz 6 auch eine Wohnung frei, die sich gut als Pfarrwohnung eignete. Der Oberkirchenrat hatte zudem angeboten, für eine Übergangszeit die Dotierung der neuen Pfarrstelle zu übernehmen. Der Evangelische Kirchengemeinderat Mannheim beurteilte die Lage jedoch anders als der Oberkirchenrat; er sah den größten Handlungsbedarf nicht in der Oststadt, sondern in der Krankenhausseelsorge und im Bereich der Melanchthonpfarrei. Zwar hielt man in Mannheim eine Gemeindegröße von etwa 4.500 Seelen für erstrebenswert, doch scheute man die Konsequenz, traditionelle Einheiten zu zerreißen. Zweifel bestanden auch an einem gedeihlichen Zusammenwirken von drei Pfarrern an einer Kirche und hinsichtlich der Gemeindeentwicklung und des Gemeindeaufbaus, wenn der „eigene" Pfarrer nur alle drei Wochen den Hauptgottesdienst hielt. Der Ansatz, dass mit der Erhöhung der Pfarrstellen auch eine Erhöhung der Predigtstellen, d.h. die Errichtung neuer Kirchen als Zentren der Gemeindebildung verbunden sein müsse, wies schließlich den Weg zur Verselbstständigung einer Gemeinde in Neuostheim. An der Christuskirche hatten jedenfalls auch die Pfarrer selbst erhebliche Bedenken an einer Ausweitung der Pfarrstellen, zumal sie durch die Anstellung einer Gemeindehelferin zum 1. Mai 1933 sowohl von Verwaltungsaufgaben als auch bei der Jugendarbeit wirksam entlastet werden konnten.[32] Einen anderen Weg wiesen auch die Überlegungen im Zusammenhang der Visitation am 1. Advent 1933, durch eine neue Abgrenzung der Sprengel der Christuskirche zur Friedenskirche (an der seit 1918 auch wieder zwei Pfarreien bestanden) eine Verbesserung zu erreichen.[33] Die neue Grenzziehung ist freilich unter ganz anderen Voraussetzungen erst in der Nachkriegszeit wieder aufgegriffen und umgesetzt worden. Die Errichtung eines selbstständigen Vikariats in Neuostheim wurde schließlich 1934 verwirklicht. Im Oktober 1948 wurde das Pfarrvikariat in eine eigenständige Pfarrei umgewandelt.

Die beiden Pfarreien (auch Pfarrsprengel genannt) bildeten nach der Satzung der Kirchengemeinde einen gemeinsamen Kirchsprengel mit einem Sprengelrat

(Ältestenkreis), dem die beiden Pfarrer (die sich im Vorsitz abwechselten) und sechs gewählte Gemeindeglieder angehörten, und einem Sprengelausschuss, dem neben den Ältesten 31 weitere Vertreter der Pfarreien angehörten. Die Vertreter der Christuskirche im Kirchengemeinderat (außer den Pfarrern vier Kirchenälteste) und Kirchengemeindeausschuss (16 Mitglieder) mussten selbstverständlich zu den Sitzungen der Gremien an ihrer Kirche, im Schnitt nur vier im Jahr, mit eingeladen werden. Die auf eine größere Beteiligung von Gemeindegliedern zielenden Ausschüsse waren im Wesentlichen für Fragen des Haushaltes zuständig.

Die Bedeutung der Christuskirche für die Kirchengemeinde Mannheim wurde durch mehrere Faktoren unterstrichen: Bei besonderen festlichen Anlässen fanden die großen Gottesdienste und zentrale Veranstaltungen der Gesamtgemeinde in der Regel in der Christuskirche statt, so etwa die Gedächtnisfeier zur Speyerer Protestation 1929, die Erinnerung an das Augsburger Bekenntnis 1930 oder 1933 auch neben anderen Stätten die zentralen Kundgebungen zum 450. Geburtstag Luthers.[34] Der Kirchengemeindeausschuss der Gesamtgemeinde tagte in den Konfirmandensälen, die natürlich auch für Veranstaltungen von Vereinen und die Proben des Bachchors und des Orchesters der Stamitzgemeinde benutzt wurden.

Die Christuskirche mit dem Pfarrhaus der Westpfarrei im Jahre 1931. Pfarramt an der Christuskirche

Die Gemeinde der Christuskirche von der Zeit des Dritten Reiches bis in die Nachkriegszeit: Die Ära Weber und Mayer

Auch als zum dritten Mal an der Christuskirche eine Pfarrstelle zu besetzen war, kam es nicht zu einer Wahl, wie sie von der Verfassung eigentlich vorgesehen war. Mit Zustimmung der Kirchengemeindeversammlung sollte die Besetzung der Westpfarrei durch die Kirchenregierung erfolgen, damit Rudolf Mayer von der Johanniskirche an die Christuskirche versetzt werden konnte. Am 19. Oktober 1930 wurde Mayer von Dekan Maler in sein Amt eingeführt und der Gemeinde vorgestellt mit einem Pauluswort aus 2. Kor 5,18: „Aber das alles von Gott, der uns mit ihm selber versöhnt hat durch Jesus Christus und das Amt gegeben, das die Versöhnung predigt."[35]

Zum 1. Juni 1933 trat auch Hans Hoff in den Ruhestand. Die Wiederbesetzung der Ostpfarrei der Christuskirche fiel somit in eine Phase äußerst bewegter kirchenpolitischer Aktivitäten in Mannheim. Den durch die Tradition bedingten Ansprüchen der Liberalen standen die der sich im politischen Aufwind befindenden Deutschen Christen gegenüber, die endlich eine der wichtigen Mannheimer Pfarreien besetzen wollten.[36] Angesichts der sich auftuenden Spannungen baten bereits im März 1933 die Liberalen, deren Eingliederung in die „Bewegung" der Deutschen Christen sich bereits abzeichnete, um eine Besetzung der Pfarrstelle durch die Kirchenregierung, um die befürchteten verbissenen Auseinandersetzungen zwischen den kirchenpolitischen Richtungen zu vermeiden.

Pfarrer Rudolf Mayer (1887–1958), um 1950. Pfarramt an der Christuskirche

Rudolf *Martin* Mayer
(1887 Meißenheim – 1958 Mannheim)

Studium der Theologie
in Halle, Tübingen und Heidelberg
1910	2. Theologisches Examen
1910	Vikar in Durlach
1914	Vikar in Lörrach und Freiburg (Christuskirche)
1917	Pfarrverwalter in Boxberg
1918	Pfarrer in Boxberg
1920	Pfarrer in Mannheim, Johanniskirche (Nordpfarrei)
1930	Pfarrer in Mannheim, Christuskirche (Westpfarrei)
1956	Ruhestand

Auf die Ausschreibung gingen fünfzehn Bewerbungen ein, darunter zwei Pfarrer – Friedrich Kiefer und Helmuth Bartholomä –, die in dieser Zeit zum Leitungsgremium der badischen Deutschen Christen gehörten. Neben Kiefer,[37] bisher Krankenhauspfarrer in Mannheim, wurde noch Pfarrer Lic. Wilhelm Weber aus St. Georgen[38] in die engere Wahl einbezogen.

Schon der Beginn der „Ära" Weber an der Christuskirche ist durch einen Paukenschlag hervorgehoben, und auch seine weitere Tätigkeit bis 1945 darf als außergewöhnlich bezeichnet werden. Gleich nach der Ernennung Webers am 7. Juni 1933 brach bei den Mannheimer Deutschen Christen ein Sturm der Entrüstung los. Die Besetzung der Pfarrei habe bei den Deutschen Christen und den Nationalsozialisten eine „ungeheuere Erregung ausgelöst […]. Daß die Positiven es wagten, in dieser Stunde auf diese Pfarrei einen ausgesprochenen Volksdienstmann, der seit Jahr und Tag schriftlich und mündlich gegen Hitler und seine Bewegung gehetzt hat, zu setzen, ist eine Provokation sondergleichen und macht sie alle miteinander schutzhaftreif." Man lehnte seitens der Deutschen Christen die Verantwortung für alles weitere ab, „was […] Pfarrer Weber unliebsam begegnen könnte". Persönliche Kränkung mischte sich bei Kiefer mit Verärgerung gegen die Agitation der Liberalen und Klage über mangelnde Unterstützung durch die Landesleitung der Deutschen Christen.[39] An der Christuskirche drohten so im Sommer 1933 Kirchenkampf ähnliche Zustände einzutreten. Die Mannheimer Ortsgruppe der „Glaubensbewegung Deutsche Christen" bezeichnete Weber als untragbar, zumal angeblich auch seine liberalen Kollegen ihn als ungeeignet für die Pfarrstelle bezeichnet hätten. Sie verlangte eine Korrektur der Entscheidung der Kirchenregierung und die Ernennung Kiefers. Weber konnte nicht umhin, seine nationale Einstellung zu betonen und sich zur vorbehaltlosen Unterstützung des neuen Staates zu bekennen. Als ehemaligem Volksdienstmann[40] sei es ihm vor allem um die Erneuerung des deutschen Volkes gegangen, und er betonte, dass er durchaus Sympathie für die „gesunden Kräfte der nationalen Bewegung" hege.[41] Unter diesen Vorzeichen ist wohl auch Webers Predigt in seinem Einführungsgottesdienst am 15. Juli 1933 zu verstehen. Darin heißt es u. a.: „Ein Tor und ein vaterlandsloser Geselle, der sich heute nicht mit ganzem Herzen und mit glühender Seele mitten hinein in den großen und erhabenen nationalen Aufbruch der Nation stellt. Ein weltfremder Mensch, der nicht an Hand der biblischen Richtlinien die bald glücklich gelösten kirchlichen Verfassungsfragen durchdächte!"[42] Freilich unterlag Weber nie der Gefahr, angesichts einer scheinbar strahlenden nationalen und kirchlichen Zukunft den wahren und einzigen Grund seines Glaubens und Amtes – „allein Jesus Christus, der Gekreuzigte" – zu relativieren. In aller nationalen Euphorie blieb Christus die Richtschnur, der sich alles andere nach- und unterzuordnen hatte.

Um den Frieden in der Gemeinde nicht zu gefährden, war Weber zum Verzicht auf die Pfarrei an der Christuskirche bereit gewesen, zumal er eine Annäherung an die Deutschen Christen ausdrücklich ausschloss, da es ihm allein um die „Wesensfrage des Glaubens" gehe und nicht um Verfassungsfragen. Kirchenpräsident Wurth, der selbst bereits auf der Abschussliste stand, wies die Ansprüche der Deutschen Christen zurück, versprach aber, sie bei der geplanten Errichtung neuer Pfarreien an der Christus- oder Konkordienkirche zu berücksichtigen.[43] Dessen ungeachtet war Weber zunächst auch in der Kirchenregierung nicht als unwidersprochener Kandidat gehandelt worden: Keiner der Kandidaten schien die für die „gebildete Welt dieser Pfarrei" notwendige Qualifikation zu haben. Weber wurde als ein „Schaffer" anerkannt, der in einer Arbeiterpfarrei durchaus angemessen sei, „für die Ostpfarrei der Christuskirche sei er gesellschaftlich [jedoch] nicht geeignet."[44]

Die Amtseinführung Webers im Hauptgottesdienst am 16. Juli 1933 verlief dann ohne Störungen und fand erstaunlicherweise selbst in der nationalsozialistischen Presse ein positives Echo.[45] Dass Webers Predigten von den Deutschen Christen dennoch beobachtet wurden, zeigt die Beanstandung seiner „Äußerungen zur Judenfrage" durch ein Mitglied der Deutschen Christen.[46] Doch insgesamt scheinen sich die Deutschen Christen nach der Befriedigung der Interessen Kiefers durch seine Berufung an die Trinitatiskirche in Mannheim (und seiner Wahl zum Vorsitzenden des Kirchengemeinderats) mit den Gegebenheiten an der Christuskirche abgefunden und ihre anfangs gehegten Bedenken aufgegeben zu haben.

Das Gottesdienstangebot hatte sich bis in die 30er Jahre nur wenig verändert.[47] Die Predigten wurden von Mayer und den Vikaren nach gründ-

Pfarrer Dr. Wilhelm Weber (1898–1958), um 1950. Landeskirchliches Archiv Karlsruhe

Dr. theol. *Friedrich* Wilhelm Weber (1898 in Mosbach – 1958 in Mannheim)

Studium der Theologie
in Halle, Greifswald, Berlin und Heidelberg
1921	2. Theologisches Examen
1921	Vikar in Dossenheim
1922	Vikar in Mannheim, Lutherkirche
1925	Vikar in Ettlingen
1926	Pfarrverwalter in Mannheim, Lutherkirche (Nordpfarrei)
1926	Pfarrer in St. Georgen
1933	Pfarrer in Mannheim, Christuskirche (Ostpfarrei)

licher (schriftlichen) Ausarbeitung prinzipiell frei vorgetragen. Man attestierte den Predigten Mayers „vorbildliche Ordnung, reichen Wortschatz, grösste Verantwortlichkeit, mit Fleiss in vielen Stunden und Tagen durchdacht".[48] Weber fixierte nur die Konzeption, den Hauptinhalt und die pointierten Aussagen seiner Predigt schriftlich, ansonsten ging er mit einem Stichwortkonzept auf die Kanzel, was dem Ideal der freien Predigt nicht ganz entsprach. Dennoch wird ihm bescheinigt, „dass die Predigt einen ausserordentlich eindrücklichen und andringenden Ernst entwickelte, jeden Zuhörer in Bann hielt und die Adventsfrage [es war eine Predigt zum 1. Advent] zu einer Entscheidungsfrage zu gestalten wusste". Kritisch wurde angemerkt, dass er bei „der Lebhaftigkeit und Raschheit der Gedankenfolge" zu schnell sprach und damit die Gemeinde eventuell überfordere.[49] Webers Predigten galten als „theologisch und philosophisch sehr inhaltsreich." Seine Predigten wurden auch als „Feuerwerk" bezeichnet, denen es freilich an Ordnung fehle. Es würden viele Fragen aufgeworfen, aber nicht beantwortet. Kritisiert wurde auch seine Praxis des Kanzelgrußes, die sich an Klein anlehnte, indem er anstelle eines biblischen Votums einen Dichter oder Philosophen zitierte.[50] Die sonntäglichen Abendgottesdienste wurden nur im Winterhalbjahr abgehalten und im Sommer stattdessen durch Frühgottesdienste um 6 Uhr ersetzt. Die von Klein eingeführte Praxis, den Abendgottesdienst in der vollen Form eines Hauptgottesdienstes zu halten, stieß auf wenig Verständnis; die Geistlichen wurden aufgefordert, für die Abendgottesdienste die in der Agende hierfür vorgesehene Form aufzunehmen.[51]

Die Wochengottesdienste am Mittwochabend wurden als Bibelstunden abgehalten, in denen zusammenhängende Schriftabschnitte behandelt wurden, wobei die Geistlichen ihre Einheiten jeweils als Block hielten. Die Christenlehre, bei der religiöse und ethische Lebensfragen bezogen auf ein Bibelwort im Rahmen einer „religiösen Feierstunde" behandelt wurden, wurde weiterhin vierzehntägig abgehalten, aber nach Pfarreien getrennt, Jugendgottesdienste fanden inzwischen aber jeden Sonntag statt. Sie wurden zumeist von den Vikaren in der Form der Gruppenunterweisung gehalten. Zur Unterstützung stand eine Schar von Helfern und Helferinnen bereit. 1933 hatten sich in beiden Pfarreien jeweils ca. 100 Jugendliche zum Konfirmandenunterricht angemeldet, der jeweils getrennt nach Geschlechtern durchgeführt wurde; in Neuostheim wurde der Unterricht durch den Vikar erteilt. Auch in Neuostheim fanden nach dem Hauptgottesdienst Jugendgottesdienste statt und alle vierzehn Tage Christenlehre. Die Verpflichtung zum Besuch der Christenlehre war seit 1930 auf zwei Jahre festgelegt, wobei beim zweiten Jahrgang bereits deutliche Fehlzeiten zu konstatieren waren. Durch einen Missionar wurden in unregelmäßigen Abständen auch Missionsgottesdienste durchgeführt. Die Gottesdienste wurden nach der Ordnung der badischen Agende durchgeführt. Eine feierliche liturgische Ausgestaltung erfuhren nur sehr wenige Gottesdienste an besonderen Festtagen. An diesen trat dann auch der geschätzte Bachchor in Erscheinung. Der Gemeindegesang war wenig erfreulich, zum einen weil es schwierig war, die Gemeinde wegen der räumlichen Entfernung mit Hilfe der Orgel zu „führen", zum anderen weil die Gottesdienste in der Christuskirche nach wie vor von vielen Menschen besucht wurden, die den unterschiedlichsten Gemeinden angehörten oder Zuwanderer aus anderen Landeskirchen waren und kein badisches Gesangbuch besaßen. Abendmahl wurde an den großen kirchlichen Festtagen abgehalten, ansonsten einmal im Monat. Auffällig war jedoch das häufige Begehren einer Hauskommunion bei älteren Menschen. Abendmahlsbesuch und Gottesdienstbesuch blieben einigermaßen konstant, abgesehen von einem deutlichen Rückgang im Jahr 1932. Insgesamt regte der Visitator jedoch an, die Gemeinde zu häufigerem Abendmahlsbesuch zu ermuntern, sei es durch Vorträge über die Bedeutung des Abendmahls oder das Angebot zusätzlicher Abendmahlsgottesdienste.[52] 1933 glaubte man jedoch eine stetige Zunahme des Gottesdienstbesuches erkennen zu können. Man schrieb dies der Erkenntnis zu, „dass wie im Volksleben, so auch in der Kirche der Einzelne des Anschlusses an die Gemeinschaft nicht entraten kann, soll seine persönliche Frömmigkeit gesund und fruchtbar bleiben". Der Gottesdienstbesuch in den Jahren 1926-1932 lag bezogen auf den Hauptgottesdienst bei 8,4 % (5,4 % im Kirchenbezirk Mannheim), bezogen auf alle Gottesdienste sogar bei 13,58 %; in absoluten Zahlen: Im Schnitt 1084 Besucher im Hauptgottesdienst und 1760 in allen Gottesdiensten, also unter Einschluss der Kinder- und Jugendgottesdienste. Der beste Gottesdienstbesuch wurde 1928 mit 1319, der schlechteste 1932 mit nur 817 Personen verzeichnet. Der Abendmahlsbesuch lag von 1926-1932 im Durchschnitt bei 26,77 % (3.466 Besucher) gegenüber nur 19,97 im Kirchenbezirk. Damit lagen Gottesdienst- und Abendmahlsbesuch an der Christuskirche deutlich über dem Mannheimer Durchschnitt,[53] auch wenn man die Beeinträchtigungen durch die häufigen Großveranstaltungen am Wasserturm oder im Rosengarten oder die sonntäglichen Ausflüge in den Odenwald oder das Neckartal beklagte. Allgemein sah man mit Sorge die große Ablenkung durch die Vielzahl öffentlicher Veranstaltungen, auch wenn sie „neuerdings [...] unter dem höheren und wertvolleren politischen und nationalen Gesichtspunkt" standen.

Bemerkenswert ist, dass etwa die Hälfte der Taufen als Haustaufen durchgeführt werden. Dies und der ausdrückliche Hinweis, dass die Anwesenheit von Eltern und Paten bei der Taufe mit Nachdruck eingefordert werden müsse, zeigt deutlich ein mangelndes Bewusstsein für den Stellenwert der Taufe in der christlichen Gemeinde auf. Die Taufe wird offensichtlich von vielen Familien als gewohnheitsmäßige Pflichtübung verstanden. Regelmäßig werden aber auch bereits in dieser Zeit Taufen erst im Zusammenhang mit der Konfirmation durchgeführt. Die kirchliche Trauung wird oft nicht mehr gewünscht. Besonders 1933 bewirkten Trauungen von Angehörigen der SA oder anderer Formationen einen Massenandrang von Personen, die die kirchliche

Handlung nur bedingt verstanden; andererseits hob man die Möglichkeit hervor, bei solchen Gelegenheiten „das Wort Gottes an weite Kreise heranzubringen".

Die in der Gemeinde tätigen Gemeinschaften (A.B.-Verein – der sich entgegen der Offenheit der Unionsurkunde ausdrücklich und ausschließlich auf das unveränderte Augsburger Bekenntnis berief – und Süddeutsche Vereinigung für Evangelisation und Gemeinschaftspflege) waren gut in die Gemeinde eingebunden. Den etwa vorhandenen Anhängern von Sekten glaubte man durch „erweckliche evangelistische Wortverkündigung" und die „Behandlung eschatologischer Fragen" begegnen zu können. Sorgen bereitete den Geistlichen die große Anzahl der evangelisch-katholischen Mischehen, auch wenn etwa zwei Drittel der Kinder aus diesen Ehen evangelisch getauft wurden. Ein ökumenisches Miteinander mit der katholischen Kirche war noch nicht angezeigt; bestenfalls ließ man sich gegenseitig in Ruhe.

MitarbeiterInnen und Helferkreis der Westpfarrei der Christuskirche, um 1934. Mit auf dem Bild Pfarrer Mayer mit Frau und Tochter Brigitte, Kirchendiener Häffner mit Frau, Pfarrer Rudolf Emlein an der Johanniskirche und Leiter des Mutterhauses für Kinderschwestern, Vikar Albert Zeilinger und die Gemeindehelferin Martha Marsteller, die spätere Ehefrau Zeilingers. Pfarramt an der Christuskirche

Einzug in die Christuskirche zum Evangelischen Jugendsonntag am 7. Juli 1935, angeführt von den Pfarrern Rudolf Mayer und Dr. Wilhelm Weber, dahinter die Ältesten Altendorf und Fütterer. Pfarramt an der Christuskirche

Neben dem Bachchor nutzten bemerkenswerter Weise mehrere übergemeindliche Gruppen, u. a. der Jugendverein, der Evangelische Postverein und der Deutsch-evangelische Frauenbund die Räumlichkeiten der Christuskirche für ihre Zusammenkünfte. In der Gemeinde selbst bestanden weder Männer- und Frauenvereine noch Gemeindevereine, wohl aber ein (noch) aktiver Hilfsverein, der die Kindergärten und Diakonissenstationen unterhielt. Die Höhe des Schulgeldes in den Kindergärten lag wegen der Grenzen der finanziellen Belastungsfähigkeit des Hilfsvereins deutlich über dem in anderen evangelischen Gemeinden, was von Seiten der Kirchenleitung sehr kritisch beurteilt wurde. Auch die Gründung eines eigenen Frauenvereins wurde nicht nur wegen der sich anbietenden Themenstellungen als notwendig bezeichnet, sondern vor allem wegen seiner Integrationskraft innerhalb der Gemeinde, um vorhandene Distanz abbauen zu helfen.[54] Zur Gründung eines Frauen- und Mütterkreises – freilich nur in der Westpfarrei – kam es dann erst 1938.[55]

In den Sprengeln der Christuskirche gab es eine Reihe von Jugendgruppen: Burschenbund und Mädchenbund sowie eine Mädchenjungschar in beiden Pfarreien getrennt, dazu eine Knabenjungschar für beide Pfarreien. Die Gruppen wurden in der Regel von den Vikaren bzw. der Gemeindehelferin geleitet. In Neuostheim bestand außerdem ein sehr reger Hausgehilfinnenverein. Schon früh zeichnete sich aber eine Beeinträchtigung des Besuchs der Veranstaltungen für Kinder und Jugendliche durch „Dienstzeiten" bei Hitler-Jugend (HJ) oder Jungvolk ab. Viele Jugendliche wurden schließlich ganz aus den kirchlichen Bünden abgezogen. In Neuostheim kam die erst 1932 begonnene Jugendarbeit nahezu zum Erliegen, „da die meisten Mitglieder der H.J. beigetreten sind". Ein besonderes Ereignis für die Jugendlichen blieb aber alljährlich der festlich und liturgisch besonders ausgestaltete Gottesdienst am Jugendsonntag, an dem die konfirmierte Jugend noch bis Mitte der 30er Jahre mit starker Beteiligung teilnahm.

Zwar bemühten sich die neuen Pfarrer darum, eine Reihe Veranstaltungen gemeinsam durchzuführen, so etwa den Einführungsgottesdienst für die Konfirmanden, doch waren auch in den 30er Jahren die Gemeinden weder in sich noch zwischengemeindlich zusammengewachsen. Man pflegte die Distanz, die sich aus der unterschiedlichen sozialen Herkunft der Gemeindeglieder ergab. Man erhoffte auch hier 1933 eine Wende, dass mit dem neuen Nationalgefühl auch „ein lebendiges kirchliches Zusammengehörigkeitsgefühl" erwachsen würde. Große Erwartungen für den Aufbau des Gemeindelebens hegte man zudem hinsichtlich der im Winter 1933/34 in ganz Mannheim abgehaltenen volksmissionarischen Veranstaltungen, die tatsächlich ihre Wirkung in der Gemeinde nicht verfehlten.[56] In diesem Rahmen kam es an der Christuskirche zu einem Wiedersehen mit Paul Klein. In einer „Aufbauwoche" im Februar 1934 hielt Klein insgesamt sieben Vorträge, die das Christusthema unter wechselnden Aspekten behandelten: Christus als Licht, als Leben, als Arzt, als Richter, als Gesetzgeber, als Todesüberwinder, als Heiland der Massen und als Erzieher.[57] Jeden Abend erschienen nach zeitgenössischen Angaben an die 2.000 Zuhörer. Die beiden Pfarrer der Gemeinde glaubten für diese breite Resonanz ein „durch unser politisches Erwachen neubefruchtete[s] Verständnis für den unersetzlichen Wert der Kirche für das deutsche Geistesleben" verantwortlich machen zu sollen, doch letztlich dürfte doch die Person Kleins die Menschen angezogen haben, die er mit seinen Ausführungen nicht enttäuschte. „Der biblische Jesus Christus war Anfang und Ende der Wortverkündigung. Jede der Predigten wies darauf hin, wie die besten Gedanken und Kräfte, die unseren Volkskanzler beseelen, Gottes Gnadengeschenk für unser Volk sind und ihren tiefsten Ursprung in christlichem Glauben und christlicher Sitte haben."[58] Klein entwickelte in seinen Vorträgen ein in sich stimmiges Weltbild, in dem Jesus Christus als „menschgewordenem, erdgeborenen Geist Gottes" und als Erlöser die zentrale Bedeutung zukam. 1934 war auch Klein (noch) davon überzeugt, dass christlicher und deutscher Geist sich zu nachhaltiger Wirkung miteinander verbinden könnten. Auch er glaubte an Hitlers öffentliches Bekenntnis zum positiven Christentum; von ihm erwartete er den Schutz der Kirche, die deshalb ihrerseits zur Mitwirkung an der Erneuerung des Volkes verpflichtet sei. Durch Hitler sei das deutsche Volk dem Evangelium besonders nahe gekommen und solle nach göttlicher Vorsehung bei der Entwicklung der Menschheit zu ursprünglichem geistigen Leben eine besondere, vorbildliche Rolle spielen. Der „deutsche Volksgeist" wurde als Ausfluss des „ewig lebendigen schöpferischen Gottesgeistes" gesehen. So konnte Klein ein ums andere Mal der Bezugnahme auf die Politik nicht widerstehen. In fataler Weise – und hier steht Klein für viele bedeutende Prediger der Zeit – wurde nicht nur das Schicksalhafte und Gottgewollte der deutschen Gegenwart unterstrichen, sondern Hitler auch in eine Verbindung zu Christus gerückt.[59] Dass dieses Bild keineswegs mit der Wirklichkeit

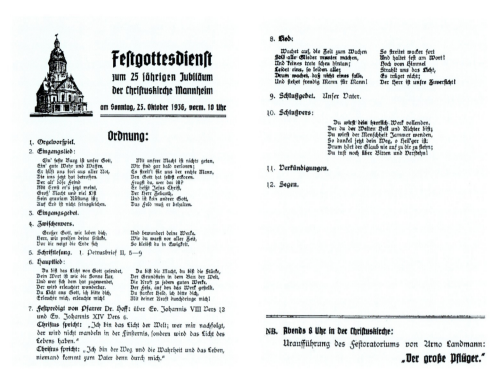

Programm des Festgottesdienstes zum 25-jährigen Jubiläum der Christuskirche am 25. Oktober 1936. Landeskirchliches Archiv Karlsruhe

übereinstimmte, mussten die christlichen Gemeinden in dieser Zeit insbesondere mit Blick auf ihre Jugendarbeit schmerzlich erfahren.

Als Gemeindehelferin wirkte in der Westpfarrei ab 1936 Brigitte Mayer, die Tochter Pfarrer Rudolf Mayers. Im gleichen Jahr wurde auch eine zweite Vikarsstelle an der Christuskirche besetzt. Damit traten nicht nur für die Pfarrer einige Erleichterungen ein, sondern auch das Gemeindeleben konnte trotz mancher Behinderungen intensiviert werden. Freilich wurde auch die Betreuung des wachsenden Stadtteils Neuostheim immer aufwendiger. Mit Kriegsbeginn wurden die beiden Vikare abgezogen. Erst fast zwei Jahrzehnte später sollte wieder ein Vikar zur Entlastung der Pfarrer an der Christuskirche eingesetzt werden. Doch auch auf die beiden Pfarrer kamen zusätzliche Pflichten zu, die das Gemeindeleben stark beeinträchtigten. Während des Krieges war Pfarrer Mayer Standortpfarrer für Mannheim, Ludwigshafen und Schwetzingen. Seit 1941 nahm Rudolf Mayer auch die Funktion des Dekanstellvertreters wahr, in der er im November 1947 um weitere sechs Jahre bestätigt wurde.[60]

Pfarrer Weber wurde seit Anfang 1940 regelmäßig für mehrere Monate zum Heeresdienst eingezogen. Da außer sporadischen Diensten durch die Vikare Auffahrt und Dr. Hauck keine weitere Aushilfe an der Christuskirche möglich war, beteiligte sich Dekan Joest verstärkt am Predigtdienst.[61] Im Sommer 1942 wurde Weber beauftragt, für die Wehrmacht Pilze zu bestimmen bzw. zu kontrollieren.[62] Vom März 1944 bis zum September 1944 reiste Weber regelmäßig ins Elsass, um dorthin evakuierte Mannheimer Jugendliche seelsorglich zu betreuen und zu unterrichten.[63] Im gleichen Jahr wurde Weber zusätzlich zu seinem Dienst an der Christuskirche auch zum Religions- und Konfirmandenunterricht nach Neulussheim abgeordnet.[64] Trotz all dieser Behinderungen wurden in der Kriegszeit das ganze Jahr hindurch Wochengottesdienste mit einer stärkeren liturgischen Ausrichtung als „Kriegsbetstunde" mit kurzer Ansprache abgehalten.[65]

Abholung der Bronzeglocken der Christuskirche im April 1942. Pfarramt an der Christuskirche

Schwierig gestaltet sich die „politische" Einordnung der Pfarrer. Während Weber in Mannheim zu den führenden Vertretern der „Bekennenden Kirche", die den Kampf gegen die Deutschen Christen aufgenommen hatte, zählte[66] und bezeugt ist, dass Weber in seinen Gottesdiensten beobachtet wurde, ist für Mayer derartiges nicht bekannt. Er gehörte keiner der beiden kirchenpolitischen „Parteien" – der Deutschen Christen bzw. der Bekennenden Kirche – an, sondern zählte sich zu der großen Mitte der nicht organisierten Pfarrer in der Landeskirche. Im Mai 1936 wurde er mit anderen Vertretern dieser „unpolitischen" Mitte vor dem Hintergrund einer von den Deutschen Christen geforderten Bildung eines Landeskirchenausschusses für die badische Landeskirche um seine Beurteilung des Zustandes der badischen Landeskirche gebeten. Die „neutralen" Mannheimer Pfarrer unterstützten dabei eher die Position der Deutschen Christen.[67]

Bei Kriegsende war die Christuskirche als einzige der Mannheimer Innenstadtkirchen unzerstört geblieben. Auch die beiden Gemeinden hatten letztlich den Krieg im Vergleich etwa zu den Pfarreien in der Schwetzingerstadt, dem Lindenhof oder der Innenstadt relativ unbeschadet überstanden. Ob dies von der Gemeinde (wie Paul Klein in seiner Jubiläumsrede 1951 nahezulegen suchte) bei aller Zerstörung ringsum als „eine sonderliche Offenbarung der Güte des allmächtigen Lenkers der

Völker- und Menschengeschichte"[68] empfunden werden konnte, darf wohl eher bezweifelt werden. Immerhin war damit aber doch eine besondere Verpflichtung gegenüber den anderen Mannheimer Gemeinden verbunden, insbesondere wenn es galt, übergemeindliche Verantwortung zu übernehmen.

Einen Rückschritt gegenüber der alten Kirchenverfassung bedeutet die 1947 verabschiedete Wahlordnung, die beide Pfarrsprengel verselbstständigte. Gemeinsame Ältestenkreissitzungen wurden nur zu Fragen durchgeführt, die beide Pfarrsprengel betrafen. Einen Sprengelausschuss gab es nicht mehr. Jeder Ältestenkreis war durch einen Ältesten im Kirchengemeinderat vertreten. Es ist bezeichnend, dass die Pfarrer – und vielleicht auch die Ältestenkreise selbst – die Verselbstständigung der Ältestenkreise anders beurteilten. So schrieb Weber: „Hirt und Herde ist das alterprobte Schema, nicht zwei Hirten über einer Herde, Hirten, die sich zu leicht über ihre Herde streiten." Welches Bild zeichnet sich hier über das Verhältnis des Pfarrers zu seiner Gemeinde und über die Fähigkeit der Pfarrer, mit anderen zusammenzuarbeiten? Auch wenn „Teamfähigkeit" eine moderne Anforderung darstellt, ist hier doch keine Spur von Demut zu spüren, sondern eher das Bedürfnis, in einem wenn auch überschaubaren Bereich zu „herrschen". Die neue Grundordnung war freilich auch noch nicht verabschiedet (das geschah 1958), die die Gemeinde in ihre Verantwortung rief und deutlich die „demokratischen" Strukturen in der Organisation der Kirche stärkte. Daher soll die Bemerkung zu Webers Einstellung nicht als Kritik aus der Sicht des „Spätgeborenen" missverstanden werden, sondern die Kluft verdeutlichen, die die Kirche der 50er Jahre (die noch stark autoritär ausgerichtet war) hoffentlich von der Kirche unserer Tage unterscheidet. Auch sonst fällt die Beschränkung auf den eigenen Sprengel auf; so wird der Gesamtkirchengemeinderat zum Gegner, der die guten Entwicklungen in der eigenen Gemeinde nicht sieht oder versteht und Beschlüsse der Sprengelältesten eventuell sogar aufhebt und korrigiert. Ein Blick für das Ganze oder auch nur die größere Einheit des Kirchsprengels ist nicht mehr zu spüren, sondern das Verharren im beschränkten Umfeld der eigenen Pfarrei, die leicht absolut gesetzt wird.

Während die Tätigkeit Pfarrer Mayers ohne Kritik blieb, sein Ausscheiden aus dem Dienst 1956 sogar sehr bedauert wurde, rieben sich die Ältesten an Pfarrer Weber. Sie beklagten seine Eigenmächtigkeiten und Schroffheiten, von denen sie sich verletzt fühlten, und seine doch gelegentlich eigenwilligen und missverständlichen „schöngeistigen" Äußerungen in der Predigt (die freilich in der Zeit des Kirchenkampfes ihren Sinn gehabt hätten und an die Weber sich insbesondere beim Kanzelgruß durch sein Versprechen an Pfarrer Klein gebunden fühlte!). Oberkirchenrat Katz konstatierte 1950 eine „Spannung zwischen Ordnung und Freiheit".[69] Doch ein Großteil der Gemeinde mochte sich nicht an Webers Eigenarten gewöhnen. Weber galt als starrköpfig und wenig kooperativ. So habe er auch Pfarrer Mayer das Leben schwer gemacht, und viele begabte Pfarrer hätten sich nicht auf die Nachfolge Mayers beworben, weil „sie sich gefürchtet haben, mit Herrn Dr. Weber zusammen zu arbeiten".[70]

Obgleich die Zerstörungen in der Oststadt vergleichsweise gering waren, waren auch an der Christuskirche die Gemeinden deutlich geschrumpft.[71] Statt etwa je 7.000 Seelen umfassten beide Gemeinden 1950 nur noch etwa je 4.500 Gemeindeglieder. Durch die Abwanderung Ausgebombter hatte sich die Zusammensetzung der Gemeinde nicht unerheblich verändert. Erst im Jahre 1955 war mit 6.500 Gemeindegliedern in der Ostpfarrei der alte Stand wieder annähernd erreicht, doch stand zu diesem Zeitpunkt bereits fest, dass die Ostpfarrei zwei Bezirke an die Friedenskirche würde abtreten müssen. Trotz der Klagen, dass die Gemeinden viel zu groß seien, und trotz der Tatsache, dass auf absehbare Zeit das seit 1940 vakante Vikariat der Ostpfarrei nicht wieder würde besetzt werden können, wurde diese Abtretung an der Christuskirche hinwieder als Zumutung erfahren: Es wurde einem schließlich etwas weggenommen. Die „Seelenzahl" der Westpfarrei stagnierte.

Die nach dem Krieg in der Oststadt verbliebene Gemeinde war (wie auch anderswo) durch die gemeinsam erfahrenen Schicksalsschläge näher zusammengerückt. Man glaubte innerhalb der Gemeinde ein neues, bisher unbekanntes „christliches Solidaritätsbewusstsein" ausmachen zu können. Auch war ein Stamm „treuer [...] kirchlich Gesinnter da, der sich selbstlos u[nd] tätig für die Gemeinde einsetzt". Dessen ungeachtet machte man in den Familien nur wenig von dem aus, was man etwas nebulös als „religiöse Sitte" bezeichnete. Hausandachten etwa gab es fast nur noch in Gemeinschaftskreisen. Trotz der erkennbaren Hinwendung zur Kirche glaubte man andererseits eine verbreitete Distanz der Menschen zur Kirche ausmachen zu können (etwa bei der Verweigerung der kirchlichen Trauung), was man dem nachwirkenden Einfluss der nationalsozialistischen Propaganda zuschrieb. Die seelsorgliche Tätigkeit – so wichtig sie auch empfunden wurde – konnte von den Pfarrern aus Zeitmangel (seitdem die Vikare fehlten) nur noch rudimentär wahrgenommen werden, bei besonderen Anlässen oder wenn die Seelsorge Suchenden von sich aus das Pfarrbüro aufsuchten. Hausbesuche fanden kaum statt, am häufigsten noch im Zusammenhang mit der Konfirmation. Pfarrer Weber hatte im Rahmen der Seelsorge an Kriegsgefangenen die schriftstellerische Arbeit als Möglichkeit entdeckt, Rat suchende Menschen zu erreichen. Resigniert nahm man die große Zahl der Ehescheidungen zur Kenntnis, oft bedingt durch die lange Trennung durch Krieg und Gefangenschaft. Es ist letztlich ein Zeichen für die Entfremdung der Geistlichen von der Gemeinde, dass sie von den Eheproblemen erst sehr spät Nachricht erhielten und dann seelsorglich kaum noch Zugang zu den „Parteien" fanden. Gegen die kirchliche Indifferenz forderte man missionarische Aktionen der Gesamtgemeinde mit sowohl aufklärerischen als auch volkstümlichen Inhalten. Die Pfarrer selbst hatten gegen die Entfremdung von der Kirche nichts entgegenzusetzen als Predigt, Unter-

```
US ARMY AREA CHAPEL
MANNHEIM   GERMANY
Christ Church        16 June 1946        Christuskirche
                         1900

EVENSONG              ABENDGOTTESDIENST

    Organ Prelude                      Orgelvorspiel
Passacaglia d - moll . . . . . . . . . . . . . . . . . . . . . Dietrich Buxtehud
    Invocation                         Eingangsgebet
    Hymn No. 73. "Fairest Lord Jesus" (Army Hymnal)
    (Lied No.    "Schönster Herr Jesus" (Gesangbuch)
    Prayer                             Gebet
    Musical Portion                    Musikalischer Teil
                  Soloists     Solisten
    Martha Koenig . . . . . . . . . . . . . . . . . Sopran
    Karl Friedrich Mess . . . . . . . . . . . . . . Flöte
Largo für Flöte und Orgel . . . . . . . . . . . . . . . Friedrich Graun
"Komm heiliger Geist" . . . . . . . . . . . . . . . . . Joh. Wolfgang Frank
"Bitte" op. 137 . . . . . . . . . . . . . . . . . . . . Max Reger
Elegie für Flöte und Orgel . . . . . . . . . . . . . . Joachim Andersen
                  Schriftlesung, kurze Betrachtung
                      Pfarrer Horst Weidte
    Lied No. 156, Vers 1 – 4: "Allein Gott in der Höh' sei Ehr" (Gesangbuch)
                   Scripture Lesson, Meditation
                    Chaplain Harry B. Scholefield
    Lied No. 2, Vers 1 – 3: "Nun danket alle Gott" (Gesangbuch)
        (Hymn No. 118, vss 1 – 3: "Now Thank we all Our God", Army Hymnal)
    Benediction                        Schlußgebet und Segen
    Organ Postlude                     Orgelnachspiel
                  Clergy          Geistliche
Chaplain Harry B. Scholefield, 558th QM Group, Mannheim Military Community
Pfarrer Horst Weide, Konkordienkirche Mannheim
Rev. Werner J. Scharte, Rector, Church of OUR SAVIOUR, Mannheim-Waldhof
          Pfarrer der altkatholischen Erlöserkirche
              Organist Dr. Oscar Deffner.
```

Programm des deutsch-amerikanischen Abendgottesdienstes in der Christuskirche am 16. Juni 1946. Pfarramt an der Christuskirche

Einholung der neuen Glocken am 7. April 1956 mit den Pfarrern Mayer und Dr. Weber und dem Ältesten Dr. Bergdolt. Pfarramt an der Christuskirche

richt und Einzelgespräch, ohne zu fragen, ob sie entfremdete Menschen, die schon nicht mehr kamen oder sich anderen „Offenbarungen" zugewandt hatten, tatsächlich mit diesen Methoden erreichen konnten. Ein Problem stellten – ein Nachwirken des Einflusses Kleins? – immer noch die virulenten anthroposophischen Ideen in der Gemeinde dar, die Oberkirchenrat Katz als „Selbsterhöhung durch Meditation" kritisierte.[72] Schon in den 50er Jahren trat aber auch eine Entwicklung ein, die das Erscheinungsbild der Gemeinde an der Christuskirche (und nicht zuletzt ein Charakteristikum des modernen Protestantismus überhaupt?) bis heute ganz wesentlich prägt: Beim Gottesdienst „überwiegen" Akademiker und Mittelstand deutlich die von der Handarbeit lebende Bevölkerung, also Handwerker und Arbeiter. Insgesamt wurde die Gemeinde aber als „sozial gesund gemischt" eingeschätzt, in der „Akademiker und Gutsituierte […] ebenso Neigung zur Mitwirkung [zeigten] wie Ärmere". So konnte die Gemeinde seit Anfang der 50er Jahre auf einen festen Kreis von Mitarbeitenden zurückgreifen.

Weil die Christuskirche als einzige Innenstadtkirche unzerstört geblieben war, konzentrierte sich hier nach Kriegsende auch das gottesdienstliche Geschehen. So wurde die Christuskirche von 1945 bis zum Frühsommer 1947 (nachdem für die meist in Feudenheim wohnenden Armeeangehörigen dort Gottesdienste eingerichtet worden waren) auch allsonntäglich um 11 Uhr für die Militärgottesdienste der amerikanischen Besatzungsmacht benutzt, die der Heeresgeistliche Reverend Harry B. Scholefield hielt. Obgleich diese Gottesdienste – natürlich – in englischer Sprache stattfanden, lag der Anteil der deutschen Besucher manchmal über der der amerikanischen Soldaten. Gemeinsam mit

Die Ära Weber und Mayer

Einholung der neuen Glocken am 7. April 1956: Warten auf das erste Geläute vor der Christuskirche. Pfarramt an der Christuskirche

Einholung der neuen Glocken am 7. April 1956: Die Gemeinde erwartet das Eintreffen der Glocken vor der Christuskirche. Der Transport war von amerikanischen Soldaten organisiert worden. Pfarramt an der Christuskirche

deutschen Geistlichen veranstaltete Scholefield in der Christuskirche regelmäßig auch musikalisch reich ausgestaltete Abendgottesdienste, die einen guten Zuspruch bei Deutschen und Amerikanern fanden. Im Übrigen hat die Christuskirche durch die Amerikaner in der Nachkriegszeit manche auch materielle Zuwendung erfahren.[73]

Der Hauptgottesdienst der Christusgemeinden musste wegen der Militärgottesdienste auf 9.30 Uhr vorverlegt werden, was man auch nach dem Wegfall der Militärgottesdienste im Sommer 1947 nicht rückgängig machte. Gottesdienste und Abendmahlsfeiern, die sich in der Regel nach einer Pause an den Predigtgottesdienst anschlossen (besondere Abendmahlsgottesdienste gab es nur an Gründonnerstag und zur Konfirmation), wurden (ebenso wie die Amtshandlungen) streng nach der in der Agende von 1930 festgelegten Ordnung durchgeführt; bei Schriftlesung und Predigt hielt man sich grundsätzlich an die Perikopenordnung. Eine Änderung trat jedoch mit der durch die nach dem Zweiten Weltkrieg angestoßene liturgische Diskussion zur Erneuerung der Gottesdienste ein, die 1950 in eine Erprobungsphase einer neuen erweiterten Gottesdienstordnung einmündete. Diese neue, die preußische Unionsliturgie aufgreifende Gottesdienstordnung war von der Frage geleitet: „Wie kann eine glaubende Gemeinde in der rechten Weise vor ihrem Herrn mündig werden?" Die Antwort lautete: „In dem Bestreben zu lebendiger Beteiligung der Gemeinde an der Liturgie in Anbetung, Lob und Bekenntnis", also weg von der Fixierung auf den alleinigen Gottesdienstvollzug durch den Pfarrer. Neuerungen in diesem Sinne waren etwa das von der Gemeinde gesungene „Ehre sei dem Vater" nach der Psalmlesung, das Kyrie nach dem „Sündenbekenntnis" und das Gloria nach der „Gnadenversicherung".[74] Auf Beschluss des Sprengelrats wurde an Feiertagen und an jedem ersten Sonntag im Monat die neue, reichere Liturgie gebraucht, die man auch für die Abendmahlsgottesdienste bevorzugte, während die ganz auf die Predigt ausgerichtete „schlichtere alte an den anderen Sonntagen gewünscht" wurde. Die Beschränkung der neuen reicheren Liturgie auf wenige Termine wurde hauptsächlich auf die ablehnende Haltung Pfarrer Webers zurückge-

Pfarrer Dr. Weber tauft in der Taufkapelle, um 1955. Pfarramt an der Christuskirche

führt, aber auch einer Anzahl von Gemeindegliedern und Ältesten widerstrebte die reichere liturgische Ausgestaltung des Gottesdienstes, die als „lutherisch" oder gar „katholisch" empfunden wurde. Die über Jahrzehnte andauernde und oftmals heftig kritisierte liturgische Wechselhaftigkeit an der Christuskirche hatte hier eine ihrer zähen Wurzeln. Prälat Maas versuchte zu verdeutlichen, dass die neue liturgische Form „nicht eine Verlängerung, sondern eine Vertiefung des Gottesdienstes" darstelle, indem die Gemeinde stärker am Gottesdienst beteiligt werde. Auch fördere sie die Einheit der gottesdienstlichen Praxis in Deutschland.

Besondere liturgische Gottesdienste (z.B. mit Gebeten, Lesungen und Musik) beschränkten sich im Wesentlichen auf den Karfreitag, bei denen dann auch der Bachchor mitwirkte. Abend- oder Nachmittagsgottesdienste am Sonntag fanden an Festtagen, ansonsten als besondere Themengottesdienste nach Ankündigung statt. Die im allgemeinen mit 60–100 Personen gut besuchten Wochengottesdienste, bei denen einerseits die Geistlichen meistens Reihenpredigten über zusammenhängende Schriftabschnitte hielten, die andererseits auch vermehrt als biblische Vorträge oder freie Aussprachen über biblische Themen gestaltet wurden, wurden von Oktober bis Ostern gehalten. Insgesamt wurde zu einer größeren gottesdienstlichen und auch liturgischen Vielfalt ermuntert und dabei auch der „Mut [...] zur kleinen Zahl" als

Konfirmationsjahrgang 1949 mit Pfarrer Mayer. Pfarramt an der Christuskirche

Konfirmationsjahrgang 1954 mit Pfarrer Mayer. Pfarramt an der Christuskirche

Wert gewürdigt. Auf Empfehlung der Kirchenleitung sollten die Wochengottesdienste – insbesondere in Bezug auf andere Veranstaltungen in der Gemeinde – verstetigt und Frühgottesdienste am Sonntag neu eingeführt werden. Mit dem Argument der fehlenden notwendigen Unterstützung der Pfarrer durch Vikare und der Sorge, es könnten Besucher des Hauptgottesdienstes abgezogen und dadurch dessen Erscheinungsbild beeinträchtigt werden, wurden die Frühgottesdienste an der Christuskirche jedoch nicht eingeführt.[75]

Während die Kindergottesdienste durch einen der Pfarrer in Form einer Katechese (also als „Unterweisung" im christlichen Glauben) oder Ansprache über den Predigttext gemeinsam durchgeführt wurden, fand die nach wie vor auf zwei Jahre festgelegte Christenlehre, in der religiöse und ethische Fragen behandelt wurden, nach Pfarreien getrennt an einem Wochentag statt, was sich gegenüber dem traditionellen Sonntagstermin bewährt hatte. Seit 1955 fand die Christenlehre „wegen der Frühreife unserer Jugend" getrennt nach Geschlechtern am Sonntagmittag bzw. für die Jungen am Montagabend statt, wobei die Mädchen gegenüber früher deutlich weniger zu den Stunden erschienen. Im Kindergottesdienst lehnte insbesondere Pfarrer Mayer die Unterweisung in Gruppen mit dem wenig glaubwürdigen Argument ab, dass keine geeigneten Helfer da seien, wo doch der Besuch des Kindergottesdienstes sehr zu wünschen übrig ließ. Noch 1956 musste die fehlende Unterstützung durch Vikare für die Ablehnung der Gruppenunterweisung herhalten, obgleich zumindest in der Westpfarrei wieder ein Helferinnenkreis für den Kindergottesdienst bereitstand. Auch die unterschiedliche Gestaltung der Kindergottesdienste durch die beiden Pfarrer wurde als grundsätzliches Problem artikuliert. Ein Festhalten an autoritär-geistlichen Strukturen scheint eine nicht unwesentliche Rolle bei der Stagnation des Kindergottesdienstes gespielt zu haben. Neu waren Schülergottesdienste zum Tertial- bzw. Halbjahreswechsel und an Festtagen eingeführt worden. Außerdem gab es ca. einmal im Quartal Missionsgottesdienste mit Gastpredigern. Taufen fanden in der Regel in der Taufkapelle statt, gelegentlich wurden sie aber auch in den Gemeinde- oder Kindergottesdienst integriert. Dies wurde von Prälat Maas bei der Visitation 1956 kritisiert, der als Ort der Taufe den Gemeindegottesdienst herausstellte, „weil die Kinder in die mündige Gemeinde aufgenommen werden". Dem stand offensichtlich jedoch die besondere Tradition und Bedeutung der Taufkapelle für die Gemeinde entgegen. Die Konfirmation wurde zwar in beiden Pfarreien getrennt gefeiert (an Laetare bzw. Judika), doch wurde die Vorbereitung auf die Konfirmation gemeinsam durchgeführt. Da der Schulunterricht oft im Wechsel zwischen Vor- und Nachmittagsunterricht stattfand, ergaben sich öfters Probleme für die Festlegung der Konfirmandenstunden, so dass man auch auf Abendstunden ausweichen musste. Die Lehrmittel beschränkten sich in den 50er Jahren auf den Katechismus und einen neu entwickelten Konfirmandenbrief.

Die Christuskirche wurde darüber hinaus für zahlreiche außerordentliche Gottesdienste von Gemeinschaften, Vereinigungen und auch der katholischen Gemeinde genutzt, aber auch für nichtgottesdienstliche Veranstaltungen (z.B. Musikveranstaltungen), die allerdings der Stätte angemessen sein mussten. Wie die Kirche, so waren auch die Gemeindesäle durch Gemeindegruppen und andere Kreise gut belegt. In den 50er Jahren musste man gar eine Überbelegung der Säle beklagen, da allein der Bachchor einen der beiden Säle an vier Abenden beanspruchte und dadurch freilich auch die Zusammenkünfte anderer Gemeindegruppe im anderen Saal erheblich beeinträchtigte.[76]

Abendmahls- und Gottesdienstbesuch in der Nachkriegszeit unterlagen wegen der unstabilen Gemeindesituation und der Schwierigkeiten, im Winter den Kirchenraum zu heizen, großen Schwankungen. Doch insgesamt glaubte man zu erkennen, dass der Gottesdienstbesuch nach dem Krieg wieder zugenommen habe, dass der Anteil der jüngeren Männer und der Akademiker unter den Gottesdienstbesuchern gestiegen war. In der ersten Hälfte der 50er Jahre nahm der Gottesdienstbesuch weiter leicht zu, während der Abendmahlsbesuch eher rückläufig war. Dies veranlasste Prälat Maas 1956 zahlreichere Abendmahlsfeiern anzumahnen, weil sie sicher auch dem Bedürfnis der leidgeprüften Mannheimer Bevölkerung entsprachen. Zum Gottesdienstbesuch sollte man durch persönliches Ansprechen bei Hausbesuchen anregen. Durch das einfühlsame Orgelspiel Deffners und den beweglichen Spieltisch hatte sich der Gemeindegesang trotz der weiterhin bestehenden Probleme durch die große räumliche Entfernung verbessert. Die Einführung des Evangelischen Kirchengesangbuchs (EKG) 1951 wurde systematisch in Kleinkreisen begleitet, so dass die neuen Melodien der Gemeinde allmählich vertraut gemacht wurden. Nicht zuletzt haben auch die zahlreichen übergemeindlichen Veranstaltungen in der Christuskirche die Rezeption des EKG gefördert.

Ungebrochen war die Attraktivität der Christuskirche über den eigenen Kirchensprengel hinaus für viele Evangelische in ganz Mannheim. Dazu trug einerseits das Ansehen der beiden Pfarrer als Prediger bei, andererseits aber auch die kirchenmusikalische Arbeit und die Ästhetik des Kirchenraums. Letzteres qualifizierte die Christuskirche besonders auch als Hochzeitskirche für viele Mannheimer Paare, was nicht selten zu Verstimmungen bei den Pfarrern anderer Pfarreien führte; war das Argument des Kirchenraums von allen im Grunde nachvollziehbar, so belastete der Wunsch, die Trauung auch durch einen Pfarrer der Christuskirche und nicht durch den eigenen Gemeindepfarrer vollziehen zu lassen, gelegentlich auch das kollegiale Miteinander in Mannheim.[77]

Die kirchliche Vereinsarbeit tat sich an der Christuskirche immer noch schwer, doch war in der Nachkriegszeit hier etwas Bewegung in die Gemeinden gekommen. In beiden Pfarreien gab es Frauen- und Männerkreise, in der Westpfarrei auch einen Jungmännerkreis, in dem Kriegsteilnehmer zusammenkamen, um aktuelle Gegenwartsfragen aus christlicher Perspektive zu diskutieren. Die Frauen- und Männerkreise befassten sich eher mit der Bibelarbeit. Erfreulich war, dass hier durchaus alle sozialen Schichten vom Akademiker und Kaufmann bis zum Arbeiter vertreten waren. Doch schon in den 50er Jahren zeichnete sich ein deutlicher Rückgang bei der Teilnahme am Männerkreis ab, bis er schließlich zum Erliegen kam, während sich die Aktivitäten des Frauenkreises, die auch wieder Ausflüge mit dem Bus umfassten, zunehmender Beliebtheit erfreuten. Der Frauenkreis brachte „eine spürbare äußere und innere Hilfe für [die] Gemeindearbeit". In der Westpfarrei ging auch die Jugendarbeit, wenn auch auf einem zahlenmäßig bescheidenen Niveau, kontinuierlich weiter. Die beiden Jungenkreise mit ihren etwa 40 Mitgliedern waren den christlichen Pfadfindern angegliedert, die drei Mädchenkreise wurden von der Gemeindehelferin betreut. Mit dem Dienstantritt der neuen Gemeindehelferin Edith Münzel im Jahre 1950, die bald drei Jungscharen, einen Mädchenkreis und einen Gemeindekreis („Junge Gemeinde") betreute, nahm auch die Jugendarbeit in der Ostpfarrei einen bedeutenden Aufschwung. Doch fehlten für die Gemeindejugend geeignete Räume für ihre Zusammenkünfte.[78] Der Mädchenkreis der Westpfarrei konnte die Wichernstube

(Werderplatz 6) mitbenutzen. Seit 1953 stand hier den Jugendlichen auch eine kleine Ausleih-Bibliothek zur Verfügung.

Ein Kindergarten konnte 1948 durch Unterstützung der amerikanischen Militärregierung wieder eröffnet werden. 1955 wurde ein zweiter Kindergarten in der Ostpfarrei eingerichtet. Daneben gab es in der Gemeinde zum Befremden der Pfarrer aber auch eine Kindergruppe aus „besser situierten Familien". Schulkinder ohne Betreuung in der Familie fanden am Nachmittag in der Wichernstube eine Anlaufstelle. Die Diakoniestation war mit drei Schwestern des Mannheimer Mutterhauses besetzt. Träger beider Einrichtungen war der Diakonissen- und Hilfsverein, der freilich all die Jahre um sein Bestehen kämpfen musste. Das Spendenaufkommen für die sogenannte christliche Liebestätigkeit war deutlich zurückgegangen (es lag z. B. 1949 mit etwa 8.600 DM deutlich unter den Spenden für Renovierungsarbeiten an Kirche und Konfirmandensälen mit etwa 12.800 DM), viele Quellen waren versiegt. Dramatisch war die durch die Währungsreform forcierte neue Armut unter den Personen, die früher in guten Verhältnissen gelebt und die Fonds unterstützt hatten. Als Segen erwies sich in dieser Not auch für die Christusgemeinden die Tätigkeit des Hilfswerks für die Evangelische Kirche.[79] Trotz der eigenen Not wurde seit 1948 auch an der Christuskirche die „Ostpakethilfe" für die Partnergemeinde in der „Ostzone" gestartet, die freilich bis Mitte der 50er Jahre deutlich zurückging. Insgesamt lag die Summe der Sammlungen trotz namhafter Gaben für die Innere Mission und das Hilfswerk deutlich unter den Kollekten für die Gemeinden. Diese zurückgehenden Spenden auch für den Hilfsverein dürfen jedoch nicht als mangelnde Spendenfreudigkeit gedeutet werden, vielmehr geht es hier um ein deutliches Setzen von Prioritäten. Bis 1956 wurden immerhin zusätzlich fast 100.000 Mark für die Glocken der Kirche gesammelt. Ein verschwindend geringes Interesse fanden in der Gemeinde die Anliegen des Gustav-Adolf-Werkes, das evangelische Christen in der Diaspora in Deutschland und der ganzen Welt unterstützte.

Ein echtes ökumenisches Verständnis hatte sich noch nicht durchsetzen können. Zwar würdigte man auf der einen Seite eine gewisse theologische Offenheit und menschliche Zugänglichkeit bei jüngeren Klerikern, auf der anderen Seite galt die „Mischehe" immer noch als ausgemachtes Ärgernis, die eine Gefahr für Seele und Gemüt der jungen Menschen darstelle.

Seit 1947 fand neben anderen Vortragsveranstaltungen auch die Geistliche Woche in der Christuskirche statt.[80] Die Geistliche Woche war zwar keine Veranstaltung der Christusgemeinde, sondern der Kirchengemeinde Mannheim, doch haben sich durch die Kontinuität des Ortes Kirche und Veranstaltung miteinander verschmolzen. Alle Versuche, den Veranstaltungsmodus zu verändern, haben sich nicht durchsetzen können. Die Christuskirche hat hier ihre zentrale Funktion für die Gesamtgemeinde der Evangelischen in Mannheim wahrgenommen und dazu beigetragen, die Geistliche

Woche über Jahrzehnte über den lokalen Rahmen hinaus zu einem gottesdienstlichen, geistig-spirituellen und kulturellen Ereignis zu machen. Daher erschüttert es zu erfahren, dass die Geistliche Woche in ihrer Glanzzeit in den 50er und 60er Jahren für den Gemeindeaufbau an der Christuskirche selbst offenbar keine Rolle gespielt haben soll.[81] Es ist kaum anzunehmen, dass sich die theologisch und gesellschaftlich engagierten Gemeindeglieder von Vortragenden wie Hanns Lilje, Otto Dibelius, Helmut Thielicke oder Richard von Weizsäcker (in seiner Funktion als Kirchentagspräsident) nicht angesprochen fühlten. Aber vielleicht wurde die Geistliche Woche doch auch von vielen als elitär empfunden? Vielleicht fühlte man sich auch der eigenen Kirche „beraubt", wenn so viele fremde Besucher – die es doch immer auch in den Gottesdiensten gab, wenn auch nicht in der Größenordnung – aus ganz Südwestdeutschland die Kirche in Besitz zu nehmen schienen? Eine wesentliche Ursache für eine gewisse Distanzierung war sicherlich, dass die beiden Gemeindepfarrer lange Zeit nicht in die Planung und Durchführung der Geistlichen Woche einbezogen waren, sondern dass hier bis in die Mitte der 1960er Jahre eine Initiative eines Laien eine zwar von der Kirchengemeinde geförderte, aber unabhängige dezentrale Organisationsstruktur zugrunde legte. Vielleicht wurde so die Bedeutung der Geistlichen Wochen für die Gemeinde an der Christuskirche heruntergespielt?

Die Situation an der Christuskirche in der „Ära Mayer und Weber" lässt sich folgendermaßen zusammenfassen (und zum Teil auch auf nachfolgende Zeiten fortschreiben): Auch die Christuskirche war nicht von Zwistigkeiten verschont geblieben, doch kam es hier trotz aller theologischer Differenzen zwischen den Pfarren nicht zum offenen Bruch. Diese herausgehobene Mannheimer Kirche war seit ihrer Gründung immer auch ein Ort auf hohem Niveau geführter theologischer Kontroversen gewesen, die sowohl in der eigenwilligen Predigtweise Kleins oder Webers ihren Ausdruck fand als auch im Fehlen eines liturgischen Konsenses mit der Folge, dass zeitweilig zwei unterschiedliche Gottesdienstordnungen parallel praktiziert wurden. Auch der Streit um das Geläute der Christuskirche, der sich zu einem „Fall Dr. Weber" auszuweiten drohte, hat die beiden Gemeinden über Monate belastet. Verschärft wurde die Konfliktlage dadurch, dass sich der Kirchengemeinderat mit seinem Votum für die Wiederherstellung des alten Geläutes über einen Beschluss des vereinigten Sprengelrats, der sich für ein Mischgeläute eingesetzt hatte, hinwegsetzte. In den Spannungen zeigte sich auch eine Schwäche der Mannheimer Gemeindeverfassung, die sowohl Konflikte nicht nur zwischen den Sprengelräten, sondern auch zwischen den Pfarrern herausforderte, wenn der Kollege zugleich auch als Konkurrent um Erfolge in der Gemeindearbeit und um die Gunst der Gottesdienstbesucher empfunden wurde.

Neue Aufbrüche und „unheilige Traditionen" (1956–1970): Die Ära Wäldin und Karle

Rudolf Mayer trat zum 1. Juli 1956 in den Ruhestand, Wilhelm Weber verstarb knapp zwei Jahre später, am 25. Juni 1958. Wenn man erwarten sollte, dass mit den vollständigen personellen Veränderungen auch ein Wandel in den kirchlichen Verhältnissen in der Gemeinde eintreten würde, sah man sich getäuscht. Das lag zum einen an der Persönlichkeitsstruktur zumindest eines Pfarrers, zum anderen an der Haltung der Ältestenkreise,[82] aber auch im Fortleben „unheiliger" Traditionen. Eine davon war die stereotype Berufung auf das Vorbild Paul Kleins, wenn es um die Charakterisierung der Predigtanforderungen an der Christuskirche ging. Es trug sicher nicht zur Flexibilität und zur konstruktiven Bewältigung anstehender Probleme und Konflikte bei, wenn die Ältesten die Pfarreien an der Christuskirche selbstverständlich als über alle übrigen Pfarrstellen der Landeskirche herausgehoben betrachteten und entsprechende Sonderrechte und Vergünstigungen erwarteten. Was die Problematik der Christuskirche ausmachte, tritt bereits bei den anstehenden Pfarrwahlen besonders deutlich hervor.

Aufbahrung von Pfarrer Dr. Weber am 27. Juni 1958 in der Christuskirche. Pfarramt an der Christuskirche

Herbert Wäldin (1912 in Furtwangen – 1988 in Eisenbach, Schwarzwald)

Studium der Theologie
in Heidelberg, Erlangen und Basel
1937 2. Theologisches Examen
1937 Vikar in Lahr und Pforzheim (Religionslehrer an der Mädchenfortbildungsschule)
1938 Vikar in Mannheim, Christuskirche (Westpfarrei)
1939 Vikar in Lahr (Dekanat)
1941 Aushilfsdienste im Dekanat Lahr (u.a. Friesenheim); Militärdienst
1945 Vikar in Friesenheim
1947 Pfarrer in Bonndorf
1956 Pfarrer in Mannheim, Christuskirche (Westpfarrei)
1972 Ruhestand

Pfarrer Herbert Wäldin (1912–1988), um 1960. Landeskirchliches Archiv Karlsruhe

Als nach Mayers Ausscheiden die Pfarrstelle der Westpfarrei der Christuskirche zur Besetzung durch Gemeindewahl ausgeschrieben wurde, trieb die Ältesten die Sorge um, „dass die Pfarrei wieder richtig besetzt werde".[83] In dieser Angst drückt sich die außerordentlich starke Prägung der Gemeinde durch Pfarrer Mayer aus, der auch über seine Zurruhesetzung hinaus als Ratgeber der Gemeinde fungierte (etwa in der Beurteilung der Probepredigten) und damit seine Nachfolge nicht unwesentlich beeinflusste.[84]

Die Ältesten hätten gern eine Bewerbung von Dr. Hans Barner aus Heidelberg - man erinnerte sich an dessen Vikarszeit an der Christuskirche mehr als ein Vierteljahrhundert zuvor! - gesehen, der sich zu diesem Schritt jedoch nicht entschließen konnte. Die von den Ältesten formulierten Wünsche an die Persönlichkeit des Pfarrers sind ein Spiegelbild des Selbstverständnisses der Gemeinde.[85] „Der Pfarrer müsse fest auf dem in der Bibel geoffenbarten Worte Gottes stehen, dieses in der Predigt lebendig und geistreich, in der Sprache von heute der Gemeinde verkündigen. Er dürfe das Evangelium jedoch nicht in allzu moderner Form verwässern. Er müsse fest zu unserem Glaubensbekenntnis stehen und offen seinen Glauben mit uns in diesem Sinne bekennen." Der neue Pfarrer sollte außerdem „fähig sein, eine enge Fühlung zur Jugend zu schaffen und zu erhalten und mit dieser Jugend richtig umgehen zu können". Der Pfarrer sollte eine starke, gefestigte Persönlichkeit darstellen, dabei aber friedlich und verträglich sein; er sollte über einige Amtserfahrung verfügen, weshalb man einen verheirateten Pfarrer von etwa 40 Jahren bevorzugen würde. Der Hinweis des Dekans auf die steigende Bedeutung von Seelsorge und Hausbesuchen wurde von den Ältesten bereitwillig aufgenommen.

Erst die abzusehende Vakanz der Pfarrstelle veranlasste die Ältesten, mit Georg Engelhorn einen stellvertretenden Vorsitzenden des Ältestenkreises zu wählen, was vorher an der Christuskirche nicht üblich war.

Insgesamt gingen sieben Bewerbungen ein; drei Bewerber wurden gemäß Pfarrwahlgesetz der Gemeinde schließlich präsentiert, von denen in der Sprengelratssitzung am 13. September 1956 Pfarrer Herbert Wäldin aus Bonndorf gewählt wurde. Für Verärgerung (auch bei Dekan Schmidt) sorgte die Tatsache, dass Mayer die Wahl seines Freundes Wäldin durch eine massive Beeinflussung der Ältesten gesteuert hatte, angeblich um so auch seine Tochter als Gemeindehelferin in der Gemeinde zu halten.[86] Unter der langen Vakanz, die durch die Erkrankung von Pfarrer Weber zusätzlich verschärft worden war, hatte die Gemeinde sehr zu leiden gehabt, weshalb niemand ein Interesse hatte, den Gemeindefrieden etwa durch eine Anfechtung der Wahl zu gefährden. Wäldin trat seinen Dienst am 10. November 1956 an, am Tag darauf wurde er im Gottesdienst in sein Amt eingeführt. Die einführenden Worte des Dekans Heinrich Schmidt gedeihen dabei zu einem schönen Bild des Verhältnisses des Pfarrers zu einer höchst anspruchsvollen Gemeinde: „Menschliche Weisheit hat die Gemeinde selbst genug, auch menschliche Kraft, Industriekraft und Sozialkraft und Finanzkraft und politische Kräfte sogar mehr als ihr gut sind. [...] Von dir erwartet sie die göttliche Kraft und die göttliche Weisheit, die wir in Christus allein finden. [...] Daß wir den gekreuzigten Christus predigen, merkt man auch daran, dass wir als Botschafter eines Gekreuzigten selbst ein Kreuz zu tragen haben und selbst einen Kreuzweg gehen müssen in unseren Gemeinden. [... N]ur aus der Kraft der Vergebung heraus kann eine Gemeinschaft bestehen, vor allem die Gemeinschaft zwischen dem Pfarrer, seiner Gemeinde und seinen Ältesten." Pfarrer zu sein bedeute vor allem Dienst und Unterordnung. „Das darf ich Dir aus eigener [...] Amtserfahrung in Mannheim sagen: hier lehrt uns der Heiland das Bücken und zwar bis auf den Boden. [...] Aber dieses Bücken wird uns mit der Zeit der liebste Dienst, so lieb, dass wir nichts mehr lieben wollen, als dieser Gemeinde mit dem Höchsten und Besten und Schönsten dienen, und das ist eben der gekreuzigte Christus."[87]

Wäldin hatte am 30. Oktober 1912 als Sohn eines Oberpostsekretärs in Furtwangen das Licht der Welt erblickt. Nach dem Studium in Heidelberg, Erlangen und Basel legte er 1937 sein zweites theologisches Examen ab. Seine Vikarszeit verbrachte er in Lahr, Pforzheim, an der Westpfarrei der Christuskirche in Mannheim, also bei Pfarrer Mayer, in Friesenheim und Bonndorf, wo er 1947 zum Pfarrer gewählt wurde. Für kurze Zeit wurde er auch als Soldat im Zweiten Weltkrieg eingezogen. Nach dem Krieg oblag ihm der Aufbau einer durch Flüchtlinge stark angewachsenen

Diasporagemeinde, wo er nicht nur den Bau einer Kirche, sondern auch den mehrerer Gemeindezentren betreute.[88]

Die Besetzung der Pfarrstelle der Ostpfarrei stand unter völlig anderen Vorzeichen, nicht nur weil der amtierende Pfarrer Weber im Amt verstorben war, sondern auch durch die Person des neuen Pfarrers. Wilhelm Karle war ein Pfarrer mit „Emigrationshintergrund". Seine Frau Annemarie hatte jüdische Vorfahren und war daher in seiner Gemeinde in Tennenbronn, in der sie sich in der Jugendarbeit engagiert hatte, heftig angefeindet worden, so dass Karles sich 1939 entschlossen, nach England auszuwandern.[89] Dort hatte Wilhelm Karle zuletzt eine Pfarrstelle in Reading inne. Seine Rückkehr nach Deutschland war ein Wagnis, aber auch ein mutiges Zeichen der Versöhnung.

Karle hatte sich nicht um die Pfarrstelle an der Christuskirche beworben.[90] Nach dem Tod Webers kam die Anfrage Karles, in seiner alten Landeskirche in Baden einen Probedienst von drei Monaten in der Verwaltung eines Pfarramtes zu absolvieren, gerade recht. Karle hatte nach eigener Aussage nicht die Absicht, nach Deutschland zurückzukehren, aber er wollte mit dieser Probezeit aus eigener Anschauung die Entwicklungen in der badische Landeskirche kennen lernen. Er hegte zwar keine Ressentiments – immerhin hatte er in England dreieinhalb Jahre lang Seelsorge an deutschen Kriegsgefangenen geübt –, aber er war sich anderseits gar nicht sicher, ob er nach fast zwanzig-

Pfarrer Wilhelm Karle (1903–1996), um 1960. Landeskirchliches Archiv Karlsruhe

Wilhelm Karle (1903 in Karlsruhe – 1996 in Reading, England)

Studium der Theologie
in Heidelberg, Tübingen und Marburg

1925	2. Theologisches Examen
1925	Vikar in Schiltach
1926	Vikar in Mannheim (Dekanat)
1928	Vikar in Mannheim, Konkordienkirche (Obere Pfarrei)
1931	Pfarrverwalter in Tennenbronn
1932	Pfarrer in Tennenbronn
1939	Entlassung aus dem Dienst der Landeskirche, Emigration nach England, dort zuletzt Pfarrer in Reading
1958	Probedienst in Mannheim, Christuskirche (Ostpfarrei)
1959	Pfarrer in Mannheim, Christuskirche (Ostpfarrei)
1969	Ruhestand

jähriger Abwesenheit, in der er „in vielen Dingen eine andere Sicht und Einstellung" gewonnen habe, noch mit den deutschen Verhältnissen vertraut genug sei, um sich hier wieder zurechtzufinden und zu arbeiten. Karle wurde ab 10. September 1958 zur Versehung des Pfarrdienstes an die Ostpfarrei der Christuskirche gesandt, wo er Vikar Johannes Eng, der dort seit dem 1. August den Dienst versah, ablöste. Parallel dazu lief das Berufungsverfahren für den neuen Pfarrer. Dekan Schmidt versuchte den Oberkirchenrat zu bewegen, die Pfarrei nicht durch Wahl, sondern durch Ernennung durch den Landesbischof zu besetzen, weil er den Ältestenkreis, dessen Wahl er weniger von kirchlichen Gesichtspunkten als von gesellschaftlichen bestimmt sah, nicht „für geeignet" befand, „die Verantwortung für die Wahl zu tragen". Dekan Schmidt hatte bereits die Wahl Wäldins (den er für ungeeignet für diese Pfarrstelle hielt) als Desaster empfunden und befürchtete eine ähnlich unbefriedigende Wahlhandlung, zumal die Ältesten bereits wieder von interessierter Seite (die nicht unbedingt die Gottesdienstbesucher repräsentierte) bearbeitet würden, die unbedingt ihren Kandidaten durchsetzen wollte. Das Motto war jedenfalls, es müsse angesichts der Wichtigkeit dieser Pfarrei ein „bedeutend[er] Pfarrer, wie Klein, an die Christuskirche" berufen werden. Das Ansinnen des Dekans musste der Landesbischof freilich aus rechtlichen und grundsätzlichen Gründen zurückweisen. „Wir haben die Besetzung durch Gemeindewahl, und können eine Gemeinde wie die der Christuskirche nicht entmündigen. Die Gemeinde bekommt den Pfarrer, den sie wählt, und trägt auch selber die Verantwortung für die Folgen einer Fehlentscheidung. Die Korrektur kann weniger von außen und oben als aus der Gemeinde selbst auf Grund ihrer Erfahrungen erfolgen."[91]

Insgesamt gingen sieben Bewerbungen auf die Pfarrstelle ein. Einer der drei vom Oberkirchenrat zur Wahl benannten Kandidaten zog seine Bewerbung jedoch wieder zurück, so dass ein Ersatzkandidat benannt werden musste. Keiner der Kandidaten fand das Gefallen des Sprengelrates. Zu diesem negativen Ergebnis gesellte sich die Verärgerung in der Gemeinde, dass „in Anbetracht der exponierten Lage der Christuskirche" nur drei Kandidaten (wie es das Wahlgesetz vorschrieb) benannt worden waren und dass zum anderen ein heftig propagierter Wunschkandidat keine Berücksichtigung durch den Oberkirchenrat gefunden hatte. Es drohten unschöne Auseinandersetzungen. In dieser Situation fiel der Blick auf Wilhelm Karle, den man ja bereits als praktizierenden Pfarrer kennen gelernt und der offensichtlich das Vertrauen der Gemeinde gewonnen hatte. Karle wollte sich nicht bewerben, da er sich auch gegenüber der Gemeinde in Reading noch verpflichtet fühlte, erklärte jedoch seine grundsätzliche Bereitschaft die Pfarrstelle zu übernehmen, wenn er einstimmig berufen würde. Bei einer entsprechenden Zusage durch die Kirchenleitung wollte der Ältestenkreis auch auf eine formale Wahl verzichten. Nach Klärung aller rechtlichen Fragen wurde Karle zum 1. Mai 1959 zum Pfarrer der Ostpfarrei der Christuskirche berufen.

Dr. Annemarie Karle (1902–1990), um 1960. Pfarramt an der Christuskirche

Den Pfarrern standen für die Gemeindearbeit Gemeindehelferinnen zur Seite. Während in der Westpfarrei eine kontinuierliche Arbeit durch Brigitte Mayer (seit 1936) möglich war, war die Stelle in der Ostpfarrei nur sporadisch besetzt, so von 1961 bis 1964 durch Christa Hennig. Pfarrvikare standen ebenfalls nur ausnahmsweise zur Verfügung, so von 1965 bis 1968 Eckart Liebs.

Die Entwicklung der Gemeinde lässt sich sicher nicht allein an „äußeren" Merkmalen ablesen, aber sie können helfen zu verstehen, wie die Selbstwahrnehmung und die daraus abgeleiteten Prämissen in ihren Auswirkungen zu verorten sind. 1958 überschritt die Ostpfarrei wieder die 4.000-Seelen-Grenze. Zum 31.12.1958 wurden 4.145 Gemeindeglieder errechnet, zum 31.12.1959 4.223 Gemeindeglieder. Zum 31.12.1961 wurden für die Ostpfarrei 4.474 und für die Westpfarrei 4.498 Gemeindeglieder angegeben, zum 31.12.1964 5.886 für die Ostpfarrei und 4.244 für die Westpfarrei. Während die Westpfarrei damit einen vergleichsweise stabilen Stand erreicht hatte, stieg die Zahl der Gemeindeglieder in der Ostpfarrei weiter stark an: 5.857 hier, 4.551 dort. Damit war der Höchststand freilich auch erreicht.[92]

Karle trat zum 1.5.1969 in den Ruhestand, Wäldin schied wenige Jahre später, auf den 1.9.1972, aus dem Amt. Die generellen Entwicklungen in dieser Zeit lassen es als gerechtfertigt erscheinen, das Wirken beider Pfarrer in der Gemeinde soweit zu parallelisieren, um von einer „Ära Wäldin-Karle" zu sprechen. Und auch nach dem Ausscheiden Karles änderten sich die Bedingungen der Arbeit in der Gemeinde nicht, soweit sie von der Persönlichkeit Wäldins abhängig waren. Pfarrer Wäldin sah seinen Dienst und Auftrag ganz in der Tradition von Paul Klein und Wilhelm Weber. In diesem Auftrag sah er sich zu keinerlei Kompromissen bereit. Im Gegenteil hat er den Dienst seiner Pfarrkollegen durch diese Einstellung in vielfacher Weise beschwert. Die „langen" 60er Jahre waren zudem durch Konfliktfelder geprägt, die an der Christuskirche nicht neu waren, nun aber teilweise verschärft zu Tage traten, da es an kollegialem Miteinander unter den Pfarrstelleninhabern fehlte und im Gefolge auch in den Ältestenkreisen. Diese Konflikte lassen sich besonders in drei Bereichen konkretisieren. Da sind zum einen Irritationen in der Gemeinde über gewisse theologische Positionen Wäldins zu verzeichnen (der „die Lehre von der Höllenfahrt Christi" als nicht biblisch abgelehnt habe), die aber ausgeräumt werden konnten – in der Folge bescheinigte man beiden Pfarrern eine vorzügliche „geistliche Arbeit" und eine anspruchsvolle und ansprechende Art zu predigen –,[93] da ist zum anderen die Eskalation des Streites um die liturgische Form des Gottesdienste nicht zu übersehen, und nicht zuletzt bündeln sich die Differenzen in den Problemen des Gemeindeaufbaus.

Ein Beispiel dafür, wie Gemeindeaufbau zu heftigen Konflikten führen konnte, ist die Einführung von Sonntagabendgottesdiensten an der Christuskirche. Beide Ältestenkreise hatten die Einführung als „ein Stück Aufbauarbeit" in der Gemeinde beschlossen; allein Pfarrer Wäldin hatte dagegen gestimmt. In der Folgezeit beteiligte sich Wäldin auch nicht an den Abendgottesdiensten. Als im Sommer 1964 während des Urlaubs von Pfarrer Karle eine Vertretungsregelung getroffen werden musste, weigerte sich Wäldin, die vorgesehene Vertretung zu übernehmen; stattdessen mussten die Gottesdienste „mit Amtsbrüdern aus anderen Pfarreien besetzt" werden. Wäldin klagte über Überlastung; wenn er am Vormittag neben dem Hauptgottesdienst auch Kindergottesdienst und Christenlehre halten müsse, brauche er den Nachmittag und Abend zur Erholung; auch sei – unabhängig von der Frage, ob der Aufwand für den Abendgottesdienst bei geringer Besucherzahl lohne – zu bedenken, ob Abendgottesdienste in der Christuskirche (oder einer anderen Innenstadtkirche) nicht eine Angelegenheit der gesamten Kirchengemeinde Mannheim und damit auch aller Pfarrer sein sollten. Der Gedanke von zentralen Früh-, Spät- oder Abendgottesdiensten in einer Innenstadtkirche unter Beteiligung aller hauptamtlichen Theologen hat aus heutiger Sicht durchaus seine Berechtigung, konnte Anfang der 1960er Jahre, als man versuchte der sich ausbreitenden „Entkirchlichung" des Lebens entgegenzuwirken, kaum auf ungeteiltes Verständnis stoßen. Der Evangelische Oberkirchenrat betonte prinzipiell die Wichtigkeit von Abendgottesdiensten, regte jedoch eine Überprüfung der Sachlage durch die Ältestenkreise an, um dann doch die Beibehaltung der Abendgottesdienste zu bestätigen.[94] Die Abendgottesdienste wurden in der Tat als regelmäßige Gottesdienstform beibehalten, obgleich die Besucherzahl klein war; aber es kam „eine überraschend große Zahl von Jugendlichen" in den Abendgottesdienst.[95] Das bei der Visitation des Jahres 1962 gegebene Versprechen, den bereits 1950 und 1956 geforderten Frühgottesdienst „alsbald einzuführen", wurde aufgrund der Bedenken der Westpfarrei nicht umgesetzt, die ursprünglich auch gegen die Abendgottesdienste votiert hatte. Seit 1960 wurde der Kindergottesdienst endlich auch in der kindgemäßen Form der Gruppenunterweisung durchgeführt. Dies verdankte sich vor allem dem Einsatz von Frau Dr. Karle, die einen Kreis von Helferinnen entsprechend schulte und vorbereitete. Dadurch hatte der Kindergottesdienstbesuch sich merklich verbessert. Auch Gesprächsabende für die Eltern der Kindergottesdienstkinder haben sich als fruchtbar erwiesen. Eine feste Institution wurde der „Blumensonntag" am ersten Sonntag im Juli. Außerdem wurden die Kinder an der liturgisch reichen Ausgestaltung des Ernte-Dankfestes und der Weihnachtsfeier am 4. Advent beteiligt. Schülergottesdienste für Schüler der Pestalozzischule fanden regelmäßig mittwochs in der Frühe statt. Etabliert hatten sich auch die besonderen Gebetsgottesdienste nach der Ordnung der ökumenischen Iona Community,[96] neu eingeführt wurden seit 1966 im Rahmen der Woche der Gebetsoktav gemeinsame ökumenische Gebetsgottesdienste im Wechsel mit der katholischen Gemeinde an Heilig-Geist. Dekan Schmidt hatte auch zur Abhaltung von Gemeinde- oder Familienabenden ermuntert, die das Miteinander in der Gemeinde fördern und ein Nachbarschaftsbewusstsein entwickeln helfen könnten. Diese wurden allerdings nur unregelmäßig angeboten anstelle eines Abendgottesdiensts. Im Winterhalbjahr wurde auch eine gemeinsame Bibelstunde beider Pfarreien gehalten. Der Gottesdienstbesuch war insgesamt konstant,[97] während der Abendmahlsbesuch rückläufig war, wobei beim Abendmahlsbesuch allerdings große – und den Berichterstattern nicht erklärliche – Schwankungen auftraten.

Ein unerfreulicher Streitpunkt in der Gemeinde war die Frage der liturgischen Gestaltung der Gottesdienste, die nach innen und außen ein Bild der Zerrissenheit der Gemeinde vermittelte. Karle hatte sich von Anbeginn an für die erweiterte Liturgie entschieden, was zumindest von einem Teil der Gemeinde offenbar sehr positiv aufgenommen wurde. Auf der anderen Seite beharrte Wäldin auf der reduzierten Liturgie des „Predigtgottesdienstes." Zwar hatte es die Landeskirche der Option der Ältestenkreise überlassen, welche Gottesdienstordnung sie anwenden wollten, doch stellte es eine erhebliche Störung des Gottesdienstes und eine Spannung innerhalb der Gemeinde dar, „wenn zwei Pfarreien an derselben Kirche eine sich ausschließende Entscheidung treffen". Bei der Visitation des Jahres 1962 versuchte Dekan Schmidt vergeblich die Einsicht zu vermitteln, dass „um der Liebe willen und um der Einmütigkeit im Gebet willen, auch um der geistlichen Handhabung der Kirchenmusik willen, und um der Erziehung und des lebendigen Mitgehens der Gemeinde in Lied, Responsorium und Gebet eine Einheit gefordert ist". Noch Jahre später machte Oberkirchenrat Stein deutlich, dass zwei Gemeinden an einer Kirche im Gottesdienst eine Gemeinde seien. Wie weit die Wirklichkeit davon abwich, zeigt die Tatsache, dass die Gemeinden sich im Grunde zu Personalgemeinden entwickelt hatten, indem „die Glieder der einen Gemeinde vielfach nicht zum Gottesdienst kommen, wenn der andere Pfarrer predigt."[98] Die „gespaltene" Liturgie musste insbesondere für den Kirchenmusiker eine unhaltbare Situation darstellen. Bei den Gottesdienstbesuchern war eine deutliche Zurückhaltung hinsichtlich ihrer Beteiligung am Gottesdienst und besonders beim Gemeindegesang zu verzeichnen, „was sicherlich tiefere Gründe hat als Unkenntnis des Gesangbuches und seiner Melodien" – eben doch eine Verunsicherung der Gemeinde hinsichtlich der Ordnung des Gottesdienstes? Der Gemeindegesang blieb auch in den folgenden Jahren mäßig; viele Gemeindeglieder beteiligten sich nicht daran. In der Gemeinde breitete sich Resignation aus, wenn der Ältestenkreis der Ostpfarrei noch 1969 feststellte, „der an sich dringende Wunsch, die Gottesdienstordnung in unserer Kirche zu

Erntedank im Jubiläumsjahr 1961. Pfarramt an der Christuskirche

vereinheitlichen, wird zurückgestellt, da die Frage bis auf weiteres nur durch eine Rückkehr der Ostpfarrei zur alten Liturgie bereinigt werden könnte".[99] Inwieweit die desolate Situation bei der Gottesdienstordnung auch darauf zurückzuführen ist, dass die zahlreichen Gottesdienstbesucher aus anderen Gemeinden eine Kontinuität in der Gemeindeentwicklung gar nicht zuließen und so die Kerngemeinde außer dem Anspruch, „Predigtgemeinde" zu sein, keine eigene Identität entwickeln konnte, ist aus heutiger Sicht kaum zu entscheiden.

Die Situation an der Christuskirche macht indessen verständlich, warum Oberkirchenrat Stein in seinem Visitationsbescheid an die Ältestenkreise 1968 mahnte, ihren Blick auf das Gemeinsame beider Pfarreien zu richten. „Es ist alles, was nur irgend möglich ist, gemeinsam zu tun." Er forderte die Ältestenkreise auf, bei allen Entscheidungen zu fragen, was dem Gemeinsamen nütze und das Miteinander stärke. Erneut wurde in diesem Zusammenhang auf die Bedeutung einer einheitlichen Gottesdienstordnung hingewiesen. Auch wenn er die Abhaltung von Gemeindeversammlungen einforderte, betonte er, dass sie ein Ausfluss der Gemeinsamkeit der beiden Pfarreien sein müssten.[100] Die Einsicht, dass bestimmte Aufgaben wie die Frauen- oder Jugendarbeit besser gemeindeübergreifend zu lösen seien, hatte sich in Teilen der Gemeinde ohnehin bereits Weg gebahnt.[101]

Erntedank 1965. Pfarramt an der Christuskirche

Im Bereich der Seelsorge durch Haus- und Krankenbesuche waren deutliche Anstrengungen in beiden Gemeinden zu verzeichnen, doch litt dies „unter dem Übermaß der Aufgaben, denen man sich heute in der Großstadtgemeinde gegenüber gestellt sieht" ebenso, wie an der fehlenden Unterstützung durch einen Vikar. Darum klingt das Fazit Karles in höchstem Maße resignativ: „Darum bleibt die sogenannte seelsorgliche Arbeit, wie wir sie tun müssen, ein Tropfen auf einem heißen Stein und hinterlässt beim ‚Seelsorger' ein bedrückendes Gefühl der Ohnmacht der unbewältigten und nicht zu bewältigenden Aufgabe gegenüber. [... Die] Seelsorge bleibt angesichts der Situation des heutigen Menschen jämmerliches Stückwerk." Abhilfe – nämlich die Gemeinden zu verkleinern oder spezielle Kräfte für die Seelsorge zu berufen – sah er nicht.[102] Freilich war zu fragen, ob die Besuchsdienste nicht durch die stärkere Beteiligung ehrenamtlicher Helfer effektiver und nachhaltiger gestaltet werden könnten. Eine solche Lösung wurde von Wäldin jedoch abgelehnt, der in den Hausbesuchen eine zentrale seelsorgliche Aufgabe gerade des Pfarrers sah. Doch auch in der Ostpfarrei ist es nicht gelungen, „einen eigentlichen Besuchskreis zu bilden". Die Bildung eines Besuchsdienstes wurde aber immer wieder angemahnt.[103]

Während die Frauenarbeit, in der sich u. a. der Weltgebetstag (zunächst in übergemeindlicher Arbeit) zu etablieren begann, überwiegend unter Leitung der Pfarrfrau Dr. Annemarie Karle (Ost) bzw. der Gemeindehelferin Brigitte Mayer (West) ermutigende Ergebnisse zeitigte, konnte der Männerkreis nur einen geringen Zulauf verzeichnen und wandelte sich daher auch in einen offeneren Gesprächskreis über aktuelle kirchliche und religiöse Fragen. Als besonderes Unternehmen stachen die Pfingstfreizeiten des Frauenkreises der Westpfarrei heraus. Wie so häufig fiel die durch Berufstätigkeit besonders geforderte mittlere Generation durch das Raster der kirchlichen Aktivitäten. Oberkirchenrat Stein ermutigte die Gemeinde, bestimmte Traditionen (etwa die Trennung nach Geschlechtern) und Formen (etwa in der Bibelarbeit) der Gemeindearbeit grundsätzlich zu hinterfragen. Stattdessen sollten die „Durchführung von theologischen Seminaren oder von Gesprächsabenden über gesellschaftliche und kirchliche Probleme unserer Tage oder das Zusammenrufen junger Ehepaare oder die Gestaltung von Nachbarschaftsabenden [als Begegnungsabende …] ins Auge gefasst werden".[104]

In der Kinder- und Jugendarbeit, dem wesentlichen Betätigungsfeld der Gemeindehelferinnen und des Diakons Remensperger, waren tragfähige Perspektiven nicht zu erkennen. Regelmäßig wurde das Fehlen geeigneter Räume beklagt. Ein eigenes Gemeindehaus für die Christuskirche könnte nach Ansicht der Ältestenkreise viele Probleme des Gemeindeaufbaus nicht nur in der Jugendarbeit mildern. Durch das Ausscheiden der Gemeindehelferin und des Diakons kam die Jugendarbeit in der Ostpfarrei weitgehend zum Erliegen. In der Westpfarrei hatte sich der Schwerpunkt

Kindergartenkinder auf dem Spielplatz, Sommer 1958. Pfarramt an der Christuskirche

von der Jugendarbeit auf die Kinderarbeit verlagert. Nach der Versetzung des Vikars stand auch dessen Aufbauarbeit in diesem Bereich wieder in Frage. Insgesamt wurde jedoch das Konzept, die Jugendarbeit oft rasch wechselnden Vikaren anzuvertrauen, in Frage gestellt. Andererseits wurde offensichtlich die Chance, aus der Christenlehre eine Form der Jugendarbeit zu entwickeln, nicht wahrgenommen.[105] Neben den Gemeindekreisen hatten auch die Christlichen Pfadfinder und bis Anfang der 60er Jahre auch eine Gruppe der „Deutsch-Ritter" Unterschlupf an der Christuskirche gefunden. Pfarrer Karle selbst leitete einen Kreis der „Jungen Gemeinde". In der Westpfarrei gab es zudem einen „Montags-Kreis" junger berufstätiger Frauen.

Bemerkenswert hinsichtlich der Gemeindesituation ist nicht die Klage Pfarrer Karles über die große Zahl der kirchenfernen Familien, sondern über die Konsequenzen, die man seiner Ansicht nach daraus ziehen sollte, nämlich eine „klar umrissene kirchliche Lebensordnung", die es den Geistlichen erlaubte, insbesondere bei den Kasualien „mit Autorität zu handeln", was heißt, die Amtshandlung bei Taufe, Konfirmation oder Trauung gegebenenfalls zu verweigern. Die Taufen wurden übrigens immer noch ganz überwiegend als eigenständige Feiern in der Taufkapelle abgehalten. Trotz der beklagten geringen „Kirchlichkeit" der Gemeindeglieder war an der Christuskirche ein deutliches Anwachsen der „kirchlichen Liebestätigkeit" zu verzeichnen. So stiegen die Opfergaben in dem Jahrzehnt von 1952 bis 1961 von 2.286 DM auf 12.055 DM um dann bis 1967 weitgehend konstant zu bleiben,

Konfirmationsjahrgang 1960 mit Pfarrer Karle. Pfarramt an der Christuskirche

Die Diakonissen der Gemeinde im August 1961. Vorne: Johanna Ringle, Kätchen Moos. Dahinter: Maria Galm, Käthe Sigmund, Rosa Sauer. Pfarramt an der Christuskirche

freilich mit einer Spitze im Jahre 1964, als 15.347 DM in das Opfer gelegt wurden. Die Kollekten stiegen in den 50er Jahren von 3.240 DM auf zeitweise über 10.000 DM; hier oszillierte der Betrag in den folgenden Jahren in Wellen zwischen gut 8.000 und über 15.400 DM. Hinzu kamen beträchtliche Summen bei den Sammlungen für die Innere Mission und das Hilfswerk sowie Spenden für besondere Anlässe, so dass Anfang der 60er Jahre erwogen werden konnte, eine Hauspflegestation zu errichten. Der Hilfsverein der Gemeinde mit fast 800 Mitgliedern trug ebenfalls dazu bei, den diakonischen Auftrag der Gemeinde zu erfüllen. Eine Werbeaktion im Jahre 1967 veranlasste 120 Personen zum Beitritt zum Hilfsverein und erbrachte zusätzliche Spenden in Höhe von rund 15.000 DM. 1968 konnte mit dem Bau eines neuen Kindergartens in der Maximilianstraße begonnen werden. Anstelle der Diakonissen arbeiteten nun Kindergärtnerinnen in den Kindergärten, was für den Hilfsverein eine hohe finanzielle Mehrbelastung bedeutete. In der Gemeinde waren auch nach wie vor zwei Almosenpfleger tätig. Es stand zu befürchten, dass der Hilfsverein künftig den Anforderungen nicht mehr gewachsen sein würde, so dass man über Formen der Kooperation mit anderen Pfarreien etwa bei der Krankenschwesterstation nachdachte.[106]

Als besonderes Ereignis neben den alljährlichen Geistlichen Wochen stachen die Jubiläumsfeierlichkeiten zum 50-jährigen Bestehen der Christuskirche hervor. Herbert Wäldin gebührt Respekt für die von ihm erarbeitete umfangreiche Festschrift.

50 JAHRE CHRISTUSKIRCHE MANNHEIM

Festgottesdienst

am Sonntag, dem 5. November 1961 — Reformationsfest —

um 9.30 Uhr in der Christuskirche

Orgel: Hans Friedrich Micheelsen, Orgeltoccata

Gemeinde: »Lobe den Herren, den mächtigen König der Ehren,
meine geliebete Seele, das ist mein Begehren.
Kommet zuhauf, Psalter und Harfe, wacht auf,
lasset den Lobgesang hören!

Lobe den Herren, der alles so herrlich regieret,
der dich auf Adelers Fittichen sicher geführet,
der dich erhält, wie es dir selber gefällt;
hast du nicht dieses verspüret!

Lobe den Herren, der künstlich und fein dich bereitet,
der dir Gesundheit verliehen, dich freundlich geleitet.
In wieviel Not hat nicht der gnädige Gott über dir
Flügel gebreitet!

Lobe den Herren, der deinen Stand sichtbar gesegnet,
der aus dem Himmel mit Strömen der Liebe geregnet.
Denke daran, was der Allmächtige kann, der dir mit
Liebe begegnet.«

(Gesangbuch 235, 1–4)

Geistlicher: Votum, Eingangsspruch, Gebet

Bachchor: »Jauchzet dem Herren, alle Welt! Dienet dem Herren
mit Freuden! Kommt vor sein Angesicht mit Froh-
locken! Erkennet, daß der Herre Gott ist! Er hat uns
gemacht und nicht wir selbst zu seinem Volk und zu
Schafen seiner Weide. Gehet zu seinen Toren mit
Danken, zu seinen Vorhöfen mit Loben. Danket ihm,
lobet seinen Namen! Denn der Herr ist freundlich,
und seine Gnade währet ewig. — Ehre sei dem Vater
und dem Sohn und auch dem heilgen Geiste. Wie es
war im Anfang, jetzt und immerdar, und von Ewigkeit
zu Ewigkeit. Amen.«

(Heinrich Schütz, Psalm 100 für zwei Chöre und zwei
Instrumentalgruppen).

Geistlicher: Schriftlesung

Gemeinde: Halleluja

Geistlicher: Nicaenisches Glaubensbekenntnis

Gemeinde: »Allein Gott in der Höh sei Ehr und Dank für seine
Gnade, darum, daß nun und nimmermehr uns rühren
kann kein Schade; ein Wohlgefalln Gott an uns hat,
nun ist groß Fried ohn Unterlaß, all Fehd hat nun ein
Ende.

Wir lobn, preisn, anbeten dich; für deine Ehr wir danken, daß du, Gott Vater, ewiglich regierst ohn alls
Wanken. Ganz ungemessen ist deine Macht, fort
g'schieht, was dein Will hat bedacht. Wohl uns des
feinen Herren!

O Jesu Christ, Sohn eingeborn deines himmlischen Vaters, Versöhner der', die warn verloren, du Stiller
unsers Haders; Lamm Gottes, heiliger Herr und Gott,
nimm an die Bitt von unsrer Not, erbarm dich unser
aller!

O Heilger Geist, du höchstes Gut, du allerheilsamst
Tröster, vors Teufels Gwalt fortan behüt, die Jesus
Christ erlöset durch große Mart und bittern Tod; ab-
wend all unsern Jammr und Not; darauf wir uns verlassen.«

(Gesangbuch 131, 1–4)

Geistlicher: Predigt über Apostelgeschichte Kapitel 15, Vers 11a.

Gemeinde: »Ach bleib mit deiner Gnade bei uns, Herr Jesu Christ,
daß uns hinfort nicht schade, des bösen Feindes List.

Ach bleib mit deinem Worte bei uns, Erlöser wert, daß
uns beid, hier und dorte, sei Güt und Heil beschert.

Ach bleib mit deinem Glanze bei uns, du wertes Licht;
dein Wahrheit uns umschanze, damit wir irren nicht.

Arie (Alt): Ich will dich all mein Leben lang, o Gott
von nun an ehren, man soll, o Gott, mein Lobgesang
an allen Orten hören. Mein ganzes Herz ermuntre
sich, mein Geist und Leib erfreue sich. Gebt unserm
Gott die Ehre!

Rezitativ (Tenor): Ihr, die ihr Christi Namen nennt,
gebt unserm Gott die Ehre! Ihr, die ihr Gottes Macht
bekennt, gebt unserm Gott die Ehre! Die falschen
Götzen macht zu Spott. Der Herr ist Gott, der Herr
ist Gott! Gebt unserm Gott die Ehre!

Chor: So kommet vor sein Angesicht mit jauchzen-
vollem Springen. Bezahlet die gelobte Pflicht und laßt
uns fröhlich singen: Gott hat es alles wohl bedacht
und alles, alles recht gemacht. Gebt unserm Gott die
Ehre!

Geistlicher: Gebet, Unser Vater, Friedensgruß

Gemeinde: »Ein feste Burg ist unser Gott, ein gute Wehr und
Waffen. Er hilft uns frei aus aller Not, die uns jetzt
hat betroffen. Der alt böse Feind, mit Ernst ers jetzt
meint; groß Macht und viel List sein grausam Rüstung
ist, auf Erd' ist nichts seinsgleichen.

Mit unsrer Macht ist nichts getan, wir sind gar bald
verloren; es streit' für uns der rechte Mann, den Gott
hat selbst erkoren. Fragst du, wer der ist? Er heißt
Jesus Christ, der Herr Zebaoth, und ist kein andrer
Gott, das Feld muß er behalten.«

(Gesangbuch 201, 1 und 2)

Geistlicher: Segen

Orgel: Max Reger, Toccata d (Opus 59)

Die heute anordnungsgemäß zu erhebende Kollekte ist für das
Gustav-Adolf-Werk der Landeskirche bestimmt.

Heute wird um 20 Uhr in der Christuskirche das Oratorium „Dein
Reich komme" von Johannes Drießler durch den Bachchor aufgeführt.

**Die Festschrift »50 Jahre Christuskirche Mannheim« ist am Ausgang
der Kirche erhältlich.**

Ach bleib mit deinem Segen bei uns, du reicher Herr;
dein Gnad und alls Vermögen in uns reichlich vermehr.

Ach bleib mit deinem Schutze bei uns, du starker Held,
daß uns der Feind nicht trutze noch fäll die böse Welt.

Ach bleib mit deiner Treue bei uns, mein Herr und
Gott; Beständigkeit verleihe, hilf uns aus aller Not!«

(Gesangbuch 208, 1–5)

*Grußwort
der Kirchenleitung:*

Oberkirchenrat Kühlwein, Karlsruhe

Bachchor: Johann Sebastian Bach, Kantate Nr. 117

Chor: Sei Lob und Ehr dem höchsten Gut, dem Vater
aller Güte, dem Gott, der alle Wunder tut, dem Gott,
der mein Gemüte mit seinem reichen Trost erfüllt, dem
Gott, der allen Jammer stillt. Gebt unserm Gott die
Ehre!

Rezitativ (Baß): Es danken dir die Himmelsheer, o
Vater aller Thronen, und die auf Erden, Luft und Meer
im Schatten wohnen, die preisen deine Schöp-
fermacht, die alles also wohl bedacht. Gebt unserm
Gott die Ehre!

Arie (Tenor): Was unser Gott geschaffen hat, das will
er auch erhalten, darüber will er früh und spat mit
seiner Gnade walten. In seinem ganzen Königreich
ist alles recht und alles gleich. Gebt unserm Gott die
Ehre!

Choral: Ich rief dem Herrn in meiner Not; Ach Gott,
vernimm mein Schreien! Da half mein Helfer mir
vom Tod und ließ mir Trost gedeihen. Drum dank,
ach Gott, drum dank ich dir; ach danket, danket Gott
mit mir. Gebt unserm Gott die Ehre!

Rezitativ (Alt): Der Herr ist noch und nimmer nicht
von seinem Volk geschieden. Er bleibet ihre Zuver-
sicht, ihr Segen, Heil und Frieden. Mit Mutterhänden
leitet er die Seinen stetig hin und her. Gebt unserm
Gott die Ehre!

Arie (Baß): Wenn Trost und Hülf ermangeln muß,
die alle Welt erzeiget, so kommt und hilft der Überfluß,
der Vater selbst und neiget die Vateraugen denen zu,
die sonsten nirgends finden Ruh. Gebt unserm Gott
die Ehre!

*Programm des Festgottesdienstes zum 50-jährigen Jubiläum der Christuskirche am
5. November 1961. Landeskirchliches Archiv Karlsruhe*

Entwicklungen in den 70er und 80er Jahren

Die Persönlichkeit Wäldins machte es häufig allen Beteiligten schwer, in der Gemeinde etwas zu bewegen. Dekan Schmidt hatte sogar die Frage gestellt, warum er die Zusammenarbeit mit dem Amtsbruder verweigere. Aber auch sonst sah die Lage der Ostpfarrei alles andere als glänzend aus. Wegen der häufigen Vakanzen der Vikarsstellen und des Fehlens einer Gemeindehelferin lag die Jugendarbeit am Boden. Diese Situation und die gespannte Atmosphäre an der Christuskirche wirkte sich bei der Pfarrstellenbesetzung in der Nachfolge Karles im Jahre 1969 sehr negativ aus, als auf die – nach Ansicht der Ältesten – traditionsreiche und höchst angesehene Pfarrei auf die erste Ausschreibung nur eine Bewerbung einging und daher keine Wahl stattfinden konnte. Die lange Vakanzvertretung übernahmen Pfarrer Wäldin und die Vikarin Ahrnke, denn auf die zweite Ausschreibung gingen zwar drei Bewerbungen ein, doch zogen alle drei Kandidaten im Laufe der Gespräche ihre Bewerbungen wieder zurück. Für Verärgerung sorgte auch, dass der Ältestenkreis entgegen der Wahlordnung von sich aus Kontakt zu einem Pfarrer aufnahm. Die Besetzung der Pfarrstelle lag nun beim Landesbischof. Heidland beschrieb den Zustand der Gemeinde wie folgt: Der monumentale Bau der Christuskirche verlange „eigentlich einen byzantinischen Redner," wie sie ihn in Klein und Weber besessen habe. „Das ist lange her, und der Schwerpunkt der Arbeit liegt seither mehr auf dem seelsorglichen, außer-gottesdienstlichen Gebiet. Die Gemeinde war bisher vornehmlich aus den ‚oberen Zehntausend' Mannheims gebildet. Neuerdings werden die zum Teil großartigen Villen freilich in Kontore umgewandelt. Aber es wohnt dort immer noch viel Intelligenz und Kultur. Daneben befinden sich Straßenzüge, die das übliche Bild der Großstadt bieten. Der Ältestenkreis legt Wert auf Treue zu Schrift und Bekenntnis und ist nach meiner persönlichen Meinung vielleicht in der Beurteilung unserer Arbeitsstrukturen etwas zu konventionell eingestellt [...]. Wie dem auch sei: Der Pfarrer muss recht verschiedenen Bewusstseinslagen und Neigungen gerecht werden und versuchen, von der Mitte des Evangeliums aus auch mit dem Gros der recht säkularisierten Gemeindeglieder in Kontakt zu kommen."[107] Es bedurfte einiger Überredungskunst, um Pfarrer Fritz Lang in Salem zu überzeugen, dass er der richtige Mann für die Pfarrei an der Christuskirche sei und die Ostpfarrei der richtige Ort für sein künftiges Wirken. In einer Aussprache mit dem Ältestenkreis bezeichnete sich Lang als Lutheraner, der gern auch mit Gottesdiensten experimentiere. Für ihn war es besonders wichtig, auch weiterhin Zeit für theologische Arbeit und Studium zu haben und sich am Kulturleben der Stadt beteiligen zu können. „Seine theologischen Ausführungen" ließen den Ältestenkreis erkennen, „dass sie es mit einem Geistlichen zu tun haben, der mit großer Ernsthaftigkeit und umfangreichen theologischen Kenntnissen das auf ihn zukommende Amt überdenkt".[108] Am

17. Mai 1970 wurde Fritz Lang nach einjähriger Vakanz der Pfarrstelle in sein Amt eingeführt. Lang, Jahrgang 1924, war bereits früher in Mannheim tätig gewesen. Von 1956 an war er Bezirksjugendpfarrer gewesen, ehe er 1960 als Religionslehrer und Schulpfarrer nach Salem wechselte.

Auch Lang hatte unter der schwierigen Zusammenarbeit mit Wäldin zu leiden, der durch Urlaub und Kuren für viele Wochen im Jahr ausfiel und auch an vielen Wochenenden nicht in Mannheim anwesend war. So hatte Lang nicht nur einen Großteil der Kasualien zu übernehmen, sondern auch die Erwachsenenarbeit weitgehend allein zu leisten, obgleich die Westpfarrei über eine Gemeindediakonin verfügte. Lang bat daher – freilich lange Zeit ohne Erfolg – um die Zuweisung eines Vikars für die Christuskirche, der für die Arbeit in der Ostpfarrei und in der Krankenhausseelsorge zur Verfügung stehen sollte.[109]

Ein Wandel in der verfahrenen Situation an der Christuskirche konnte erst nach dem Ausscheiden Wäldins aus dem Pfarrdienst eintreten; er ließ sich aus gesundheitlichen Gründen auf den 1. September 1972 in den Ruhestand versetzen. Bei der Ausschreibung der Pfarrstelle stellte der Ältestenkreis klar, dass künftig „eine gute und harmonische Zusammenarbeit mit dem Pfarrer der Ostpfarrei und mit den Vikaren dringend erwünscht werde".[110] Nachdem die Gemeinde auf eine zweite Ausschreibung der Pfarrstelle verzichtet hatte, wurde Walther Bender, bisher Pfarrer der Gethsemanegemeinde in Mannheim, zum Pfarrer der Westpfarrei

Pfarrer Fritz Lang (*1924), um 1970. Landeskirchliches Archiv Karlsruhe

Fritz Lang (1924 in Mannheim)

1943–45	Wehrdienst und Kriegsgefangenschaft (bis August 45)
	Ausbildung zum Volksschullehrer
1947	Volksschullehrer in Weinheim
	Studium der Theologie in Heidelberg
1954	2. Theologisches Examen
1954	Religionslehrer am Realgymnasium in Weinheim
1955	Bezirksjugendpfarrer in Mannheim (ab 15.9.55 als Vikar, ab 16.6.56 als Pfarrer)
1960	Religionslehrer und Schulpfarrer in Salem
1970	Pfarrer in Mannheim, Christuskirche (Ostpfarrei)
1989	Ruhestand

Trauung von Pfarrer Fritz Lang mit Helga Lang, geb. Schmidt, aus der Westpfarrei der Christuskirche im September 1959. Pfarramt an der Christuskirche

berufen. Bender schied bereits 1978 als Pfarrer an der Christuskirche aus, um die Leitung des Dekanats Mannheim zu übernehmen. Der Wunsch, den Dekanatssitz von der Konkordienkirche an die Christuskirche zu verlegen, damit Bender an „seiner" Kirche bleiben könne, war vom Evangelischen Oberkirchenrat abgelehnt worden. Der Ältestenkreis verzichtete auf eine Ausschreibung der Stelle. Daraufhin wurde Ernst Baier, bisher Pfarrer an der Hafenkirche in Mannheim, an die Christuskirche berufen. Baier, Jahrgang 1929, war 1957 als Vikar in den Jungbusch gekommen, wo er 1958 die Pfarrstelle an der Hafenkirche übernahm. Baier trat seinen Dienst an der Christuskirche am 16.9.1978 an. Die Vakanzvertretung hatten Pfarrer Lang und Pfarrvikar Jan Badewien übernommen.

Dankbar hatte die Gemeinde an der Christuskirche zur Kenntnis genommen, dass mit dem Dienstantritt von Bender erstmals seit Jahrzehnten keine Spannungen mehr zwischen den Pfarrern herrschten.[111] Leider tat sich ein anderes Konfliktfeld auf, das dramatisch endete. So gab es Spannungen zwischen Bezirkskantor Stephan Kroll und dem Pfarrer der Ostpfarrei wegen Krolls mangelnder Präsenz in den Gottesdiensten an der Christuskirche. Die Bedrängnisse des psychisch labilen Kantors eskalierten im Dezember 1974, als ambitionierten musikalischen Projekten der Erfolg versagt blieb, im Freitod des Kirchenmusikers.

Mit den Pfarrwechseln Anfang der 70er Jahre war auch eine deutliche Verjüngung der Ältestenkreise einhergegangen, so dass zu Recht die Hoffnung bestand, alte Verkrustungen aufzubrechen. Gemeinsame Ältestenkreissitzungen fanden seit Ende 1972 regelmäßig statt, wurden aber 1978 mit Dienstantritt von Ernst Baier wieder aufgegeben, so dass eine erneute Auseinanderentwicklung der Gemeinden zu befürchten war,[112] wie sie sich auch in geringfügigen liturgischen Unterschieden anzudeuten schien; durch das Gehen getrennter Wege ließ sich auch die Bildung eines Gemeindebeirats nicht verwirklichen.

Doch zunächst stand die Gemeinsamkeit und das Miteinander in der Gemeinde im Vordergrund. Endlich konnte auch die Verschiedenheit der Gottesdienstordnung aufgehoben werden: „Alte bzw. neue Liturgie als Unterscheidungsmerkmal von Ost- und Westpfarrei gibt es nicht mehr." Es wurde nur noch die erweiterte Gottesdienstform benutzt. Neuerungen gab es auch hinsichtlich der Gottesdienstzeiten (Beginn des Hauptgottesdienstes im Winterhalbjahr erst um 10 Uhr) und seit 1971 hinsichtlich der Integration des Abendmahls in den Hauptgottesdienst im Rahmen der (seit 1973) monatlichen sogenannten Gesamtgottesdienste. Predigtnachgespräche stießen auf wenig Interesse. Der Gottesdienstbesuch und auch die Teilnahme am Abendmahl galten für Mannheimer Verhältnisse als gut mit weiter steigender Tendenz; hervorgehoben wurde der erfreulich hohe Anteil der Jugendlichen beim Gottesdienst und Abendmahl. „Der Gottesdienst hat an der Christuskirche noch seine zentrale und sammelnde Funktion für das ganze Gemeindeleben", hieß es im Bericht über die Visitation 1981. Das Abendmahl wurde in der Regel in der Form der Wandelkommunion gehalten.[113] In

Pfarrer Walther Bender (1922–1982), um 1965. Landeskirchliches Archiv Karlsruhe

Walther *Kurt* Bender (1922 in Mannheim – 1982 in Mannheim)

1941–45	Wehrdienst und Kriegsgefangenschaft (bis Mai 45)
	Studium der Theologie in Heidelberg
1955	2. Theologisches Examen
1955	Vikar in Mannheim, Hafenkirche
1957	Pfarrverwalter, anschl. Pfarrer in Linx
1964	Pfarrer in Mannheim-Waldhof, Gethsemanekirche
1972	Pfarrer in Mannheim, Christuskirche (Westpfarrei)
1978	Dekan des Kirchenbezirks Mannheim und Pfarrer an der Konkordienkirche (Obere Pfarrei)

der Meditation zur Osternacht feierte Pfarrer Lang das Abendmahl, indem Brot und Wein unter den Kommunikanten weitergegeben wurden. Die Osternachtfeiern wurden seit 1988 in intensiver Vorbereitung durch einen Kreis Interessierter liturgisch neu erarbeitet und entwickelten sich (auch durch die Integration von Taufhandlungen) zu eindrucksvollen gottesdienstlichen Erfahrungen, die durch das Überbringen des Osterfeuers von der Heilig-Geist-Gemeinde auch eine ökumenische Komponente enthielten. Seit Mitte der 70er Jahre wurde im Sommerhalbjahr sonntags auch ein Gottesdienst auf der Seebühne im Luisenpark abgehalten. Besondere Gottesdienste fanden etwa zur Geistlichen Woche oder beim regionalen Bekenntnistag statt. 1980 gab es auch einen „deutsch-amerikanischen Gemeinschaftsgottesdienst". Insgesamt vertraten die Gemeinden an der Christuskirche mit Blick auf den Gottesdienst eine eher konservative Einstellung, die den traditionellen, festlichen Gottesdienst bevorzugte und für das Ausprobieren anderer gottesdienstlicher Formen (abgesehen von der Osternachtfeier ab 1988 oder der Christmette ab 1987) weniger zugänglich war.[114]

Seitdem der Kindergottesdienst seit Januar 1974 parallel zum Hauptgottesdienst im benachbarten Gemeindehaus gehalten wurde (obgleich Sorge getragen wurde, dass die Verbindung zum „Erwachsenengottesdienst" durch die Teilnahme an der Eingangsliturgie des Gottesdienstes, durch Taufgottesdienste oder Familiengottesdienste bewahrt wurde), kam er für die Durchführung von Taufen nicht mehr in Frage. Die Taufen verteilten sich nun auf Hauptgottesdienste und besondere Taufhandlungen in der Taufkapelle. Besondere Taufsonntage wurden zwar erwogen, aber nicht eingeführt. Die Verantwortung für den Kindergottesdienst lag bis zu seinem Ausscheiden bei Pfarrer Bender, danach bei Gemeindediakonin Brigitte Mayer, die auch im Ruhestand (seit 1981) diese Arbeit fortsetzte, wodurch freilich aber auch neue Impulse in der Kindergottesdienstarbeit lange verzögert wurden. Über viele Jahre unterstützten die Kinder mit ihren Kollekten ein (bereits von Frau Karle initiiertes) Patenkinderprojekt in Kinderheimen in Südindien. Der Abendgottesdienst wurde zentral für die Innenstadt in der Konkordienkirche abgehalten, ohne dass sich dadurch der Gottesdienstbesuch verbesserte, so dass diese Gottesdienste Mitte der 70er Jahre aufgegeben wurden. Die Wochengottesdienste waren vollständig durch Gesprächskreise und Arbeitsgemeinschaften zu biblischen und theologischen Themen ersetzt worden. Den Gesprächskreisen wurde eine wichtige Funktion beim Gemeindeaufbau zugewiesen, besonders wenn es galt, der Kirche ferner stehende Gemeindeglieder anzusprechen. Diesem Zweck diente etwa auch der von 1976 bis 1979 durchgeführte Modellier- und Töpferkurs mit der Bildhauerin Waltraud Suckow. Sehr intensiv wurde die Arbeit mit Konfirmanden und Christenlehrpflichtigen betrieben. Die Konfirmandenprüfungen wurden aus dem Hauptgottesdienst herausgenommen und in familiärerem Rahmen auf der Orgelempore durchgeführt. Die in der Ostpfarrei neu eingeführten Konfirmandenfreizeiten und Christenlehrausflüge bewährten sich als Mittel, die Jugendlichen durch die Förderung eines Gemeinschaftsgefühls auch weiterhin an die Gemeinde und die unterschiedlichen Jugendgruppen zu binden. Zunehmend wichtiger wurde auch die Vermittlung von „Basics" in den zentralen Glaubensfragen für Konfirmandeneltern.[115]

Durch das Ergebnis der Volkszählung von 1970 mussten auch die Zahlen der Gemeindeglieder der Pfarreien an der Christuskirche korrigiert werden. Für Christus-West ergab sich daraus die reduzierte Zahl von nur noch 3.876 Gemeindegliedern (statt 4.281 in der Fortschreibung des Kirchengemeindeamtes; der Ältestenkreis war sogar noch von 4.500 bis 4.800 Gemeindegliedern ausgegangen), woraus sich auch eine neue Einstufung der Pfarrstelle ergab. In der Ostpfarrei war von 1968 auf 1973 – ebenfalls bedingt durch die Korrekturen der Volkszählung – ein Rückgang der „Seelenzahl" von 5.774 auf 4.760 zu verzeichnen. Zum 31. Dezember 1980 betrug die Zahl der Gemeindeglieder nach Angaben des Kirchengemeindeamtes 3.907 in der Westpfarrei und 4.536 in der Ostpfarrei. Während in der Ostpfarrei von 1973 bis 1980 ein Rückgang von über 200 Gemeindegliedern zu verzeichnen war, war die Zahl in der Westpfarrei konstant geblieben. Einen deutlichen Einbruch hinsichtlich der „Seelenzahl" der beiden Gemeinden gab es dann aber in den 1980er Jahren. 1989 hatten die Gemeinden an der Christuskirche insgesamt nur noch knapp 6.500 Gemeindeglieder (3.500 in der Ostpfarrei und 3.000 in der Westpfarrei), also etwa 2.000 Gemeindeglieder weniger als zu Beginn des Jahrzehnts angegeben.[116] Auch hier spielten offensichtlich Korrekturen bei der Datenerfassung eine wichtige Rolle. Dennoch galten die Gemeinden bis Anfang der 1980er Jahre als die größten Mannheimer Gemeinden.

Die beiden Pfarrer wurden sporadisch durch Vikare und Vikarinnen unterstützt. Die fehlende Gemeindediakonin der Ostpfarrei wurde durch die Pfarrfrau „ersetzt".[117] Auch in der Westpfarrei fiel seit 1981 mit dem Ausscheiden von Brigitte Mayer die Gemeindediakonin weg; ihre bisherigen Aufgaben führte sie weitgehend ehrenamtlich weiter. Auch viele pfarramtlichen Aufgaben wurden ehrenamtlich erledigt. Dankbar wurde die Unterstützung der Gemeindearbeit durch Pfarrer Karl-Hermann Schlage angenommen, der u. a. den Jugendbesuchsdienst innerhalb der Christenlehre begleitete und sich an der Durchführung der Bibelseminare beteiligte.

Unter soziologischer Perspektive waren die Gemeinden sehr gemischt von sehr wohlhabenden Leuten am Oberen Luisenpark über den Mittelstand an der Augustaanlage bis hin zur Arbeiterbevölkerung in der Schwetzingervorstadt. Die Gemeindearbeit wurde überwiegend von Menschen getragen, die dem Mittelstand zuzurechnen waren. In der „indifferenten" Oststadtgemeinde erwies sich der Kindergarten in der Maximilianstraße als ein wichtiges Bindeglied zwischen Familien und Kirche, weil dort das Bemühen um religiöse Unterweisung Früchte zu tragen begann. Doch auch dort, wo die Bindung an die Kirche eher locker war, wurde die Christuskirche als das Zentrum verstanden, mit dem sich die Gemeinde identifizierte. In den 70er Jahren setzte auch in der Oststadt verstärkt ein Strukturwandel ein, in dessen Folge vermehrt Wohnraum in Geschäftsflächen für Büros, Banken oder Verwaltungszentren umgewandelt wurde. Die Westpfarrei bildete durch die vielen kulturellen Einrichtungen schon lange keine Einheit mehr, sondern gab das Bild einer Anzahl voneinander getrennter kleinerer Einheiten.

Auf demographische Faktoren dürfen auch die deutlichen Rückgänge im Bereich der Taufen, Konfirmationen und Trauungen in beiden Pfarreien zurückgeführt werden.[118] Hierbei wird deutlich, dass nicht nur durch die geringeren Geburtenzahlen, sondern auch durch den Wegzug junger Familien und jungverheirateter Paare sich der Altersaufbau der Gemeinde deutlich veränderte. Wenn in den 80er Jahren die Zahlen der Taufen und Trauungen auch wieder anstiegen, so war dies doch überwiegend darauf zurückzuführen, dass viele Evangelische aus anderen Gemeinden diese Amtshandlungen in der Christuskirche vornehmen ließen. Hierin können sich sowohl alte Bindungen ausdrücken als auch das besondere Ansehen der Christuskirche unter den Mannheimer Kirchen.

Durch die Freundschaft Fritz Langs mit Monsignore Völker erhielt die seit 1966 angestoßene ökumenische Arbeit eine neue Bedeutung, die sich vor allem in gemeinsamen Veranstaltungen und gemeinsamen Gottesdiensten mit der Gemeinde an der Heilig-Geist-Kirche zeigte. Es hatte sich ein ökumenischer Arbeitskreis gebildet, der derartige Veranstaltungen mit vorbereitete, aber auch die bestehenden Differenzen zwischen den Konfessionen bearbeitete. An die Stelle der ursprünglichen liturgischen Gottesdienste traten so einmal im Jahr Gottesdienste, in denen der jeweilige Gastpfarrer die Predigt hielt. In der Passionszeit wurden mit einem ökumenischen Passionsgottesdienst und einer Kreuzwegandacht weitere Schritte zum christlichen Miteinander gewagt. Das verbesserte ökumenische Klima wirkte sich auch positiv auf die Situation in konfessionsverschiedenen Ehen aus. Von Juni 1972 bis März 1973 feierte die katholische Gemeinde während der Renovierung der Heilig-Geist-Kirche ihre Gottesdienste in der Christuskirche. Insgesamt war die Beteiligung von katholischer Seite im ökumenischen Arbeitskreis deutlich höher als von evangelischer Seite. Mit dem Dienstantritt von Pfarrer Baier zog sich die Westpfarrei aus der ökumenischen Arbeit zurück, so bei der Veranstaltung der ökumenischen Bibelwoche; auch der ökumenische Arbeitskreis geriet ins Stocken, andererseits wurde eine Gemeindegruppe von einer Anzahl katholischer Jugendlicher mit ihrem Kaplan zum Evangelischen Kirchentag nach Hamburg begleitet. 1983 wurden gemeinsame Veranstaltungen anlässlich des Lutherjahres durchgeführt. Einen herben Rückschlag für die gute ökumenische Zusammenarbeit bedeutete das 1983 vom Ordinariat eingeschärfte Verbot gemeinsamer Eucharistiefeiern. Erst einige Jahre später wurde der ökumenische Arbeitskreis neu ins Leben gerufen. 1986 wurde auch die methodistische Kirche in die ökumenische Gemeinschaft vor Ort einbezogen.[119]

Seit 1978 kam auch der christlich-jüdische Dialog durch das Engagement des Kantors Rosenfeld in Gang, der ja auch in der Geistlichen Woche seinen Niederschlag fand. Ökumenische Trauungen wurden nach dem eigens von Landeskirche und der Erzdiözese Freiburg gemeinsam entwickelten sogenannten Formular C durchgeführt.

Trotz der kritischen Anfragen an die Westpfarrei in der Visitation 1981 kann die Tendenz bei Kollekten für landeskirchlich angeordnete Vorhaben und Kirchenopfer für die eigene Gemeinde als stabil und ab Mitte der 1970er Jahre sogar als steigend bezeichnet werden, wobei die Gaben für andere karitative Zwecke (besonders Brot für die Welt und Innere Mission) noch deutlicher stiegen. Dazu trug auch die Opferwoche der Diakonie bei. Obgleich auch der Hilfsverein sich über steigende Einnahmen (1973 und 1980 etwa 26.000 DM, dazwischen schwankend) freuen durfte, musste die Krankenpflegestation in die Sozialstation Mitte integriert werden, doch konnte wenigstens die „Gemeindebezogenheit" der Schwestern noch für wenige Jahre bewahrt bleiben. Die Funktion einer eigenen Schwesternstation für den Gemeindeaufbau ließ sich freilich nicht mehr aufrecht erhalten. Die gesetzliche Neuregelung der Pflegeleistungen ab 1990 brachte die Gemeindevereine zusätzlich in eine extrem schwierige Situation, weil die Leistungen für die Vereinsmitglieder deutlich begrenzt wurden und dadurch der ursprüngliche Vereinszweck hinfällig zu werden drohte. Damit verbunden war die Sorge um einen Vertrauensverlust durch die Gemeindeglieder gegenüber beiden Gemeinden an der Christuskirche. Ohnehin war die Zahl der Vereinsmitglieder deutlich rückgängig. Eine Umstrukturierung des Hilfsvereins und eine neue Definition seiner Aufgaben und Leistungen erschien so unvermeidlich.[120]

Insgesamt stiegen die Gaben für kirchliche und diakonische Zwecke aus Kollekten, Opfer und Sammlungen von 1974 bis 1980 von fast 67.000 auf ca. 103.000 DM. Bis 1988 stieg dieser Betrag auf ca. 113.500 DM weiter an. Hinzu

Prospekte „Treffpunkte der Gemeinde" aus den 70er Jahren. Pfarramt an der Christuskirche

kamen in all den Jahren noch hohe Spenden für die eigene Gemeinde, so 1978 allein in der Ostpfarrei 36.404 DM für die Orgel; im Zeitraum zwischen 1973 und 1980 lagen die Gaben für die Gemeinde in der Westpfarrei zwischen 19.000 und über 40.000 DM, zwischen 1981 und 1988 zwischen ca. 35.000 und ca. 50.800 DM. In dieser Phase kamen in der Ostpfarrei außerordentlich hohe Gaben von jährlich zwischen ca. 40.000 bis 141.00 DM zusammen.

Die Patenschaft der Ostpfarrei mit der Gemeinde Bergfelde in Brandenburg wurde Anfang der 70er Jahre auf eine neue Grundlage gestellt und seit 1979 intensiviert. Auch die Westpfarrei pflegte gute Beziehungen zu ihrer Patengemeinde Wichmannsdorf. Durch die Person Pfarrer Baiers wurden auch Kontakte zu einer Landwirtschaftsschule in Brasilien unterhalten.

Trotz der negativen Bilanz in der Entwicklung der Gemeindeglieder gab es doch ein reges Gemeindeleben: Es bestand ein Gemeindeverein mit (1974) ca. 750 (1980 noch 670) Mitgliedern, der zwei Kindergärten unterhielt und eine Krankenpflege- bzw. Sozialstation mit zwei, später drei Gemeindeschwestern mit trug. Es bestanden ein Helferkreis für den Kindergottesdienst und unterschiedliche Frauenkreise, die auch regelmäßig zu gemeinsamen Freizeiten und Ausflügen aufbrachen. Über die reiche kirchenmusikalische Arbeit wird an anderer Stelle berichtet. Ein großer Kreis ehrenamtlicher Mitarbeitender hatte sich gebildet. Die Gemeindearbeit umfasste u. a. Besuchsdienste (1980 absolvierte der Besuchsdienst der Ostpfarrei z. B. 304 Geburtstagsbesuche und 80 Besuche bei Neuzugezogenen, in der Westpfarrei wurden in den 80er Jahren jährlich zwischen 400 und über 600 Besuche bei Gemeindegliedern gezählt), Durchführung von Sammlungen, an denen sich auch Jugendliche rege beteiligten (allein in der Westpfarrei gab es 1981 etwa 70 Helferinnen und Helfer), Gemeindeseminare wie z. B. Bibelseminare (wodurch die Sprachfähigkeit in Glaubensfragen gestärkt wurde), Gesprächskreise für Seniorinnen und Senioren (seit 1983) sowie für Frauen (seit 1972). Es gab einen Kreis junger Erwachsener, mehrere Jugendgruppen und regelmäßige Elternabende für die Eltern von Kindern unterschiedlicher Arbeitsgruppen und Konfirmanden. Im Bereich der Kindergärten wurden die Bemühungen in der Schulung der Erzieherinnen zur Befähigung zu einer christlichen Erziehung verstärkt, was auch in die Gestaltung der Familiengottesdienste einwirkte. Erfreulich in der Gemeindearbeit war, dass in vielen Gruppen und Kreisen die Gemeindegrenzen nicht mehr beachtet wurden. Dem Miteinander der beiden Gemeinden dienten vor allem auch die Gemeindefeste und Veranstaltungswochen anlässlich des 75-jährigen Bestehens der Christuskirche und der Einweihung der neuen Orgel im Jahre 1986.

Seit 1972 wurde einmal im Jahr recht erfolgreich auch eine Bibelwoche in der Gemeinde durchgeführt, die ab 1974 als ökumenische Veranstaltung gehalten wurde. Als Einstieg zu einem Gemeindebrief darf das seit 1971 erschienene Prospekt

*Abendmahlsgeräte aus dem Jahre 1911.
Pfarramt an der Christuskirche*

„Treffpunkte der Gemeinde" gelten. Auch die Einführung von Gemeindeausflügen seit dem Jahre 1971 und die Abhaltung von Gemeindefesten zeigen deutlich den neuen Geist in der Gemeinde während der Dienstzeiten von Bender und Lang, der durch Begegnungen und Gespräche geprägt war. Endlich wurde in den 80er Jahren auch die Geistliche Woche in ihrer Bedeutung für das Gemeindeleben anerkannt und fruchtbar gemacht. Baier und Lang beteiligten sich an der Durchführung des Regionalen Bekenntnistages der Evangelischen Gemeinschaft für Bibel und Bekenntnis, der sich aus den „Liebenzeller Wochenenden" an der Christuskirche entwickelt hatte.[121]

Anders als bei der offenen und integrierenden Gemeindearbeit Pfarrer Langs setzte Pfarrer Baier aber stärker auf die Arbeit in „stabilen" und überschaubaren, festgefügten und etablierten Kreisen, in dem das einzelne Gemeindeglied „Geborgenheit und innere Zugehörigkeit erlebt", und die „nachgehende und begleitende" Einzelseelsorge. In der Tat wurde die seelsorgliche Tätigkeit Baiers in der Gemeinde sehr hoch geschätzt. Die „unterschiedlichen Ansätze von gemeindlicher Arbeit" sollten daher dringend in „klaren Vereinbarungen über die gemeinsam und getrennt zu handhabenden Arbeitsgebiete" transparent und nachvollziehbar gemacht werden. Gleichzeitig dürfe jedoch „von einem Mindestmaß gemeinsamer Veranstaltungen [...] nicht abgegangen werden", um der Gefahr von „Entfremdung und Spaltung" entgegenzuwirken. „Möglicherweise ist

*Taufgeräte aus dem Jahre 1911.
Pfarramt an der Christuskirche*

aber auch jetzt eine Phase getrennter Arbeiten in bestimmten Bereichen der einzelnen Pfarrgemeinden heilsam und weckt danach überzeugender das Verlangen nach gemeinsamen Aktivitäten", versuchte der Visitator, Prälat Wallach, einfühlsam und geschickt zu vermitteln.[122] Die Ältestenkreise wurden gebeten, darauf hinzuwirken, dass neben klaren Kompetenzabsprachen auch mehr Zeit für regelmäßige Dienstbesprechungen vorgesehen werde und regelmäßige Informationen an die Gemeinde über die Arbeit der Ältestenkreise erfolgten.[123]

Die guten Mahnungen erfüllten ihren Zweck nicht, so dass Ende der 1980er Jahre wieder von einer deutlichen Distanz und sogar Spannungen zwischen den beiden Gemeinden gesprochen werden muss, die sogar so weit ging, dass die Westpfarrei für 1989 um eine getrennte Visitation bat. Der „West-Ost-Konflikt" behinderte nachhaltig auch die Bearbeitung gemeinsamer Aufgaben, wie die des Hilfsvereins. Der Vorwurf der Kooperationsunwilligkeit zielte zwar vor allem auf Pfarrer Baier, doch war auch aus dem Ältestenkreis West Zurückhaltung zu spüren, teils aus Loyalität zum eigenen Pfarrer, dessen „stille Beharrlichkeit" hervorgehoben wird, teils weil man die gemeinsamen Sitzungen als unersprießlich und konfliktbeladen empfunden hatte, während in den Kommissionen (etwa für Bau und Kirchenmusik) sachlich und effektiv gearbeitet würde. Indessen war klar, dass viele Angelegenheiten, die beide Gemeinden betrafen, im Grunde auch der gemeinsamen Beratung bedurften, wenn man Reibungsverluste vermeiden wollte. Daran war auch die Bildung des Gemeindebeirats gescheitert, denn auf eine Anfrage der Ostpfarrei war nie eine Reaktion aus der Westpfarrei erfolgt. In der Praxis der Gemeinden wurden immer wieder Maßnahmen im Alleingang durchgeführt in der Hoffnung, dass die andere Gemeinde sich anschließen würde, was oft aber auch zu neuen Zerwürfnissen führte, wie bei der Einführung der Christmette. Insgesamt erscheint der Ältestenkreis der Ostpfarrei als der Initiative ergreifende, während der Ältestenkreis der Westpfarrei größere Zurückhaltung wahrte. Deutlich wird indessen, dass beide Ältestenkreise den Pfarrer der anderen Gemeinde mit Anerkennung und Respekt beurteilten, zumal die theologische Grundhaltung beider Pfarrer sehr nahe beieinander liege. Der Visitator glaubte den Wunsch nach mehr Gemeinsamkeit zu spüren und erinnerte an die Verpflichtung, „die aus dem gemeinsamen Hören des Wortes Gottes und gemeinsamen Feiern des Abendmahls erwächst". Widerstände von Seiten Pfarrer Baiers waren unübersehbar, auch wenn er die Errichtung einer „geschäftsführenden Kommission" befürwortete.[124] Das mit der Visitation 1989 angestoßene gemeinsame Ringen nach einer Lösung des Spannungsverhältnisses zwischen den Ältestenkreisen, unter dem alle zu leiden schienen, öffnete einen Weg, der zu Hoffnungen auf eine Verbesserung der Situation berechtigte.

Als ein besonderes Anliegen in der Gemeinde hatte sich die Jugendarbeit entwickelt, die reiche Früchte trug. Für diese Aufgabe brachte Lang die besten Voraussetzungen

*Pfarrer Ernst Baier (*1929), um 1980. Pfarramt an der Christuskirche*

Ernst Baier (1929 in Heidelberg)

Studium der Theologie
in Heidelberg und Tübingen
1955   2. Theologisches Examen
1955–57 Vikar in Meersburg und Badenweiler
1957   Vikar in Mannheim, Hafenkirche
1958   Pfarrer in Mannheim, Hafenkirche
1978   Pfarrer in Mannheim, Christuskirche
           (Westpfarrei)
1992   Ruhestand

mit. Traditionell war die Jugendarbeit den Pfarrvikaren zugewiesen. Der häufige Wechsel der Pfarrvikare und Pfarrvikarinnen ließ jedoch diese Zuweisung als wenig sinnvoll erscheinen, da hier Kontinuität gefragt war (so löste sich ein sehr aktiver Schülergesprächskreis mit der Versetzung des Vikars wieder auf). Hier musste ein tragfähiges Konzept entwickelt werden, das es dem Pfarrer mit Unterstützung ehrenamtlicher Helfer ermöglichte, die Jugend an die Gemeinde zu binden. Wichtig war das Selbstverständnis einer „evangelischen Jugendarbeit an der Christuskirche", so dass seit Anfang der 1970er Jahre die Jugendlichen auch vermehrt in die Gestaltung besonderer Gottesdienste einbezogen wurden. Den Gottesdienst zu Beginn der Geistlichen Woche gestalteten viele Jahre die Jugendlichen für die Gemeinde, auch wenn die Musikbands nicht immer Zustimmung in der Gemeinde fanden. Besonders eindrucksvoll war wohl ein „Bettelgottesdienst" zugunsten der notleidenden Menschen in Ostpakistan (Bangladesch). Auch an der Einführung der Konfirmanden, zu Weihnachten und in der Osternacht (Meditation) wurden die Jugendlichen beteiligt. Hierfür war die Orgelempore als gottesdienstlicher Raum neu entdeckt worden. Auch nach Kirchentagen gestalteten Jugendliche den Gottesdienst, „um auf diese Weise Impulse der Kirchentage in die Gemeinde hineinzutragen".[125] Gelegentlich gestalteten die Jugendlichen auch Taizé-Gottesdienste in den Katakomben.[126] Es wurden Begegnungen zwischen Jugendlichen und Gemeindekreisen organisiert, die auch zu gemeinsamen Aktionen wie dem Basar des Jahres 1972 führten. Auch die Christenlehre wurde nun als Teil der Jugendarbeit verstanden, so „dass allmählich aus dem Christenlehrgang eine Gruppe entsteht".[127] Neben der „Unterweisung" kam auch die „Unterhaltung" zu ihrem Recht. Für die Jugendarbeit wurde der Ausbau der Katakomben unter der Christuskirche vorangetrieben, wofür die Jugendlichen, aber auch ehrenamtlich Mitarbeitende zahlreiche Arbeitsstunden aufwandten; dennoch blieb die sachgerechte Herrichtung der Jugendräume noch lange ein Sorgenkind der Gemeinde, bis 1982 die neu gestalteten Räume zur Verfügung standen. Es war überwiegend diese sogenannte Katakombenjugend, die die erwähnten Gottesdienste vorbereitete und gestaltete und auch einen Betreuungsdienst für alte Menschen ins Leben rief. Das Gefühl, Ernst genommen zu werden, förderte auch die Teilnahme der Jugendlichen an den „normalen" Gottesdiensten. Auch die evangelische Jungenschaft „Deutsch-Ritter" war wieder in der Gemeinde aktiv.[128] Insgesamt waren die Jugendgruppen nicht nur gut in die Gemeinde integriert, sondern es bestand auch ein reger Austausch zu anderen Gemeindegruppen. Enttäuscht waren die Jugendlichen freilich darüber, dass die Ältestenkreise der Jugendarbeit offenbar nur wenig Interesse abgewinnen konnten. Lag es daran, dass die Jugendarbeit ja gut und erfolgreich lief und man sich keine Sorgen machen musste? Gegen Ende seiner Dienstzeit zog Pfarrer Lang sich stärker aus der Arbeit in den Jugendgruppen zurück, die nun wieder von den Pfarrvikaren und -vikarinnen verantwortet wurde. Der mangelnden Kontinuität wurde als positive Seite abgewonnen, dass dadurch – je nach Befähigung der Verantwortlichen – vermehrt neue Impulse aufgenommen werden konnten.

Ein anderes Feld war die Präsenz der Kirche in der Schule. Die regelmäßigen Schülergottesdienste wurden eingestellt, stattdessen fanden zu bestimmten Terminen Schulgottesdienste statt. Als die Oststadt-Grundschule im Herbst 1981 ein neues Gebäude gegenüber der Christuskirche bezog, wurden die Schülergottesdienste in der Kirche wieder aufgenommen.[129] Die Kinderarbeit wurde weiterhin durch die ehemalige Gemeindediakonin Brigitte Mayer verantwortet.

Eine Reihe von Problemfeldern sind in der Visitation des Jahres 1989 angesprochen worden, die nicht nur die wichtige Frage der Gemeinsamkeit der Pfarrer und Ältesten-

Empfang zum 60. Geburtstag von Pfarrer Fritz Lang im Pfarrgarten Ost der Christuskirche 1984. Stehend von links: Rechtsanwalt Dr. Karl Heinz Karcher, Bürgermeister Dr. Hans Syren, Pfarramtssekretärin Angelika Piech, drei Angehörige der Familie Lang und Frau Helga Lang. Sitzend von links: Monsignore Franz Völker, Pfarrer Lang und seine Mutter (etwas verdeckt). Foto: G. Piech

kreise betraf, sondern trotz des regen Gemeindelebens auch die Frage der Wertschätzung der ehrenamtlichen Mitarbeit in der Gemeinde und der Stellung der Gemeinde überhaupt. Was bedeutet es, wenn zwischen den Sitzungen des Ältestenkreises, der ja verpflichtet ist, die Gemeinde mit zu leiten, sieben bis acht Wochen ohne Absprache und Entschließungen verstreichen? Was bedeutet es, wenn die von der Grundordnung vorgesehenen „Instrumente" der Gemeindeversammlung und des Gemeindebeirats nicht einberufen oder gar nicht erst gebildet werden?

An dieser Stelle soll die Gelegenheit genutzt werden, auf das übergemeindliche Engagement vieler Ältester der Gemeinden an der Christuskirche hinzuweisen. So war in den 80er Jahren der Jurist Dr. Gottfried Bergdolt Vorsitzender der Bezirkssynode. Zu erwähnen ist auch Günther Kehrberger, der über viele Jahre im Jugendausschuss der Gesamtkirchengemeinde und im Verwaltungsrat des Diakonissenmutterhauses mitgewirkt hat. Häufig hatten auch Landessynodale ihre geistliche Heimat an der Christuskirche.

An der Schwelle zur Gegenwart: Die 90er Jahre

Fritz Lang trat zum 30. Juni 1989 in den Ruhestand. Die Vakanzvertretung wurde von Pfarrer Ernst Baier mit Unterstützung durch die Pfarrvikare Albrecht Fitterer-Pfeiffer und Frank Wagner übernommen. Von den zur Wahl vorgeschlagenen Kandidaten konnte keiner eine Mehrheit im Wahlgremium erreichen, so dass die Pfarrstelle nach dem Verzicht auf eine weitere Ausschreibung durch die Kirchenleitung zu besetzen war. Auf die Pfarrstelle wurde zum 1. September 1990 Pfarrer Winfried Oelschlegel berufen, der eine Auslandspfarrstelle in Lissabon innehatte. Oelschlegel, 1952 in Köttichau in Sachsen geboren, hatte in Leipzig und Heidelberg sein Theologiestudium absolviert. 1981 war er als Pfarrverwalter an die Johanneskirche nach Feudenheim berufen worden, wo er dann einige Jahre als Pfarrer wirkte.

Zum 1. Dezember 1992 war auch die Pfarrstelle der Westpfarrei neu zu besetzen. Auf die Ausschreibung gingen vier Bewerbungen ein. Gewählt wurde Dr. Matthias Meyer, seit 1984 Pfarrer an der Thomaskirche in Neuostheim. Pfarrer Meyer trat seinen Dienst an der Christuskirche am 16. Mai 1993 an, am 20. Mai wurde er in sein Amt eingeführt. In der Vakanzvertretung war Pfarrer Oelschlegel durch Vikar Markus Wagenbach unterstützt worden.

Ein wesentliches Merkmal der 90er Jahre ist die Reduktion. Positiv gewendet sprach man von Konzentrationsprozessen und der Nutzung von Synergieeffekten. Doch gab es ohne Zweifel objektive Anhaltspunkte für einen notwendigen Strukturwandel: Der Rückgang der Zahl der Gemeindeglieder (1998 noch 4.545 gegenüber 6.500 im Jahr 1989) und der Kirchensteuereinnahmen. Das musste zwangsläufig zu einer Zusammenlegung der beiden Gemeinden an der Christuskirche führen. Als nach genau acht Jahren, zum

1. September 1998, Winfried Oelschlegel auf die Pfarrstelle nach Bad Säckingen wechselte, wurde der neue Stellenplan des Kirchenbezirks Mannheim wirksam, der die Zusammenlegung der beiden Pfarrstellen an der Christuskirche vorsah. Damit war auch „das Ziel einer Vereinigung der beiden Gemeinden verbunden, ohne dass eine Gemeinde in die andere aufgeht".[130] Die behutsamen Formulierungen zeigen, dass die Erfahrungen in den seit 1993 drei bis vier gemeinsamen Ältestenkreissitzungen jährlich durchaus zwiespältig waren, denn „Sachfragen drohten häufig zu Machtfragen aufgebauscht zu werden".[131] Daher sollte der „Prozess des Zusammenwachsens der beiden Gemeinden" gefördert werden, an dem beide Ältestenkreise aktiv in gemeinsamen Sitzungen und in gemeinsamen Absprachen mitwirken sollten.[132] Diesen Prozess gestalteten die Ältestenkreise an der Christuskirche letztlich in vorbildlicher Weise mit, indem sie beschlossen, sich mit sofortiger Wirkung als ein Ältestenkreis an der Christuskirche neu zu konstituieren und eine vereinigte Gemeinde zu bilden.[133]

Viele heute selbstverständliche Dinge, die etwa die Beteiligung der Ältesten am Gottesdienst betreffen, wie Schriftlesung und Abkündigungen durch Älteste oder Mitwirkung am Fürbittengebet, sind an der Christuskirche erst in den 90er Jahren eingeführt worden. Auch die engere Einbindung des Chores in die gottesdienstliche Gemeinschaft, eine Folge des gelungenen Experimentes der Visitation von 1989, zeigte die Bereitschaft zum Gehen neuer und zum Teil ungewohnter Formen in der Liturgie. Eine Neuerung trat durch Pfarrer Oelschlegel auch in der Abendmahlsliturgie ein, die die Gemeinschaft der Kommunikanten dadurch betonte, dass anstelle der Wandelkommunion die Kommunion im Halbkreis vor den Stufen des Altars

Pfarrer Winfried Oelschlegel (*1952), um 1990. Landeskirchliches Archiv Karlsruhe

Winfried Oelschlegel (1952 in Köttichau, Zeitz)

Studium der Theologie in Leipzig und Heidelberg

1978	Lehrvikariat in Lörrach
1980	2. Theologisches Examen
1980	Pfarrvikar in Walldürn
1981	Pfarrvikar in Mannheim-Feudenheim, Johanneskirche
1982	Pfarrer in Mannheim-Feudenheim, Johanneskirche
1986	Freistellung für den Pfarrdienst in der deutschen Gemeinde in Lissabon
1990	Pfarrer in Mannheim, Christuskirche (Ostpfarrei)
1998	Pfarrer in Bad Säckingen

Pfarrer Baier gratuliert Pfarrer Winfried Oelschlegel beim Empfang anlässlich seiner Einführung als Pfarrer der Ostpfarrei 1990. Neben ihm seine Frau Eveline Oelschlegel. Foto: G. Piech

eingeführt wurde, während die Westpfarrei bei der Form der Wandelkommunion blieb, was euphemistisch als ein Zeichen der gegenseitigen Toleranz gefeiert wurde. Die einst von Fritz Lang eingeführte Feier der Osternacht wurde nach kontroverser Debatte wieder abgeschafft.

Die soziologische Zusammensetzung der Gottesdienstgemeinde mit den vielen Besuchern, die nicht zu den Ortsgemeinden an der Christuskirche gehörten, wurde zur großen Herausforderung für die Gemeindearbeit, in der der Spagat zwischen der überparochialen Bedeutung der Kirche und den Angeboten und der seelsorglichen Betreuung für die unmittelbaren Gemeindeglieder zu bewältigen war. Dem Kennenlernen der Gottesdienstgemeinde untereinander diente das „Gemeindecafé" nach dem Gottesdienst.

Dass die konkrete Gemeindearbeit nicht zu kurz kam, zeigen die zahlreichen neuen Gemeindegruppen und Arbeitskreise, die sich neben den bestehenden Kreisen zu etablieren begannen. Besonders in der Ökumene vor Ort und mit der Moravian Church wurden Akzente gesetzt. Seit 1993 bzw. 1994 wurden nun auch die in der Grundordnung vorgesehenen Gremien der Gemeindeversammlung und des Gemeindebeirats einberufen, so dass der Beteiligung der Gemeinde an den Angelegenheiten der Gemeinde neuer Raum gegeben werden konnte.[134]

Anmerkungen

1. Zur Stadtentwicklung und zur Differenzierung der kirchlichen Strukturen vgl. Udo Wennemuth, Geschichte der evangelischen Kirche in Mannheim, Sigmaringen 1996, S. 148–197; Zur Stadtentwicklung um 1900 insgesamt vgl. jetzt die Beiträge von Anja Gillen (Die Großstadt kündigt sich an), Dieter Schott (Die Stadt unter Strom) und Christmut Präger („Zur vollen Macht und Reife der Großstadt"), in: Geschichte der Stadt Mannheim, Bd. II: 1801–1914, im Auftrag der Stadt Mannheim hrsg. von Ulrich Nieß und Michael Caroli, Heidelberg u. a. 2007, hier S. 414–497 bzw. S. 498–597 und S. 628–685.
2. Zum Folgenden vgl. Wennemuth, Geschichte (wie Anm. 1), S. 181–189.
3. Zur diakonischen Arbeit der evangelischen Kirche in Mannheim vgl. Wennemuth, Geschichte (wie Anm. 1), S. 219–228.
4. Zur Errichtung der Westpfarrei und zur Besetzung der Pfarrstelle vgl. Landeskirchliches Archiv Karlsruhe (LKA) Spezialia (SpA) 15393; vgl. auch LKA SpA 15042. Zusammenfassend vgl. Wennemuth, Geschichte (wie Anm. 1), S. 213f.
5. Vgl. das Protokoll der Sitzung des Kirchengemeinderats Mannheim vom 25.1. und 1.2.1911 (Protokollbuch KGR 1909/14, S. 118 bzw. S. 121).
6. Vgl. LKA SpA 6758.
7. So OKR Rost in der Sitzung der Kirchenregierung am 1.6.1933 (LKA SpA 6758).
8. Bericht zur Visitation am 17./18. Mai 1925, S. 2 (LKA SpA 6746).
9. So Dekan-Stellvertreter Schneider in einer Mitteilung an den EOK vom 13. Mai 1909 (LKA SpA 6758).
10. Zur Person vgl. Herbert Wäldin, 50 Jahre Christuskirche Mannheim 1911–1961, S. 88ff.
11. So das Urteil in: Rudolf Günther / Kurt F. Müller, 75 Jahre Christuskirche Mannheim 1911–1986. Festschrift, Mannheim 1986, S. 56.
12. Zu Martha Hoff vgl. Hermann Rückleben, Die badische Kirchenleitung und ihre nichtarischen Mitarbeiter zur Zeit des Nationalsozialismus, in: Zeitschrift für die Geschichte des Oberrheins 126 (1978), S. 390f.; vgl. jetzt auch: „Ihr Ende schaut an [...]" - Evangelische Märtyrer des 20. Jahrhunderts, hrsg. von Harald Schultze, 2., erw. u. verb. Aufl. Leipzig 2008, S. 318. Martha Hoff hatte sich am 29.11.1941 mit der Bitte um Unterstützung bzw. Intervention an Landesbischof Kühlewein gewandt, damit sie den Judenstern nicht tragen müsse. Kühlewein antwortete, dass er ihr nicht helfen könne, da das Gesetz die Rasse betreffe und auf „konfessionelle Verhältnisse keine Rücksicht" nehme (LKA PA 1333 Hoff).
13. Zur Person vgl. jetzt das Lebensbild von Matthias Meyer, Paul Klein (1871–1957) - Christusverkünder, Seelsorger und Redner, in: Lebensbilder aus der evangelischen Kirche in Baden im 19. und 20. Jahrhundert, Bd. II: Kirchenpolitische Richtungen, hrsg. von Johannes Ehmann, Heidelberg u. a. 2010, S. 317–347; dort findet sich auch ein Schriftenverzeichnis Kleins sowie ein Überblick über die Literatur. Pfarrer Dr. Meyer danke ich für wertvolle Anregungen insbesondere in den Abschnitten über Paul Klein.
14. Vgl. Bericht zur Visitation am 17./18. Mai 1925, S. 2 (LKA SpA 6746).
15. Zum Folgenden vgl. die persönlichen Erinnerungen von Hans Barner in: 50 Jahre Christuskirche Mannheim 1911–1961, S. 83–86.
16. So in einem Schreiben des Direktors der Rheinischen Gummi- und Zelluloid-Fabrik in Neckarau an den EOK vom 3. Mai 1919 (LKA SpA 15393).
17. Der Vorfall von Juni 1918 ist ausführlich beschrieben bei Meyer, Klein (wie Anm. 13), S. 324–327; bei dem Schauspiel handelte es sich um Büchners „Leonce und Lena", wobei sowohl das Stück als auch die Inszenierung als Provokation empfunden worden waren.
18. Paul Klein, Du bist mein Hammer, meine Kriegswaffe. Mannheim 1914, S. 3. Die vorstehenden Zitate und Ausführungen beziehen sich auf die Andacht „Gott im Krieg" vom 8. August (S. 7–12), „Staat und

Volk" vom 15. August (S. 13-18), „Die größte Liebe" vom 19. August (S. 24), „Die Rechte des Herrn behält den Sieg" vom 23. August (S. 33-38, Zitat S. 36) und „Deutschland stirbt nicht" vom 23. August (S. 42).
19 Vgl. ebd. die Andachten „Die größte Liebe" (S. 19-26) sowie „Crucifixus" (S. 27-32) und „Vom Tode" (S. 63-82).
20 Paul Klein [Hg.], Der Herr ist dein Trotz. Evangelisches Liederbuch für Kriegsandachten, Mannheim 1914.
21 Vgl. LKA SpA 15393.
22 Bericht zur Visitation am 17./18.5.1925, LKA SpA 6746.
23 Vgl. Sitzung der Kirchenregierung vom 11. Juli 1930, LKA SpA 15393, ebd. weitere Dokumente zum Vorgang.
24 Ein Sonderdruck der Ansprache befindet sich in LKA SpA 15393.
25 Vgl. Prot. der Sprengelratssitzung anl. der Visitation am 18.5.1925 (LKA SpA 6746).
26 Vgl. den Bericht zur Visitation im Jahre 1933, S. 26 (LKA SpA 6746).
27 Zum Folgenden vgl. LKA SpA 6746.
28 Vgl. den Bericht zur Visitation 1933 (LKA SpA 6746). Bender regte die Umwandlung in einen Gemeindeverein, der vielfältigere Aufgaben wahrnehmen und damit auch mehr Gemeindeglieder ansprechen könnte, an.
29 Bescheid vom 20.5.1925, LKA SpA 6746.
30 Sitzung der Kirchenregierung vom 22. März 1930 (vgl. LKA SpA 15393).
31 Vgl. LKA SpA 6746 (Bericht zur Visitation 1933).
32 Vgl. hierzu LKA SpA 6740. Ab 1.5.1933 war als Gemeindehelferin in der Westpfarrei Fräulein M. Marsteller angestellt. Martha Marsteller heiratete 1936 Albert Zeilinger, der von 1933 bis 1935 Vikar an der Christuskirche gewesen war, weshalb sie aus dem Dienst in der Gemeinde ausschied (für den Hinweis danke ich Pfarrer Dr. M. Meyer). Im Rahmen der Visitation im Dezember 1933 wurde auch die Anstellung einer Gemeindehelferin in der Ostpfarrei empfohlen.
33 Der Visitator Karl Bender hatte bei jeder Gelegenheit im Rahmen der Visitation auf die Notwendigkeit einer dritten Pfarrstelle an Christus verwiesen, was vom Ältestenkreis und den Pfarrern allerdings mit großer Zurückhaltung aufgenommen worden war (vgl. LKA SpA 6746). Die Frage der Errichtung einer dritten Pfarrei an Konkordien erledigte sich durch die zunehmende Abwanderung aus der Innenstadt von selbst.
34 Vgl. LKA SpA 6746 im Bericht zur Visitation für 1933; zu den kirchlichen Feiern in Mannheim vgl. Udo Wennemuth, Luthertag und Maiumzug. Kirchliche Feiern im Nationalsozialismus, am Beispiel Mannheims 1933/34. In: Kirchenlied und nationale Identität. Internationale und interkulturelle Beiträge, hrsg. von Cornelia Kück und Hermann Kurzke (Mainzer Hymnologische Studien 10), Tübingen 2003, S. 49-75.
35 Dekanat Mannheim an EOK, 7.11.1930 (LKA SpA 15393).
36 Zum Folgenden vgl. LKA SpA 6758. Eine Randnotiz ist die Eingabe eines überaus frommen, „bekehrten" Mannheimer Bürgers wert, der den EOK bat, Immanuel Scharnberger an die Christuskirche zu berufen, damit jemand da sei, um „dem Herrn Seelen [wieder] zuzuführen". Scharnberger wurde später an die Trinitatiskirche in Mannheim berufen und war dort ein äußerst standhafter und erfolgreicher Gegner der Deutschen Christen.
37 Zu Kiefer vgl. das Lebensbild von Udo Wennemuth, Friedrich Kiefer (1893-1955) – Schwärmerische Frömmigkeit und deutsch-christlicher Radikalismus, in: Lebensbilder, Bd. II (wie Anm. 13), S. 471-505.
38 Zu Webers Tätigkeit in St. Georgen vgl. Kurt Anschütz, Evangelische Kirche in St. Georgen von 1924 bis 1929, S. 100-147 und Ders., Pfarrer Dr. Wilhelm Weber in St. Georgen von 1926 bis 1933 (beide Arbeiten im Landeskirchlichen Archiv Karlsruhe; dort auch ein Nachlass Wilhelm Weber hauptsächlich mit Predigten).
39 Kiefer an Voges vom 8.6.1933 (ELBDR I, S. 637f.). Zu den hieraus sich ergebenden Spannungen zwischen den Mannheimer Deutschen Christen und der Landesleitung

vgl. Wennemuth, Geschichte (wie Anm. 1), S. 330ff. Der Landesleiter der Deutschen Christen, Fritz Voges, hatte sich sehr wohl für Kiefer eingesetzt, konnte sich in der Kirchenregierung jedoch nicht durchsetzen (vgl. Prot. der Kirchenregierung vom 7.6.1933; LKA SpA 6758). Zu Voges, der nach dem Zweiten Weltkrieg Pfarrer der Gemeinde im Jungbusch wurde, dort den Bau der Hafenkirche durchsetzte und ab 1958 den Gemeindedienst in Mannheim, der sich in den 60er Jahren zum Diakonischen Werk entwickelte, leitete, vgl. Udo Wennemuth, Fritz Voges (1896–1967), in: 50 Jahre Hafenkirche zur Barmherzigkeit Gottes, Mannheim 2003, S. 36–38 sowie Ders., Geschichte (wie Anm. 1), S. 549–551 und 585f.
40 Gemeint ist seine Mitgliedschaft in einer protestantischen Partei, dem „Christlich-Sozialen Volksdienst", die bei der Reichstagswahl 1930 14 Mandate errungen hatte (1933 in einem Wahlbündnis des „Christlich-Nationalen Blocks" nur noch 4 Mandate).
41 Vgl. das Schreiben Webers an Kirchenpräsident Wurth vom 16.6.1933 (LKA SpA 6758).
42 Die Predigt vom 15.7.1933 als Kopie in LKA, Nl. W. Weber, Nr. 4.
43 Schreiben vom 20.6.1933; vgl. auch die Klarstellungen in der Sitzung der Kirchenregierung vom 20.6.1933 (LKA SpA 6758).
44 Protokoll der Sitzung der Kirchenregierung vom 1.6.1933 (LKA SpA 6758).
45 Vgl. Hakenkreuzbanner Jg. 3, Nr. 177 vom 18.7.1933, S. 5.
46 Vgl. Prot. der Sprengelratssitzung anlässlich der Visitation am 2.12.33 und den Bericht des Visitators Karl Bender vom 29.12.33 (LKA SpA 6746).
47 Zum Folgenden vgl. LKA SpA 6746.
48 So ein Zeugnis in der Sitzung des Ältestenkreises anlässlich der Visitation im Jahre 1956.
49 So die Beurteilung des Visitators Karl Bender in seinem Bericht zur Visitation am 3.12.34 (LKA SpA 6746).
50 Auch dies Urteile anlässlich der Visitation 1956.
51 Karl Bender in seinem Bericht zur Visitation am 1. Advent 1933 vom 29.12.34 (LKA SpA 6746).
52 Bescheid an Sprengelrat und -ausschuss vom 29.1.34.
53 Gezählt wird an festgelegten „Zählsonntagen". Aus den hier gewonnenen Zahlen wird ein Durchschnittswert ermittelt und in Bezug gesetzt zur Gesamtzahl der Gemeindeglieder.
54 Vgl. den Bescheid an die Gremien des Sprengels von OKR Bender vom 29.1.34 (LKA SpA 6746).
55 Hinweis im Bericht zur Visitation im Juni 1950, LKA SpA 6746.
56 Vgl. Wennemuth, Geschichte (wie Anm. 1), S. 349–353.
57 Evangelisches Gemeindeblatt (abgek. EGBl) Nr. 5 vom 4. Februar 1934, S. 1; ein ursprünglich vorgesehener politisierender Vortrag über „Jesus Christus – der Überwinder des bolschewistischen Kollektivmenschen" entfiel (vgl. EGBl. Nr. 3 vom 21. Januar 1934, S. 3).
58 EGBl. Nr. 7 vom 18.2.1934, S. 3.
59 Die Vorträge sind veröffentlicht unter dem Titel „Das ewige Evangelium und das Dritte Reich. Acht-Volksmissions-Predigten, Kaiserslautern / Mannheim 1934.
60 Vgl. LKA SpA 15393.
61 EOK (Bender) an Dekanat MA, 27.2.1940 sowie Bender an die Finanzabteilung vom 15.4.1940 (SpA 15393 und SpA 6758); vgl. den Bericht zur Visitation im Jahre 1950 (LKA SpA 6746).
62 Korrespondenz vom 1. und 16. Juli 1942 (LKA Nl. Weber).
63 Vgl. LKA Generalakte (GA) 7000.
64 Vgl. Schreiben EOK an Weber 15.1.44, LKA SpA 6578.
65 Bericht zur Visitation 1950 (LKA SpA 6746).
66 Vgl. Wennemuth, Geschichte (wie Anm. 1), S. 362.
67 Vgl. Die Evangelische Landeskirche in Baden im Dritten Reich. Quellen zu ihrer Geschichte, Bd. IV: 1935–1945, Karlsruhe 2003, S. 92f. (Dok. 1765); zur Beurteilung vgl. Jörg Thierfelder, Die badische Landeskirche in der Zeit des Nationalsozialismus – Anpassen

68 Klein in seiner Ansprache vom 30. September 1951 (LKA SpA 15393).
69 Prot. über die Sitzung des Sprengelrats am 9. Juni 1950 sowie Bericht der Visitationskommission (LKA SpA 6746).
70 Prot. der Sitzung der Ältestenkreise beider Pfarreien mit der Visitationskommission zur Visitation 1956 (LKA SpA 6746).
71 Zum Folgenden vgl. den Bericht zur Visitation vom 9.-11.6.1950 (LKA SpA 6746). Die Seelenzahl am 1.1.1953 betrug in der Westpfarrei 3.950, in der Ostpfarrei 3.873 (zus. 7.823) Personen; am 1.1.56 insgesamt 8.413, also über 4000 je Pfarrei (LKA SpA 15393).
72 Prot. der Sitzung des Sprengelrats vom 9. Juni 1950 (LKA SpA 6746).
73 Vgl. Bericht zur Visitation 1950 (LKA SpA 6746); 75 Jahre Christuskirche (wie Anm. 11), S. 82ff., Wennemuth, Geschichte (wie Anm. 1), S. 487f.
74 Vgl. die Vorlage der Liturgischen Kommission „Anhang zum Kirchenbuch" [von 1930] an die Landessynode (2 Teile), Karlsruhe 1954/55. Zur Einführung der „Gemeinde-Liturgie" vgl. im Einzelnen Frieder Schulz, 150 Jahre Gottesdienst in Baden. Die agendarischen Ordnungen der Unionskirche, in: Vereinigte Evangelische Landeskirche in Baden 1821-1971. Dokumente und Aufsätze, im Auftr. des Oberkirchenrats hrsg. von Hermann Erbacher, 2., durchges. u. verb. Aufl. Karlsruhe 1971, S. 267-328, hier: S. 311-317, Zitate S. 312.
75 Vgl. die Berichte und Bescheide zur Visitation im Jahre 1950 und 1956 (LKA SpA 6746).
76 Bericht zur Visitation 1956.
77 Verwiesen sei auf das Schreiben von Pfarrer Lic. Kurt Lehmann an die Pfarrer der Christuskirche vom 12.8.1957, das von Pfarrer Dr. Weber in schroffer Weise beantwortet wurde; so heißt es u. a.: „Manche Brautpaare wollen gar nicht den zuständigen Pfarrer als Seelsorger, sondern irgend einen andern, bei dem sie vielleicht gerne zur Predigt gegangen sind" (Pfarrarchiv Christus-Ost: Trauungen [AZ 32/5]).
78 Vgl. hierzu den anschaulichen Bericht zur Visitation 1956 (LKA SpA 6746).
79 Zum Hilfswerk vgl. Urte Bejick, „Lazarus liegt vor der Tür" - Das Hilfswerk der Evangelischen Kirche in Baden, in: Unterdrückung - Anpassung - Bekenntnis. Die Evangelische Kirche in Baden im Dritten Reich und in der Nachkriegszeit, in Verb. mit Eckhart Marggraf und Jörg Thierfelder hrsg. von Udo Wennemuth, Karlsruhe 2009, S. 335-354.
80 Zur Geistlichen Woche und ihrem Umfeld vgl. ausführlich Wennemuth, Geschichte (Anm. 1), S. 562-569.
81 So die einhellige Feststellung während der Visitation 1956 (Prot. der Sitzung der Visitationskommission mit dem Sprengelrat, LKA SpA 6746).
82 Die offizielle Bezeichnung war immer noch „Sprengelrat"; die Begriffe Sprengelrat und Ältestenkreis werden im Folgenden synonym gebraucht.
83 Dekan Schmidt an EOK vom 5.6.1956 (LKA SpA 15393).
84 Zum Folgenden vgl. LKA SpA 15393.
85 Zum Folgenden vgl. das Protokoll der Sitzung des Sprengelrates der Westpfarrei vom 1.6.1956 (SpA 15393).
86 Vgl. hierzu das ausführliche Beschwerdeschreiben Dekan Schmidts an den Landesbischof vom 16.9.56 (SpA 15393).
87 Abgedruckt in: Die Mannheimer Gemeinde 8. Jg., Nr. 25 vom 2. Dezember 1956.
88 Zur Person vgl. LKA PA Wäldin; die Notiz von F. Voges in: Die Mannheimer Gemeinde, 8. Jg., Nr. 25 vom 2. Dezember 1956; 75 Jahre Christuskirche (wie Anm. 11), S. 63-65.
89 Vgl. die Selbstdarstellung Karles in: Herbert Wäldin, Christuskirche Mannheim 1911-1961, Mannheim 1961, S. 96-98; zu den Anfeindungen in Tennenbronn vgl. Hilde Bitz, Theologinnen in der Badischen Landeskirche im Zweiten Weltkrieg und in der Nachkriegszeit, in: Unterdrückung (wie Anm. 79), S. 435-453, hier: S. 440f.; vgl. auch Die Evangelische Landeskirche in

Baden im Dritten Reich. Quellen zu ihrer Geschichte [ELBDR], Bd. 1, Karlsruhe 1991, S. 595f.; ebd. Bd. 3, Karlsruhe 1995, S. 858–852.
90 Zum Folgenden vgl. EOK SpA 22/22: Pfarrdienst der Christus-Ostpfarrei 1958–1998.
91 Das Schreiben des Dekans vom 14.7., das Antwortschreiben des Landesbischofs vom 16.7.1958 (ebd.).
92 Zu den Zahlen vgl. den Brief Karles an den EOK vom 30.3.1960 bzw. Wäldins vom 27.1.65 (EOK AZ 22/22) und die Berichte zur Visitation 1962 und 1968 (LKA SpA 15156). Die Zahlen beruhen zu einem großen Teil auf Schätzungen bzw. fehlerhaften Fortschreibungen. Die Volkszählung im Jahre 1970 bewirkte eine deutliche Korrektur der Gemeindezahlen. Im Vergleich zur Fortschreibung waren es über 16.000 Evangelische in Mannheim weniger, was in den Gemeinden einen „Schock" auslöste (vgl. dazu Wennemuth, Geschichte [wie Anm.1], S. 559). Zu den Konsequenzen vgl. das Schreiben des EOK an den Evang. Kirchengemeinderat Mannheim vom 20.6.1972 (vgl. EOK Christus-West AZ 22/22).
93 Vgl. die Protokolle zu den Visitationen von 1962 und 1968 (LKA SpA 15156).
94 Vgl. EOK Christus-Ost AZ 22/22; außer an der Christuskirche fanden Abendgottesdienste am Sonntag auch an Konkordien, an Trinitatis, in der Markuskirche und der Matthäuskirche sowie in der Unionskirche statt.
95 So das Resümee im Bericht zur Visitation 1968.
96 Das tägliche Gebet und Bibelstudium gehört zu den fünf Grundregeln der nach der Abtei Iona benannten 1938 gegründeten Gemeinschaft, die ein der Gegenwart angemessenes gelebtes Christentum propagierte.
97 Der „Absturz" von 6,8 % im Jahre 1962 auf 3,9 % im Jahre 1963 (vgl. Bericht zur Visitation 1968) ist auf einen Wechsel des Zählsonntags zurückzuführen, der bis 1962 mit dem Auftakt der Geistlichen Woche zusammenfiel. Einen generellen Rückgang des Gottesdienstbesuches zu behaupten, wie es die Visitationsbescheide tun, erscheint mir nicht gerechtfertigt.
98 Bericht über die Gemeindeversammlung anlässlich der Visitation 1968 (LKA SpA 15156).
99 Protokoll vom 20.1.1969 (EOK Christus-Ost AZ 22/22).
100 Bescheid an die Ältestenkreise zur Visitation 1968 (LKA SpA 15156).
101 Vgl. Nebenbericht Wäldins zur Visitation 1968 (ebd.).
102 Bericht zur Visitation 1962, S. 19 (ebd.).
103 Vgl. Bescheid an die Ältestenkreise zur Visitation 1968 (ebd.).
104 Bescheid an die Ältestenkreise zur Visitation 1968 (ebd.).
105 So die Kritik von OKR Stein, der als ehemaliger Landesjugendpfarrer wusste, wovon er sprach (Bescheid an die Ältestenkreise zur Visitation 1968; ebd.).
106 Vgl. die Berichte und Beiberichte zur Visitation 1962 und 1968 (LKA SpA 15156).
107 Landesbischof Heidland an Pfarrer Lang, 27.11.1969 (ebd.).
108 Protokoll vom 4.3.1970 (ebd.).
109 Die Seelsorge in der Oststadtklinik wurde seit 1973 durch Pfarrer Dr. Hauck wahrgenommen (LKA SpA 15156). Jeder Pfarrei wurde außerdem eine halbe Stelle für eine Pfarrsekretärin zugestanden.
110 Prot. der Ältestenkreissitzung vom 19.6.1972 (EOK Christus-West AZ 22/22).
111 So eine Bemerkung in den Protokollen anlässlich der Visitation 1974 (LKA SpA 15156).
112 So gab es kritische Stimmen, die von der mangelnden Harmonie zwischen den Geistlichen und von deren Versuchen, der Gemeinde „ihren eigenen Stempel aufzudrücken", sprechen (Schreiben vom 12.9.89, in: EOK Christus-West 22/22). Bereits einige Jahre zuvor, 1984, war negativ angemerkt worden, dass beide Pfarrer die Kanzel von verschiedenen Seiten aus betraten und dadurch ihre Uneinigkeit demonstrierten.
113 In einem Schreiben an die Ältestenkreise der Christuskirche hatte Dekan Schoener schon 1973 empfohlen, diese im Grunde

„altertümliche" Form des Abendmahls (die ursprünglich ihren Sinn im Einlegen des Opfers in eine Schale auf dem Altar hatte) durch einen Halbkreis der Kommunikanten um den Altar zu ersetzen (Pfarrarchiv Christus-Ost: Beichte und Abendmahl betr. [AZ 32/4]); diese Anregung wurde erst ca. 20 Jahre später umgesetzt.
114 So das Urteil im Bericht zur Visitation 1989 (EOK Kirchenvisitation Christus AZ 11/8).
115 Vgl. Berichte zur Visitation 1980 und 1989 (ebd.).
116 Vgl. EOK Christus-West AZ 22/22; EOK Christus Visitationen AZ 11/8; LKA SpA 15156.
117 Die von Frau Lang, die in der Westpfarrei der Christuskirche aufgewachsen war, wahrgenommenen Aufgaben wurden in einer Ältestenkreissitzung vom 11. Januar 1989 protokolliert: Frauengesprächskreis, Besuchsdienst (für den Pfarrer), Mitwirkung bei Gemeindeseminaren, Vertretung bei Konfirmandenunterricht und Christenlehre, Mitleitung und -gestaltung der Konfirmandenfreizeiten und Christenlehrausflüge, Mithilfe im Kindergottesdienst, Leitung und Mitwirkung bei Gemeindeveranstaltungen aller Art (vom Elternabend bis zum Gemeindefest), Telefondienst, Führung der Pfarramtskasse, „offenes Pfarrhaus", Betreuung von Gästen der Gemeinde und von Besuchern aus der Patengemeinde, vier Stunden wöchentlich Religionsunterricht (EOK Christus Visitationen AZ 11/8, Anhang zum Bericht der Westpfarrei zur Visitation 1989).
118 Vgl. Bericht zur Visitation 1974 (LKA 15156).
119 Vgl. außer den Visitationsberichten auch die Ausführungen von Fritz Lang in: Eine Pfarrfamilie an der Christuskirche von 1970–1989. Ein Gespräch von Pfarrer Fritz Lang und Helga Lang mit Rudolf Günther und Michael Wegner vom August 2010 (vervielfältigtes Manuskript), S. 13.
120 Vgl. hierzu den Bericht des Geschäftsführers des Hilfsvereins zur Visitation 1989 und den Bescheid an den Ältestenkreis Ost vom 15.1.1990 (EOK Christus Visitationen AZ 11/8).
121 Vgl. dazu: Eine Pfarrfamilie (wie Anm. 119), S. 12.
122 Bericht über die Visitation 1981 (EOK Christus Visitationen AZ 11/8); diese Deutung greift Dekan Ziegler in seinem Bescheid zur Visitation an die Ältestenkreise West und Ost vom 22. bzw. 23.5.89 auf.
123 Bescheid an die Ältestenkreise der Christuskirche vom 12.1.1982 (ebd.). Der letzte Punkt bezieht sich auf eine Kritik in der Gemeindeversammlung, dass die Ältestenkreise zu wenig Kontakt zur Gemeinde hielten.
124 Prot. über die Sitzung der Ältestenkreise West und Ost und Prot. über die Sitzung mit dem Ältestenkreis der Westpfarrei sowie der Ostpfarrei anlässlich der Visitation am 7.4.1989 (ebd.).
125 Bericht der Ostpfarrei zur Visitation 1981, S. 7 (ebd.).
126 Vgl. Bericht der Ostpfarrei zur Visitation 1989 (ebd.).
127 Bericht zur Visitation 1974 (LKA SpA 15156). Die seit 1972 von Pfarrer Lang für beide Pfarreien gemeinsam gehaltene Christenlehre wurde seit Ostern 1979 wieder in getrennten Gruppen abgehalten (Bericht zur Visitation 1981 von Pfarrer Baier, EOK Christus Visitationen AZ 11/8).
128 Fritz Lang beschreibt seine enge Bindung zu den Deutsch-Rittern in: Eine Pfarrfamilie (wie Anm. 119), S. 17–19.
129 Vgl. die Berichte zur Visitation 1974 und 1981 (LKA SpA 15156; EOK Christus Visitationen AZ 11/8).
130 Schreiben des EOK an Dekanat Mannheim vom 18.8.1998 (EOK Christus-Ost AZ 22/22).
131 Bericht der Westpfarrei zur Visitation 1997, S. 7 (EOK Christus Visitationen AZ 11/8).
132 Wie Anm. 130.
133 Schreiben des Dekanats Mannheim an EOK vom 23.11.1998 (ebd.).
134 Wie Anm. 131.

B. Gemeinde

2. Die Christusgemeinde seit 1999

Gemeindeleitung

Ältestenkreis

Das Ältestenamt hat eine lange Geschichte. In der Bibel heißt es im 4. Buch Mose: „Und der Herr sprach zu Mose: Sammle mir siebzig Männer unter den Ältesten Israels, von denen du weißt, dass sie Älteste im Volk und seine Amtleute sind, und bringe sie vor die Stiftshütte, und stelle sie dort vor dich, so will ich hernieder kommen und dort mit dir reden und von deinem Geist, der auf dir ist, nehmen und auf sie legen, damit sie mit dir die Last des Volkes tragen und du nicht allein tragen musst." Auch

Der Ältestenkreis 2011. Von links: Pfarrvikarin Henriette Freidhof, Marcus Schork, Brigitte Kehrberger, Jürgen Seitz, Thomas Paul, Klaus Altenheimer, Tatjana Briamonte-Geiser, Rolf-Dieter Schiermeyer, Pfarrer Dr. Matthias Meyer, Heinz-Günter Kämpgen, Sebastian Wennemers, Dr. Brigitte Hohlfeld. – Es fehlen auf dem Bild die Ältesten Detlev Gravert und Birgit Stegmann. Foto: R. Schneider

Heinz-Günter Kämpgen.
Foto: Privat

Heinz-Günter Kämpgen, Vorsitzender des Ältestenkreises

Geb. am 23.12.1936 in Mülheim an der Ruhr. Nach der Mittleren Reife Lehre als Industriekaufmann bei Siemens & Halske AG, später Siemens AG. Nach verschiedenen Stationen 1968–1973 Referent für Organisationsuntersuchungen im Zentralbereich der Siemens AG in München, 1973–1978 kaufmännischer Abteilungsleiter. 1978–1981 Sonderaufgaben in den Landesgesellschaften Madrid und Johannesburg/Südafrika. 1981–1984 Leitung des Büros Wuppertal. Seit 1984 in der Zweigniederlassung Mannheim als Prokurist, Kaufmännischer Vorstand und Direktor. 1994–1998 Sprecher der Leitung der Zweigniederlassung Frankfurt und der Leitung der Vertriebs-Region Rhein-Main. Ehrenamtlich tätig im Hochschulrat der Staatlichen Hochschule für Musik und Darstellende Kunst Mannheim, im Beirat der Freunde und Förderer des Nationaltheaters Mannheim, Vorsitzender des Evangelischen Forums in Mannheim, Mitglied des Ältestenkreises der Christuskirche seit 1987, Vorsitzender seit 2007.
Ehrungen u. a.: Verdienstnadel des Landes Baden-Württemberg, Verdienstmedaille in Silber der Industrie- und Handelskammer Rhein-Neckar.

die Ältesten im Neuen Testament leiteten und verwalteten die Gemeinde, kümmerten sich um Verkündigung des Wortes Gottes und Seelsorge, waren maßgebliche Instanz in Streitfragen, beteten für die Kranken und leiteten Gottesdienste. Die Kirche der Reformation behielt das Amt bei, in dem Gemeindeleitung, Wortverkündigung und Sakramentsverwaltung zusammengefasst waren. So steht es in dem von der Evangelischen Landeskirche in Baden herausgegebenen „Handbuch für Kirchenälteste".

Das neutestamentliche Gemeindeverständnis und die Vorstellung einer demokratisch geleiteten Kirche prägen die neueren Kirchenordnungen – auch in der Evangelischen Landeskirche in Baden. Natürlich umfasst der Begriff „Älteste" heute auch jüngere Gemeindeglieder, da man ab achtzehn Jahren gewählt werden kann. Der Anteil der Frauen ist gestiegen, und in vielen Ältestenkreisen bilden sie inzwischen die Mehrheit.

Die Themen und Aufgaben des Ältestenkreises sind vielfältig. Kirchenälteste engagieren sich im Gemeindeleben, sie wirken mit im Gottesdienst: Sie übernehmen die Schriftlesung und helfen mit bei der Austeilung des Abendmahls. Sie verwalten das für die Zwecke der Pfarrgemeinde zur Verfügung gestellte Vermögen, sind Ansprechpersonen für alle Gemeindeglieder, klären Schwierigkeiten, z. B. bei Beanstandungen in der Dienstpflicht von Pfarrerinnen und Pfarrern oder anderen Mitarbeitern. Außerdem wirken Älteste mit bei der Besetzung der Gemeindepfarrstellen sowie der Gemeindediakonie, entscheiden über Anträge auf Aufnahme in die Kirche, verabschieden den Jahresbericht für die Gemeindeversammlung und behandeln Anträge aus der Gemeinde. Sie entscheiden Fragen, die Taufe, Trauung, Beerdigung und Konfirmation, also die „Kirchliche Lebensordnung", betreffen, und entscheiden auf Antrag, wem kirchliche Räume und Gerätschaften zu überlassen sind.

Dr. Michael Wegner. Foto: R. Schneider

1999 bei der Zusammenlegung von Ost- und Westpfarrei wurde Dr. Michael Wegner als Vorsitzender der damals insgesamt zwanzig Mitglieder der beiden Ältestenkreise gewählt. Es gelang ihm, die beiden Kreise zusammenzuführen. Nach der Grundordnung der Evangelischen Landeskirche in Baden konnten ab 2001 nur noch zwölf Älteste die Gemeinde repräsentieren. Vorsitzender wurde Rudolf Günther.

Der gegenwärtige Ältestenkreis der Christusgemeinde hat sich in seiner Sitzung am 9. Januar 2008 konstituiert. Seine Amtszeit endet 2013. Er besteht aus zehn gewählten und zwei kooptierten Mitgliedern und Pfarrer Dr. Meyer (stellvertretender Vorsitzender): Klaus Altenheimer, Tatjana Briamonte-Geiser, Detlef Gravert, Dr. Brigitte Hohlfeld, Heinz-Günter Kämpgen (Vorsitzender), Brigitte Kehrberger, Thomas Paul, Rolf-Dieter Schiermeyer, Marcus Schork, Jürgen Seitz (ab Februar 2010 für Dr. Stephan Klein), Birgit Stegmann, Sebastian Wennemers (ab Mai 2009 für Dr. Gerhard Metzger). Der Pfarrvikar bzw. die Pfarrvikarin nimmt beratend an den Sitzungen teil. Die Ältesten werden von zehn Gemeindebeauftragten unterstützt, die bestimmte Aufgaben wahrnehmen. Um die vielfältigen Aufgaben zu bewältigen, hat der Ältestenkreis Ausschüsse gebildet.

Rudolf Günther. Foto: Privat

Gottesdienst	Gestaltung der Gottesdienste, Verpflichtung von Gastpredigern, Organisation der „Christuskirche im Kerzenschein" (Adventssamstage) und Passionsandachten, Organisation und Durchführung der Rüsten des Ältestenkreises. Ausschussvorsitz: Detlef Gravert
Finanzen	Planung und Darstellung der Kosten- und Vermögenslage, Controlling. Ausschussvorsitz: Rolf-Dieter Schiermeyer
Bauten	Realisierung einer aufwendigen Innenbeleuchtung aus Spenden, Bau eines barrierefreien Zugangs zur Kirche, Initiieren von diversen Bau- und Renovierungsarbeiten. Ausschussvorsitz: Klaus Altenheimer
Kinder und Jugend	Ausarbeitung einer Leitlinie für die Jugendarbeit der Christusgemeinde, regelmäßige Veranstaltungen für rund 150 Kinder und Jugendliche, Einführung einer Bibelwoche für Kinder. Ausschussvorsitz: Thomas Paul
Ökumene	Planung und Mitwirkung bei Veranstaltungen der Stadtteilökumene wie Kreuzweg, Bibelwoche, Pfingstmontag, Eröffnung des Weihnachtsmarktes, Beteiligung an der „Meile der Religionen". Ausschussvorsitz: Dr. Brigitte Hohlfeld
Öffentlichkeit	Herausgabe des zweimonatlichen Gemeindebriefes, Mitwirkung bei der Erarbeitung eines Flyers zu Advent, Weihnachten und Neujahr und zur Passionszeit, Kontakte zu Presse, Rundfunk und Fernsehen, Aufbau einer Homepage. Ausschussvorsitz: Heinz-Günter Kämpgen
Festausschuss	Planung und Durchführung von Neujahrsempfang, Gemeindefest, Mitarbeiterfest und diversen Empfängen. Ausschussvorsitz: Brigitte Kehrberger
Sonstiges	Organisation der Kirchenöffnung an drei Tagen der Woche, Erhalt des durch die Gemeinde finanzierten Pfarrvikariats, Organisation und Durchführung des Kirchenjubiläums 2011, Verleihung des „Engels der Christuskirche" an verdiente ehrenamtliche Mitarbeiter bzw. Mitarbeiterinnen

Heinz-Günter Kämpgen

Pfarramt

Hatten die Gemeindemitglieder in den ersten Jahren noch optimistisch geglaubt, dass sich ihre 1911 gegründete, für ganz Mannheim repräsentative Zentralkirche als „Zukunftskirche" erweisen würde, so mussten sie bald erfahren, dass die Christuskirche und ihre Gemeinde mit allen politischen Katastrophen der nächsten Jahrzehnte konfrontiert wurden. Zwar blieb das Gebäude bei den verheerenden Bombenangriffen auf Mannheim auch dank des beherzten Einsatzes des Kirchendieners Karl Häffner, der von 1911 bis 1953 hier seinen Dienst tat, nahezu unzerstört, aber mit dem Schicksal von Martha Hoff, der zweiten Frau von Pfarrer Dr. Hans Hoff, die Opfer des Rassenwahns wurde, war die Christusgemeinde unmittelbar betroffen. Eine Gedenktafel am Pfarrhaus Werderplatz 16 erinnert an ihr Schicksal. Die Hermann-Maas-Stiftung hatte auf Veranlassung von Walter Norten, London, die Anbringung ermöglicht.

Angesichts der Katastrophen und Verbrechen des letzten Jahrhunderts, in dem sich auf Christus auch religiöse, politische und ideologische Schwärmer und Fantasten beriefen, ist es für einen Pfarrer wichtig, den eigenen Standpunkt zu definieren. Hilfreich dafür ist ein Blick in die „Barmer Theologische Erklärung" von 1934, die zwar eine Antwort war auf die damalige desolate Lage der evangelischen Kirche, aber auch heute noch eine klare, zukunftsweisende Orientierung bietet. Wichtige Kernsätze lauten:

> „Jesus Christus spricht: Ich bin der Weg und die Wahrheit und das Leben; niemand kommt zum Vater denn durch mich. (Joh. 14, 6) [...]
> Jesus Christus, wie er uns in der Heiligen Schrift bezeugt wird, ist das eine Wort Gottes, das wir zu hören, dem wir im Leben und im Sterben zu vertrauen und zu gehorchen haben.
> Wir verwerfen die falsche Lehre, als könne und müsse die Kirche als Quelle ihrer Verkündigung außer und neben diesem einen Worte Gottes auch noch andere Ereignisse und Mächte, Gestalten und Wahrheiten als Gottes Offenbarung anerkennen.
> Durch Gott seid ihr in Christus Jesus, der uns von Gott gemacht ist zur Weisheit und zur Gerechtigkeit und zur Heiligung und zur Erlösung. (1. Kor 1, 30)
> Wie Jesus Christus Gottes Zuspruch der Vergebung aller unserer Sünden ist, so und mit gleichem Ernst ist er auch Gottes kräftiger Anspruch auf unser ganzes Leben; durch ihn widerfährt uns frohe Befreiung aus den gottlosen Bindungen dieser Welt zu freiem, dankbarem Dienst an seinen Geschöpfen.
> Wir verwerfen die falsche Lehre, als gebe es Bereiche unseres Lebens, in denen wir nicht Jesus Christus, sondern anderen Herren zu eigen wären."

Es muss daher heute die Hauptaufgabe eines Pfarrers sein, diese beiden Wesenskerne des christlichen Glaubens in Predigt- und Sakramentsgottesdiensten, in seelsorgerlichen Begegnungen bei unterschiedlichen Anlässen und im Schul- und Konfirmandenunterricht zu vermitteln und vor allem vorzuleben.

Immer wichtiger wurde es in den letzten Jahren, wie ich schon seit meinem Studium bei Hans Küng in Tübingen weiß, gemeinsam mit unseren Nachbar- und Schwesterkirchen die lange Zeit vorherrschenden kontroverstheologischen Denkweisen zu verlassen und neue Formen des ökumenischen Miteinanders einzuüben. Als Mitglied im Zentralvorstand des Evangelischen Bundes im „Konfessionskundlichen Institut" der EKD geriet ich in den Fokus lebendiger ökumenischer Forschung. Hier entstand die „Charta Oecumenica", die für unser Leben in der Stadt- und Landeskirche sowie der EKD weichenstellend wurde. Aus dem Geist der „Charta Oecumenica" gestalten wir das Miteinander in der Stadtteilökumene. In diesem Geiste lebt der evangelische Johanniter-Orden sowie die Johanniter-Unfall-Hilfe, mit denen wir einen lebendigen Austausch pflegen, wie mit vielen anderen Partnern auch.

Das Pfarramt ist die Geschäftsstelle der Christusgemeinde. Vorbereitende Gespräche für Taufen, Hochzeiten und Beerdigungen und Seelsorge im eigentlichen Sinne erfolgen im Pfarrhaus oder in der Wohnung derer, die sich an den Pfarrer wenden.

Pfarrer Dr. Matthias Meyer.
Foto: Privat

Pfarrer Dr. Matthias Meyer

Geb. 1953 in Hannover, Abitur am Zinzendorf-Gymnasium in Königsfeld im Schwarzwald. Studium der Theologie, Philosophie und Geschichte in Neuendettelsau, Tübingen und Heidelberg, Promotion in Tübingen bei Jürgen Moltmann über „Feuerbach und Zinzendorf", seit 1984 Mitherausgeber der Zinzendorf-Ausgabe. Nach Vikariaten in Karlsruhe, Weinheim und Heidelberg Pfarrer in Mannheim (1984 Thomaskirche, 1993 Westpfarrei Christuskirche, 1999 vereinigte Christuskirche). Kontaktpfarrer Toulon und Landesvorsitzender des Evangelischen Bundes, LV Baden, Mitglied im Zentralvorstand des Konfessionskundlichen Instituts. Lehrbeauftragter an der Fachhochschule des Bundes bis 1993 und der Universität Mannheim bis 2006. 2006 Berufung zum Bundespfarrer der Johanniter-Unfallhilfe, 2009 Rechtsritter des Johanniterordens. Weitere Interessen: Konfessions-, Kirchen-, Zeitgeschichte und Geschichte der Christuskirche.

Wie in den Gründerzeiten gilt es auch heute, die Taufen, Konfirmationen, Trauungen und Beerdigungen in eigenen Büchern zu verzeichnen, aber zusätzlich alle Amtshandlungen elektronisch zu dokumentieren. Sie wurden und werden in einer eigenen Registratur erfasst und elektronisch abgelegt, eine wichtige Quelle, etwa um Jubiläen und Jubiläumskonfirmationen vorzubereiten oder familiengeschichtliche Auskünfte zu erteilen. Sekretärin und Pfarrer werden vor immer neue, sich verändernde Arbeitsabläufe gestellt, sei es in der Datenverarbeitung, sei es in der Finanzbuchhaltung und der Arbeit im Intranet. Dankbar möchte ich an dieser Stelle die Sekretärinnen seit 1981 nennen, ohne die ich diese vielfältigen Aufgaben gar nicht hätte bewältigen können: Angelika Piech, Waltraud Manier, Eveline Reiter, Esther Hofherr und als Vertretung Heidrun Bergerhausen, Claudia Karcher und Kerstin Volz.

Hans-Georg Heltmann. Foto: M. Hammer

Zum wöchentlichen Dienstgespräch lädt der Pfarrer ein: Vorsitzender des Ältestenkreises, Kirchenmusiker, Pfarrvikar bzw. Pfarrvikarin, Kirchendiener und Sekretärin erörtern die Vorhaben und koordinieren die Wochen-, Monats- und Jahresplanung. Eine wichtige Stütze ist dabei der Kirchendiener, seit 1998 Hans-Georg Heltmann, der auf Peter Bill (1996–1998), Michael Thies (1995–1996), Herbert Wüstner (1971–1995) und Georg Bosecker (1954–1970) folgte. Das gewissenhafte Verbuchen von Kollekten und Opfergeldern nach jedem Gottesdienst liegt in den Händen von Karlheinz Trumpp, der seit vielen Jahren der Almosenpfleger der Christusgemeinde ist.

Esther Hofherr. Foto: Privat

Die zentrale Lage der Christuskirche bewirkt vielfältige Kooperationen. Dazu gehören Oststadt-Grundschule, Tulla-Realschule, Karl-Friedrich- und Lessing-Gymnasium, sei es in der Vorbereitung und Durchführung von Schulgottesdiensten oder Schulkonzerten. Mit unterschiedlichen Gruppen der Stadt und der Stadtverwaltung steht das Pfarramt in einem lebendigen Kontakt. Hinzu kommen Kulturschaffende, Unternehmer, Kongresse im Rosengarten, aber auch Gruppen wie Johanniter, Rotarier, Lions und Kiwanier, die Veranstaltungen in der Kirche anregen und unterstützen. Auch hier ist das Pfarramt eingeschaltet und das Gespräch des Pfarrers gefragt.

Die Anbindung des Bezirks- und Landeskantorats erfordert ein hohes Maß an Kooperation und Organisation zwischen Pfarramt und Kirchenmusik. Konzerte von Bach- und Kammerchor, Orgelkonzerte und Bläserauftritte und manche Fremdkonzerte gilt es abzustimmen und mit Gottesdiensten, Taufen und Trauungen sowie weiteren Veranstaltungen der Gemeinde und der Evangelischen Kirche in Mannheim räumlich und zeitlich in Einklang zu bringen.

Bei allen Aktivitäten und „Forderungen des Tages" darf der Pfarrer jedoch nie seine eigentliche Aufgabe vergessen. Ohne die Gewissheit, dass wir, wie es in der „Barmer Theologischen Erklärung" heißt, durch Jesus Christus zu „dankbarem Dienst" gerufen sind, wären die Herausforderungen nicht zu leisten. Nur dann gilt auch weiterhin, was Hermann Maas 1961 zum 50-jährigen Jubiläum der Christuskirche an den damaligen Pfarrer Herbert Wäldin schrieb: Die Christuskirche „war wirklich eine Kirche Jesu Christi. Christus ist in ihr vollmächtig verkündigt worden und wird auch in ihr heute vollmächtig verkündet."

Unser Blick vorwärts weist in die Zukunft. Gleichen wir darin Traumtänzern? Professor Dr. Jürgen Moltmann, einer meiner maßgebenden Lehrer, öffnete mit seiner „Theologie der Hoffnung" mehr als einer Generation den Blick auf Christi Kommen und Wiederkommen in diese Welt. Der wiederkommende Christus verwandelt Vergangenheit und Gegenwart in die Zukunft göttlicher Gewissheit, deren Zielpunkt Gottes Ewigkeit ist. Die Auferweckung des Gekreuzigten eröffnet hier und heute Zukunft auf eine Welt in den nächsten hundert Jahren, so Gott will und Menschen in dieser Stadt leben und sich in seinen Dienst stellen.

Gemeinde, Stadt und Land stehen unter der göttlichen Verheißung: „Jesus Christus, gestern, heute und derselbe auch in Ewigkeit." Der Geist Christi möge auch in Zukunft alle an der Christusgemeinde Wirkenden in Glaube, Liebe und Hoffnung stärken und sie unter Gottes Schutz und Segen geleiten.

Pfarrer Dr. Matthias Meyer

Gemeindebeauftragte

Im Zuge der Sparmaßnahmen der Evangelischen Landeskirche in Baden wurde Ende der 90er Jahre bestimmt, dass Doppelpfarreien bei Pfarrerwechsel nicht mehr doppelt besetzt werden sollten. Als 1998 der Pfarrer der Ostpfarrei, Winfried Oelschlegel, nach Südbaden ging, kam die Christusgemeinde in Bedrängnis: Zunächst konnten die beiden Ältestenkreise mit ihren 20 Mitgliedern bis zu den Neuwahlen noch drei Jahre im Amt bleiben. Es zeigte sich nach der Neuwahl von nur noch zwölf Ältesten aber bald, dass diese auf Dauer nicht alleine die Herausforderungen des reichen Gemeindelebens an der Christuskirche bewältigen konnten.

Die Erfahrung lehrte, dass sich Gemeindeglieder ohne „Amt" zu regelmäßiger Mitarbeit weder verpflichtet noch berechtigt fühlten. Darum beschloss der Ältestenkreis aufgrund einer Vorlage des Gottesdienstausschusses, als „Modellversuch" weitere Gemeindeglieder einzubinden.

Das Vorhaben war mit der Grundordnung der Evangelischen Landeskirche in Baden vereinbar. Dort heißt es: „Im Interesse der Verlässlichkeit ehrenamtlicher Tätigkeit ist der zeitliche Umfang sowie die Dauer des Engagements abzusprechen. [...] Ehrenamtliche Tätigkeit ist nicht selbstverständlich. Sie verdient Anerkennung und Wertschätzung."

Die Ältesten entwickelten Regeln, die noch heute gelten. Eine klare Unterscheidung vom Ältestenamt muss bestehen bleiben. Die Anzahl der Gemeindebeauftragten darf die der gewählten Ältesten nicht übersteigen. Nennungen aus der Gemeinde und Bewerbungen sind möglich, aber die endgültige Nominierung obliegt dem Ältestenkreis. Dieser formulierte auch die Rechte und Pflichten für die Gemeindebeauftragten. Sie sammeln Kollekten ein und sind im Lektoren- und Abendmahlsdienst den Kirchenältesten gleichgestellt. Gemeindebeauftragte besitzen Anhörungsrecht, aber kein Stimmrecht und werden zur Mitarbeit in Ausschüssen eingeladen. Sie nehmen zusammen mit den Ältesten am Einzug in die Kirche bei besonderen Gottesdiensten teil und werden vor der Gemeinde im Gottesdienst mit ihrem Amt beauftragt und vom Pfarrer eingesegnet. Am 12. Dezember 2004 wurde die „erste Generation"

Die Gemeindebeauftragten 2008. Von links: Pfarrer Dr. Mattias Meyer, Ingrid Holdefleiß, Dr. Jürgen Holdefleiß, Ursula Kollhoff, Markus Keller, Ulrike Erler-Hammer, Manfred Hammer, Dr. Maria Lutz, Magdalena Steinbach, Ute Hubbes, Gerald Wiesner. Foto: R. Schneider

von Gemeindebeauftragten im Hauptgottesdienst von Pfarrer Dr. Meyer in ihr Amt eingeführt.

Bei der Nachvisitation am 21.05.2006 wurde bereits festgestellt, dass „das Projekt mit der Mehrzahl der Gemeindebeauftragten gelungen ist. Das ergab auch eine Befragung unter den Gemeindebeauftragten. Bereitschaft, Kreativität und Präsenz sind überzeugend."

Inzwischen nehmen die Gemeindebeauftragten an jeder zweiten Ältestensitzung teil. In fast allen Ausschüssen sind Gemeindebeauftragte vertreten. Einige von ihnen sind inzwischen in das Ältestenamt (Ä) übergewechselt. Die Gemeindebeauftragten sind übrigens einmalig in der badischen Landeskirche.

Gemeindebeauftragte seit 2004 (alphabetisch): Irmgard Breuer, Wolfgang Breuer, Ulrike Erler-Hammer, Jörn Fischer-Valldorf, Erwin Frey, Steffen Gallas, Manfred Hammer, Ingrid Holdefleiß, Dr. Jürgen Holdefleiß, Ute Hubbes, Markus Keller, Ursula Kollhoff, Eleonore Kopsch, Dr. Maria Lutz, Thomas Paul (Ä), Lydia Paulik-Rebe, Rolf-Dieter Schiermeyer (Ä), Marcus Schork (Ä), Magdalena Steinbach, Dr. Gabriele Widmann, Gerald Wiesner.

Gemeindebeirat

Der in der Grundordnung der Evangelischen Landeskirche in Baden vorgesehene Gemeindebeirat tagte an der Christuskirche zum ersten Mal Anfang 2007. Laut Satzung gehören ihm die Mitglieder des Ältestenkreises an, jeweils ein Vertreter des Pfarramtes und des Kantorats, der Gemeindeausschüsse, Gemeindekreise und Dienstgruppen und der Einrichtungen der Pfarrgemeinde, z. B. der Kindergärten. Anfang 2010 löste Marcus Schork Steffen Gallas als Vorsitzenden ab, seine Stellvertreterin ist nach wie vor Margot Dammast.

Der zweimal jährlich tagende Gemeindebeirat hat sich zur Aufgabe gemacht, ehren- und hauptamtliche Mitarbeiter zum Informations- und Erfahrungsaustausch einzuladen, angesichts der vielen Gruppen und Kreise in der Christuskirche unabdingbar. So entsteht eine enge Vernetzung, die die Zusammenarbeit der einzelnen Gremien bei den Aufgaben und Aktivitäten der Christusgemeinde stärkt und unterstützt.

Gemeindeversammlung

Nach der Ordnung der badischen Landeskirche ist die Gemeindeversammlung die Vollversammlung der Gemeindeglieder. Sie dient der Information und der Diskussion von Wünschen und Anregungen für die künftige Arbeit. Die Christusgemeinde lädt alljährlich einmal zur Gemeindeversammlung ein, die vom langjährigen Vorsitzenden Dr. Karl Schneider und seinem Stellvertreter Jürgen Seitz geleitet wird. Regelmäßig berichten Gemeindepfarrer und Vorsitzender des Ältestenkreises, die Leiter von Kirchenmusik, Kindergärten, Jugendarbeit etc. ergänzen diese Berichte.

Gemeindeleitung

Nachdrücklich in Erinnerung geblieben sind die großen Gemeindeversammlungen bei gemeindlichen Veränderungen von bedeutender Tragweite, an denen mehrmals der Dekan teilnahm, so z. B. bei den engagierten Beratungen im Zusammenhang mit der Streichung einer Pfarrstelle und der gleichzeitig beabsichtigten Veränderung der Gemeindegrenzen 1998. Auch 2010 war ein entscheidendes Jahr: Der Dekan deutete das beabsichtigte Zusammengehen von Christus- und Friedensgemeinde an, was 2011 mit großer Mehrheit gebilligt und vom Ältestenkreis am 8. Juni 2011 einstimmig beschlossen wurde.

Im Rückblick waren die manchmal durchaus emotional geführten Diskussionen stets aufschlussreich und wertvoll für die nachfolgenden Gremienentscheidungen.

Förderkreis Pfarrvikariat

Pfarrvikarin Anne Ressel.
Foto: R. Schneider

Pfarrvikar Philipp Beyhl.
Foto: Privat

Pfarrvikar Gerrit Hohage.
Foto: Privat

Pfarrvikar Kim Apel.
Foto: Privat

Pfarrvikarin Susanne Kobler-
von Komorowski. Foto: Privat

Pfarrvikarin Henriette Freidhof.
Foto. Privat

Als 1998 durch den Weggang von Pfarrer Oelschlegel das zweite Pfarramt wegfiel und sich damit die Gemeinde unmittelbar von den Veränderungen durch ein schmerzhaftes Kostensparprogramm betroffen sah, wurde in einer spontan einberufenen Gemeindeversammlung unter großer engagierter Beteiligung und Diskussion mit Dekan Eitenmüller die Einrichtung eines Pfarrvikariats für mindestens drei Jahre beschlossen, was die Zusicherung einer hälftigen Finanzierungsbeteiligung durch die Gemeinde notwendig machte. Dazu beriefen beide Ältestenkreise einen Ausschuss, dem Pfarrer Dr. Meyer, Dr. Karl Schneider, die Ältesten Klaus Altenheimer, Heinz-Günter Kämpgen, Jürgen Seitz und Dr. Michael Wegner angehörten und der, erweitert um Elisabeth Gabrisch und Karlheinz Trumpp, nunmehr schon ein Dutzend Jahre für das erfolgreiche Projekt arbeitet.

Seither erlebt die Gemeinde schon ihr sechstes Pfarrvikariat und hat nahezu 250.000 Euro für dieses segensreiche Werk aufgebracht. In jeder Periode wurden individuelle Orientierungen und Begabungen sichtbar und der Vielgestaltigkeit, aber auch der Herausforderung einer großstädtischen Predigtkirche dienlich gemacht. Philipp Beyhl, Gerrit Hohage und Kim Apel vollendeten hier ihre Doktorarbeit und sind heute geschätzte Gemeindepfarrer in der Bayerischen, Badischen und Württembergischen Landeskirche. Anne Ressel arbeitet an der benachbarten Citygemeinde Hafen-Konkordien und ist gleichzeitig Diakoniepfarrerin, Susanne Kobler-von Komorowski Pfarrerin an der Johanniskirche. Sie alle werten ihre Zeit an der Christuskirche wie einen Meisterkurs. Seit September 2010 ist Henriette Freidhof die Pfarrvikarin an der Christuskirche.

Zunächst sorgte sich der Ausschuss unter seinem Vorsitzenden Dr. Karl Schneider, ob die Gemeinde die geforderten Beiträge auch aufbringen könne. Doch es zeigte sich eine überraschend große Bereitschaft, für diesen Dienst Gaben beizusteuern. Das Echo auf einen Spendenaufruf zu Weihnachten war ermutigend und festigte die Gewissheit, dass die Christusgemeinde diese Aufgabe für notwendig erkannt hatte, und bis heute hat sich daran nichts geändert.

Zu danken ist auch dem Personalreferat im Oberkirchenrat für die sorgfältige Auswahl unserer Vikare und Vikarinnen.

Ursula Kollhoff

Elisabeth Gabrisch

Karlheinz Trumpp

Caroline Keller, geb. Meyer

Werner und Hilde Diefenbacher

Fotos: Privat und R. Schneider

„Engel der Christuskirche"

Die Christusgemeinde verleiht seit 2006 jedes Jahr auf ihrem Neujahrsempfang den „Engel der Christuskirche" an Gemeindeglieder, die sich für die Gemeinde in besonderer Weise ehrenamtlich engagiert haben.

Der gläserne Engel stammt aus der Glasbläserwerkstatt Klaus Roth in Oppau.

Renate Schneider.
Foto: M. Hammer

Diese besondere Auszeichnung erhielten bisher Ursula Kollhoff (2006), Elisabeth Gabrisch (2007), Karlheinz Trumpp (2008), Caroline Keller, geb. Meyer (2009), Hilde und Werner Diefenbacher (2010), Renate Schneider (2011).

Kirche des Wortes

Sondergottesdienste

Anlässlich einer Visitation wurde das Profil der Christuskirche als „Predigt- und Musikkirche" auch als Auftrag an unsere Gemeinde verstanden. Da die Gottesdienst- und Konzertbesucher nicht nur aus der Kerngemeinde, sondern aus der ganzen Stadt und Region in die Christuskirche kommen, wollte der Gottesdienstausschuss darauf außerhalb der großen kirchlichen Feste mit Sondergottesdiensten reagieren, die inzwischen zum festen Bestandteil des Kirchenjahres geworden sind.

Landesbischof Dr. Ulrich Fischer hält seit 2007 am 1. Advent zur Eröffnung des Kirchenjahres den vom Bachchor gestalteten Festgottesdienst mit heiligem Abendmahl. Gleichzeitig eröffnet er an diesem Mannheimer **„Bischofssonntag"** die Aktion „Brot für die Welt" für die badische Landeskirche.

Die **Adventsmeditationen** zu Texten und Musik im Advent an Adventssamstagen von 18.30 Uhr bis zum 19-Uhr-Läuten in der von vielen hundert Kerzen erleuchteten Christuskirche sind seit 2004 ein Anziehungspunkt für alle, die neben dem „lauten" Weihnachtsmarkt Stille und Besinnung als Vorbereitung auf die kommende Christgeburt suchen. Der Ablauf soll nicht den liturgischen Charakter eines Gottesdienstes haben, aber mit geistlicher Begrüßung beginnen und mit Schlusssegen enden. Im Anschluss spielen auf dem Kirchenvorplatz Mannheimer Posaunenchöre Weihnachtslieder, denen die Besucher beim Punsch-Ausschank gerne zuhören.

Tauferinnerungsgottesdienst. Foto: R. Schneider

Erntedankfest 2010. Von links: Henrike Meyer, Johanna Heltmann. Foto: R. Schneider

Der **Predigt und Kantatengottesdienst** am Neujahrstag um 17 Uhr, erstmals 1998 vom damaligen Dekan Dr. Ulrich Fischer gehalten, ersetzt den früheren Vormittagsgottesdienst. Im Mittelpunkt steht die Gastpredigt, für die immer bedeutende Theologen gewonnen werden konnten: Professor Dr. Klaus Berger (mehrmals), Dr. Heinz Zahrnt, Professor Dr. Klaus Engelhardt, Landesbischof Dr. Ulrich Fischer, Professor Dr. Jürgen Moltmann, Professor Dr. Georg Plasger, im Jubiläumsjahr Dekan Günter Eitenmüller.

Der **Gottesdienst mit der Möglichkeit zum Einzelsegen** wurde von Anne Ressel initiiert, der ersten hälftig von der Gemeinde finanzierten Pfarrvikarin. Die rege Beteiligung der Besucherinnen und Besucher an der einzeln mit Handauflegung zugesprochenen Segnung veranlasste sie, im folgenden Jahr zwei Kirchenälteste mit einzubeziehen und gemeinsam mit ihnen Predigt und Segensspruch vorzubereiten. Seit mehr als zehn Jahren werden für alle jene, die etwas von der Kraft des Einzelsegens mit ins neue Jahr nehmen wollen, diese Gottesdienste durchgeführt.

Um eine Andachtsform zur Passion Jesu anzubieten, schlug der Gottesdienstausschuss nach verschiedenen Ansätzen die noch heute bestehende Form vor. So werden seit einigen Jahren vor der Karwoche fünf meist ökumenische **Passionsandachten** an Mittwochabenden um 19.00 Uhr gehalten, die rund dreißig Minuten dauern. Fünf Geistliche vereinbaren gemeinsam mit der Kirchenmusik den Ablauf, die Textfolgen der Passionsgeschichte sowie weitere Elemente der Andachten.

In der Christusgemeinde werden jährlich etwa sechzig Kinder getauft. So ist es ein schöner Brauch geworden, die Taufeltern des vergangenen Jahres mit ihren Kindern am Sonntag Quasimodogeniti zu einem gemeinsamen **Tauferinnerungsgottesdienst** schriftlich einzuladen. Mindestens eine neue Taufe gehört dazu. Die größeren Kinder dürfen dafür Wasser aus den Brunnen der Christuskirche holen. Alle mitgebrachten Taufkerzen werden neben dem Altar aufgestellt.

„**Verliebt – Verlobt – Verheiratet**" ist ein Gottesdienst für Paare die „sich trauen". Hierzu werden Paare eingeladen, die sich an ihre Trauung erinnern oder sie beabsichtigen. Sie haben Gelegenheit, den Gottesdienst mit interaktiven Elementen in Predigt und Fürbitte mitzugestalten.

Am **Dekanssonntag**, einem Sonntag im Mai predigt der Dekan, z.Zt. Günter Eitenmüller. Im Anschluss daran findet auch die jährliche Gemeindeversammlung statt, gegebenenfalls mit dem Bericht des Dekans zur Lage der Evangelischen Kirche in Mannheim.

Zur **Predigtreihe** in den Monaten Oktober/November wird auch immer wieder ein katholischer Geistlicher aus Mannheim auf die Kanzel gebeten, 2009 beispielsweise der Stadtdekan Karl Jung. Das Thema der Reihe wird vom Gottesdienstausschuss vorgeschlagen, die dazu passenden Perikopen wählen die Theologen aus. Die eindrucksvollste Predigtreihe fand im Jahr 2008 statt, als die bisher vier Pfarrvikarinnen und Pfarrvikare – inzwischen alle mit eigener Gemeinde versehen – nacheinander die Gottesdienste hielten, ein Wiedersehen, das die Gemeinde mit Freude auf ihre „Ehemaligen" erfüllte.

Der **Buß- und Bettag** wird seit der Streichung als gesetzlicher Feiertag von der Bezirksgemeinde Mannheim in der Christuskirche mit einem Kantatengottesdienst und heiligem Abendmahl gefeiert.

Bibel im Gespräch

Um die Leitung dieses Kreises wurde Pfarrer i. R. Jürgen Steinbach gebeten, als Pfarrer i. R. Karl-Hermann Schlage im Jahr 2005 aus der Gemeinde ausschied. Seither trifft sich weiterhin monatlich für eineinhalb Stunden ein Kreis von fünfzehn bis zwanzig Personen. Dahinter steht die Überzeugung, dass „Kirche des Wortes", wie die Christuskirche sich gern nennt, mehr noch als nur im Gottesdienst im Mittelpunkt steht.

Bisher wurden in Auszügen Texte aus dem Markusevangelium behandelt und die wesentlichen Themen der Verkündigung Jesu wie Reich Gottes, die Gleichnisse und die Passion. Es wird stets versucht, die bibeltheologischen, kulturellen und zeitgeschichtlichen Hintergründe zu entdecken und den Aussagegehalt der Botschaft für die Gegenwart zu ermitteln. Dabei gibt es weniger Vorträge, vielmehr sollen Impulsfragen das Gespräch anregen. Auch das Vaterunser stand im Mittelpunkt. Ein weiteres Thema waren im Paulusjahr 2009 Botschaft und Theologie des Apostels. Seit 2010 wird das Johannesevangelium behandelt.

Das Ziel der Abende ist es, Menschen zu helfen, ihren Glauben zu vertiefen und geistliche Urteilsfähigkeit und biblische Kompetenz zu vermitteln. Die Abende werden nach dem Entzünden einer Kerze als Symbol der Präsenz Gottes mit einem wechselweise gesprochenen Psalmgebet eingeleitet und mit dem gemeinsam gesprochenen Vaterunser oder einem freien Gebet beschlossen. Die Mitglieder des Kreises sind vorwiegend Gemeindeglieder der Christuskirche, aber auch suchende Menschen aus anderen Gemeinden.

Evangelischer Bund

Als etliche Gemeindeglieder ihr Interesse bekundeten, mit Pfarrer Dr. Meyer regelmäßig theologische Fragen zu erörtern, entstand 1993 innerhalb des Evangelischen Bundes ein sich monatlich im Pfarrhaus treffender Vortrags-, Gesprächs- und Arbeitskreis, wie er auch in vielen anderen evangelischen Gemeinden Deutschlands existiert. Er steht auch Mitgliedern von Nachbargemeinden offen.

Die Themen sind vielfältig. Neben aktuellen Fragen zu Gottesdiensten und anderen Amtshandlungen in der eigenen Gemeinde geht es um unterschiedliche evangelische Glaubensformen, um andere christliche Konfessionen und um Verständnis für Religionen, sodass Orientierung im religiösen und gesellschaftlichen Pluralismus möglich wird.

Herausragende Persönlichkeiten aus Kirche und Theologie, wie Augustinus, Luther, Melanchthon, Comenius, Schleiermacher, Zinzendorf, Karl Barth, werden ebenso betrachtet wie Geschichte und Gegenwart der Christuskirche, etwa ihre Architektur, die Entwicklung der Gemeinde oder Pfarrerpersönlichkeiten. Daneben gibt es ein breites Spektrum historisch-politischer Themen, wenn sie für das Selbstverständnis der evangelischen Kirche relevant sind: die „Barmer Theologische Erklärung" von 1934 oder religiöse Einflüsse auf das politische Denken und Handeln von Persönlichkeiten der letzten 150 Jahre, z. B. Bismarck. Einem informativen Vortrag als Einstieg folgt eine angeregte Diskussion.

Im Oktober 2001 tagte die Generalversammlung des Evangelischen Bundes in Mannheim mit dem Thema „Kirche zwischen Moschee und Synagoge", ein Zeichen dafür, dass der Bund keine rückwärtsgewandte Religions- und Geschichtsbetrachtung verfolgt, sondern sich den Herausforderungen von Gegenwart und Zukunft stellt.

Kirche der Generationen

Hauskreis 30+

Der Hauskreis 30+ entstand im Jahr 2006 auf Initiative einiger Mitglieder des KJC (Kreis junger Christen), die sich diesem entwachsen fühlten. Dazu gehörten Steffen und Christine Gallas, die Leiter des Kreises, sowie Fritz Pforr und Ulrich von Stael. Ziel war es, der im KJC nachwachsenden Generation Entfaltungsmöglichkeiten und gleichzeitig den ausscheidenden Mitgliedern einen Raum zu geben, in dem sie weiterhin Gemeinschaft mit anderen Christen haben und ihren Glauben stärken können.

Der Kreis umfasst zurzeit zehn feste Teilnehmer, die sich einmal pro Woche dienstags um 19.45 Uhr im Hause Gallas treffen. Den Schwerpunkt des Abends bildet ein offenes Gespräch über einen Bibeltext, der von einem der Teilnehmer vorbereitet wird. Dabei ist es wichtig, wie die biblischen Aussagen im Leben konkret werden können. Gemeinsames Singen und Beten gehören ebenso zum Abend wie ein gemütlicher Ausklang.

Der Wunsch des Kreises ist es, persönlich und als Gemeinschaft im Glauben an Jesus Christus zu wachsen und neue Impulse für den Glauben im Alltag zu erhalten.

Frauenkreis und Mittwochskreis

Seit 1936 ist die Frauenarbeit an der Christuskirche mit dem Namen von Brigitte Mayer verbunden. Bis 1980 als Hauptamtliche, danach bis über ihren 90. Geburtstag hinaus als Ehrenamtliche, leitete sie zwei Kreise, den zahlenmäßig größeren Frauenkreis und den kleineren Mütterkreis, seit 1998 der Mittwochskreis. Deren Ziel und Ausrichtung war unverwechselbar von ihrer Persönlichkeit geprägt. Es war die Vermittlung der Heiligen Schrift aus ihrem Glauben heraus, mit ihrem Wissen auf den Gebieten Theologie, Literatur und Kunst, pädagogischem Talent, künstlerischen Fähigkeiten und Einfallsreichtum. Alle zwei Wochen trafen sich die Teilnehmerinnen im Werderplatz 6, und nie in all den Jahren haben sich Tag und Uhrzeit geändert. Mit dem altersbedingten Wegzug von Brigitte Mayer aus der Gemeinde fanden 2008 auch ihre beiden Kreise ihr Ende.

Im Frauenkreis berichtete sie aus dem Gemeindeleben, behandelte das Kirchenjahr, stellte diakonische Projekte vor oder Leben und Werk von Liederdichtern. Mittelpunkt waren immer die Bibelarbeit und das gemeinsame Singen. Dreimal im Jahr vor dem Gottesdienst gab es ein „Festliches Frühstück". Das letzte fand 2007 am Erntedanksonntag, dem „Geburtstag der Christuskirche", statt mit 25 Teilnehmern.

Zweimal im Jahr organisierte Brigitte Mayer eine Busfahrt in den Odenwald oder die Pfalz.

Höhepunkt war die jährliche zweiwöchige Sommerfreizeit, lange Zeit in Amden in der Schweiz, später in Vesperweiler im Schwarzwald. Die Freizeiten standen jeweils unter einem Thema. „Viele Frauen haben diese Freizeiten sehr genossen und denken ihr Leben lang daran", so erinnert sich Hilde Fischer, seit 1968 im Frauenkreis.

Auch im zahlenmäßig kleineren Mittwochskreis stand die Bibelarbeit im Mittelpunkt. Ging es zunächst im Mütterkreis

Brigitte Mayer. Foto: Privat

auch noch um die Vorstellung von Kinder- und Jugendliteratur, so berichteten die mittlerweile zu Großmüttern gewordenen Teilnehmerinnen von Reisen in fremde Länder, zu Stätten der frühen Christenheit oder interessanten Kirchen und von ökumenischen Begegnungen. Höhepunkt des Jahres waren die Tagesausflüge.

Die Frauen aus dem Mittwochskreis halfen bei der Gestaltung des „Festlichen Frühstücks" und bei den Busfahrten des Frauenkreises sowie bei den jährlichen Senioren-Adventskaffees und unterhielten während der „Geistlichen Woche" eine Teestube. Besonderen Einsatz leisteten die Damen Gabrisch, Jander, Sannewald, Schweikart und Spreng.

Frauengesprächskreis

Von der Pfarrfrau Dr. Annemarie Karle als „Kreis junger Mütter" der Ostpfarrei 1961 gegründet, wurde der für Frauen beider Pfarreien offene Kreis viele Jahre von Helga Lang, Pfarrer Langs Ehefrau, geleitet. Ihre Nachfolgerin war Elsbeth Günther. Seit 1996 beeindruckt Prädikantin Hilde Diefenbacher mit ihrer religiösen Überzeugungskraft die etwa dreißig Frauen mit einer monatlichen Bibelarbeit, einer Adventsandacht und der Agape-Feier in der Passionszeit. Um die Organisation und Programmgestaltung kümmert sich Ursula Kübart, seit Februar 2011 Marianne Häring, bisweilen unterstützt von Ingeborg Kämpgen, Eleonore Kopsch, Roswitha Selb und Marlene Syrbe.

Beim zweiwöchentlichen Treffen am Dienstagabend im Clubraum Werderplatz 16 gibt es im Wechsel „Geistliches" und „Weltliches", also auch Vorträge über Kunst, Literatur, Musik, Geschichte und Politik. Aber nicht eigentlich der Vortrag, vielmehr der anschließende Gedankenaustausch führt zu dem Zusammengehörigkeitsgefühl, das die Gruppe trägt. Einmal im Jahr wird ein kirchen- oder kulturhistorisch wichtiger Ort in der Umgebung besucht.

Der Frauengesprächskreis gestaltet im Wechsel mit Frauen der katholischen und methodistischen Nachbargemeinde den Weltgebetstag und hilft bei Gemeindeveranstaltungen. Er unterstützt regelmäßig die Vesperkirche und die Betreuung von Straßenkindern in Nepal.

Gesprächskreis für Seniorinnen und Senioren

Dieser Kreis wurde im Jahr 1983 auf Anregung von Pfarrer Fritz Lang zunächst für die Senioren und Seniorinnen der damaligen Ostpfarrei ins Leben gerufen. Renate Schneider wurde aufgrund ihres in der Bayerischen Landeskirche absolvierten Fernstudiums für Erwachsenen- und Altenbildung mit der Leitung beauftragt. Von Anfang an unterstützten sie Dorothea List und etwas später Margot Dammast, seit Mitte 2009 auch Christa Kuhn und seit 2010 Magdalena Steinbach.

Seither treffen sich die Teilnehmerinnen und Teilnehmer in der Regel am ersten Montagnachmittag im Monat (außer im August), um Themen aus Gesellschaft, Religion, Politik und Kultur in Vorträgen und anschließendem Gespräch zu behandeln. Die Leiterinnen möchten dazu beitragen, dass Menschen im Alter gesprächs- und urteilsfähig bleiben und im Rahmen der Kirchengemeinde Wege zu anderen Menschen finden. Darum werden auch Feste und Feiern liebevoll vorbereitet. Inzwischen stehen eine Reihe von Referenten und Referentinnen aus der Christusgemeinde regelmäßig zu Vorträgen mit Aussprache bereit.

Der Kreis ist offen für die Älteren und Alten der Gemeinde und über deren Grenzen hinaus. Wer es wünscht, wird schriftlich für die jeweiligen Veranstaltungen eingeladen. Höhepunkt ist das jährliche Sommerfest in Schneiders Garten.

Jubiläumskonfirmation

Jahr für Jahr versammeln sich vierzig bis sechzig Jubilare, die vor 50, 60, 65 und 70, ja sogar in einzelnen Fällen vor 75 und 80 Jahren konfirmiert wurden. 2010 konnte die 101-jährige Gertrude Norpoth auf ihre Konfirmation vor 85 Jahren zurückblicken. Nicht alle wurden in der Christuskirche konfirmiert.

Seit 1962 werden die Damen und Herren eingeladen, was dank der seit 1912 erhaltenen Konfirmandenverzeichnisse der Westpfarrei möglich ist – die Akten der Ostpfarrei vor 1944 wurden im Krieg zerstört. Viele Jubilare reisen von auswärts an, um einander zu begegnen und „ihre Christuskirche" nochmals aufzusuchen.

Die Jubiläumskonfirmation als Festgottesdienst mit heiligem Abendmahl ermöglicht die Erneuerung und Bekräftigung des christlichen Glaubensbekenntnisses. Wäh-

Einzug der Jubiläumskonfirmanden 2010. Foto: R. Schneider

rend des anschließenden Zusammenseins werden Namen und Ereignisse genannt, die sonst kaum einer mehr in unserer Zeit kennt. In persönlichen Erinnerungen und Familiengeschichten spiegelt sich ein ganzes Jahrhundert.

Kirche der Jugend

Kindergottesdienst

Der Kindergottesdienst wurde durch Brigitte Mayer geprägt, die Tochter des Pfarrers Rudolf Mayer, die ihn von 1935 bis 2001 mit unterschiedlichen Teams leitete. Neben vielen anderen sind Lore Koch (1950–1980), Eva List (1962–1973), Manuela Dudenhöfer (1974–1995), Heribert Stefanski (1974–1995) und Oliver Volz (1981–1995) als langjährige Mitarbeiter zu nennen. Weitere Hilfe kam von Irene Gabrisch, Eva-Maria Krämer-Hoffmann, Roswitha Selb und Rüdiger Volz.

2001 ging die Leitung an ganz junge Gemeindeglieder über, an Caroline Keller, geb. Meyer, die jüngste Tochter von Pfarrer Dr. Meyer, und Anna Senft, die bis 2009 mit einem Kreis junger Helferinnen und Helfer fast jeden Sonntag, abgesehen von den Schulferien, die Kinder zum Gottesdienst einluden: Katrin Beck, Laura Bergdolt, Amelie Berger, Fabian Erat, Karen und Pfarrvikar Gerrit Hohage, Katja Kilger, geb. Meyer, Niklas Seel, Julia Silbernagel, Kerstin Volz, Benjamin Wolff. Dazu kamen

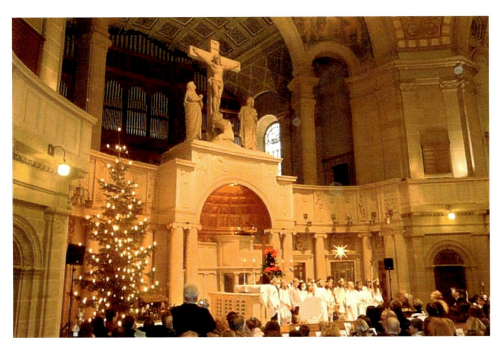

Krippenspiel des Kinderchors 2008. Foto: R. Schneider

nacheinander Mitarbeiter im Freiwilligen Sozialen Jahr: Johannes Paulokat, Rebekka Gamer, Daniel Arnold, Benedikt Sorg, Sebastian Jehle und Katja Schmalzhaf und immer auch Mitglieder der Jugendgruppen oder Konfirmanden.

Seit 2009 wird das Kindergottesdienstteam geleitet von Armgard von Stael und Carmen Paul, die von Anna Henkel, Julia Berkmann, Annika Birnbaum, Melanie Ertel und Gerald Wiesner unterstützt werden. Wer einmal erlebt hat, wie begeistert die Kinder nach vorn zum Altar rennen, wenn nach dem Glaubensbekenntnis zum Kindergottesdienst eingeladen wird, darf sicher sein, dass die Jüngsten gerne die biblischen Geschichten hören, und darf hoffen, dass sie so in die Kreise der Jungschar hineinwachsen.

Jungschar

1994 von Henrike Meyer gegründet und zunächst auch geleitet, wurde die Jungschar 2005 von Johannes Paulokat reaktiviert, der damals ein Freiwilliges Soziales Jahr in der Christusgemeinde absolvierte. 2006 übernahm den Kreis Markus Keller, der mit der Einführung des „Pfadfinder-Stils" so viel Erfolg hatte, dass aus den mittlerweile sechzig Teilnehmern drei Gruppen gebildet werden mussten. Zurzeit kommen etwa zwanzig Kinder.

Den zehn bis fünfzehn Jugendlichen und jungen Erwachsenen, die die Gruppen leiten – im Moment Torge Andersen, Annika Birnbaum, Fabian Erat, Florian Ludwig,

Ferienaktion der Jungschar. Foto: Pfarramt an der Christuskirche

Julia Müller, Katja Schmalzhaf, Konstantin Schneider, Tobias Soldan und Katharina Wagner –, ist es wichtig, durch ihr eigenes Vorbild und durch abwechslungsreiche Gestaltung der Gruppenaktivitäten und Andachten die Bedeutung des christlichen Glaubens für sich selbst lebendig werden zu lassen. Sie nehmen die Botschaft des Matthäusevangeliums ernst: „Gehet hin und machet zu Jüngern alle Völker [...]". Die jungen Gruppenleiter und Gruppenleiterinnen empfinden es als höchstes Lob, wenn Eltern berichten: „Unser Kind freut sich richtig auf die Jungschar. Donnerstags sind die Hausaufgaben dann besonders schnell erledigt, damit es schnell zur Jungschar kann." Besondere Freude machte es den jungen Mitarbeitern, als ein Jungscharkind getauft werden wollte und die Mutter sich ebenfalls taufen ließ.

Konfirmandenunterricht

Wurden in den 50er und 60er Jahren noch weit über 100 Jungen und Mädchen in der Christuskirche konfirmiert, so sind es heute, nach einem Tiefstand 1998 und 2008 (acht bzw. elf Konfirmanden), zwischen zwanzig und dreißig.

Für den Besuch des Konfirmandenunterrichts werden alle Jugendlichen der Christusgemeinde angesprochen. Hilfreich und förderlich wirkt auch der Religionsunterricht des Gemeindepfarrers in der Oststadt-Grundschule. Erfreulicherweise schließen sich immer wieder Ungetaufte der Konfirmandengruppe an, wenn Freunde und Freundinnen dazugehören. Als Grundlage des Unterrichts dienen das badische

Konfirmationsjahrgang 2000. Rechts außen: Pfarrer Dr. Meyers Sohn Claudius. Foto: G. Keese

Gesangbuch und der lutherische, früher der badische Katechismus. Zudem bietet die Christuskirche als Gesamtkunstwerk vielfältige biblische Szenen, die es für Konfirmanden zu entdecken und zu verstehen gilt. Die Konfirmandenfreizeiten werden zu wichtigen Erlebnissen in der Gemeinschaft dieser jungen Christen.

Die Kinder- und Jugendarbeit an der Christuskirche stehen in einem lebendigen Verhältnis zueinander. Ihr Bindeglied ist die Konfirmandenzeit. Auch die Jugendgottesdienste bieten eine gute Gelegenheit, um Konfirmanden altersgemäß und jugendorientiert anzusprechen.

Die festlichen Konfirmationsgottesdienste werden stets vom Bachchor mitgestaltet und zu ermutigenden Höhepunkten im Leben der Jugendlichen, ihrer Familien und der Gemeinde insgesamt.

XX-Kreis

Es war die Idee von Rüdiger Volz, für Teens, die dem Jungscharalter entwachsen waren, einen Kreis zu gründen, in dem das „frohmachende Evangelium jungen Menschen so präsentiert wird, dass sie es annehmen, ernstnehmen und verstehen können, [...] dass es unverzichtbar für sie werden kann." Teenager sollten einen Kreis vorfinden, in dem sie tiefes Vertrauen und echte Gemeinschaft erleben können, wovon ihre Persönlichkeit und ihre Lebensziele bestimmt werden.

Rüdiger Volz, Gerald Wiesner und Thomas Paul begannen 2002 den XX-Kreis mit etwa zehn Jugendlichen, nach nur einem Jahr kamen bereits dreißig. Als langjährige treue Mitarbeiter standen ihnen Karim Becheikh, Judith Haas, geb. Wilhelm, und Jochen Schönfisch zur Seite, ebenso Caroline Keller, geb. Meyer, Amelie Berger und Fabian Erat, die aus Besuchern des Kreises zu Mitarbeitern herangewachsen waren. Seit 2009 wird der wöchentlich stattfindende Kreis von Birgit Koch geleitet.

Ein verantwortlicher Mitarbeiter beschreibt die Motivation für sein Engagement so: „Ich bin überzeugt, dass es keine bessere Botschaft und Perspektive für Menschen gibt als die bedingungslose Liebe und Vergebung, die Gott uns durch seinen Sohn Jesus Christus anbietet. Die eigenen Erfahrungen als Teenager in einem solchen Kreis sowie die Teens, die Woche für Woche kommen, Fragen und Erwartungen mitbringen, Herausforderungen suchen und vor allem einfach sie selbst sind und mit ihrer Persönlichkeit so ehrlich und liebenswert diesem Kreis seinen Charakter geben, sind für mich ein Grund, mich in diesem Kreis einzusetzen."

Kreis Junger Christen (KJC)

Der Kreis, entstanden aus dem Jugendbund der Chrischona Stadtmission in L11, der seit 1962 Mitglied im Südwest-Deutschen EC-Verband und damit ein Teil des Deutschen EC-Verbandes ist, wechselte 1999 an die Christuskirche, da der damalige Leiter Rüdiger Volz sich an seiner „Ursprungsgemeinde" in der Kinder- und Jugendarbeit engagieren wollte. Leiter des KJC waren Heinz Pfeiffenberger (1962–1975), Peter Pfeiffenberger (1975–1987), Frank Dannenhauer (1987–1990), Thomas Schmidt (1990–1994), Astrid Bauer (1994–1995), Rüdiger Volz (1995–2004), Thomas Paul (2004–2010), Caroline Heymann (seit 2010).

Die meisten Teilnehmer zogen aus beruflichen Gründen oder zum Studium nach Mannheim. Zurzeit besuchen ca. fünfzehn bis zwanzig Personen den Kreis Junger Christen, der durch eine hohe Fluktuation gekennzeichnet ist. Nur noch Rüdiger Volz, Gerald Wiesner und Thomas Paul (Ältester) sind seit 1999 an der Christuskirche geblieben.

Der KJC bietet jungen Menschen die Gelegenheit, sich über den Glauben zu informieren und ihn zu reflektieren. In der Gemeinschaft werden Aspekte des Glaubens beleuchtet, an die der einzelne vielleicht gar nicht denkt. Man darf auch kritische Fragen stellen und erfährt Ermutigung, eine lebendige Beziehung zu Jesus Christus auch im 21. Jahrhundert zu führen.

Über das regelmäßige Treffen im Werderplatz 6 am Dienstag um 19.31 Uhr hinaus gibt es weitere Angebote, z. B. Wochenendfreizeiten, Frauen- und Männerabende (mit Wellness, Video, Spielen und Pizza) und Ausflüge. Gemeinsam werden Schulungen des SWD-EC besucht.

Die beiden „Ich Glaub's"-Jugendevangelisationswochen an der Christuskirche 2002 und 2009 waren zwei große Ereignisse, die nur durch die engagierte Mitarbeit vieler Teilnehmer der Jugendarbeit und vor allem des KJC durchgeführt werden konnten. Auch der Jugendgottesdienst Fisherman's Friend, der XX-Kreis, drei Jungscharen, der Hauskreis 30+ und das seit fünf Jahren an der Christuskirche bestehende Freiwillige Soziale Jahr (FSJ) in der Jugendarbeit gehen letztlich auf den KJC zurück.

Thomas Paul über seine Jahre als Leiter: „Als eine wichtige Entwicklung in meinem Glauben lernte ich im KJC, dass man manches nicht nur schwarz oder weiß sehen kann. Ein Schwerpunkt meiner Arbeit war es, einen Ort zu schaffen, an dem junge Menschen auftanken können und ihre Gaben entwickeln und ausprobieren dürfen. Ich bin sehr dankbar, dass unterschiedliche Personen in diesem Kreis aktiv mitarbeiten. Danken möchte ich unseren Pfarrvikaren, unseren FSJlern in der Jugendarbeit und den Jugendreferenten des SWD-EC-Verbandes, Johannes Wegner, Armin Hassler und Klaus Stoll. Ich vertraue darauf, dass der KJC zwischen christlicher Tradition und zeitgemäßen Anpassungen weiterhin jungen Menschen die Gelegenheit gibt, ihren Glauben zu reflektieren und weiter zu entwickeln. Dann trägt er dazu bei, eine lebendige lebensbejahende Christusgemeinde zu fördern, in der die unterschiedlichen Generationen gerne voneinander lernen."

Jugendgottesdienst

Unter dem Namen „Fisherman's Friends" wurde 2001 auf die Initiative des damaligen Pfarrvikars an der Christuskirche, Gerrit Hohage, ein Jugendgottesdienst (JuGo) ins

Leben gerufen, der rasch großen Zuspruch unter den Jugendlichen fand und bis heute von einem engagierten Mitarbeiterkreis getragen wird. Neben langjährigen Mitarbeitenden wie Rüdiger Volz, Thomas Paul, Caroline Keller, geb. Meyer, Jochen Schönfisch sowie den Familien Silbernagel (Band) und Soldan gibt es – der Zielgruppe Jugend entsprechend – eine hohe Fluktuation.

Ziel des JuGos ist es, Jugendlichen die Frohe Botschaft von Jesus Christus zu verkünden. Ablauf und Inhalt orientieren sich am Modell der Lobpreisgottesdienste und sind somit im evangelikalen Milieu beheimatet. Ein Gutteil der leitenden Mitarbeitenden ist Mitglied im Jugendverband „Entschieden für Christus" (EC). Fünfmal im Jahr werden JuGos zu lebensnahen Mottos von „Lola rennt" über „The Dome" bis zu „Unplugged" vorbereitet und im Konfirmandensaal, in der Kirche, in den Katakomben oder auch mal als Open Air auf dem Kirchenvorplatz gefeiert. Mehrere Teams kümmern sich um Werbung, Aufbau, Technik, Band, Moderation, Anspiel und Bistro – einem Angebot zu Imbiss und Talk im Anschluss an den Gottesdienst. In der Predigt durch den Pfarrvikar bzw. die Pfarrvikarin wird der Bezug zwischen jugendlicher Lebenswelt und biblischer Botschaft deutlich. Zielgruppe sind dabei

Jugendgottesdienst vor der Kirche 2009. Foto: Pfarramt an der Christuskirche

Kirche der Diakonie und der sozialen Vernetzung

Jugendgottesdienst „Update" 2010. Foto: Pfarramt an der Christuskirche

Jugendliche im Alter von dreizehn bis zwanzig Jahren, aber auch alle anderen, die sich durch den JuGo angesprochen fühlen. Dabei soll sowohl langjährigen Christen ein ansprechender Gottesdienst geboten als auch jungen Menschen, denen die christliche Botschaft bislang unbekannt ist, Jesus Christus nähergebracht werden.

Im Jahr 2010 hat der JuGo einen neuen, programmatischen Namen bekommen: Er heißt jetzt „Update", und genau dies will er den Teilnehmern bieten: eine Verabredung mit „dem da oben", die Möglichkeit, sich Zeit zu nehmen für Gott. Die Veranstalter hoffen für die Zukunft auf steigende Besucherzahlen – wer weiß, vielleicht schaffen sie es irgendwann, die Bänke der Christuskirche komplett zu füllen! Aber: Zahlen sind nicht vorrangig! Was ihnen wirklich am Herzen liegt: dass Jugendliche durch den Gottesdienst angesprochen werden, dass sie spüren und erfahren, wie Gottes Geist und die christliche Gemeinschaft ihr Leben reich machen.

Kirche der Diakonie und der sozialen Vernetzung

Evangelischer Hilfsverein

In Zeiten, in denen staatliche und kirchliche Zuschüsse für soziale Aufgaben abnehmen, kommt dem Evangelischen Hilfsverein der Christuskirche e.V. eine große Bedeutung zu. Aus den Beiträgen von z. Zt. 240 Mitgliedern, Spenden und

Vermächtnissen werden vor allem die beiden Kindergärten – „Kinderparadies" und „Christuskindergarten" –, die Evangelische Sozialstation Mannheim-Nord und Gemeindeprojekte unterstützt. Das wöchentliche Turnen der Vorschulkinder der Kindergärten in der Sporthalle des TSV, die frühmusikalische Erziehung oder eine neue Küche für den Christuskindergarten – ohne den Hilfsverein ließen sich viele Projekte nicht finanzieren. Das gilt auch für Leistungen der Sozialstation, etwa die Nachbarschaftshilfe oder die Bezuschussung von Beträgen der verschiedenen Pflegestufen. Der Erlös des beim Gemeindefest 2009 veranstalteten Bücherflohmarkts kam Hilfsprojekten der Bezirksgemeinde Mannheim zugute, nämlich der Vesperkirche und der Kindervesperkirche. Von 1994 bis 2000 war Rainer Laih, Kirchenältester der ehemaligen Westpfarrei, der Verwalter der Finanzen, anschließend Birgit Krystek. Seit 2001 wird das Amt von Sylvia Birnbaum versehen. Jürgen Jöns fungiert als Kassenprüfer. Da alle Mitarbeiter des Hilfsvereins ehrenamtlich tätig sind, können Mitgliedsbeiträge – 25 € im Jahr – und Spenden ohne Verwaltungskosten in voller Höhe den Projekten zufließen.

Krabbelgruppe

In zweierlei Hinsicht ein junges Kind der Christusgemeinde ist die Krabbelgruppe, die sich seit April 2010 einmal wöchentlich im Clubraum Werderplatz 16 trifft. Entstanden ist der Kreis, dem in kurzer Zeit 14 Mütter mit Kindern zwischen vier

Krabbelgruppe 2010. Foto: Pfarramt an der Christuskirche

Monaten und zwei Jahren angehörten, auf die Anregung einer Taufmutter hin. Er wurde in den ersten Monaten bis zu ihrem Weggang im Herbst 2010 von Pfarrvikarin Susanne Kobler-von Komorowski begleitet, seitdem von Pfarrvikarin Henriette Freidhof. Als offenes Gemeindeangebot bietet die Krabbelgruppe einen zwanglosen Raum der Begegnung für junge Eltern und deren Kinder vor dem Kindergartenalter. Nach einem gemeinsamen Beginn mit Liedern und Fingerspielen machen die Kleinen erste Erfahrungen im sozialen Miteinander, während die „Großen" sich austauschen über das, was sie bewegt: Erziehungsprobleme, das Thema Urlaub mit Kind, die Vereinbarkeit von Beruf und Familie, Rezepte und Tipps für die erste feste Nahrung und vieles mehr. Hin und wieder gibt es einen thematischen Schwerpunkt, z. B. eine Präsentation verschiedener Kinderbibeln. Ein gemeinsamer Ausflug in den unteren Luisenpark oder ein Krabbelgottesdienst stehen auf der Wunschliste.

Seit August 2010 treffen sich einige Mütter mit sehr kleinen Babys zum Elterncafé.

Kindergärten

Der 1956 eröffnete Kindergarten in der Rheinhäuserstraße 22 nennt sich seit 2006 „Kinderparadies". Geprägt wurde er in neuerer Zeit durch Emilia Szentmihalyi (1994 – 2000), Diana Dammert (2000 – 2003) und Manuela Pascarella (2003 – 2009). Seit 2009 wird er von Tammy Strohm geführt. Aufwendige Umbaumaßnahmen im Jahr 2008, z. B. bewegliche Wände zur Schaffung unterschiedlich großer Räume, bieten zehn Kindern ab dem dritten Lebensjahr von 7.30 bis 17.00 Uhr und zehn weiteren von 7.30 bis 14.15 Uhr eine Einrichtung, in der sie von vier Fachkräften betreut werden.

Im Dezember 1969 wurde in der Maximilianstraße 4 der Christuskindergarten eröffnet. Er bietet heute Platz für vierzig Tageskinder und vierundvierzig Kinder, die bis 14 Uhr betreut werden. Langjährige Mitarbeiterinnen sind Dominique Münch (seit Oktober 1992), Jutta Gisy (seit August 1995), Daphne Cladders (seit August 1995). Geleitet wird der Kindergarten seit 2001 von Cortina Kovacs, davor von Anja Russow und Ulrike Wagner.

Um die Kinder ganzheitlich zu fördern, bieten beide Kindergärten altersgemäße Ange-

Auftritt der Kindergärten beim Gemeindefest. Foto: R. Schneider

bote für unterschiedliche Entwicklungsbereiche an: musikalische und rhythmische Früherziehung, Sprachförderung, spielerisches Kennenlernen ihrer Umgebung oder einen Tag der Experimente. So werden Kinder individuell in ihrem Tun und Denken unterstützt, ihr Selbstbewusstsein und ihre Selbstständigkeit gefördert, und gleichzeitig wird die Gruppe als soziales Gefüge erfahren.

Anhand von biblischen Geschichten und von ausgestalteten Gottesdiensten im Kindergarten und in der Christuskirche wird den Kindern ein christliches Leitbild vermittelt. Dazu gehört auch das Gebet vor dem Essen, um den Kindern zu verdeutlichen, dass es wertvoll ist, etwas zu essen zu haben und Gott dafür zu danken.

Herausragende Ereignisse in all den Jahren waren und sind die Sommerfeste, die Mitgestaltung von Gottesdiensten, z. B. am Erntedankfest, das Krippenspiel am Heiligen Abend, Übernachtungen mit den Schulanfängern, viele Ausflüge, Gemeindefeste und das 40- bzw. 50-jährige Jubiläum der Kindergärten.

Besuchsdienst

Der langjährige Besuchsdienst der Christuskirche hat es sich zur Aufgabe gemacht, ältere Menschen zu besuchen bzw. an ihren Geburtstagen Glückwunschbriefe und kleine Schriften zu verteilen. Zusätzlich zu Pfarrer Dr. Meyer widmen sich mehrere Gemeindeglieder dieser Aufgabe: Margot Dammast, Ulrike Erler-Hammer, Elisabeth Gabrisch, Manfred Hammer, Ingrid Holdefleiß, Ute Hubbes, Ingeborg Kämpgen, Brigitte Kehrberger, Marianne Kittel-Kopsch, Ursula Kollhoff, Ursula Kübart, Dorothea Schöning, Magdalena Steinbach.

Die runden Geburtstage ab 65 übernimmt Pfarrer Dr. Meyer, wenn möglich, selbst. Für die älteren Gemeindeglieder, die aus gesundheitlichen Gründen nicht mehr in die Kirche kommen können, bringt der Besuchsdienst gleichsam die „Kirche ins Haus". Er erfährt dabei Dankbarkeit und Aufgeschlossenheit.

Der Besuchsdienst trifft sich einmal im Monat, bespricht vertrauensvoll die bei den Besuchen gemachten Erfahrungen und gibt wichtige Informationen weiter. Gleichzeitig werden an diesem Abend die neuen Geburtstagsbriefe zugeteilt. Alle ehrenamtlichen Helfer machen diesen Dienst mit Liebe und Engagement. Auch für diese Aufgabe werden immer wieder jüngere Gemeindeglieder gesucht.

Seit 2009 bemüht sich darüber hinaus ein kleiner Kreis um Klaus Altenheimer, das Ehepaar Hammer, Dr. Jürgen Holdefleiß, Brigitte Kehrberger und Ursula Kollhoff darum, neu zugezogene Gemeindeglieder zu begrüßen. Das erweist sich jedoch als schwierig, da wegen fehlender Telefonnummern – sie sind in den Datensätzen nicht enthalten – Spontanbesuche gemacht werden müssen, bei denen die „Neuen" nur selten angetroffen werden. Rückrufe der vergeblich Besuchten fanden bisher noch nicht statt. Dennoch versucht die Gruppe weiterhin, zu Personen, die Jahrgang 1980 und älter sind, Kontakt aufzunehmen, um sie als aktive Gemeindeglieder zu gewinnen.

Empfänge und Gemeindefeste

Die zahlreichen Empfänge und Feste der Gemeinde werden von einem monatlich tagenden Festausschuss vorbereitet, dessen Leitung seit Jahren in den Händen von Brigitte Kehrberger und Ursula Kollhoff liegt. Ob Neujahrsempfang, Empfang für die Jubiläumskonfirmanden, Einführung und Verabschiedung der Vikare und Assistenzkantoren, Kaffeerunden im Anschluss an besondere Gottesdienste – immer sind die beiden Damen gefragt, ebenso Evelyn Blank, Geertje Gardner, Christa Krieger, Stephanie Pichl, Gabriele Rose, Marcus Schork, Birgit Stegmann und vor allem Hans-Georg Heltmann und seine Mitstreiter Hans und Christa Hohenadel, Gabriele Wroblewski, Jochen Rapp, Hermann Wiegand und Vladimir Schick.

Eine weitere Herausforderung stellt das große jährliche Gemeindefest im Juli dar, bei dem die Mitglieder des Festausschusses nicht nur ihre eigene Arbeitskraft einbringen, sondern auch noch die vielen Helfer koordinieren müssen. Planungskompetenz, Umsicht und Flexibilität sind da gefragt, um das Fest über viele Stunden hinweg für aktive und weniger aktive, junge und alte Gemeindeglieder zum Erlebnis werden zu lassen.

Neujahrsempfang 2011. Foto: R. Schneider

Gemeindebrief

Für jede lebendige Gemeinde sind gute Kommunikationsinstrumente von herausragender Bedeutung. Bis in die neunziger Jahre gab es an der Christuskirche lediglich ein Informationsblatt, das über die Termine der Gottesdienste und anderer Veranstaltungen informierte. Dies wurde damals als absolut unzureichend empfunden, und in einer inzwischen als legendär bezeichneten Gemeindeversammlung wurde eine Gemeindezeitung gefordert, die das alte Gemeindeblatt mit einer völlig neuen Konzeption ablösen sollte. Spontan bildete sich ein Redaktionskreis, der sich dieser Aufgabe stellte: Dr. Hermann Hartwig (ehemaliger Redakteur der „Rheinpfalz"), Renate Schneider (Ältestenkreis Ost), Christa Krieger (Ältestenkreis West), Liesel Granold (ehemalige Chefsekretärin) und Claudia Hartwig (Kindergartenmutter). Tatkräftig wurde das Team von der Pfarramtssekretärin Angelika Piech unterstützt.

Dieser Personenkreis entwickelte die geforderte neue Konzeption und gab dem „Gemeindebrief" eine Grundstruktur. Die bewährte Form der Gottesdienst- und Terminseiten wurde beibehalten. Die Rubrik „Kirche transparent" wurde eingeführt, um die Gemeinde mit übergreifenden kirchlichen Institutionen und Einrichtungen in der Bezirksgemeinde Mannheim und der Landeskirche vertraut zu machen. Bei den Berichten über alle wesentlichen Ereignisse des Gemeindelebens wurde bedacht, dass viele Leser des Gemeindebriefes nicht der Christusgemeinde angehören. Neu hinzugekommen ist u. a. die Rubrik „Was uns bewegt" von OStD i.R. Werner Diefenbacher.

Gemeindebrief Nr. 76, 2009/2010. Foto: R. Schneider

Der Gemeindebrief erscheint im Abstand von zwei Monaten. Er umfasst zwölf DIN-A4-Seiten (sechzehn in der Weihnachtsausgabe), die Auflagenhöhe beträgt 4000 Exemplare, wovon 3200 ausgetragen werden. Das Logo von Christa Krieger mit der schwarzen Silhouette der Christuskirche und die schwefelgelbe Farbe des Gemeindebriefs sind inzwischen so etwas wie ein unverkennbares Markenzeichen, das allen Veränderungsversuchen widerstand.

In der Rückschau muss man also der Gründungsredaktion allerhöchsten Respekt für die Entwicklung dieses tragfähigen und zukunftsträchtigen Konzepts zollen. Im Laufe der Jahre haben neunzehn Gemeindeglieder als Redakteure am Gemeindebrief mitgearbeitet, darunter alle unsere Pfarrvikarinnen und -vikare. Ein einziges „Gründungsmitglied" ist seit 1997 ununterbrochen dabei, von Anfang an der Mittelpunkt des Unternehmens und dessen „Chefredakteurin": Renate Schneider. Für jede Ausgabe des Gemeindebriefes trifft sich die Redaktion bei ihr zu drei bis vier oft mehrstündigen Sitzungen. Frau Schneider besorgt Satz, Umbruch (mit Bildlayout und Korrekturgängen) für die Druckausgabe und für die elektronische Veröffentlichung im Internet.

Die Zustellung des Gemeindebriefes wird von Ursula Kollhoff organisiert, vorbereitet durch das systematische Aktualisieren der Anschriften durch die Pfarramtssekretärin Esther Hofherr bzw. ihre Vertretung Claudia Karcher. Im Gemeindegebiet sorgen etwa dreißig Gemeindeglieder für die Zustellung, eine Reihe von Exemplaren wird per Post an auswärtige Freunde der Christusgemeinde in aller Welt verschickt.

Kirche der Ökumene

Stadtteilökumene

Die katholischen Gemeinden St. Peter und Heilig-Geist, die evangelische Friedensgemeinde und die Christusgemeinde sowie die Evangelisch-methodistische Gemeinde bilden die Stadtteilökumene. Hauptamtliche, gewählte Laien und interessierte Gemeindeglieder – von der Christusgemeinde Dr. Brigitte Hohlfeld, Ingrid Holdefleiß, Eleonore Kopsch, Christa Krieger, Dr. Matthias Meyer und Dr. Beate Mochayedi-Bergdolt – treffen sich zweimal im Jahr zu Sitzungen, in denen ein theologisches Thema behandelt wird, zum Beispiel die Charta Oecumenica, das Augsburger Bekenntnis oder Luthers Kleiner Katechismus. Daneben werden gemeinsame Aktivitäten geplant, wie die in den verschiedenen Gemeinden stattfindenden ökumenischen Bibelabende oder die gemeinsamen Passionsandachten. Gemeinsam geht man auch den ökumenischen Kreuzweg mit seinen Stationen in allen fünf Gemeinden. Jeweils am Pfingstmontag findet in einer der Gemeinden der Gottesdienst nach deren speziellem Ritus statt, was zum besseren Verständnis der verschiedenen Konfessionen beiträgt. Im Rahmen der Stadtteilökumene trafen sich im November 2008 auch die Pfarrgemeinderäte und die Ältestenkreise der fünf Gemeinden.

Weltgebetstag

Jährlich am ersten Freitag im März feiern die Frauen der Christusgemeinde mit den Frauen der Heilig-Geist-Gemeinde und der Evangelisch-methodistischen Gemeinde den Weltgebetstag. Gemeinsam bereiten sie ihn vor und gestalten ihn nach der vom jeweiligen Weltgebetstagskomitee erstellten Liturgie. Um Vorbereitung und Ausgestaltung des Gottesdienstes kümmern sich besonders Hilde Diefenbacher, Christa Krieger, Ursula Kübart, Henrike Meyer (Christusgemeinde), Marieluise Dahm, Hildegard

Lehle, Maria Vornehm, Irmgard Winkler (Heilig-Geist-Gemeinde) und Charlotte Ilg, Ruth Moser, Hildegard Riegel, Lotte Rüdinger, Hannelore Zuther (Evangelisch-methodistische Gemeinde). Im Anschluss an den Gottesdienst, der reihum in einer der drei Gemeinden stattfindet (und in dem auch männliche Gottesdienstbesucher willkommen sind), gibt es ein gemeinsames Essen mit lebhaften Gesprächen. So ist über die Jahre hinweg durch das gemeinsame Gestalten und Erleben eine herzliche Verbundenheit unter den Frauen der drei Gemeinden entstanden.

Ökumenischer Kreuzweg

Der Ökumenische Kreuzweg ist ein kleines, aber feines Pflänzchen unter den Andachtsformen unserer Gemeinde in der Passionszeit seit 2006, zu dem Bernhard Boudgoust, Pastoralreferent an St. Peter, den Impuls gab. Inhaltlich und organisatorisch vorbereitet wird der Kreuzweg von den Vertreterinnen und Vertretern aus fünf Gemeinden: der Evangelisch-methodistischen Gemeinde am Charlottenplatz, den katholischen Pfarrgemeinden von Heilig-Geist und St. Peter sowie der Friedens- und der Christusgemeinde als evangelischen Partnern. Die Christusgemeinde ist vertreten

Ökumenischer Kreuzweg 2010. Foto: Privat

durch den Pfarrvikar oder die Pfarrvikarin sowie durch ehrenamtliche Mitarbeiter in den Bereichen Ökumene und Jugend. Die Organisation liegt in den Händen von Bernhard Boudgoust, Dr. Rüdiger Feuerstein, Ingrid Holdefleiß und Pastor Philipp Zimmermann. Besonders Pfarrvikar Beyhl war diese Form der Passionsfrömmigkeit ein wichtiges Anliegen, da sie ihm aus seiner bayerischen Heimat vertraut war. Der Weg führt die Teilnehmenden in alle fünf Kirchengebäude als Stationen, an denen Lesungen gehalten werden, gebetet, gesungen wird und Orgelmeditationen zu hören sind. Schweigend zieht die Weggemeinschaft jeweils zur nächsten Kirche und folgt auf diesem Weg dem Kreuzträger, auf jeder Etappe ein Vertreter der nächsten Gastgebergemeinde. Zum Abschluss gibt es eine kleine Stärkung und die Gelegenheit zum ökumenischen Austausch.

Wer sich entschließt, in der Passionszeit an einem Kreuzweg durch die Straßen seines Wohnviertels teilzunehmen, lässt sich auf ein sichtbares Bekenntnis seines Glaubens in der Öffentlichkeit ein. Neben diesem bewussten Glaubenszeugnis in der religiös pluralen und säkularen Kultur unserer Stadt kommt es den Teilnehmenden besonders auf die ökumenische Gemeinschaft sowie auf das meditative Mitvollziehen der Passion Christi an.

„Für mich", so das Resümee von Pfarrvikarin Susanne Kobler-von Komorowski, „ist die Teilnahme am Ökumenischen Kreuzweg im Rahmen meines Pfarrvikariats an der Christuskirche eine neue und eindrucksvolle Erfahrung gewesen. Das Ineinander von meditativer Stille und Gemeinschaft, das schlichte Nachgehen des Weges Jesu zur Verurteilung und nach Golgatha empfinde ich seither als zeitlos gültige und ökumenisch verbindende Form individueller christlicher Passionsfrömmigkeit."

Ökumenisches Frühstück

„Mit Worten und Tönen, Besinnung, Gebet und Gespräch sowie einem gemeinsamen Frühstück wollen wir uns gegenseitig stärken für die Anforderungen der neuen Woche." So stand es auf dem ersten Einladungsblatt zum ökumenischen Frühstück „Besonnen in die Woche" im November 1996. Das Werbeblatt zeigte drei Kirchen unseres Stadtteils: Heilig-Geist-Kirche, Evangelisch-methodistische Kirche und Christuskirche.

Das Frühstück findet alle vierzehn Tage statt, montags von 7.30 bis 8.15 Uhr. Anfangs kamen Jüngere und Ältere, heute etwa zehn bis fünfzehn nicht mehr ganz so Junge aus nur noch zwei Gemeinden. Ursula Kollhoff und Christa Krieger bereiten das Frühstück vor. Es wird von Liedern, Gebeten und der Tageslosung begleitet, Gedanken zu kirchlichen und weltlichen Festen. Unterschiedliche Prägungen der Frömmigkeit und kirchlicher Sozialisation gehören zum Tischgespräch. Jeder kann zu Wort kommen, einer erzählt von einer Reise, ein anderer von Veränderungen in der Familie, politische Geschehnisse werden thematisiert, manchmal auch Wünsche und Träume.

Pfingstmontag

Seit 2001 feiern die fünf Gemeinden der Stadtteilökumene gemeinsam den Pfingstmontag, den Tag, an dem für den katholischen Gottesdienst eine bestimmte Liturgie nicht vorgesehen ist.

Gastgeber ist jeweils eine der fünf Gemeinden, die dann auch für Liturgie und Kirchenmusik zuständig ist. Die Predigt hält der Pfarrer einer der benachbarten Gemeinden. Im Anschluss an den Gottesdienst findet ein Vortrag statt. So sprach zum Beispiel 2009 in Heilig-Geist Dr. Simone Birkel, eine katholische Referentin aus Bayern, zum Thema „Die Schöpfung bewahren", 2010 in der Friedenskirche Peter Hübinger, Direktor des Diakonischen Werks, zum Thema „Die Kirche und ihre Diakonie sind eins". 2011 eröffnete die Christuskirche die dritte Runde der gemeinsamen Pfingstmontagsfeiern mit einem Vortrag von Pfarrer Dr. Michael Lipps, einem der beiden Leiter des Ökumenischen Bildungszentrums *sanctclara*, mit dem Thema: „Ein Mehr an Glauben, Lieben, Hoffen. Plädoyer für eine unerschrockene Ökumene."

Nach Vortrag und Diskussion beschließt ein gemeinsamer Imbiss das ökumenische Zusammensein.

Eröffnung des Weihnachtsmarktes

Der Mannheimer Weihnachtsmarkt am Wasserturm beginnt traditionell am Mittwoch vor dem Ersten Advent, jahrelang ohne Beteiligung der Kirchen. Die Stadtteilökumene empfand dies als unbefriedigend. Es gelang, den Verantwortlichen zu verdeutlichen, dass Weihnachtsmärkte nicht nur kommerziellen Interessen dienen und vielleicht für ein sentimentales „Weihnachts-Feeling" sorgen sollen, sondern eine christliche Wurzel und einen christlichen Aufforderungscharakter haben. Gerade in einer auf religiösem Gebiet differenzierten Stadtgesellschaft ist es wichtig, auf die christliche Botschaft von der Geburt Jesu hinzuweisen.

Seit 2007 eröffnet jeweils ein Pfarrer aus einer der fünf Gemeinden der Oststadt und Schwetzingerstadt zusammen mit politischen Repräsentanten und Vertretern des Einzelhandels den Weihnachtsmarkt: 2007 Pfarrer Dr. Meyer von der Christuskirche, 2008 Pastor Zimmermann von der Evangelisch-methodistischen Kirche, 2009 Pastoralreferent Boudgoust von St. Peter, 2010 Pfarrer Dr. Meyer.

Meile der Religionen

Im Jahr 2007 fand zum ersten Mal die „Meile der Religionen" statt. Die Grundidee ist die Verwirklichung einer Gastmahlgemeinschaft unter den in Mannheim vertretenen abrahamitischen Religionen. Vorbilder gibt es in anderen Städten wie z. B. in Frankfurt am Main. Die Dekane der beiden christlichen Konfessionen und die Vertreter der jüdischen sowie der verschiedenen muslimischen Gemeinden hatten das Konzept für die erste derartige Veranstaltung in Mannheim erarbeitet und die Gemeinden um Mitwirkung gebeten.

In der Christusgemeinde fand der Aufruf spontan Zustimmung und Interesse. Nach gründlicher Vorbereitung gab es dann am Tag vor Himmelfahrt 2007 die erste „Meile". Zwischen der Synagoge, der katholischen Kirche St. Sebastian und der evangelischen Konkordienkirche war eine aus mehr als 100 Einzeltischen bestehende Tafel aufgebaut. Die Vertreter der beteiligten Gemeinden boten dort Getränke und selbsthergestellte Speisen an und gleichzeitig die Möglichkeit zum Gespräch. Trotz starken Dauerregens fand die „Meile" großen Zuspruch. Es zeigte sich, dass ein Miteinander verschiedener Kulturen und Religionen möglich ist, wenn es vom Gedanken der Toleranz geprägt ist und die Unterschiedlichkeiten wahrgenommen und respektiert werden. Im Jahre 2009 gab es, wieder am Vorabend des Himmelfahrtstages, die zweite „Meile", weitere sollen folgen.

Meile der Religionen 2009. Von links: Susanne Kobler von Komorowski, Heinz-Günter Kämpgen, Ingrid Holdfleiß, Dr. Jürgen Holdfleiß. Foto: R. Schneider

Es ist vorgesehen, die „Meile der Religionen" weiterhin alle zwei Jahre zu veranstalten. Seit Ende 2008 treffen sich die Mitglieder des vorbereitenden Arbeitskreises regelmäßig vierteljährlich unter dem Namen „Forum der Religionen". Für die Christusgemeinde nimmt Ingrid Holdefleiß daran teil.

Kirche der Bezirksgemeinde Mannheim und der Landeskirche

Christusgemeinde und Evangelische Kirche in Mannheim

Die Christusgemeinde ist eine Pfarrgemeinde der Bezirksgemeinde „Evangelische Kirche in Mannheim" und entsendet in deren oberstes Leitungsorgan, die Stadtsynode, satzungsgemäß zwei ehrenamtliche Älteste. Außerdem sind der Pfarrer und der Kantor kraft Amtes stimmberechtigte, die Pfarrvikarinnen und Pfarrvikare beratende Mitglieder der Stadtsynode.

In der Wahlperiode 2001–2007 gehörten die Ältesten Rudolf Günther und Renate Schneider als reguläre, Christa Krieger und Jürgen Seitz als stellvertretende Mitglieder der Stadtsynode an. Rudolf Günther war zudem Vorsitzender des Finanz- und Personalausschusses sowie Vorsitzender des Arbeitsschutz-Ausschusses und damit auch Mitglied des landeskirchlichen Arbeitsschutz-Ausschusses im Oberkirchenrat in Karlsruhe; Renate Schneider und Jürgen Seitz waren Mitglieder des Bildungs- bzw. des Diakonieausschusses. Die Stadtsynode wählte aus unserer Gemeinde ferner

Dr. Michael Wegner zu ihrem Vorsitzenden und zu einem ihrer drei Delegierten in der Landessynode. In der derzeitigen Wahlperiode sind als ehrenamtliche Älteste der Christusgemeinde Klaus Altenheimer und Dr. Brigitte Hohlfeld reguläre Mitglieder der Stadtsynode, ersterer auch im Finanz- und Personalausschuss. Tatjana Briamonte-Geiser und Rolf-Dieter Schiermeyer sind stellvertretende Mitglieder.

Die Mitglieder der Christusgemeinde haben in den Gremien der Bezirksgemeinde aktiv an der Einführung einer neuen Leitungsstruktur in der Evangelischen Kirche in Mannheim und bei der Budgetierung der Finanzzuweisungen an die Pfarrgemeinden mitgewirkt. In der laufenden Wahlperiode arbeiten ihre Delegierten mit an der Meinungsbildung bei der Haushaltskonsolidierung und bei der Profilierung der Evangelischen Kirche in übergemeindlichen Einrichtungen und Veranstaltungen.

Viele Gemeindeglieder engagieren sich aber auch außerhalb der kirchlichen Gremien, z.T. in ökumenischer Zusammenarbeit, für christliche Verkündigung und diakonische Arbeit in Mannheim, z. B. im „Evangelischen Forum", bei der Vesperkirche, der KinderVesperkirche und der „Meile der Religionen".

Im Rahmen der Arbeitsgemeinschaft christlicher Kirchen (ACK) gestaltet die Christusgemeinde zusammen mit der Friedensgemeinde alljährlich einen Gottesdienst auf der Seebühne im Oberen Luisenpark. Pfarrer Dr. Matthias Meyer hält jeweils im November am Ewigkeitssonntag die zentrale Gedenkfeier auf dem Hauptfriedhof.

Durch die vermehrten übergemeindlichen Engagements haben sich die Beziehungen der Christusgemeinde zu den anderen Pfarrgemeinden, insbesondere der Innenstadt, intensiviert und zu konstruktiver Aufgabenteilung mit gegenseitiger Unterstützung geführt.

Als ein besonders schönes Beispiel der Zusammenarbeit über die Grenze der eigenen Gemeinde hinaus sei die Gestaltung des Buß- und Bettags genannt. Nachdem er als gesetzlicher Feiertag im Jahr 1995 abgeschafft wurde, laden seit 2000 die Bezirksgemeinde Mannheim, die Christusgemeinde, das Ökumenische Bildungszentrum *sanctclara* und die Evangelische Studierende Gemeinde zu diesem Tag gemeinsam eine prominente Person der Kirche oder der Politik ein: zum innerkirchlichen Gespräch in der Konkordienkirche, zur öffentlichen Diskussion in *sanctclara* und zu einer Predigt oder Ansprache des Gastes in einem festlichen Kantantengottesdienst in der Christuskirche. Die „Gästeliste" wurde eröffnet von Landesbischof Dr. Ulrich Fischer. Nach ihm kamen u. a. Professor Dr. Wolfgang Huber, damals Vorsitzender des Rats der Evangelischen Kirche in Deutschland, Joachim Gauck, der frühere Bundesbeauftragte für die Unterlagen des Staatssicherheitsdienstes der ehemaligen Deutschen Demokratischen Republik, Heidemarie Wieczorek-Zeul als Bundesministerin für wirtschaftliche Zusammenarbeit und Entwicklung und 2010 Dr. Reinhard Höppner, der ehemalige Ministerpräsident von Sachsen-Anhalt, zu diesem kleinen „Kirchentag" nach Mannheim.

Bezirks- und Landeskantorat

Vor dem Zweiten Weltkrieg gab es in der Badischen Landeskirche, die ja nicht lutherisch, sondern eher reformiert geprägt ist, nur einen einzigen hauptamtlichen Kirchenmusiker, nämlich Arno Landmann, den Organisten und Kantor an der Christuskirche Mannheim. Dass in einer typischen Bürgerkirche in einem großstädtischen Umfeld ein Berufsmusiker engagiert wurde, und zwar ein sehr virtuoser und herausragender, zeigt, wie wenig die badische Frömmigkeitskultur zunächst auf Musik Wert legte. Dies änderte sich nach dem Zweiten Weltkrieg schnell und durchgreifend, unter anderem, weil die kirchenmusikalische Erneuerungsbewegung ihren Einfluss geltend machen konnte, aber eben auch die Bedürfnisse der Menschen dieser Zeit richtig aufnahm. So bildete sich ein neues Amtsverständnis. Heute ist in unserer Kirche das kirchenmusikalische Amt ein geistliches Amt. Es gehört nach unserer Grundordnung zu den Diensten der Verkündigung.

In diesem Zusammenhang wurden auch Bezirkskantorate eingerichtet, deren umfangreiche Betätigungsfelder sich immer wieder verändern. Zu den Aufgaben gehört die Beratung der Gemeinden und Kirchenmusiker in allen kirchenmusikalischen Fragen, bei Orgelneubauten, Vermittlung bei Konflikten zwischen Gemeinde, Pfarrer und Kirchenmusiker, die Beratung der Verwaltung bei Einstellungen oder arbeitsrechtlichen Fragen, die fachaufsichtlichen Hintergrund haben. An zweiter Stelle steht die Aus- und Fortbildung: Orgelunterricht und Chorleitungskurse im Rahmen der C- und D-Ausbildung und andere Angebote. Des Weiteren ist die Koordinierung der Kirchenmusik im Bezirk wichtig, besonders in Großstädten. Schließlich soll der Bezirkskantor Singen und Musizieren in seinem Bezirk anregen und fördern, was u. a. durch bezirkliche Chorprojekte stattfinden kann (Kantate zum Mitsingen, Nacht der Chöre, Bezirkskirchengesangstag usw.).

Im Jahre 1974 entwickelte die Badische Landeskirche ein eigenes Modell der kirchenmusikalischen Fachaufsicht. Der bisherige Landeskirchenmusikdirektor wurde durch drei Landeskantoren abgelöst (für jede der damaligen Prälaturen einen), die jeweils schon an einer großen Kantorenstelle und als Bezirkskantor tätig waren. Um die anfallende Arbeit zu bewältigen, wurde jeweils eine Sekretärinnenstelle (50 Prozent) und eine Assistentenstelle (100 Prozent B-Stelle auf zwei Jahre befristet) eingerichtet. Als der erste nordbadische Landeskantor Erich Hübner (1917–1985) im Jahre 1983 in Pension ging, kam das Landeskantorat von Heidelberg nach Mannheim an die Christuskirche, weil Hermann Schäffer dieses Amt am besten ausfüllen konnte. 1989, beim Wechsel Schäffers auf den Rektorenstuhl der Hochschule für Kirchenmusik in Heidelberg, blieb das Landeskantorat in Mannheim, die Stelle wurde ausgeschrieben und mit Johannes Michel besetzt.

Stiftung Christuskirche – Kirche Christi

Unsere Kirche ist reich in der Verkündigung der guten Botschaft. Sie ist reich an gestaltender Kraft, an diakonischer Hilfe und an beheimatendem Raum. Sie ist voller Impulse für das Leben in unserer Gesellschaft und unüberhörbar in ihrem Ruf nach Gerechtigkeit. Doch ihr Geld ist knapp. Gerade in Mannheim stehen wir unter massivem Spardruck.

Vor diesem Hintergrund sind Stiftungen, deren Erträge den kirchlichen Arbeitsfeldern zugute kommen, ein wahrer Segen. Sie sind ein Zeichen der tiefen Verbundenheit und der hohen Wertschätzung unserer Arbeit und unseres Wirkens. Unser Leben gründet auf Vertrauen. Auch Stiftungen sind Vertrauenssache. Daher bin ich dem Ehepaar Dr. Karl und Renate Schneider dankbar, das gemeinsam mit ihrem Sohn die „Stiftung Christuskirche – Kirche Christi" eingerichtet hat. Mit ihr unterstützen sie Verkündigung, kirchliches Leben und besonders die Kirchenmusik an der Christuskirche sowie soziale und diakonische Projekte in der ganzen Bezirksgemeinde Mannheim. Meine Hoffnung ist, dass dieses Beispiel viele Nachahmer findet, sei es durch Zustiftungen oder eigene Initiativen.

Die Christus-Stiftung – ein Segen! Mein Dank gilt den großzügigen Stiftern.

Dekan Günter Eitenmüller

Renate und Dr. Karl Schneider.
Foto: Markus Proßwitz/masterpress

Gemeindepartnerschaft Mannheim – Toulon

Die Aussöhnung von Franzosen und Deutschen erfolgte bekanntlich vor dem Hintergrund leidvoller historischer Erfahrungen im 19. und vor allem im 20. Jahrhundert. „Jumelage", „Verschwisterung" sollte zwischen den Menschen erreichen, was Verträge und Bündnisse zwischen den Staaten bewirken sollten. Der seit dem 26. Januar 1959 bestehenden Städtepartnerschaft zwischen Mannheim und der südfranzösischen Stadt Toulon ging die kirchliche Partnerschaft beider evangelischer Gemeinden voraus.

Die Annäherung zwischen den Evangelischen in Toulon und Mannheim erfolgte weitgehend auf persönliche Initiative. Insbesondere der erste Leiter des Evangelischen Kirchengemeindeamts in Mannheim nach 1945, der ehemalige Stadtrat Friedrich Ziegler, und der ehemalige Präsident der Église Réformée de France in Toulon,

Marineadmiral Fernand Fritsch, hatten neben anderen Persönlichkeiten in beiden evangelischen Kirchen eine Annäherung angeregt, angestrebt und vorbereitet.

Heute gehören rund fünfzehn Personen zum festen Stamm des Arbeitskreises, den Pfarrer Dr. Meyer im Auftrag der Evangelischen Kirche in Mannheim seit vielen Jahren leitet. Dazu gesellt sich ein lockerer, wechselnder Freundeskreis von etwa 45 Personen, die Freude und Interesse an Begegnungen in Frankreich und Toulon haben. Der Reiz der französischen Sprache tut das Seine, um aus Fremden Freunde werden zu lassen. Hatte es anfangs für den Austausch noch eine finanzielle Unterstützung der Bezirksgemeinde gegeben, so tragen heute die Mitfahrenden die Kosten selbst und fördern neben Sponsoren aus der Gemeinde die Partnerschaftsarbeit.

Jede Partnerbegegnung umfasst kirchliche und kulturelle Sehenswürdigkeiten. Höhepunkt ist immer der simultan übersetzte zweisprachige Gottesdienst, der die Einheit gemeinsamen Glaubens und Lebens in geschwisterlichem Geist über Sprach- und Kulturgrenzen hinweg erfahrbar werden lässt. Vorsitzender des Gemeindekirchenrates in Toulon ist derzeit Dr. Bertrand Fritsch, Sohn des Touloner Partnerschaftsgründers, Vizepräsident Gilles Tissot, ehemaliger Leiter des deutsch-französischen Jugendaustausches im Auftrag der französischen Regierung. Er ist mit einer gebürtigen Heidelbergerin verheiratet.

Eine Delegation aus Toulon wird zum hundertjährigen Jubiläum der Christuskirche erwartet.

Vesperkirche

Die Vesperkirche ist ein karitatives und zugleich sozialpolitisches Projekt, getragen von der Evangelischen Kirche in Mannheim mit ihrem Diakonischen Werk, organisiert von der Citykirche Konkordien, die auch Gastgeberin ist, dem Diakonischen Werk in Mannheim und der Arbeitsgemeinschaft der Diakone und Diakoninnen.

Seit 1998 bekommen bedürftige Menschen in der Kirche von Anfang Januar bis Mitte Februar eine warme Mahlzeit. Zunächst waren es fünfzig Personen, im Jahr 2010 kamen durchschnittlich 450 Gäste pro Tag und wurden im hinteren Kirchenbereich an bunt gedeckten Tischen bewirtet.

Täglich helfen vierzig bis fünfzig ehrenamtlich Tätige, darunter auch Konfirmandinnen und Konfirmanden und Schülerinnen und Schüler von Mannheimer Schulen, eingeteilt für Essen- und Getränkeausgabe, Bedienung der Gäste, Vorspülen, Spülen und im Versorgungsbereich. Hier werden für jeden Gast von Helfern Vespertüten mit belegten Brötchen, Obst und Süßigkeiten gefüllt. Jeder Gast erhält auch zwei Stückchen Kuchen, die von Gruppen und Kreisen aus den verschiedenen Kirchengemeinden gespendet werden. Im Bedienbereich spielen Kommunikationsfähigkeit und menschliche Wärme eine große Rolle. Mit einer täglichen Andacht, an der in der letzten Zeit immer mehr Gäste teilnehmen, schließt die Vesperkirche.

Adventsandacht im Kerzenschein 2010. Foto: R. Schneider

Die Christusgemeinde unterstützt die Vesperkirche nicht nur durch Kuchenspenden, sondern vor allem durch tatkräftige Helferinnen: Ingeborg Kämpgen, Brigitte Kehrberger, Ursula Kollhoff und Birgit Stegmann.

Kirche der Stadt

Kirchenöffnung

Seit dem Sommer 2004 ist die Christuskirche an drei Tagen der Woche jeweils vier Stunden geöffnet. Unter der Leitung von Ursula Kollhoff stehen dafür 35 „Kirchenhüterinnen und -hüter" zur Verfügung. Mehr als einmal im Monat versehen diesen Dienst Irmgard und Wolfgang Breuer, Hans-Thomas Godel, Marianne Hechler, Ingelore Heine, Dr. Jürgen Holdefleiß, Ingeborg Kämpgen, Brigitte Kehrberger, Magdalena und Pfarrer i. R. Jürgen Steinbach, Horst Umland.

Dass die Öffnung der denkmalgeschützten, weil architektonisch wertvollen Christuskirche gerne angenommen wird, belegen die Besucherzahlen:

2004	60 offene Tage	2.113 Besucher
2005	144 offene Tage	4.863 Besucher
2006	31 offene Tage	610 Besucher (verkürzte Öffnungszeiten wegen Innenarbeiten)
2007	135 offene Tage	5.806 Besucher
2008	110 offene Tage	3.448 Besucher
2009	105 offene Tage	4.091 Besucher
2010	117 offene Tage	3.100 Besucher

Oft ergeben sich zwischen „Kirchenhütern" und Besuchern gute Gespräche über kunstgeschichtliche und theologische Themen. Auch für persönliche Gebete wird die „Offene Kirche" genutzt.

Kirchenführungen

Jeweils am „Tag des Offenen Denkmals", an einem Sonntag im September, warten auf dem Kirchenvorplatz Menschen auf eine Führung durch die Kirche und eine Turmbesteigung. Es hat sich herumgesprochen, wie ausgezeichnet der Hausherr Pfarrer Dr. Meyer das macht. Er erklärt das Gebäude außen und innen und verbindet seine Entstehung und Konzeption mit der Kirchengeschichte des ausgehenden 19. Jahrhunderts.

Gemeindegliedern wird dieses Ereignis immer am Gemeindefest im Juli geboten und manchmal auch im Anschluss an einen besonderen Gottesdienst.

Lange Nacht der Museen

Seit dem Jahr 2001 findet in der Christuskirche eine Orgelnacht im Rahmen der „Langen Nacht der Museen" statt. In fünf Orgelkonzerten werden die drei Orgeln der Christuskirche zum Klingen gebracht und erreichen bis zu 2.000 Besucher, von denen viele bei dieser Gelegenheit zum ersten Mal die Christuskirche überhaupt betreten. Die jeweiligen Assistenten, Professor Christiane Michel-Ostertun und KMD Johannes Michel spielen an diesen Abenden Werke aus allen Epochen der Orgelmusik, angefangen von Musik der Gotik (z. B. dem Heidelberger Arnolt Schlick), des Frühbarock (Frescobaldi), Johann Sebastian Bach (auch einmal in ungewöhnlicher Form, wie „Johnny's greatest hits") und natürlich Musik der Romantik und Moderne bis hin zu Jazz-Programmen. Auf einer Leinwand wird die Tätigkeit der Organisten übertragen, sodass der Besucher einen unmittelbaren Eindruck von ihrer Manual- und Pedalarbeit erhält.

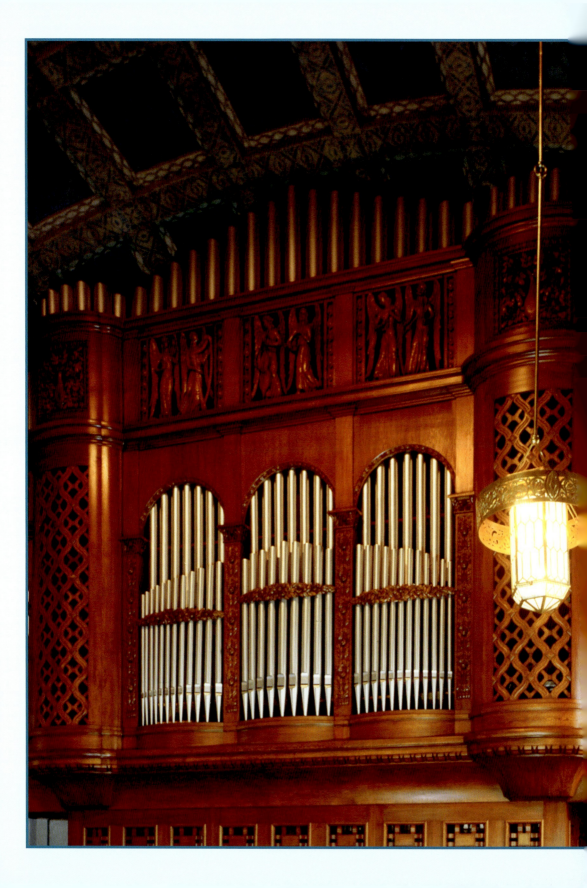

2. Soli Deo Gloria – Die Kirchenmusik an der Christuskirche Mannheim

Thomas Schlage

„Gott allein zur Ehre": so scheint der Engel, der die Kuppel der Mannheimer Christuskirche krönt, in die Stadt und in das Land zu rufen; so schrieb Johann Sebastian Bach, der im 20. Jahrhundert von evangelischer Seite als „5. Evangelist" angesehen wurde, am Ende vieler seiner Partituren. Mit diesem bekenntnishaften Zeugnis haben zahlreiche Komponisten evangelischer Kirchenmusik ihr Amt ausgeübt. Die an der Christuskirche wirkenden Kirchenmusiker, die einhundert Jahre Mannheimer Musikgeschichte mitbestimmt haben, waren diesem Satz und seiner Tradition verpflichtet und interpretierten ihn je nach Naturell und Herkunft.

Sie konnten auf eine Tradition evangelischer Musikausübung zurückgreifen, die zu Beginn des 20. Jahrhunderts in den Händen Albrecht Hänleins[1] lag, der ab 1877 regelmäßig an der umgebauten Stumm-Orgel in der Trinitatiskirche, in der er ab 1881 als Organist angestellt war, Konzerte gab. Zugleich leitete er bis 1901 den „Verein für klassische Kirchenmusik", einer Chorvereinigung, die sich zum Ziel setzte, „die Schätze der a-capella [!] Musik von ältester bis auf die Neuzeit in Gottesdiensten, Concerten und religiösen Versammlungen"[2] einzustudieren und aufzuführen. Der „Verein für klassische Kirchenmusik", den ab 1901 Alfred Wernicke leitete, war eine übergemeindliche Institution, die nicht in der evangelischen Kirchengemeinde verankert und nicht an eine Gemeinde gebunden war. So sang der Chor des Vereins zunächst in den Gottesdiensten der Trinitatiskirche, dann, nachdem sich dort ein eigener Kirchenchor bildete, ab 1904 in der Konkordienkirche, um nach der Erbauung der Christuskirche auch in der neuen Oststadtkirche Motetten und Choräle vorzutragen. In den Vorstädten gründeten sich um die Jahrhundertwende ebenfalls Kirchenchöre, so 1884 an der Lutherkirche, 1892 an der Friedenskirche und 1902 an der Johanniskirche. 1911 bei der Einweihung der Christuskirche gab es damit ein reiches, in der Stadt verankertes kirchenmusikalisches Leben, das, so der Wunsch der Gesamtkirchengemeinde, von der Kirchenmusik an der Christuskirche übertroffen werden sollte.

Kirchenmusik beruft sich seit jeher auf eine „Englische Musik": Musizierende Engel verkünden das Lob Gottes mit verschiedenen alttestamentarischen Instrumenten. Ausschnitt aus dem Orgelprospekt der Steinmeyer-Orgel der Christuskirche.
Foto: Foto-Werbe-Studio Wolf D. Schwarz, Mannheim

Arno Landmann (1911–1942): Organist und Künstler

Für den Prachtbau der Christuskirche plante man von Anfang an eine große, Maßstäbe setzende Orgel, die auf der großen Nordempore über dem Altar und der Kanzel hinter der Kreuzigungsgruppe errichtet werden sollte. Den Auftrag für den Orgelbau erhielt die Firma Steinmeyer aus Oettingen, die bereits in anderen Mannheimer Kirchen Orgeln gebaut hatte. Innerhalb von vier Monaten, nachdem in einer langen Planungsphase die Disposition erarbeitet wurde, entstand in den Sommermonaten 1911 das Werk, über das Dr. Hermann Meinhard Poppen, damals Orgelsachverständiger der Badischen Landeskirche und verantwortlich für die Disposition der Orgel, schwärmte: Es ist „etwas in hohem Grade Vollendetes geschaffen worden!"[3] Ursprünglich mit drei Manualen geplant – in den Kirchen Mannheims standen bisher nur zweimanualige Orgeln –, erhielt das Instrument durch die Stiftung von Julia Lanz, Witwe des Geheimen Kommerzienrates Heinrich Lanz und Ehrenbürgerin der Stadt, ein zusätzliches viertes Manual: das Fernwerk. Die 1911 fertiggestellte Orgel galt nun mit 92 Registern auf vier Manualen und mit 7.869 Pfeifen als das größte Orgelwerk Badens und, wie Arno Landmann in seinem Gutachten festhielt, als „eines der schönsten Deutschlands".[4]

Für diese moderne, alle Anforderungen erfüllende Orgel benötigte man einen fähigen Organisten. Auf die Ausschreibung der Evangelischen Kirchengemeinde bewarben sich zunächst die Mannheimer Organisten Dr. Hermann Wilhelm Egel und Ernst Dapper sowie der in der Stadt ansässige Pianist Fried-

Arno Landmann (1887–1966):

1904–1908	Studium an der Staatlichen Musikschule in Weimar
1908–1911	Stadtorganist in Weimar, weitere Studien bei Max Reger und Karl Straube
1911–1942	Organist und Kirchenmusikdirektor an der Christuskirche Mannheim, Gründung des Bachchores 1914
1942–1945	hauptamtlicher Dozent für Orgel an der Hochschule für Musik und Theater Mannheim
1945	Organist der Lutherkirche in Konstanz
Ab 1946	in Mannheim als freischaffender Organist und Komponist
Ab 1951	an der Musikhochschule Mannheim.
1962	Verleihung der Schillerplakette der Stadt Mannheim

rich Häckel, die aber die Sachverständigen Professor Dr. Philipp Wolfrum – er war Universitätsmusikdirektor und Leiter des Bachvereins in Heidelberg[5] – und Poppen nicht überzeugen konnten. Landmann, er wurde zuerst in einer Sitzung am 31. Mai 1911 erwähnt, wurde zu einem Probespiel am 17. Juni eingeladen. Wie kam es dazu, dass ein 24-jähriger Organist aus Weimar, für eine so bedeutende Position in die engere Wahl kam? Hier spielen die Verbindungen zwischen Wolfrum und Max Reger eine Rolle. Reger attestierte bereits 1910, dass Landmann ihm „als ausgezeichneter Orgelvirtuose und Musiker bestens bekannt" sei und er „ihn nur wärmstens für jede Stellung als Konzert- und Kirchenorganisten empfehlen" könne. Wolfrum war mit Reger seit langem befreundet und ein Förderer dessen kompositorischen Œuvres. So liegt die Vermutung nahe, dass Reger Wolfrum den entscheidenden Hinweis auf Landmann gab, als es um die Besetzung der Organistenstelle der Christuskirche ging. Nachdem Wolfrum im Bewerbungsverfahren für Landmann votiert hatte – „ein ausgezeichneter Orgelspieler und ein vortrefflicher Musiker"[6] –, übertrug der Kirchengemeinderat Landmann diese herausragende, zunächst nebenamtliche Position mit einem Jahresgehalt von 1.000 Mark. Sein Dienstvertrag sah das Orgelspiel in 93 Haupt- und 67 Nebengottesdiensten vor. Darüber hinaus wurden Einnahmen aus Unterrichtstätigkeit und Konzertveranstaltungen in Aussicht gestellt.

Arno Landmann und der Original-Spieltisch der Steinmeyer-Orgel um 1912. Kantorat der Christuskirche

Eine Woche nach dem Einweihungsgottesdienst der Christuskirche am 1. Oktober 1911 erklang die Orgel am 8. Oktober in einem gut besuchten und erfolgreichen Konzert zum ersten Mal als Konzertinstrument. Landmann spielte zu Beginn von Bach[7] „Präludium und Fuge D-Dur" (BWV 532) und als Abschluss die „Variationen über den Basso continuo des ersten Satzes der Kantate ,Weinen, Klagen [...]' " von Franz Liszt sowie Stücke von Alexandre Guilmant und César Franck und begleitete einige Solostücke. Der Kritiker des Konzertes schrieb im „Mannheimer Tageblatt": „Kirchenkonzerte gehörten in Mannheim zu den musikalischen Seltenheiten. Nun wir das größte Orgelwerk von Baden in der neuen, schönen Christuskirche haben, wird das wohl anders werden. Der Künstler [...] hat sich mit seiner geläuterten Kunst, die alle technischen Schwierigkeiten spielend zu meistern scheint, als ein Beherrscher seines Instruments eingeführt, vor dem man recht tief den Hut ziehen muß."[8] Dies war das erste von insgesamt 334 Konzerten Landmanns als Organist an der Christuskirche.

Nach dem Erfolg des Einweihungskonzertes am 8. Oktober 1911 – in einer anderen Rezension hieß es: „Herr Landmann, der uns noch eine Reihe von Orgelkonzerten im gleichen Raum in Aussicht gestellt"[9] – beschloss der Kirchengemeinderat in der Sitzung vom 24. Oktober weitere sechs Orgelkonzerte gegen Eintritt, deren erstes „zur Deckung des Mehraufwands für den Orgelbau"[10] am 3. Dezember stattfand. Das Vorhaben scheiterte an dem mangelnden Zuspruch von Seiten der Mannheimer Bevölkerung, und der Kirchengemeinderat übernahm die ausstehende Summe. Am 22. April 1912 entschloss sich der Kirchengemeinderat, die „Orgelvorträge des Organisten Landmanns [...] jeden letzten Sonntag im Monat Abends 8 Uhr bei freiem Eintritt in der Christuskirche stattfinden" zu lassen.[11] Damit wurde Landmann verpflichtet, jeden Monat ein Orgelkonzert zu spielen, die Erweiterung seines Dienstauftrages wurde ihm mit einem zusätzlichen Honorar von 1.000 Mark vergütet.[12] Die neu gegründete Konzertreihe, ab dem 12. Mai unter der Bezeichnung „Populäre Orgelvorträge", fand bei Zuhörern und Rezensenten großen Zuspruch. So hieß es in der Kritik des vierten Konzertes: „Die populären Orgelvorträge in unserer Christuskirche bedeuten eine in künstlerischer wie socialer Hinsicht gleich begrüßenswerte Neuerung und bilden die schönste Ergänzung unserer übrigen Volkskonzerte." Nach dem siebten Konzert konnte man lesen: „Auch in Mannheim scheint, nach dem glänzenden Besuche des gestrigen 7. Orgelvortrages zu schließen, der Sinn und das Verständnis für gute Orgelmusik in erfreulichem Wachsen begriffen, seit der Evangelische Kirchengemeinderat sich in hochherziger Weise zu den populären Orgel-Vorträgen entschloß."[13]

Um den Jahreswechsel auf 1913 suchte Landmann, der sich als Konzertorganist etabliert hatte, um eine Gehaltserhöhung nach. In der Sitzung des Kirchengemeinderates vom 8. Januar sicherte man ihm die Erhöhung der Bezüge auf 3.000 Mark zu, und die Organistenstelle der Christuskirche wurde zu einer hauptamtlichen Beamtenstelle umgewandelt. Landmann verpflichtete sich damit, auch in anderen Kirchen Mannheims Konzerte zu geben, diesem Auftrag kam er allerdings nur sporadisch nach. Am 26. Februar kam die Beförderung Landmanns noch einmal auf die Tagesordnung des Kirchengemeinderates, und die Diskussion um die Gehaltserhöhung Landmanns wurde nun grundsätzlich geführt. Gegner des Antrages Landmanns machten geltend, „daß die Kirchenmusik zuerst die Pflicht der christlichen Liebestätigkeit ausüben müsse, bevor sie andere weniger nötige Ausgaben mache". Zudem wurde die Vollbeschäftigung des Organisten angezweifelt und gerügt, dass „die Einrichtung der populären Orgelvorträge das religiöse Leben nicht gefördert" habe. Dem hielt Stadtpfarrer Jakob Weißheimer entgegen: „Die Kunst sei kein Handwerk und könne nicht nach der Arbeitszeit entlohnt werden. In weiten Kreisen der Gemeinde sei ein Bedürfnis nach religiöser Musik vorhanden. Die Kirche habe die Pflicht, etwas zu tun, und die Bevölkerung aus der Gasse und den zweifelhaften Vergnügungen fernzuhalten." Dieses Votum des angesehenen Geistlichen, das einzige, das in den

Protokollen festgehalten wurde, überzeugte, und „der Dienstvertrag [wurde] mit geringen Änderungen einstimmig angenommen".[14]

Mit Beginn des Ersten Weltkrieges im August 1914 erhielt die Orgelreihe einen neuen Namen. Der Kirchengemeinderat beschloss in einer Sitzung am 31. August 1914: „Die Orgelvorträge des Organisten Landmann, nunmehr als Orgelandachten bezeichnet[,] sollen am Sonntag, den 6. September[,] wieder ihren Anfang nehmen mit einem Programm, welches dem Ernste der Zeit entspricht." Zudem soll „ein Geistlicher vor Beginn der letzten Nummer" darauf hinweisen, dass die Kollekte nach Abzug der Unkosten der „Kriegs-Unterstützungskasse"[15] zufließen soll. Auf dem Konzertzettel stand der Hinweis, dass „Beiträge zur Linderung der Kriegsnot in die aufgestellten Kollekturteller" entrichtet werden können. Landmann hielt mit doppeltem Ausrufezeichen am Rand des Programmes die Begeisterung und die Geberfreude des Publikums fest: „bei überfüllter Kirche kamen 260 MK. ein".[16] Nach dem Waffenstillstand wurden die Veranstaltungen mit dem ersten Konzert am 22. November 1918 wieder in „Orgel-Konzert" umbenannt. Für wenige Jahre erschien auf den Programmzetteln ab dem 3. Juni 1934 der Begriff „Orgelfeierstunde". Bereits ab dem Dezember 1937 spielte Landmann wieder „Orgelkonzerte", um ab 1939 wieder zumindest zeitweise den Begriff „Orgelfeierstunde" zu verwenden.

    Höhepunkte waren die Konzerte, die Landmann zu eigenständigen Reihen zusammenfasste.

Eine Reihe von Konzerten verdeutlicht die Betonung des Konzertinstrumentes: am 23. Oktober 1913 spielte Landmann einen „Max Reger=Abend", dem am 3. Dezember ein „Johann Sebastian Bach-Abend" folgte, die Reihe wurde abgeschlossen mit einem Konzert am 12. Januar 1914 mit einem Konzert, das der französischen Orgelromantik gewidmet war. Max-Reger-Institut, Nachlass Landmann

So führte er, beginnend mit dem Konzert vom 19. Januar 1919, an sieben Abenden Werke zeitgenössischer Komponisten auf, darunter widmete er am 25. Mai das sechste Konzert Wolfrum, in dem er Werke des am 8. Mai verstorbenen Heidelberger Musikers vortrug. Ein Jahr später fasste er acht Konzerte zu einem Zyklus von „historischen Orgel-Vorträgen" zusammen. Zu Beginn standen Werke der „Vorgänger J.S. Bachs" auf dem Programm. Schlusspunkt des Zyklus und zugleich Landmanns 100. Konzert

Mit einem besonderen Orgelkonzert beging Landmann das Jubiläum seines 300. Konzertes. Es wurden Werke aufgeführt von Komponisten, die, wie Landmann stolz auf dem Programm mit Bleistift vermerkte, Lehrer des Organisten waren. Selbstbewusst setzte Landmann eine eigene Komposition an den Schluss des Abends, die Uraufführung des Konzertes für Orgel und Orchester e-Moll op. 35, dessen Manuskript nicht erhalten ist. Max-Reger-Institut, Nachlass Landmann

in der Christuskirche stellten Werke Regers dar. Landmann spielte die „Phantasie über ‚Ein feste Burg'", die „Phantasie und Fuge über B-A-C-H" und „Variationen und Fuge fis-Moll über ein Originalthema". Auch im 150. Orgelkonzert am 17. Mai 1923, es war gleichzeitig der Abschluss des Mannheimer Reger-Festes, spielte er anlässlich der „Feier des 50. Geburtstages" des Komponisten als Mannheimer Erstaufführung die „Sinfonische Fantasie und Fuge d-Moll" und „Introduktion, Passacaglia und Fuge". Das Programm ergänzte, ebenfalls als Erstaufführung, der unter Leitung von Max Sinzheimer stehende Bachchor und das aus Amateuren zusammengesetzte Orchester der Stamitz-Gemeinde mit der Kantate „Meinen Jesum laß ich nicht" von Reger. Nach diesem Konzert verlieh die Kirchenleitung durch Pfarrer Paul Klein Landmann den Titel eines „Badischen Kirchenmusikdirektors".

Sein 200. Konzert am 22. Mai 1928 gestaltete Landmann mit einem Programm von bereits bekannten Orgelwerken, die „Symphonie pour Grande Orgue" in e-Moll von Louis Vierne und Regers „Phantasie über ‚Wachet auf, ruft uns die Stimme'". Dazwischen erklang, vorgetragen von der Heidelberger Madrigal-Vereinigung unter Poppen, Chormusik von Reger sowie von Josquin Desprez, Davide Pérez und Antonio Caldara. Zu diesem Konzert erschien in der Neuen Badischen Landeszeitung aus Mannheim ein Vorbericht, der eindrucksvoll die künstlerische Könnerschaft und Bedeutung des Organisten herausstellte, darüber aber nicht vergaß zu rühmen, dass Landmann seine „Kunst in den Dienst religiöser Erhebung und Erbauung stellt". Auch andere Berichte und Rezensionen dieses Konzertes bestätigen das Bild eines Organisten, der sein „verantwortungsvolles und verdienstvolles Amt" als Kirchenmusiker ausübt und „101 Komponisten [...] seine Kunst und seinem Fleiß gewidmet" hat. Pfarrer Dr. Hans Hoff dankte im Namen der Kirchengemeinde Mannheims und der Christusgemeinde dem Organisten dafür, dass er „nicht bloß seine Virtuosität, sondern sein ganzes, in heiligem Herzen verankertes, gottbegnadetes Künstlertum in den Dienst Gottes und des Volkes, bei Gottesdienst und Konzert, gestellt habe".[17]

Nach kleineren Reparaturen und Nachbesserungen an der Steinmeyer-Orgel in den ersten Jahren empfahl Landmann in einem Bericht vom 6. Dezember 1935 an den Kirchengemeinderat umfangreiche Renovierungsarbeiten. So beantragte er nicht nur den Einbau eines fahrbaren Spieltisches, der ihm eine flexiblere Aufstellung in Gottesdienst und Konzert erlaubte, sondern auch eine umfassende Neustimmung der Orgel. Für diese Arbeiten legte am 13. Januar 1936 die Firma Steinmeyer einen Kostenvoranschlag vor. Zwei Jahre später bewilligte die inzwischen eingesetzte staatliche Finanzabteilung im Oberkirchenrat den Antrag und ließ den Ältestenrat in einem Schreiben vom 14. Dezember 1938 wissen, dass die Finanzierung von 9.510 RM gesichert sei. Landmann selbst sammelte für den Umbau 4.350 RM. Der neue Spieltisch erforderte dabei die Umstellung von pneumatischer auf elektrische Traktur. Den Klangreichtum der Orgel erweiterten ein Glockenspiel und drei neue Register – Blockflöte 2', Choralbass 4' und Dulcian 16' – sowie der Umbau der Celesta vom Fernwerk in das Hauptwerk. Für den Organisten ergab sich darüber hinaus durch die Hinzufügung von zwei neuen freien Kombinationen eine größere Auswahl der Registermischungen. Am Karfreitag, den 7. April 1939, wurde der Umbau der Orgel auf der Rückseite des Programms des 312. Konzertes angekündigt, und in einem Sonderkonzert am 8. Juli 1939, diesmal wurde Eintritt erhoben, stellte Landmann die umgebaute Orgel vor. Landmann spielte Kompositionen von Bach, Johannes Brahms, Reger und Franck und zum Schluss seine eigene „Passacaglia cis-Moll" op. 7.

Wie in der ersten Hälfte des 20. Jahrhunderts üblich traten in vielen Konzerten in der Christuskirche immer wieder Gesangssolisten auf. Dabei auch auf einen eigenen Chor zurückgreifen zu können, obwohl ihm zu Anfang mit dem „Verein für klassische Kirchenmusik" ein bedeutender Chor zu Verfügung gestanden hatte, bewegte Landmann zur Gründung des Bachchores. Entscheidend hierfür waren zum einen Störungen von Mitgliedern des „Vereins für Klassische Kirchenmusik" in seinen Konzerten, die er nicht mehr hinzunehmen bereit war. Zum anderen wurde die Gründung wohl auch durch den von Wolfrum 1885 gegründeten Heidelberger Bachverein beeinflusst, dessen Ruf über Heidelberg hinaus bedeutend war. Seine Fähigkeiten als Chorleiter hatte Landmann ab Oktober 1913 mit dem Cäcilienverein in Frankenthal erprobt, den er am 14. Februar 1914 in einer Aufführung von Robert Schumanns „Der Rose Pilgerfahrt" dirigierte.

Die erste Ankündigung des neuen Chores konnten die Zuhörer am Ende des Konzertzettels zum 24. populären Orgelvortrag am 19. April 1914 lesen: „Der Bach-Chor beabsichtigt in öffentlichen Aufführungen, sowie in den Festgottesdiensten der Christuskirche kirchliche (besonders Bach'sche) Vokal- und Instrumentalmusik

Bach-Chor der Christuskirche Mannheim

Montag, den 11. Mai 1914, abends pünktlich ½9 Uhr:

„Johann Sebastian Bach-Feier"

PROGRAMM:

1. Toccata und Fuge d-moll für Orgel
2. Kantate (N. 56): „Ich will den Kreuzstab gerne tragen"
   für Baß-Solo, gemischten Chor, Orchester und Orgel.
   Aria. Recitativo. Aria. Recitativ. Adagio. Choral.
3. Drei Gesänge für Alt mit Orgelbegleitung:
   a. „O Jesulein süß"
   b. „Gott wie groß ist deine Güte"
   c. „Dir dir Jehova will ich singen.
4. Doppelkonzert für 2 Violinen mit Streichorchester- und Cembalobegleitung
   Vivace. Largo ma non tanto. Allegro.
5. Kantate (N. 53): „Schlage doch gewünschte Stunde"
   für Alt-Solo, Streichorchester und Orgel.
6. Kantate (N. 104:) „Du Hirte Israel, höre"
   für Tenor, Baß, gemischten Chor, Orchester und Orgel.
   Pastorale. Recitativo. Aria. (Pastorale). Choral.

MITWIRKENDE:

Frau Magdalena Wolter-Pieper-Düsseldorf (Alt)
Herr Otto Schwendy-Berlin (Baß)
Herr Dr. Nacke-Heidelberg (Tenor)
Herr Konzertmeister Richard Hesse-Mannheim (Solo-Violine)
Fräulein Helene Hesse-Mannheim (Solo-Violine)
Herr Arno Landmann (Orgelsolo und Begleitung in Nr. 3)
Der Bach-Chor
Einheimische Instrumentalisten ergänzt durch Mitglieder der Grenadier-Kapelle (Orchester)
Herr Organist Rudolf Schenkel-Mannheim (Orgelbegleitung der Kantaten)
Herr Hans Fritsch-Mannheim (Cembalo)

Musikalische Leitung: Arno Landmann.

Orgel erbaut als op. 1100 von G. F. Steinmeyer & Cie., Öttingen (Bayern) mit 95 klingenden Stimmen auf Fedalkühnen) und 55 Nebenzügen. (Aufierdem Fernwerk mit 11 klingenden Stimmen auf Pedalkühnen) und 55 Nebenzügen. Zur Vermeidung von Störungen bleiben während der Vorträge die Kirchentüren geschlossen.

Ende 10 Uhr

Programme die zum Eintritt berechtigen sind zu Mk. 1.50 (reservierter Platz der Mittelempore)
zu Mk. 1.— (reservierter Platz der Seitenemporen)
zu Mk. —.50 (Schiff der Kirche)
zu Mk. —.30 (unter den Emporen)
in den Hofmusikalienhandlungen C. F. Heckel, Eugen Pfeiffer und im Mannheimer Musikhaus sowie an der Abendkasse zu haben.

Der Bach-Chor beabsichtigt in öffentlichen Aufführungen sowie in den Festgottesdiensten die Christuskirche kirchliche (besonders Bach'sche) Vokal- und Instrumentalmusik zu pflegen.

Stimmbegabte Damen und Herren, welche dem Chor beitreten wollen, werden gebeten, sich bei Organist Landmann (Telefon 6974) anzumelden.

*Das erste Programm des Bachchors.
Max-Reger-Institut, Nachlass Landmann*

zu pflegen." Zugleich kündigte Landmann eine „Johann Sebastian Bach-Feier" an, in der unter anderem die Kantate „Du Hirte Israel, höre" vorgetragen werden sollte. Dieses Konzert, das am 11. Mai stattfand, war zusammen mit einem Auftritt im Karfreitagsgottesdienst 1914 die Geburtsstunde des Bachchores.

Dieses erste ausschließlich Bach gewidmete Konzert wurde durch die alle Mitwirkenden überraschende Anwesenheit des Großherzoglichen Paares besonders geehrt. Wie die Presse übereinstimmend berichtete, war der Chor jedoch den Anforderungen der Werke noch nicht gewachsen. Nach Beginn des Ersten Weltkrieges gab der Bachchor, ergänzt durch Mitglieder des „Sängerkranzes" und von „Herren aus Mannheim und Ludwigshafen"[18], noch bis 1916 einige Konzerte. Zur Aufführung kamen Kantaten Bachs[19] und am 11. April 1916 von Landmann als Uraufführung „Der 94. Psalm. ,Herr Gott, des die Rache ist, erscheine'"; ein Werk, das die Rezensenten als „eine Tondichtung, ganz aus dem Geist unserer Zeit" und „von aktueller Bedeutung" einschätzten. Es machte in der „vortrefflichen Wiedergabe einen bedeutenden Eindruck", und dem jungen Komponisten wurde kompositorische Meisterschaft bescheinigt.[20]

Nach Ende des Krieges wurde zwar wieder für den Bachchor geworben, aber Landmann war nicht mehr Dirigent des Chores. Was war geschehen? Einen Hinweis gibt das Protokollbuch des Kirchengemeinderates vom 5. März 1919: „Der Vorsitzende bringt zur Sprache, daß Organist Landmann am 25. d. [richtig: vorigen] M[ona]ts bei der Trauerfeier der ‚Menschlichen' für Kurt Eisner die Orgel im Nibelungensaal gespielt hat, trotzdem ihm vom Vorsitzenden u[nd] vom Stadtpfarrer Dr. Hoff dringend davon abgeraten worden ist."[21] Landmann spielte also bei der Gedenkfeier für den am 21. Februar in München erschossenen bayerischen Ministerpräsidenten und Landesvorsitzenden der Unabhängigen Sozialdemokratischen Partei Deutschlands Kurt Eisner. Nach dessen Tod riefen die Revolutionäre in München die Räterepublik aus. Sollte Landmann ein Sympathisant der Revolution gewesen sein? Wohl kaum, denn er blieb Organist an der Kirche des Stadtteils, den die „Wirtschaftsaristokratie" zu ihrer „bevorzugten Wohngegend" machte[22], aber den Bachchor konnte oder durfte er nicht mehr leiten.

Ihm folgte bis 1922 als Leiter des Bachchores zunächst Hans Koetscher nach, der ausschließlich im Gottesdienst singen ließ. Max Sinzheimer, Chorleiter des „Liederkranzes", übernahm 1922 den Chor und konnte an die erfolgreiche Arbeit Landmanns anknüpfen. Bis Dezember 1924 führte er in Konzerten unter anderem Kantaten Bachs auf – „Liebster Gott, wann werd ich sterben" und die anspruchsvolle, späte Komposition „Wachet auf, ruft uns die Stimme". In einigen Konzerten des Chores wirkte Landmann als Organist mit. Dass eine freundschaftliche Beziehung zwischen den beiden Verantwortlichen für die Kirchenmusik an der Christuskirche bestanden hat, bezeugt ein Brief Sinzheimers an die Familie Landmanns vom 4. September 1961. Am Ende fragt er: „Wie ist es mit Arno?" Sinzheimer schreibt weiter: „Uebt er noch die Orgel? Wenn ich jene Choralvorspiele spiele, die ich einst von seinen Meisterhaenden spielen hoerte, so muss ich IMMER an ihn zurückdenken."[23] Mit einer Aufführung von „Joshua", einem Oratorium Georg Friedrich Händels, verabschiedete sich Sinzheimer am 12. Dezember 1925 als Dirigent des Bachchors. Im selben Jahr gründete er den „Mannheimer Kammerchor", der am 12. Februar 1928 im 197. Orgelkonzert Landmanns mit Motetten von Hermann Grabner und Ernst Krenek auftrat. Bevor Landmann wieder den Bachchor übernahm, leiteten ab 1925 der Musikwissenschaftler Dr. Rudolf Bellardi und der Lehrer Alfons Sütterlin den Chor. In diesen Jahren sang der Bachchor ausschließlich in Gottesdiensten.

Von 1920 bis 1927 – mit Ausnahme der Jahre als Sinzheimer Leiter des Bachchores war – traten in den Orgelkonzerten Landmanns immer wieder Chöre auf, die nicht an die Christuskirche gebunden oder in Mannheim ansässig waren: so die „Stuttgarter Madrigal-Vereinigung" unter Hermann Keller am 19. März 1922 oder in einem „Weihnachts-Konzert" im Dezember 1925[24] der „Madrigalchor der Städtischen Singschule Ludwigshafen", Dirigent war Fritz Schmidt. Der mit Landmann befreundete Poppen kam viermal mit Chören in die Christuskirche: mit dem „Motettenchor Karlsruhe" am 10. Mai 1921, mit dem „Chor der Heidelberger Madrigal-Vereinigung" am „Volkstrauertag zum Gedächtnis der im Kriege Gefallenen", dem 1. März 1925, und im 185. Konzert am 28. November 1926. Zum letzten Mal gastierte Poppen mit dem Chor am 22. Mai 1928, im 200. Orgelkonzert Landmanns. Mit einem Konzert am 28. Februar 1926 brachte sich Landmann mit der Leitung eines „gemischten Chores" und des „Mannheimer Vokal-Quartetts" als Dirigent der Kantate „Weinen, Klagen, Sorgen, Zagen" von Bach in Erinnerung. Damit bewies er erneut seine chorleiterischen Fähigkeiten und zeigte, dass eigentlich nur er für eine kontinuierliche Entwicklung des Chors sorgen könne. 1939, anlässlich des 25-jährigen Jubiläums des Chors, schrieb Landmann, dass er „auf Wunsch des Chores wieder die Leitung"[25] übernommen habe.

Am 27. November 1927 veranstaltete „zu Gunsten der Schwesternstation der Christuskirche" das Orchester der Stamitzgemeinde ein Konzert, auf dessen Pro-

Die Erstaufführung der „Johannes-Passion" von Johann Sebastian Bach. Max-Reger-Institut, Nachlass Landmann

grammzettel für den „Bach-Chor der Christuskirche, dessen Leitung Kirchenmusikdirektor Arno Landmann übernommen hat", geworben wurde. Damit hatte wieder der Gründer die Leitung des Chores inne. Nach zwei Jahren, in denen der Chor wieder neu aufgebaut werden musste und ausschließlich in Gottesdiensten sang, trat er in einem Konzert am 14. Juli 1929 an die Öffentlichkeit, in dem Landmann eigene Werke dirigierte: „Die große Doxologie", einen „Passionsgesang" über „Jesus neigt sein Haupt und stirbt" und die „Motette ‚Wenn ich nur dich habe'". Zu diesem Konzert erschienen zwei Rezensionen, die widersprüchlicher nicht sein könnten. „Der Bachchor der Christuskirche, der sich mit den Kompositionen seines Leiters und Meisters redlich abquälte, ist leider weder in seiner Klangpotenz, noch in seinem technischen Können in der Lage" die Stücke adäquat auszuführen. Die Kritik schloss: „Für diesen Bachchor in seiner jetzigen Verfassung wären wohl einfachere, unkompliziertere Dinge die entsprechende Kost." Eine andere urteilte: Der Bachchor zeigte sich als eine „stattliche Chorvereinigung von prächtigem stimmlichen Material". Dem Leiter wurde ein „ehrendes Zeugnis" ausgestellt, auch deswegen, weil die „reine Intonation und sorgfältige dynamische Nuancierung" auffielen.[26]

In den Folgejahren, in denen immer wieder um neue Mitglieder geworben wurde, entwickelte sich der Bachchor zu einem Ensemble, das, wie Landmann 1932 auf der Partitur seiner Bearbeitung des Pfingstliedes „Schmückt das Fest mit Maien" festhielt, aus „22 S[opranen], 22 Alt, 11 T[enören], 10 B[ässen]"[27] bestand. Große Werke des Repertoires konnten aufgeführt werden, wie am 30. November 1932 das „Requiem in c" von Johann Michael Haydn, das lange Zeit als ein Werk Joseph Haydns galt. 1934, für das 20-jährige Jubiläum des Bachchors, plante Landmann die Aufführung der „Johannes-Passion" von Bach. Dieser Aufgabe war der Chor aber noch nicht gewachsen. Das Werk erklang erst ein Jahr später am 5. April als Abschluss der „J. S. Bach-Feier" anlässlich des 250. Geburtstages Bachs, die Aufführung wurde am 24. November 1935 wiederholt. Die Rezension attestierte, dass „der weitaus beste

Kirchenchor Mannheims [...] seinen stolzen Namen zu Recht besitzt. Er sang fast durchweg mit großer Sicherheit und Reinheit."[28] Mit diesem Konzert erwies sich der Bachchor als Oratorienchor, nach der Auflösung des Musikvereins und der Volks-Singakademie nunmehr der einzige der Stadt, der die hohen Anforderungen der Gattung erfüllen konnte.[29]

Die Diktatur der Nationalsozialisten bestimmte das kirchliche Leben und damit die Kirchenmusik. Auch Landmann diente sich der Diktatur an. Im Jahr 1936 beging die Christuskirche ihr 25-jähriges Jubiläum, für das zunächst die Aufführung von Brahms' „Ein deutsches Requiem" geplant war. Aber am 6. Juli erklärte Landmann dem Kirchengemeinderat, dass er eine Uraufführung vorhabe und das Werk der Evangelischen Kirchengemeinde Mannheim widmen wolle.[30] Am 25. Oktober kam es dann zur Uraufführung des „Volksoratoriums ‚Der große Pflüger'", eine Komposition für Chor, Solisten und großes Orchester. Eine zweite, gekürzte Aufführung des Werkes fand am Heldengedenktag 1937, dem 21. Februar, mit dem Titel „Vaterländisches Oratorium" statt.

> Exkurs: „Der große Pflüger". Ein Zeitdokument
>
> Den Text zu seiner Komposition entnahm Landmann der Bibel und fügte Gedichte unterschiedlicher Autoren, unter anderem von Karl Ernst Knodt – aus einem seiner Gedichte ist der Titel des Werkes entnommen –, Theodor Körner und Ernst Moritz Arndt, sowie Choräle der evangelischen Kirche hinzu. Der Text, die überleitenden Passagen schrieb Landmann selbst, erzählt von der 25-jährigen Geschichte der Christuskirche, von der Zeit der Erbauung, den Schrecken des Ersten Weltkrieges, dem politischen Niedergang in der Weimarer Republik und – im vierten Teil mit der Überschrift „Die Erhebung" – vom Aufbruch im Dritten Reich. Der Text dieses Teils weist auf die Biographie Adolf Hitlers hin, wenn davon berichtet wird, dass der von Gott Erwählte verurteilt und gefangen gesetzt wurde. Kurz darauf wird der Text deutlich. Der bekämpfte Retter des Volkes ist „eine stählerne Säule und eine Mauer von Granit": „Sein Wort und seine Rede brannte wie eine Fackel in der Nacht und schlug ein, wie ein Hammer, der Felsen zerschlägt!" Er wird von Gott, nachdem er „seinen Kampf um die Einheit und die Aufrichtung des zerschlagenen Volkes" geführt hat, „über das Reich und all' seine Länder" eingesetzt, „daß er seinen Dienern befehle nach seiner Weise, daß er Arbeit und Brot den Hungernden gebe und seines Amtes walte zu des Volkes Heil, zu seiner Ehre und Freiheit!"[31] Die Aufführungen von „Der große Pflüger" sind in eine Reihe von gleichgesinnten Konzerten in Deutschland einzuordnen. Poppen[32], Landeskirchenmusikdirektor und Leiter des Kirchenmusikalischen Institutes in Heidelberg, dirigierte beispielsweise am Heldengedenktag, dem

Handzettel zu der Uraufführung von „Der große Pflüger" von Arno Landmann am 25. Oktober 1936. Max-Reger-Institut, Karlsruhe

21. Februar 1937, in der Stadthalle Heidelberg das Hitler gewidmete „Deutsche Heldenrequiem" von Gottfried Müller, das im textlichen Aufbau Landmanns „Der große Pflüger" ähnelt.[33] Beide Texte bringen eine in der Zeit vorherrschende Stimmung zum Ausdruck, die in Hitler den Erlöser aus politischer und finanzieller Not sieht. Das Libretto Landmanns steht darüber hinaus im Einklang mit Überzeugungen evangelischer Pfarrer. So predigte Pfarrer Dr. Friedrich Wilhelm Weber am 15. Juli 1933 anlässlich seiner Einführung in das Amt an der Christuskirche, dass nur ein „Tor und ein vaterlandsloser Geselle [...] sich heute nicht mit ganzem Herzen und mit glühender Seele mitten hinein in den großen und erhabenen nationalen Aufbruch der Nation stellt".[34] In diesem Sinn dankt Pfarrer Weber, später Mitglied der Bekennenden Kirche, in einem Beitrag zum 25-jährigen Jubiläum und zur Aufführung des Werkes Landmanns dem „Lenker der Geschicke", dem „Führer und Einiger des zerfallenen Deutschland".[35] Der Text zu „Der große Pflüger" ist ein Zeitdokument für die Verquickung von evangelischer Theologie und politischer Ideologie. Auf den Punkt bringt es eine Rezension, die das Werk als ein „nationale[s] Oratorium" beschreibt, das „als wesentlichen Bestandteil einen religiösen Einschlag" enthält.[36]

Nach diesen alle Kräfte benötigenden Aufführungen kam es erst wieder am Karfreitag, dem 15. April 1938, mit „Ein deutsches Requiem" von Brahms zu einem großen Konzert. Das Jubiläumsjahr zum 25-jährigen Bestehen des Bachchores wurde am 21. Juni 1939 mit Joseph Haydns „Die Schöpfung" begangen. Nach Kriegsbeginn veranstaltete der Bachchor im Jahr 1940 zwei Konzerte mit Werken Bachs. Am Totensonntag, dem 24. November, wurde die „Johannes-Passion" und in der Weihnachtszeit, das Konzert ist nur durch zwei Kritiken dokumentiert, das „Weihnachts-Oratorium" aufgeführt. In den Folgejahren trat der Bachchor am 11. Mai 1941 anlässlich des 25. Todestages von Reger mit der „Choralkantate über ‚Auferstanden, auferstanden'", und am Heldengedenktag 1942, dem 15. März, mit einem Chor von Johann Heinrich Lützel und dem „Requiem auf unsere Gefallenen" von Landmann an die Öffentlichkeit. Drei Wochen später, in einer „Passionsmusik" am Karfreitag, dem 3. April – zugleich das 334. Orgelkonzert Landmanns –, sang der Bachchor zusammen mit dem Kirchenchor der Pauluskirche in Ludwigshafen-Friesenheim Chorkompositionen von Palestrina und von Johann Michael Haydn. Es war das letzte Konzert Landmanns in Mannheim als Organist und Chorleiter an der Christuskirche. Die Umstände und die Gründe für die Niederlegung des Amtes liegen im Dunkeln, wahrscheinlich war die Scheidung von seiner zweiten Frau ausschlaggebend. Er konnte „angesichts des grossen Aufsehens, das die ganze Angelegenheit in Mannheim erregt"[37] hatte, seine Stellung als Kirchenmusiker an der Christuskirche nicht mehr wahrnehmen und verlor darüber hinaus seine Pensionsansprüche. Eine Rückkehr an die Christuskirche blieb aussichtslos, selbst die Übernahme von Orgeldiensten, von Konzerten ganz zu schweigen, wurde ihm verwehrt.

Dr. Oskar Deffner (1943 – 1960): Kirchenmusikalische Erneuerung

Im Mai 1942, nachdem Dr. Oskar Deffner von Poppen im März über die frei gewordene Stelle an der Christuskirche telefonisch informiert worden war[38], sondierte Deffner mit dem vom Staat eingesetzten Bevollmächtigten der Finanzabteilung beim Evangelischen Oberkirchenrat Karlsruhe für die Kirchengemeinde Mannheim, Dr. Karl-Friedrich Gérard, die Bedingungen in Mannheim. Poppen, der die Berufung Deffners förderte, warb in einem Schreiben an die Finanzabteilung vom 20. Juni 1942 für die Anstellung eines bedeutenden Chorleiters, weil für „unsere derzeitige evang[elische] Kirchenmusik [...] die Singarbeit sowohl mit der Gemeinde, der Gemeinde-Jugend als insbesondere mit dem Kirchenchor eine der lebenswichtigen Fragen" ist.[39] Mit Poppen verband Deffner nicht nur die gemeinsame Studienzeit in Heidelberg bei Wolfrum, sondern auch das Verständnis von Kirchenmusik, die von ihren Wurzeln her erneuert werden sollte. Deffner, der „grossen Wert darauf [legte],

Dr. Oskar Deffner (1891 – 1982):

Schüler von Philipp Wolfrum in Heidelberg, letzter Assistent Wolfrums, Orgelschüler von Landmann

1919 – 1921	Kapellmeister in Saarbrücken und Mainz
1921 – 1942	Kirchenmusiker an der St. Nikolai-Kirche in Kiel, 1942 Ernennung zum Kirchenmusikdirektor
1928	Promotion bei Fritz Stein mit der Schrift „Über die Fantasie für Tasteninstrumente"
1942 – 1960	Kirchenmusiker an der Christuskirche in Mannheim
1. Mai 1955	Ernennung zum Bezirkskantor
10. April 1960	letztes Konzert als Kantor der Christuskirche, anschließend Verleihung der Schiller-Plakette der Stadt Mannheim

in seine badische Heimat zurückzukehren"[40], stellte sich der Gemeinde in einer kirchenmusikalischen Feierstunde zum Reformationsfest am 1. November vor, in der er Bachs „Präludium und Fuge in Es" (BWV 552) und die „Passacaglia in c" (BWV 582) spielte. Den Bachchor und den Chor der Pauluskirche in Ludwigshafen-Friesenheim dirigierte in dieser Veranstaltung Professor Arthur Berg. Schließlich wurde der 1942 in Kiel zum Kirchenmusikdirektor ernannte Kantor zum 1. März 1943 an die Christuskirche berufen. Mit dem „verantwortungsvollsten kirchenmusikalischen Amt in Baden"[41] schloss sich für Deffner, der 1928 mit der Arbeit „Über die Fantasie für Tasteninstrumente" von Fritz Stein[42] promoviert wurde, der in Heidelberg begonnene berufliche Kreis. Mit der Amtsübernahme an der Christuskirche lehrte Deffner am Evangelischen Kirchenmusikalischen Institut Heidelberg bis 1952 Orgel-Literaturspiel und Liturgisches Orgelspiel und von 1957 bis 1960 Chor- und Orchesterleitung.

Doch der im März 1943 nach Mannheim gekommene Kirchenmusiker fand enttäuschende Verhältnisse vor. In den Bombenangriffen von 1943 wurden die Christuskirche und ihre Orgel beschädigt. Hinzu kam, dass Deffner im Angriff am 5. September 1943 seine Wohnung mit der Einrichtung und der Notenbibliothek am Werderplatz 16 verlor. Bis 1947 lebte er in Heidelberg und versah von dort seinen kirchenmusikalischen Dienst in Mannheim. Umso erstaunlicher ist es, dass und wie Deffner, nachdem er von den Militärbehörden wieder eine Arbeitserlaubnis erhielt – er musste sich wegen Mitgliedschaft in der NSDAP verantworten –, die Stadt und die Gemeinde mit Veranstaltungen versorgte, die er, ganz im Sinn der Kirchenmusikalischen Erneuerung, bis 1947 „Kirchenmusikalische Feierstunde" nannte. Der

Unterschied zu den von Landmann bevorzugten Programmen lag vor allem in der Einbeziehung der Gemeinde, die zu Beginn und am Ende mehrere Strophen eines Gemeindeliedes sang. Das gemeinsam gesprochene „Vaterunser" als Abschluss verdeutlichte den liturgischen Charakter der Veranstaltung. Die Zeit der Virtuosen-Konzerte, die noch in dem letzten Konzert Landmanns zu erkennen war, war vorbei. Jetzt stand das Gemeinschaftserlebnis im Singen und Beten im Vordergrund, und die evangelische Musik des 17. Jahrhunderts wurde verstärkt in das Repertoire aufgenommen: Die Kirchenmusikalische Erneuerung hatte an der Christuskirche Fuß gefasst.

> ### Exkurs: Die Kirchenmusikalische Erneuerung
>
> Das Ende des Ersten Weltkrieges war auch in der Musikgeschichte ein einschneidendes Ereignis. Neben der Moderne mit ihren gegensätzlichen Vertretern Arnold Schönberg und Richard Strauss entwickelte sich aus den Jugendbewegungen der Jahrhundertwende heraus ein anderes Verständnis von Musik.[43] Hier standen einfache Musizierformen wie das Volksliedsingen im Vordergrund, und das Gemeinschaftserlebnis stärkte die sich gründenden Sing- und Musizierkreise.[44] Musikalisches Vorbild war die Musik des 16. und 17. Jahrhunderts, und als Ziel- und Höhepunkt der Musikgeschichte galten die Werke Bachs. Diesen Komponisten schrieb man eine Volksnähe zu, die die Abgrenzung zu den modernen, volksferneren Komponisten verdeutlichen sollte. In dieser Musikauffassung und -ausübung wurde eine Politisierung bemerkbar, beispielsweise im völkischen Verständnis von Musik des Finkensteiner Bundes, die die nationalsozialistische Ideologie antizipierte.
>
> Die Kirchenmusikalische Erneuerung ist Teil der Jugendbewegung, insofern sie die Rückwendung hin zur Musik der „Älteren Meister" aufnahm. Nun hieß das Vorbild der jungen evangelischen Komponisten nicht mehr Reger, sondern Heinrich Schütz, und man bevorzugte nicht mehr die spätromantische Orgel, sondern das Klangideal eiferte der sogenannten „Praetorius"-Orgel nach, die in Freiburg nach der Beschreibung des Musiktheoretikers und Komponisten Michael Praetorius aus dem Jahr 1618 errichtet wurde. In der Kirchenmusikalischen Erneuerung sang man in der Gemeinschaft, und der Chorleiter stand nicht mehr vor dem Chor, sondern war Bestandteil eines Singkreises. Auch war sie personell eng mit der musikalischen Jugendbewegung verbunden. Im Finkensteiner Bund wirkten etwa Konrad Ameln, Herausgeber der Vereins-Zeitschrift „Die Singgemeinde" und nach dem Krieg als Hymnologe und Musikwissenschaftler tätig, und Karl Vötterle mit. Im von ihm gegründeten Bärenreiter-Verlag erschien nicht nur die Chormusik der Vertreter der Kirchenmuskialischen Erneuerung, etwa die Werke Hugo Distlers, sondern auch eine große Zahl an nationalsozialistischer Chorliteratur.

Die Kirchenmusikalische Erneuerung und die Singbewegung verband die Bevorzugung einer gleichsam „voraufklärerischen" Musik, die das Gemeinschaftliche, das Einfache prägte. Hinzu kam die Berufung auf eine nationale Geschichte, die Komponisten der Renaissance und des Frühbarock dienten dabei als Vorbilder, da ihre Werke als klar, streng und unsentimental verstanden wurden. In diesem Punkt trafen sich die Kirchenmusikalische Erneuerung mit dem nationalsozialistischen Verständnis. Die Abwendung aller „individuellen und ichhaft-persönlichen Gedanken und Empfindungen"[45] und das gemeinschaftlich empfundene Aufblicken zu dem Einen, von dem Erlösung erhofft wird, waren beiden gemeinsam.

Deffner erläuterte in einem Artikel mit dem Titel „Mannheimer Kirchenmusikfest", der in „Die Mannheimer Gemeinde" vom Mai 1949 erschien, das neue kirchenmusikalische Verständnis und übertrug es auf die Verhältnisse der Stadt.[46] Zunächst hielt er fest, dass die Mannheimer Kirchenmusik in einer veraltet anzusehenden Auffassung verharrte, indem der „fromme Klangrausch [...] sehr oft im Ästhetischen hängen" blieb; eine Formulierung, mit der er seinen Vorgänger Landmann angriff. Dem stellte Deffner eine „junge Kirchenmusikergeneration" gegenüber, die „andere Wege zu gehen" bereit sei und dabei „der evang[elischen] Kirchenmusik ihre theologische Würde" zurückgebe. Die „kirchenmusikalische Erneuerungsbewegung" gründe sich auf die Liturgie, den „Mutterboden der Kirchenmusik". „Aus der Verbundenheit mit der Gegenwart hat die evang[elische] Kirchenmusik in ihren besten Zeiten die kräftigsten Wurzeln gezogen". Ausgangspunkt dieser Überlegungen waren die neuen Werke von Komponisten, die 1937 nicht nur in Berlin das „Fest der Deutschen Kirchenmusik" bestimmten – einer Darbietung zeitgenössischer evangelischer Kirchenmusik, die in der Ideologie der Kirchenmusikalischen Erneuerung wurzelte und sich dem nationalsozialistischen Staat andiente –, sondern auch nach dem Krieg die Tradition der evangelischen Kirchenmusik weiterführten. Deffner nannte in diesem Zusammenhang unter anderen Johann Nepomuk David, Wolfgang Fortner und Hans Friedrich Micheelsen. Diesem Verständnis blieb er treu und fühlte, wie er drei Jahre später in einem Bericht über das Jahr 1952 schrieb, die „Verpflichtung [...] den lebenden Komponisten gegenüber, [...] in ein Gespräch zu kommen. Die vielfache Zerissenheit und Unausgeglichenheit unserer Zeit spiegelt sich wohl in manchen dieser Werke wieder".[47]

Auslöser dieser Rechtfertigung waren die vom 15. bis 19. November 1952 veranstalteten „Tage der Kirchenmusik", in denen am 16. November eine „Abendmusik mit zeitgenössischen Werken" erklang. Das Konzert beschrieb Deffner in seinem Bericht als „einen Einbruch des zeitgenössischen Schaffens in unsere sonst mehr klassische Linie in der Programmgestaltung".[48] Die Komponisten, die an diesem

Vom 15. bis 19. November 1952 veranstaltete Dr. Oskar Deffner in der Christuskirche „Tage der Kirchenmusik". Privat

Abend aufgeführt wurden, standen wie Deffner in der Tradition der Kirchenmusikalischen Erneuerung. Er widmete diesen Komponisten und vor allem Micheelsen, die in ihrer Musik das Wort in den Vordergrund stellten, mehrere Konzerte.

Wohl aufgrund der Beschädigungen an der Orgel führte Deffner in Mannheim die monatlichen Orgelkonzerte nicht weiter. Erst in den Sommermonaten des Jahres 1952 konnten die Beschädigungen und Zerstörungen durch die Bombentreffer an der großen Orgel in der Christuskirche repariert und das

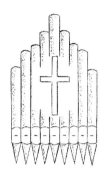

BACHCHOR MANNHEIM

TAGE DER KIRCHENMUSIK

unter Förderung der Ev. Akademie

15.–19. NOVEMBER 1952
in der Christuskirche

SAMSTAG, 15. NOVEMBER 1952

19.30 Uhr: **ERÖFFNUNGSFEIER**

J. S. Bach: Präludium und Fuge in h-moll
Worte zur Eröffnung

G. Fr. Händel: „Dettinger Te deum" für fünfstimmigen Chor, Baßsolo, Orchester, Orgel und Cembalo. Dr. H. O. Hudemann (Baß), Ludwig Mayer (Orgelbegleitung). Der Bachchor und der durch hiesige Instrumentalisten verstärkte Instrumentalkreis des Bachchors. Leitung: Dr. Oskar Deffner.

SONNTAG, 16. NOVEMBER 1952

9.30 Uhr: **FESTLICHER GOTTESDIENST**
Der Bachchor singt Motetten von Barth. Gesius und Heinrich Schütz.

19.30 Uhr: **ABENDMUSIK**
mit zeitgenössischen Werken

H. Fr. Micheelsen: Präludium und Passacaglia aus op. 32

Kurt Fiebig: Zwei Choralkantaten:
a) „Nun lob, mein Seel, den Herren"
b) „Wachet auf, ruft uns die Stimme"

H. Fr. Micheelsen: Choralkantate: „Ach bleib mit deiner Gnade"

Karl Marx: Deutsche Liedmesse
Motetten von Ernst Pepping und Hugo Distler. Theo Greß (Bariton). Die Kantorei des Bachchors und der Instrumentalkreis des Bachchors. Hans Schmidt (Orgelbegl.) Leitung: Dr. Osk. Deffner.

MONTAG, 17. NOVEMBER 1952

19.30 Uhr: **ORGELKONZERT**
An der großen Orgel:
Professor Helmut Walcha (Frankfurt)
WERKE VON J. S. BACH:
Passacaglia c-moll, Choralbearbeitungen aus Bd. VII, Sonate in es-Dur, Fantasie in c-moll, Präludium und Fuge in c-Dur (Nr. 7)

MITTWOCH, 19. NOVEMBER 1952 (Bußtag)

19.00 Uhr: GEORG Fr. HÄNDEL:
ISRAEL IN ÄGYPTEN
Oratorium für vier- und achtstimmigen Chor, Sopran-, Alt- und Baßsolo, Orchester, Orgel und Cembalo.
Helene Schmuck (Sopran), Carla Moritz (Alt), Heinrich Hölzlin (Baß), Rud. Schellhammer (Baß), Dr. Herbert Haag (Orgel), Armin Thoma (Cembalo). Der Bachchor. Das Pfalzorchester.
Leitung: Kirchenmusikdirektor Dr. Oskar Deffner.

Eintrittskarten: Die im Vorverkauf für die Abendmusik, das Orgelkonzert und die Hauptaufführung gelösten Einzelkarten berechtigen zum freien Eintritt in die Eröffnungsfeier.

Eintrittspreise: Eröffnungsfeier (Dettinger Te deum) —,50 DM; Abendmusik (Chorkantaten und Deutsche Messe) 1,— DM und —,50 DM;
Orgelkonzert (Prof. Walcha) 1,— DM;
Hauptaufführung (Händel-Oratorium) 3,— u. 2,— DM; im Vorverkauf bei Häffner, Werderplatz 15; Musikhaus Heckel, O 3, 1; Verkehrsverein, N 1; Buchhandlung Böttger, am Wasserturm.

Programm der „Tage der Kirchenmusik" 1952. Privat

Instrument als Konzertinstrument wiederhergestellt werden. Wie ein Zeitungsartikel berichtete, wurden „bei dieser Gelegenheit [...] einige veraltete Register ausgewechselt bzw. durch neue, den modernen Klang- und Bauprinzipien besser entsprechende Register ersetzt". Mit einem Konzert am 5. Oktober 1952 führte Deffner die große Orgel wieder in „vollem Schmuck des wiederhergestellten Prospektes" der Öffentlichkeit vor. Auf dem Programm standen Werke von Bach, Reger und am Schluss die „Choralsonate" Heinrich Kaminskis. Die Rezensionen zeigten sich über die Restaurierung – „die Erfüllung langgehegter stiller Wünsche" – sehr erfreut und lobten die Farbwirkungen der Orgel.[49] Damit stand einer Wiederaufnahme regelmäßiger Orgelkonzerte nichts mehr im Wege, jedoch die große Orgel erfüllte nicht Deffners Anforderung an eine moderne Orgel. Er spielte, überblickt man die Aufstellung, die Deffner anlässlich seines letzten Orgelkonzertes am 27. März 1960 drucken ließ, neben Werken von Bach und Reger vorrangig Kompositionen des 17. Jahrhunderts und Werke der Komponisten, die der Kirchenmusikalischen Erneuerung angehörten. Romantische Musik, gerade für diese war die Steinmeyer-Orgel prädestiniert, führte Deffner hingegen selten auf.

Dr. Oskar Deffner an der Marcussen-Orgel, die er aus Kiel mitgebracht hatte. Die Orgel stand bis 1984 in der Christuskirche und wurde nach einer Restaurierung in der Petruskirche in Mannheim-Wallstadt aufgestellt.
Foto: Privat

In seinen Erinnerungen erwähnte er die große Orgel, widmete aber der Marcussen-Orgel, die er aus Kiel mitbrachte, am 17. August 1947 der Gemeinde vorstellte und 1954 um ein Krummhorn auf 10 Register erweiterte, „besondere Aufmerksamkeit"[50]. Sein Verständnis von Orgelmusik verband sich nicht mit dem romantischen Klangideal der Steinmeyer-Orgel.

Deffner konzentrierte sich auf die Aufbauarbeit des Bachchors, den er über die Jahre zu einem herausragenden Chor entwickelte. Wies der Bachchor 1943 nur noch 14 Mitglieder auf, „sodaß eine künstlerische Arbeit nicht mehr möglich war"[51], so sang er dennoch am 7. Mai 1944 ein Chorkonzert mit den Bach-Kantaten „Sei Lob und Ehr dem höchsten Gut" und „Wachet auf, ruft uns die Stimme". Die Rezension sprach von „gewisse[n] zeitbedingte[n] Unzulänglichkeiten vokaler oder instrumentaler Natur".[52] Nach Kriegsende begann Deffner gleichsam an den Wurzeln evangelischer Kirchenmusik: Am 29. Juli 1945 sang der Chor unter anderem Vertonungen von Johann Rosenmüller „Welt, ade! Ich bin dein müde", „In dir ist Freude" von Giovanni Giacomo Gastoldi und das Abendlied „Hinunter ist der Sonnenschein" mit der Musik von Johann Hermann Schein. Zwei Monate später bewältigte der Chor bereits die Kantate „Jesu, meine Freude" Dieterich Buxtehudes und zwei Stücke von Mozart, darunter das „Ave verum". Im Jahr 1946 erarbeitete sich der Chor neben der Bach-Kantate „Gott, der Herr, ist Sonn und Schild" – ein Werk, das der Chor über Jahrzehnte immer wieder sang – „Die Sieben Worte Jesu Christi am Kreuz" von Schütz und für eine Aufführung am 8. April 1947 Händels „Messias". Zum letzten Mal wurde diese Veranstaltung „Kirchenmusikalische Feierstunde" genannt, der Bachchor war nun wieder in der Lage, eines der großen Oratorien Bachs zu singen: Am 14. Dezember 1947 trug er die ersten drei Kantaten aus dem „Weihnachts-Oratorium" vor. Deffner schrieb in seinen Erinnerungen über diese Zeit, dass der „eigentliche Aufbau [des Chores] erst 1947" beginnen konnte. Aber der „Besuch der ersten größeren Chorauführungen des Bachchors war in jenen Jahren, nachdem die Menschen jahrelang das geistige Brot entbehrt hatten, besonders stark".[53]

Ein Höhepunkt der kirchenmusikalischen Arbeit Deffners war der 27. Evangelische Landeskirchengesangstag, der am 19. und 20. Mai 1951 stattfand. Er wurde eingeleitet von einer „Abendmusik", in der der Bachchor ausschließlich Werke von Micheelsen, der in der Vertreterversammlung einen Vortrag über „Der Choral in der zeitgenössischen evangelischen Kirchenmusik" hielt, sang. Im Festgottesdienst am Sonntagnachmittag setzten die 59 Chöre aus Nordbaden, darunter nahezu alle Mannheimer Kirchenchöre, ein Zeichen ihrer Leistungsfähigkeit. Unter Leitung von Poppen, der als Landeskirchenmusikwart die Planung und die Auswahl der Chorstücke verantwortete, erklangen Werke aus dem 17. und 18. Jahrhundert sowie Kompositionen von Ernst Pepping und Distler. Die Liturgie des Hauptgottesdienstes am Sonntagvormittag entsprach der, die in dem neuen Evangelischen Kirchengesangbuch abgedruckt wurde. Durch die neu hinzugekommenen Wechselgesänge im Kyrie- und im Gloriateil belebten die Chöre die Liturgie. Allerdings wurden in der Christuskirche die Gottesdienste bis 1972 mit unterschiedlichen Liturgien gefeiert, das belegen die Berichte der Visitationen aus den Jahren 1956, 1962 und 1968. Das lag vor allem an Pfarrer Herbert Wäldin, der bis zu seinem Ruhestand im Jahr 1972 an der Ordnung von 1930 festhielt, die die Gemeinde allenfalls im „Halleluja" und im „Amen" nach dem Segen beteiligte. Pfarrer Wilhelm Karle hingegen, von der Gemeinde und dem Ältestenkreis unterstützt, verwandte die neue Liturgie. In den Bescheiden über die Visitationen wurde dieser Umstand kritisiert und gemahnt, die neue Liturgie einzuführen, damit sich der Gemeinde „nicht das Bild der Zerrissenheit im Gottesdienst"[54] biete. Mit Erleichterung nahm das Visitations-Gremium im Bescheid vom 2. Januar 1975 zur Kenntnis, dass die erweiterte Liturgie „endlich nun auch an der Christuskirche"[55] in die Gottesdienste Eingang gefunden hatte. Auch die Lieder des neuen Gesangbuches, die sich in Melodie und Text an der Originalgestalt des 16. und 17. Jahrhunderts orientierten, fanden nur langsam Eingang in die Gemeinde, da Gemeindeglieder und Wäldin an dem alten Gesangbuch festhielten.

In den Jahren zwischen 1950 und 1960 organisierte Deffner einige herausragende kirchenmusikalische Veranstaltungen. Vorläufer der 1950 stattfindenden Bach-Woche waren die zwei Jahre zuvor veranstalteten Bach-Tage, in denen der Bachchor mit einem „Kantatenabend" am 2. Juni hervortrat[56] und vier Tage später die „Johannes-Passion" aufführte. Dass 1950 die Aufführungen der „Bach-Woche der evangelischen Kirchengemeinde Mannheim" ein Anliegen der Gesamtgemeinde war, verdeutlichte das Grußwort von Wilhelm Bergdolt, der im Namen der liturgischen Kommission in dem Prospekt schrieb: „Die Bach Woche ist ein Geschenk an die gesamte Mannheimer Bevölkerung." Daher setzte man die Eintrittspreise niedrig an, „um weitesten Kreisen den Besuch"[57] zu ermöglichen. In der Woche vom 2. bis 9. Juli sang der Bachchor zur Eröffnung in einem „Kantaten-Abend" die „Trauer-Ode" und die Kantate „Wachet auf, ruft uns die Stimme" sowie als Abschlusskonzert die „Matthäus-Passion". Hingewiesen wurde am Ende der Vorschau auf die das Bach-Jahr beendenden Aufführungen der „Messe in h" am 5. November und des „Weihnachts-Oratoriums" am 10. Dezember. Mit diesen Aufführungen, hinzu kamen noch einige Kantaten und das Singen in den Gottesdiensten, stellte Deffner nachdrücklich die Leistungsfähigkeit des Chores unter Beweis, der einen Vergleich mit dem Heidelberger Bachverein nicht zu scheuen brauchte.[58]

In den vom 16. bis 20. Juni 1956 veranstalteten „Tagen der Kirchenmusik" war wiederum Micheelsen ein Konzert gewidmet. Die Kantorei des Bachchors, ein Kammerchor, der sich aus Mitgliedern des Bachchores zusammensetzte, sang „Tod und Leben. Ein deutsches Requiem für fünfstimmigen A-cappella-Chor" und die „Lutherchoralkantate" für gemischten Chor, Streichorchester und Pauken. Der Bachchor führte als Abschlusskonzert am 20. Juni die „Messe in h" von Bach auf. Dass die „Tage der Kirchenmusik" eine Veranstaltung der Gesamtgemeinde waren, verdeutlichte die „Abendfeier" am Sonntag, dem 17. Juni. Die Chorsätze der durch Gemeindelieder, Gebet und Ansprache liturgisch gestalteten Feier sangen Kirchenchöre aus Mannheimer Gemeinden. Dekan Heinrich Schmidt schrieb in einem Brief vom 21. Juni an Deffner, der am 1. Mai 1955 zum Bezirkskantor ernannt wurde: „Ich glaube, wir haben damit für das kirchenmusikalische Leben in Mannheim einen guten Schritt voran getan."[59]

Auf der Suche nach Chorwerken, die außerhalb des Repertoires lagen, kam Deffner auf die „Johannes Passion" von Alessandro Scarlatti, die für den 20. März 1955 als „Deutsche Erstaufführung" angekündigt wurde. Am Bußtag, dem 16. November 1955, setzte Deffner „Vom Reiche Gottes" auf das Programm, eine von Hans Grischkat erarbeitete „Zusammenstellung von hochbedeutenden Teilen" aus dem Kantatenwerk Bachs, „die aus mancherlei Gründen so gut wie nie aufgeführt werden und deshalb unbekannt geblieben sind". Nach „erfolgreichen Aufführungen in Stuttgart, Frankfurt und anderen Städten" werde die Kompilation nun, wie es in der Einladung zu dem Konzert von 1955

Nach seinem letzten Konzert mit dem Bachchor wurde Dr. Oskar Deffner mit der Schiller-Plakette der Stadt Mannheim ausgezeichnet. Foto: Privat

hieß, auch in Mannheim in einer „bedeutsamen Erstaufführung" vorgetragen.[60] Das Werk wurde in Deffners letztem Konzert in der Christuskirche am 10. April 1960 noch einmal gesungen. Nach diesem Konzert, in dem Deffner auch „Ein deutsches Requiem" von Brahms dirigierte, verlieh ihm Oberbürgermeister Dr. Hans Reschke wegen seiner Verdienste um die Kirchenmusik die Schillerplakette der Stadt Mannheim. Ein Konzert anlässlich des Stadtjubiläums am 5. Mai 1957 widmete sich in der Christuskirche – „als neuzeitliche Uraufführung" – Werken von Franz Xaver Richter und Ignaz Holzbauer. Selbst nach seiner Pensionierung 1960 ließ das Interesse an der Kirchenmusik des Mannheimer Hofes nicht nach. 1963 dirigierte Deffner den Bachchor in einer Aufführung der „Messa da requiem" von Richter in einem Konzert am Palmsonntag, dem 7. April, in der Mannheimer Schlosskirche.

Heinz Markus Göttsche (1960–1968): Über Mannheim hinaus

Am 1. Mai 1960 begann Heinz Markus Göttsche seine Tätigkeit als Kirchenmusiker an der Christuskirche. Der in der Tradition der norddeutschen Kirchenmusik aufgewachsene Göttsche vertrat eine auf der Kirchenmusikalischen Erneuerung basierende Einstellung, die ihn mit Deffner verband. Trennend waren jedoch Temperament und die zunächst stärkere Berücksichtigung des gottesdienstlichen Engagements. So sang der Bachchor in den ersten Jahren zahlreiche Chorsätze, die in den Folgejahren das Repertoire für die Gottesdienste ausmachte. Die Stücke wurden zum großen Teil den Chorsammlungen „Chorgesangbuch: geistliche Gesänge für ein bis fünf Stimmen", 1934 von Richard Gölz herausgegeben, und dem 1949 von Gottfried Grote veröffentlichten „Geistlichen Chorlied" entnommen. Zu den Dienstpflichten Göttsches zählten neben der Leitung des Bachchores das Orgelspiel am Sonntag und in den Kasualien sowie die Mitwirkung am Harmonium oder Klavier in den Bibelstunden und Gemeindeabenden. Darüber hinaus wünschte sich die Gemeinde das Singen mit der Gemeinde und den Aufbau eines Kinder- und Jugendchores.

Zwei Jahre nach Amtsantritt wurde Kritik an der Amtsführung Göttsches geäußert, die wegen der Frage, ob der Bachchor ein Konzert- oder ein Kirchenchor sei, zu einem Konflikt zwischen Kantor und Pfarrer Wäldin führte. Dies klang bereits in dem Visitationsbericht vom 12. Juni 1962 an: „Leider ist in den letzten Jahren der Bach-Chor weniger ein Kirchenchor als ein über-gemeindlicher Chor geworden, zu dem weitaus mehr Sänger aus anderen Gemeinden als aus unsrer eigenen gehören."[61] Aus der noch zögerlichen Äußerung des Bedauerns über den „über-gemeindlichen Chor" wurde ein Tadel in dem sechs Jahre später geschriebenen Visitationsbericht von 22. September 1968: der Bachchor verstehe „sich zu unserem Bedauern fast ausschließlich als Konzertchor" und trete „nur sehr selten im Gottesdienst in Erscheinung".[62]

Heinz Markus Göttsche (1922–2010):

1948	A-Prüfung in Lübeck
1948–1960	Kantor an der Peter-Pauls-Kirche in Bad Oldesloe
1960–1968	Kantor an der Christuskirche in Mannheim
1. Mai 1960	Ernennung zum Bezirkskantor
1968–1987	Landeskirchenmusikdirektor der Evangelischen Kirche der Pfalz

1963 erweiterte sich der Konflikt, nun stand die Bezeichnung des Chores im Mittelpunkt der Auseinandersetzung. Ursprünglich und in der Amtszeit Landmanns als „Bach-Chor der Christuskirche Mannheim" geführt, erschien ab 1952 in Ankündigungen und auf Programmen des Chores „Bachchor Mannheim". Damit wird deutlich, dass bereits unter Deffners Leitung der Chor sich als übergemeindlicher Konzertchor verstand. Daher hatte Pfarrer Wäldin an seinen Kollegen Dr. Weber am 15. Mai 1957 geschrieben: „Wir haben nach unserer Ansicht nicht mehr das Recht, den Bachchor als Kirchenchor der Christuskirche zu bezeichnen, wenn z. B. von den 45 Herren des Chores nur 3 der Christuskirchengesamtgemeinde angehören und ein ähnliches Zahlenverhältnis auch im Frauenchor gegeben ist."[63] Die Pfarrer der Christuskirche erwirkten eine Erneuerung der Dienstanweisung, die am 9. Dezember 1963 Göttsche zugestellt wurde. Der Chor solle den Namen „Bachchor an der Christuskirche" führen, und Göttsche möge zu Beginn eines jeden Jahres eine Übersicht über die geplanten Aufführungen vorlegen. Die Ankündigung der Mannheimer Bach-Tage im Jahr 1964 jedoch machte eine erneute Ermahnung Göttsches erforderlich. In einem Schreiben des Kirchengemeindeamtes vom 8. Oktober 1964 wurde der Kantor der Christuskirche aufgefordert, die Schreibweise „Bachchor an der Christuskirche" auf Plakaten und Programmen zu drucken, dies galt auch für das Bachorchester, sowie als Veranstalter die „Evang[elische] Kirchengemeinde Mannheim" zu nennen. Mit diesen Maßnahmen sollte dem Anschein entgegengetreten werden, „als habe sich der Bach-Chor sowohl von der Christuskirche als auch von der Evang[elischen] Kirchengemeinde Mannheim getrennt und sei eine nichtkirchliche Einrichtung geworden".[64] Göttsche verteidigte sich in einem Schreiben vom 22. Oktober 1964 an das Kirchengemeindeamt und wies darauf hin, dass der Bachchor ein übergemeindlicher Chor mit Präferenz für das Konzert sei. Ein nur lokal begrenzter Chor „hätte mich niemals zu einer Bewerbung nach Mannheim veranlaßt"; und weiter: „Ich habe nichts weiter getan, als mich an die Gegebenheiten, wie sie sich bei dem Amtswechsel 1960 darboten, zu halten."[65]

Die Entfremdung zwischen Kirchenmusiker und Pfarrer Wäldin nahm bis zu Göttsches Verabschiedung zu. Dies äußerte sich unter anderem darin, dass Wäldin die Vorschläge des Kirchenmusikers zur Ausgestaltung der Gottesdienste regelmäßig ablehnte. Schlusspunkt des Konfliktes waren die „Mannheimer Tage der Kirchenmusik" im November 1967. Wieder sah sich Wäldin gezwungen darauf hinzuweisen, dass der „Mannheimer Bachchor" sang und dass die Kirchengemeinde Mannheim nicht als Veranstalter genannt wurde. Resignierend schrieb er am 27. November 1967: „Meine [...] vorgetragenen Sorgen hinsichtlich des Bachchores und seiner Wegentwicklung vom Bachchor an der Christuskirche zum ‚Mannheimer' Bachchor sind nicht kleiner geworden. Ist der Bachchor noch eine Einrichtung der Kirchengemeinde oder nicht mehr?" Er stellte fest, dass die Sachleistungen – Bereitstellung von Räumen, Reinigung usw. – nicht mehr den Leistungen im Gottesdienst entsprachen. „Der Bachchor als

Heinz Markus Göttsche leitet bei einer Aufnahme den Bachchor und ein Orchester. Foto: Privat

A cappella-Chor ist in den Gottesdiensten kaum mehr zu hören; die ‚Jugendkantorei' in ihrer meist schwachen Besetzung ist u[nseres] E[rachtens] kein Äquivalent."[66]

Anstoß nahm man von Seiten der Pfarrer auch an den Schallplattenaufnahmen Göttsches. Werke von Bach, etwa die Kantate „Gottes Zeit ist die allerbeste Zeit", und Motetten von Schütz, Pepping und Distler wurden mit dem Bachchor ebenso wie Choralsätze von Johann Crüger und oratorische Kompositionen wie das Buxtehude zugeschriebene Werk „Das jüngste Gericht" aufgezeichnet. Mit den Schallplatten- und den zahlreichen Rundfunkaufnahmen unter der Leitung Göttsches erwarb sich der Bachchor jedoch einen beachtlichen Ruf über die Stadtgrenzen hinaus. Dies gelang auch zwischen 1962 und 1965 mit den Konzertreisen des Chores nach Paris, Dijon, Auxerre und Straßburg. Die Erlöse, die durch Aufnahmen und Konzerte erzielt wurden – Göttsche konzertierte oft als Organist außerhalb Mannheims –, kamen der kirchenmusikalischen Arbeit an der Christuskirche zugute, um die Finanzierung der Konzerte des Bachchores zu sichern.

Göttsche, von 1960 bis 1968 am Evangelischen Kirchenmusikalischen Institut in Heidelberg als nebenamtlicher Dozent für Orgel tätig, zog viele Studierende an den Bachchor: etwa Klaus Heller, später Kirchenmusiker an der Johanniskirche in Lindenhof, und Ulrich Schwabe, Kantor in Friedrichsfeld. Da diese jungen Kirchenmusiker in der Regel nicht Mitglieder der Christuskirche und oft selbst aktiv als Organist und Chorleiter tätig waren, konnte der Eindruck eines Konzertchores ohne Bindung an die Gemeinde entstehen. Aber nur mit diesen engagierten und musikalisch versierten Sängerinnen und Sängern gelang es Göttsche, die Vielzahl der kirchenmusikalischen Aktivitäten an der Christuskirche zu bestreiten. So veranstaltete er im September

1962 Kirchenmusiktage, zwei Jahre später im November die Mannheimer Bachtage und im November 1967 wiederum Kirchenmusiktage.

Die Werke, die Göttsche mit dem Chor erarbeitete, waren zunächst die Kompositionen des Oratorien-Repertoires, vor allem Bach. Hinzu kamen neben Mozarts „Requiem" und „Ein deutsches Requiem" von Brahms zwei Werke von Johannes Driessler: zunächst am 5. November 1961 anlässlich der 50-Jahr-Feier der Christuskirche das Oratorium „Dein Reich komme" und zwei Jahre später, am 20. November 1963, „Darum seid getrost. Kantate nach der Offenbarung des Johannes". Göttsches Engagement für die zeitgenössische Kirchenmusik ließ ihn am 12. Dezember 1965 von Frank Martin „In terra pax" aufführen, und am 7. November 1967 folgte in der Konkordienkirche unter dem Titel „Zur Diskussion gestellt!" ein Konzert komponierender Kirchenmusiker. Der Abend, der innerhalb der Kirchenmusiktage stattfand, brachte Uraufführungen von Klaus-Uwe Ludwig, Hans Schmitt und Göttsche selbst. Sein Eintreten für zeitgenössische Kirchenmusik begründete Göttsche in einem Schreiben vom 4. Dezember 1962, als er dem Kirchengemeinderat und den Ältesten der Christuskirchengemeinde seine Planungen für 1963 vorstellte: „Es wird auffallen, daß im Jahre 1963 fast ausschließlich Neueinstudierungen seltener wertvoller Werke vorgesehen sind. Dank seines guten Stimmaterials und seiner meist überdurchschnittlich begabten Mitglieder kann sich der Bach-Chor nicht auf ‚Kassenschlager' […] beschränken, sondern muß vielmehr darum bemüht sein, in vorbildlicher Weise auch in unbekannte Gebiete der Kirchenmusikliteratur pionierhaft vorzustoßen. Selbstverständlich bleibt die Pflege der ‚klassischen' Werke auch unsere Aufgabe."[67]

Bereits ein halbes Jahr nach seinem Dienstantritt an der Christuskirche versuchte Göttsche, die Aufführungsbedingungen der Chorkonzerte zu ändern. Wie bereits sein Vorgänger bemängelte er die mangelhafte Akustik der Orgelempore, da die Kreuzigungsgruppe eine direkte Wirkung der Musik behindere. Göttsche plädierte in einem Schreiben an den Bauausschuss des Kirchengemeinderates vom 18. November 1960 für eine Neugestaltung der Ostempore. Sein Vorschlag umfasste die Anschaffung von beweglichem

„Zur Diskussion gestellt!". Ein Konzert mit Musik zeitgenössischer Komponisten aus dem Raum Mannheims. Privat

Gestühl, eines geräuscharmen Podiums für das Orchester, einer Dirigierkanzel und ausreichende Beleuchtung. Er versprach sich dadurch, „eine stärkere Intensivierung des Musizierens", da „der moderne Mensch ja bekanntlich viel stärker *visuell* orientiert ist".[68] Zwar kam es nicht zu dem Umbau, aber ab der Aufführung des Oratoriums „Dein Reich komme" von Driessler am 5. November 1961 wurden viele Konzerte von der Ostempore aus gesungen. Bei der Wiederaufführung des Oratoriums im Jahr 1967 wagte Göttsche in einem Schreiben vom 10. August 1967 an den Ältestenkreis einen erneuten Versuch, vom Altarraum aus zu musizieren. Göttsche argumentierte, dass günstige akustische Verhältnisse nur vom Altar her zu erzielen seien und dass es bei diesem Werk auf den „unmittelbaren *sprachlichen und optischen Kontakt* mit der Gemeinde" ankomme.[69] Pfarrer Wäldin untersagte ihm dies mit dem Hinweis auf einen entsprechenden Beschluss des Ältestenkreises.

Neben dem Bachchor leitete Göttsche weitere Chöre. Mit dem „Singegarten" erhielt die Christuskirche einen Kinderchor, der in Gottesdiensten und bei Gemeindenachmittagen sang. Auch die Jugendkantorei wurde in der Gemeinde eingesetzt. Diese Ensembles verbanden Nachwuchsarbeit für den Bachchor mit dem Ziel, Kinder und Jugendliche durch die gesungenen Texte an die Kirche zu binden. Wie Deffner bat auch Göttsche ausgewählte Sängerinnen und Sänger zu einem „Kleinen Chor". Mit diesem Chor sang Göttsche in Gottesdiensten, etwa am Buß- und Bettag, dem 16. November 1960, die „Musikalischen Exequien" von Schütz, und Konzerten, wie in den Kirchenmusiktagen 1962 am 28. September die Kantaten „Es erhub sich ein Streit" und „Nun ist das Heil und die Kraft" von Bach oder „Die Weihnachtsgeschichte" von Distler am 15. Dezember 1963.

Eine Aufführung des Bachchores mit Orchester aus dem Jahr 1964 unter der Leitung Heinz Markus Göttsches auf der Ostempore. Foto: Bohnert-Neusch

Das erste Orgelkonzert, in dem sich Göttsche als Organist an der Steinmeyer-Orgel vorstellte, fand am 4. September 1960 statt. Mit der sogenannten „Orgelmesse" - „Dritter Teil der Klavierübung" - erklang eines der anspruchsvollsten Werke Bachs, die in der Wiedergabe die Einschätzung der Besetzungskommission bestätigte, Göttsche sei ein hervorragender Organist. Vier Jahre später wiederholte Göttsche dieses Programm, jetzt allerdings an der Marcussen-Orgel, die Deffner aus Kiel mitgebracht hatte und die inzwischen Eigentum der Gesamtkirchengemeinde war. Göttsche hatte dieses Instrument zunächst auf eigene Kosten um fünf Register im Pedal erweitern lassen. 1968 wurden ihm die Kosten für die Erweiterung vom Kirchengemeindeamt erstattet. Obwohl Göttsche zwei Instrumente zu Verfügung standen, erfüllte er den Wunsch der Gemeinde nach regelmäßigen Orgelkonzerten nicht. Die erweiterte Marcussen-Orgel kam dem Ideal zwar nahe, das dem aus dem norddeutschen Raum kommenden Göttsche vorschwebte, aber seine Klangvorstellungen von barocker Orgelmusik konnte er letztlich weder auf dieser noch auf der großen Steinmeyer-Orgel verwirklichen. So kam der Gedanke auf, eine neue Orgel zu bauen, die anstelle der romantischen Orgel auf der Hauptempore aufgestellt werden sollte. Der Plan wurde nicht in die Tat umgesetzt, vielmehr begann nach 1970 ein Umdenken, an dessen Ende die Einschätzung der Denkmalwürdigkeit der Steinmeyer-Orgel stand. Göttsche erlebte die Neubewertung der Steinmeyer-Orgel in Speyer. Er wurde 1968 zum Landeskirchenmusikdirektor der Evangelischen Kirche der Pfalz ernannt und verantwortete dort die Evangelische Kirchenmusik.

Exkurs: Das Bachorchester der Christuskirche

Die Initiative für die Gründung eines Instrumentalensembles für die Aufgaben in Gottesdienst und Konzert dürfte auf Max Sinzheimer zurückgehen, der Mitbegründer und Dirigent des aus Amateuren bestehenden Orchesters der Stamitzgemeinde war. Das Ensemble, das in den Konfirmandensälen der Christuskirche probte, war in der Lage, den Orchesterpart von Kantaten Bachs oder Orchestermusik des 17. und frühen 18. Jahrhunderts auszuführen. Nach dem Weggang Sinzheimers im Jahr 1925 warb Landmann im Jahr 1932 für ein „Orchester der Christuskirche", das im 239. Orgelkonzert am 1. Mai des Jahres in Johann Christoph Bachs Kantate „Ach, daß ich Wassers g'nug hätte" zum ersten Mal auftrat. In den folgenden Jahren spielte das Ensemble immer wieder in Konzerten in der Christuskirche, etwa bei der Aufführung von Bachs „Johannes-Passion" am 5. April 1935, als es zusammen mit dem Philharmonischen Orchester den Orchesterpart übernahm.

Unter der Leitung Deffners trat am 23. September 1945 in einer „Kirchenmusikalischen Feierstunde" zum ersten Mal ein Streichorchester auf, das zusammen mit dem Bachchor die Kantate Buxtehudes „Jesu, meine Freude", von Bach die Kantate „Ich will den Kreuzstab gerne tragen" und von Mozart das „Ave verum" vortrug. Erst wieder im „Kantaten-Abend" der Bachwoche im Jahr 1950 verzeichnete das Programm einen „verstärkten Instrumentalkreis des Bachchors". Dieses Ensemble spielte in kleineren Veranstaltungen wie etwa bei der „Kammermusik in den Gemeindesälen" am 17. Februar 1951 Werke von Pietro Antonio Locatelli, Arcangelo Corelli und Händel. Für die Aufführungen der Oratorien des Bachchors in der Christuskirche jedoch zog

CHRISTUS-KIRCHE MANNHEIM

Karfreitag, den 31. März 1961, 20.15 Uhr (Einlaß 19.45 Uhr)

Johann Sebastian Bach

JOHANNES-PASSION

für Soli, Chor und Orchester

Ausführende: Christa Mohrig, Sopran
Ingrid Koch-Ott, Alt
Horst-Heinrich Braun, Kaiserslautern, Tenor
Dr. Klaus Thomas, Baß
Friedrich Taubenberger, Mosbach, Baß
Der Bach-Chor
Das Bach-Orchester, verstärkt (Instrumentalsolisten aus dem Orchester: W. Neuer, Flöte; A. Wettstein und P. Miesen, Oboe und Engl. Horn; Cl. Heisterkamp und Norbert Tremmel, Violinen; Br. Schwarz, Violoncello-Continuo; A. Göttsche, Cembalo)
Hans Spengler, Karlsruhe, Viola di Gamba;
Hans Schmidt, Orgel

Leitung: Heinz Göttsche

Göttsches erste Auseinandersetzung mit der Bachschen „Johannes-Passion" in Mannheim, in der das Bachorchester den Orchesterpart spielte. Privat

Deffner ein professionelles Orchester vor, entweder Mitglieder des Nationaltheaterorchesters oder das Pfalzorchester. Immerhin war der „Instrumentalkreis des Bachchors" 1956 in der Lage, den Orchesterpart der „Lutherchoralkantate" von Micheelsen am 16. Juni 1956 zu spielen, die im selben Jahr bei der Reformationsfeier am 4. November wiederholt wurde.

Die Bezeichnung „Bach-Orchester" führte Göttsche für den „Instrumentalkreis des Bach-Chors" ein. Damit wertete er das Orchester auf, das nach wie vor aus Amateuren bestand: Bachchor und Bachorchester sollten auf gleich hohem Niveau musizieren. Bereits für die Aufführung der „Johannes-Passion" von Bach am 31. März 1961 wagte er mit dem Ensemble die Ausführung des Orchesterparts, die allerdings heftige Kritik nach sich zog. Göttsche sah ein, dass für derartige Aufgaben das Bachorchester noch nicht gerüstet war, und er wählte für Oratorienaufführungen entweder das Pfalzorchester oder das Kurpfälzische Kammerorchester. Allerdings veranstaltete er mit dem Ensemble jedes Jahr eigene Konzerte, die teilweise auch im Mozart-Saal des Rosengartens stattfanden, so am 24. April 1966 ein Konzert mit Orchestermusik von Bach.

Auch unter Leitung von Stephan Kroll gab das Bachorchester Konzerte. In Hanno Haag, Geiger im Orchester des Nationaltheaters, hatte er einen professionellen Musiker zur Hand, der ihm bei der Erarbeitung der Werke half, beispielsweise bei der Aufführung der „Johannes-Passion" von Bach am 18. März 1973. Mit Hilfe Haags, der ab Sommer 1972 vierzehntäglich das Bachorchester in den Proben leitete und den Kroll im Visitationsbericht von

1974 eigens dankbar erwähnte, gelang es, das Repertoire des Orchesters zu erweitern. So konnten Kompositionen von Carl Philipp Emanuel Bach und Mozart einstudiert und in Konzerten aufgeführt werden. Nach dem Tod Krolls übernahm Haag auf Beschluss des Kirchengemeinderates vom 29. Januar 1975 bis zur Berufung des neuen Kantors an der Christuskirche offiziell die Leitung des Bachorchesters.

Hermann Schäffer leitete nach seiner Ernennung zunächst das Bachorchester, jedoch kam es zwischen ihm und Haag zum Konflikt. Haag wollte nicht mehr zurückstehen und behinderte die Arbeit Schäffers. Zudem beurteilten beide das Leistungsvermögen des Ensembles sehr unterschiedlich: Meinte Haag im Bachorchester ein semiprofessionelles Ensemble vorweisen zu können, konnte Schäffer sich das Bachorchester nur in Aufführungen im Gottesdienst vorstellen. Schlichtungsversuche der Pfarrer Fritz Lang und Walther Bender scheiterten. Ergebnis war, dass Haag die Leitung des Bachorchesters aufgab, um sogleich das Orchester an der Abendakademie aufzubauen, das personell mit dem ehemaligen Bachorchester übereinstimmte. Der Name „Bachorchester" blieb an der Christuskirche und fand auch für Instrumentalensembles, die Aufführungen in den Gottesdiensten spielten, Verwendung. Zu einer Neugründung eines eigenen Instrumentalkreises an der Christuskirche kam es nicht mehr.

Stephan Kroll (1968–1974): Kirchenmusik aus Leidenschaft

Als Nachfolger Göttsches, der Ende Oktober 1968 als Kirchepnmusiker an der Christuskirche ausschied, sollte Ulrich Bremsteller berufen werden. Dies scheiterte indes an finanziellen Vorstellungen Bremstellers, die der Kirchengemeinderat nicht bereit war zu erfüllen. So kam am 1. Dezember mit Stephan Kroll eine ganz andere Persönlichkeit als Göttsche nach Mannheim. Dies wurde deutlich in einem Artikel des Mannheimer Morgen vom 23. Januar 1969 mit der bezeichnenden Überschrift: „Kirchenmusik soll nicht ‚Randerscheinung' bleiben". Kroll begriff die Kirchenmusik „als menschliche Antwort auf den Anruf, auf das Wort Gottes". Er forderte von sich – und von seinen Chören – „Kirchenmusik zu etwas künstlerisch und theologisch Überzeugendem, zu etwas Wesentlichem und Notwendigem zu machen".[70] Ganz im Gegensatz zu seinem Vorgänger, der sein Ideal in der zupackenden und lebensfrohen Musik des norddeutschen Barock sah, war Kroll in der klassisch-romantischen Musik verwurzelt. Seine Entscheidung zum Kirchenmusiker führte er auf eine Aufführung der „Missa solemnis" Beethovens und auf die Begegnung mit Wilhelm Furtwängler zurück, der einige Zeit sein Privatlehrer war. Dessen Versenkung in die Erhabenheit eines Werkes und dessen Suchen nach dem Hintergründigen einer Komposition lehrten Kroll die Musik als Äußerung eines von Gott selbst Geschaffenen zu verstehen. Kroll versuchte seine kirchenmusikalische Überzeugung in die Arbeit an der Christuskirche zu übertragen – und scheiterte letztendlich daran.

In den Jahren seines Wirkens als Leiter des Bachchores – er hieß nun wieder „Bachchor an der Christuskirche" – erfuhren Werke ihre Aufführungen, die bisher nicht einstudiert worden waren. So erklangen bereits im ersten Konzert unter der Leitung von Kroll am 31. Mai 1969 die „Messe C-Dur" von Beethoven und das „Te Deum" von Bruckner. Diese Kompositionen bereiteten das Werk vor, das Kroll am 29. November 1970 auf das Programm setzte und das ihn zum Kirchenmusiker bestimmte: Beethovens „Missa solemnis". Unterstützung für diese Aufgabe fand der Bachchor in dem Oratorienchor Pforzheim, den Rolf Schweizer leitete. Die Zusammenarbeit wurde für Aufführungen von Bruckners „Te Deum" und „Messe f-Moll" im Winter 1972 wiederholt, auch weil beide Kantoren die tiefe Religiosität der Brucknerschen Kompositionen empfanden.[71] Selbstverständlich sang der Bachchor weiterhin Werke von Bach – neben den großen Oratorien das „Magnificat" und einige Kantaten im Gottesdienst – und das „Requiem" Mozarts sowie von Franz Schubert die „Messe in As".

In den Berichten zur Visitation im September 1974 kam die Wertschätzung der Gemeinde und der Pfarrer für Kroll zur Sprache. Uneingeschränkt hieß es: „Wir danken Herrn Kroll für die Durchführung der großartigen und längst zur Tradition gewordenen Konzerte an der Christuskirche."[72] In einem eigenen Bericht vom 9. Oktober hielt Kroll fest: „Da er [= Bachchor] übergemeindlich ist, kann er zu meinem größten Bedauern kaum in den Gottesdiensten der Christuskirche singen." Nur bei besonderen Anlässen wirkte der Bachchor mit, etwa wenn eine Mozart-Messe in einem Gesamtgottesdienst aufgeführt wurde. Über das Fehlen eines Chores, der regelmäßig in den Gottesdiensten sang,

Stephan Kroll (1932–1974):

1955	Staatsexamen Konzertpianist
1959	A-Prüfung an der Staatlichen Hochschule für Musik Hamburg
1958–1963	Kirchenmusiker in Hamburg-Wandsbek (B-Stelle)
1963–1968	Kantor an der Christuskirche in München-Neuhausen
1968–1974	Kantor an der Christuskirche in Mannheim
7. März 1969	Ernennung zum Bezirkskantor

schrieb Kroll: „Was an der Christuskirche fehlt, ist eine Kantorei, ein regelrechter Kirchenchor, der vornehmlich in der Ausgestaltung der Gottesdienste seine Aufgabe sieht. Ich bedaure außerordentlich, daß es trotz eifrigsten Bemühens nicht möglich gewesen ist, einen solchen Chor auf Dauer zusammenzustellen."[73] Die Arbeit mit den Kinder- und Jugendchören konnte diese Lücke nicht füllen.

In dem Visitationsbericht von 1974 kam auch zur Sprache, dass „unser Kantor dringend die Unterstützung durch einen Assistenten" benötige, der vor allem „zur Ausgestaltung der Gottesdienste" beitragen solle. Begründet wurde dies mit den Anforderungen der Bezirkskantorenstelle – darunter wurde auch die Arbeit mit dem Bachchor verstanden –, die Kroll sehr ernst nahm. Zugleich betonte der Bericht, dass die gemeindliche Arbeit

Stephan Kroll probt mit dem Bachorchester im Stamitzsaal des Rosengartens. Foto: Privat

unter den Beanspruchungen der Bezirksarbeit leide. Die Errichtung einer Assistentenstelle scheiterte jedoch an den fehlenden Haushaltsmitteln der Gesamtkirchengemeinde Mannheim, die zwar die Vergütung eines nebenamtlichen Kirchenmusikers als Assistenten übernehmen wollte, aber nicht die Einrichtung einer hauptamtlichen Stelle.

Der Eindruck, dass dieser Antrag und die von der Leitung der Christuskirche geförderte und geforderte Ernennung zum Kirchenmusikdirektor scheiterten, verschärfte die Lage für Kroll, der an der Nichtdurchsetzbarkeit seines kirchenmusikalischen Ideals mehr und mehr litt. Für den November 1974 waren Kirchenmusiktage geplant, in denen er von Brahms „Ein deutsches Requiem" am Volkstrauertag, dem 17. November, dirigierte, dessen Aufführung nicht vollends gelang. Zwei Wochen später sollte dann als Abschluss der Kirchenmusiktage eine Aufführung des „Te Deum" von Furtwängler folgen. Angesichts des knappen Zeitplanes und weil Furtwänglers schwierige Komposition aus handschriftlichen, schwer lesbaren Stimmen gesungen werden musste, schien es fraglich, ob eine Aufführung wirklich durchführbar war. Die erste Probe nach der Aufführung des „Requiems" von Brahms ließ Kroll an seinem Vorhaben verzweifeln, sein verehrtes Vorbild in Mannheim zu dessen 20. Todestag zu würdigen. Während der Probe erlitt er – wohl innerlich gebrochen – einen Nervenzusammenbruch, von Chormitgliedern nach Hause gebracht wurde ein Notarzt hinzugezogen, der Kroll jedoch nicht mehr den nötigen Lebenswillen geben konnte. Stephan Kroll nahm sich in dieser Nacht das Leben. Am 29. November nahm die Gemeinde in einer Trauerfeier in der Christuskirche Abschied von ihrem Kantor.

Nach dem Tod Krolls wurden die Aufgaben aufgeteilt: die Gottesdienste wurden verschiedenen Organisten anvertraut, den Bachchor übernahm Ulrich Schwabe, den Kinderchor führte Margarete Wagner aus Heddesheim weiter und das Bachorchester leitete Hanno Haag. Gab das Bachorchester unter seiner Leitung 1975 einige Konzerte, so trat der Bachchor unter der Leitung Schwabes in einem noch von Kroll vereinbarten Konzert am 22. Juni auf der Seebühne anlässlich der Bundesgartenschau auf, in dem Chöre aus verschiedenen Oratorien – gewissermaßen die „Highlights" des Repertoires – gesungen wurden. Auch die Einstudierung des Händelschen „Messias", für den 1. Advent, dem 30. November, angesetzt, lag in den Händen Schwabes.

Hermann Schäffer (1975 – 1998): Im Angesicht der Gemeinde

Um das Amt des Kirchenmusikers an der Christuskirche bewarben sich zahlreiche Kirchenmusiker aus ganz Deutschland. Hermann Schäffer erwies sich im Probespiel, wie der Landeskantor für Nordbaden Erich Hübner in einem Gutachten vom 14. Mai 1975 urteilte, als „excellenter Orgelspieler", der „über eine souveräne Technik" verfüge und „eine sehr klare und durchdachte Interpretationsvorstellung" habe. Über das Probedirigat mit dem Bachchor schrieb er: Schäffer „probte mit dem Chor sehr intensiv, vor allem in Bezug auf die sprachliche und klangliche Gestaltung. Herr Schäffer versteht es ausgezeichnet, seine Interpretationsvorstellung in kurzer Zeit dem Chor zu vermitteln; er ist ein sehr engagierter, temperamentvoller Chorleiter."[74] Schäffer wurde gewählt und, nachdem im Sommer die Situation der Chöre zwischen den Pfarrern und Schäffer – die Weiterführung des Kinderchors und die Gründung eines Jugendchors – sowie die finanzielle Ausstattung der Stelle besprochen und die Planungen für 1976

Hermann Schäffer (geb. 1940)

1960 – 1968	Studium von Schul- und Kirchenmusik in Stuttgart, Rom und Berlin; Assistent von Helmuth Rilling
1968 – 1975	Kirchenmusiker an der Kreuzkirche in Düsseldorf
1975 – 1998	Kirchenmusiker an der Christuskirche in Mannheim und Bezirkskantor
1991	Ernennung zum Kirchenmusikdirektor (KMD) und zum Landeskantor in Nordbaden
1998 – 2005	Rektor der Hochschule für Kirchenmusik in Heidelberg

erörtert worden waren, trat der neue Kantor am 1. Oktober 1975 sein Amt an. Schäffer zeigte sich bereit, die Funktion des Bezirkskantors zu übernehmen, denn nach dem Tod Krolls gab es im Kirchengemeinderat Überlegungen, die Position des Bezirkskantors von dem Amt an der Christuskirche zu trennen.

Ein Artikel, der im März 1976 im Mannheimer Morgen erschien, berichtete über die Vorhaben Schäffers, der plante, „das Kantatenwerk von J.S. Bach nach und nach im Rahmen der Sonntagsgottesdienste in der Christuskirche aufzuführen".[75] Neben Aufführungen der großen, bekannten Oratorien werde der neue Kantor Kompositionen des 20. Jahrhunderts in das Repertoire aufnehmen. So führte der Bachchor bereits am 20. Juni 1976 die „Psalmensinfonie" von Igor Strawinsky und das „Gloria" von Francis Poulenc auf. Mit der Mannheimer Erstaufführung von Claudio Monteverdis „Marienvesper" am 2. Advent, dem 5. Dezember 1976, gelang ein halbes Jahr später eine bedeutende Erweiterung in die frühe Barockmusik.

Die Visitation von 1981 ließ die von Schäffer erreichten Veränderungen deutlich werden. Im Abschnitt über den Gemeindeaufbau wurden Kinderchor, Flötenkreis für Anfänger und Fortgeschrittene, Jugendchor, Bachchor und Kammerchor erwähnt und zugleich, mit Ausnahme des Kinderchors und des Flötenkreises, deren übergemeindliche Bedeutung betont. Am Anfang des der Kirchenmusik gewidmeten Abschnittes stand: „An der Christuskirche gibt es ein reiches und vielfältiges kirchenmusikalisches Leben." Auch auf die „zentrale Bedeutung der Christuskirche für die Kirchenmusik" der Stadt verwiesen die Autoren des Berichtes und schrieben über den Kantor, seine „unermüdliche Einsatzbereitschaft und seine hervorragenden Leistungen" verdienten „Dank und Anerkennung". Er erfülle „die Aufgabe der Kirchenmusik an der Christuskirche in hervorragender Weise": „Besonders dankbar sind wir dafür, daß er neben den großen Aufführungen immer wieder Möglichkeiten findet, durch Mitglieder des Bachchors, des Kinder- und Jugendchors sowie des Flötenkreises oder durch Instrumentalisten die Sonntagsgottesdienste zu verschönern."[76] Schäffer stellte in seinem eigenen Bericht in aller Deutlichkeit klar: „Der Bachchor an der Christuskirche (130 Mitglieder) ist der Kirchenchor der Christuskirche, der alle gottesdienstlichen Aufgaben versieht, und gleichzeitig ein überregionaler kirchlicher Oratorienchor", der „im kulturellen Leben der Stadt die evangelische Kirchenmusik in besonderer Weise vertritt". Dem Kirchenmusiker der Christuskirche gelang es offensichtlich, die Mitglieder des Bachchores an das Singen im Gottesdienst heranzuführen. Auch Schäffer beklagte, dass das Singen auf der Orgelempore weder akustisch befriedigend noch motivierend für die Sängerinnen und Sänger sei. „Schmerzlich wird gerade von den Eifrigsten die fehlende gottesdienstliche Gemeinschaft mit der Gemeinde vermißt. Der Chor sitzt ohne Kontakt mit der übrigen Gemeinde hinter dem Kreuz auf der Empore."[77] Das Argument, nur im Angesicht der Gemeinde könne das Singen sakraler Werke die Bedeutung des Textes der Gemeinde vermitteln – wobei die Begeisterung der Ausführenden die Wirkung unterstütze –, war für Schäffer entscheidend und bestimmte bereits Göttsches Versuche, den Chor der Gemeinde sichtbar zu machen.

Der Konflikt um ein Podest, das dem Chor Platz bot, begann mit der Aufführung der „Marienvesper" von Monteverdi im Jahr 1976, als Schäffer vom Altar aus musizieren ließ. Ein Bericht der Kommission des Ältestenkreises vom 16. Februar 1977, der sich mit dem Antrag Schäffers befasste, die Konzerte im Altarraum aufzuführen, legte die Argumente offen. Schäffer begründete seine Auffassung, dass eine Aufführung „von einer abgelegenen Empore einen Großteil der Ausstrahlung eines Werkes" vernichten würde. Das Entscheidende, auch theologisch Bedeutsame und für Schäffers Verständnis von Kirchenmusik Wichtige folgte: „Die Verständlichkeit des Wortes leidet, wenn der Hörer die Singenden nicht sehen kann. Musikalische Nuancierungen und Differenzierungen (z.B. zwischen fordernd und bittend) kommen auf große Entfernungen nicht an." Den Text, Ausgangspunkt jeder geistlichen Musik und Inspirationsquelle für den Komponisten, in den Mittelpunkt einer Aufführung zu stellen, um damit den erforderlichen Ausdruck in der Verbindung von Wort und Musik zu erreichen: das war das Anliegen Schäffers. Daher stritt er für das Singen vor der Gemeinde, weil nur so die Verbindung von Text, Ausdruck und Komposition adäquat vorgetragen und aufgenommen werden konnte. Dass eine so innige Verbindung die räumliche Nähe von Ausführenden und Zuhörern erforderte, war für den Kirchenmusiker der Christuskirche eine Selbstverständlichkeit. Letztendlich fruchteten die Argumente Schäffers nicht, da sich die Kommission zu einer Überbauung des Altars für Konzerte nicht entschließen konnte. Der Altarraum als Mittelpunkt der Kirche und als Basis der Vertikale Altar – Kanzel – Kreuzigungsgruppe – Auferstehung bildete eine Einheit, die nicht zerstört werden dürfe. Hinzu kamen Befürchtungen, ein Singen vom Altarraum fördere die „Eitelkeit" der Chormitglieder, die Kirche würde zu einem Konzertsaal und der Altarraum zur „Bühne" degradiert. Die Kommission empfahl eine Ablehnung des Antrages.[78] Schäffer hielt in einem anschließenden, nicht datierten „Diskussionsbeitrag" fest, dass sein Vorschlag technisch lösbar und „keine bauliche Veränderung" der Kirche sei,

Handzettel der Aufführung von Bachs „Matthäus-Passion" vom 19. März 1978. Rechts unten findet sich die Notiz: „Die Aufführung findet im Altarraum statt". Privat

dass die Podeste aufgestellt, nicht eingebaut würden und der einzig musikalische und akustisch sinnvolle Ort der Altarraum sei.⁷⁹

Nach der Ablehnung des Antrages fanden 1977 die Konzerte – am 5. März Bruckners „Te Deum" und am 19. November die „Messe in h" von Bach – wieder auf der Orgelempore statt. Wie es Schäffer gelang, die Aufführungen entgegen dem Votum der Kommission wieder in den Altarraum zu verlegen – die erste war die „Matthäus-Passion" von Bach am 19. März 1978 –, darüber geben die Akten keine Auskunft. Im Gespräch erinnerte Schäffer sich, dass er bei jedem einzelnen Konzert die Bestätigung des Ältestenkreises einholen musste. Entscheidend für die Meinungsänderung der Verantwortlichen dürfte die Aufführung des „Weihnachts-Oratoriums" von Bach am 10. Dezember 1978 gewesen sein, in der die Choräle von den Zuhörenden mitgesungen werden konnten. So schrieb etwa Dr. C.H. Teichmann an Pfarrer Lang am 15. Dezember über diese Aufführung: „Wir haben es besonders dankbar aufgenommen, daß wir Gelegenheit hatten, die Choräle mitzusingen. Als besonders gelungen empfanden wir es auch, den Chor und die Sänger von Angesicht zu Angesicht vor uns beim Singen sehen zu können. Hierdurch wurde der tiefe Eindruck des Weihnachtsoratoriums erheblich verstärkt. Wir haben die Weihnachtsbotschaft schon lange nicht mehr so eindrucksvoll gehört."⁸⁰ Die Aufführungen von Oratorien fanden nun ohne große Widerstände vom Altarraum aus statt.

Neben den Werken des Oratorienrepertoires studierte Schäffer mit dem Bachchor verstärkt Musik des 20. Jahrhunderts ein. Als Abschlusskonzert der „Geistlichen Woche" erklang 1980 „König David" von Arthur Honegger. 1984 begann mit Franz

Uraufführung von Oskar Gottlieb Blarrs „Osteroratorium. Wenn du auferstehst" am 3. März 1996. Foto: Privat

Schmidts Oratorium „Das Buch mit sieben Siegeln" eine Reihe, die bis 1989 jedes Jahr ein neues Werk in Mannheim zur Aufführung brachte: Benjamin Brittens „War Requiem", Regers „Der 100. Psalm", die „Chichester Psalms" von Leonard Bernstein und Arnold Schönbergs „Kol nidre", Leoš Janáčeks „Glagolitische Messe" und von Oskar Gottlieb Blarr die „Jesus-Passion". Zwei Jahre später, am 24. Februar 1991, wurde die Tradition mit dem „Requiem" von Andrew Lloyd Webber fortgeführt und ein Jahr später – am 23. Februar 1992 – folgte „Jesus Geburt" von Blarr. 1994 erklang die „Missa profana" von Heinz Werner Zimmermann und 1995 das „Credo" von Arvo Pärt sowie „In terra pax" von Frank Martin. Mit der Uraufführung von Blarrs „Osteroratorium. Wenn du auferstehst" am 3. März 1996 – in Düsseldorf, der Heimatstadt Blarrs, wurde das Werk am 5. Mai wiederholt – und dem Oratorium „The Bible of Spirituals" von Zimmermann am 10. Mai 1998 endete die eindrucksvolle Tradition von Aufführungen, die Ausdruck der Überzeugung Schäffers waren, dass für die Christuskirche als herausragende Kirche Mannheims eine Auseinandersetzung mit zeitgenössischer Musik zwingend notwendig sei.

Mit Konzerten in der katholischen Nachbarkirche Heilig-Geist und der Jesuitenkirche setzte Schäffer mit dem Bachchor ein Zeichen ökumenischer Verbundenheit. Zum 75-jährigen Jubiläum der Heilig-Geist-Kirche erklang 1978 Haydns „Die Schöpfung" und 1982 in einem Gottesdienst zu Allerheiligen die „Messe in e-Moll" von Bruckner. Zugunsten der Rekonstruktion des Hochaltars der Jesuitenkirche gab der Bachchor vier Konzerte: 1991 die „Messe in c-Moll" von Mozart, ein Jahr später die „Messe in h" von Bach, 1994 dann das „Requiem" von Guiseppe Verdi und den „Elias" von Felix Mendelssohn Bartholdy im Jahr 1996. Die gute Zusammenarbeit zwischen Schäffer und der katholischen Bezirkskantorin Brigitte Fröhlich führte zu einer Vertiefung der Beziehungen der beiden christlichen Kirchen, die in gemeinsamen Veranstaltungskalendern aller kirchenmusikalischer Aufführungen in der Stadt ihren Ausdruck fand. Der Neubau der Orgel von Karl Göckel in der Heilig-Geist-Kirche im Jahr 1990 ermöglichte die Einbeziehung dieser französisch disponierten Orgel in die „Mannheimer Orgeltage".

Unter der Leitung von Schäffer gastierte der Bachchor in den Partnerstädten Mannheims: Swansea und Toulon. Auf Einladung von John Fussel, Organist und Leiter des „Swansea Festival of Music and the Arts", führte der Bachchor in der walisischen Partnerstadt am 6. Oktober 1979 das „Schicksalslied" und „Ein deutsches Requiem" von Brahms auf. Am 7. Dezember 1985 konnte der Chor in Swansea seine Interpretation von Händels „Messiah" vorstellen. Für diese Aufführung studierte der Chor das Werk zum ersten Mal in der Originalsprache ein und sang das Werk „erinnerungswürdig", so die Presse. 1995 war ein besonderes Konzertjahr: Fünfzig Jahre nach Ende des Zweiten Weltkrieges sang der Bachchor zweimal das „War Requiem" von Benjamin Britten. Zunächst am 7. Mai, dem Tag der Unterzeichnung der bedingungslosen Kapitulation der deutschen Wehrmacht in Reims, erklang in der Christuskirche das zur Versöhnung aufrufende Werk zusammen mit dem Philharmonic Choir Swansea, den Clive John einstudiert hatte. Das in jeder Hinsicht denkwürdige Konzert wurde am 18. November in Swansea wiederholt, diesmal unter der Leitung von Clive John. Am 14. Juni 1985 fand in der Oper von Toulon ein Konzert mit Werken Bachs statt. Auf dem Programm standen das „Magnificat" und die Kantate „Tönet, ihr Pauken! Erschallet, Trompeten". Dieses Konzert war so erfolgreich, dass der Bachchor zwei Jahre später in der Kathedrale von Toulon Haydns „Die Schöpfung" als Abschluss einer von der Gesellschaft der Orgelfreunde in Toulon initiierten Veranstaltungsreihe aufführte. Das Publikum bewunderte, so die Presse, die genaue und unprätentiöse Interpretation. Am 24. Oktober 1992 schließlich gastierte der Bachchor in der am Mittelmeer gelegenen Stadt Hyères mit der „Messe in h" von Bach.

Im November 1986 beging man die Feierlichkeiten zu dem 75-jährigen Bestehen der Christuskirche mit zahlreichen kirchenmusikalischen Veranstaltungen. Am 2. November brachte der Bachchor die Kantate „Ein feste Burg ist unser Gott" von Bach im Reformationsgottesdienst zur Aufführung, und eine Woche später, am 8. November, erklang in einem Festkonzert Haydns „Die Schöpfung". Als Abschluss sang der Bachchor in einem Festgottesdienst am 16. November die „Chichester Psalms" von Bernstein. Auch der Kammerchor beteiligte sich an diesem Jubiläum. Er trug in einer Veranstaltung, in der Hansjörg Probst über „Mannheim zur Gründungszeit der Christuskirche" einen Vortrag hielt, im Kahnweiler-Saal der Kunsthalle die „Eichendorff-Lieder" von Hugo Wolf vor. Am 9. November sang das Ensemble in einem ökumenischen Festgottesdienst Händels „Te Deum". Zum Abschluss des Jubiläums führte der Kammerchor in einem Festkonzert am 16. November von Mozart die „Litaniae de venerabili altaris sacramento" und – als Mannheimer Erstaufführung – das „Magnificat" von Hans Vogt, langjähriger Professor für Komposition an der Musikhochschule, auf. Drei Jahre später sang der Bachchor zu seinem 75-jährigen Jubiläum drei große Werke des Repertoires: am 19. Februar die „Jesus-Passion" von Blarr, am 19. November die „Missa solemnis" Beethovens und am 17. De-

Programm der Festwochen zum 75-jährigen Bestehen der Christuskirche. Privat

zember das „Weihnachts-Oratorium" von Bach. Die Aufführungen dieser beiden Jahre bewiesen einmal mehr Schäffers Wille, die Kirchenmusik in ihrer ganzen Breite, vom Barock bis zur Gegenwart, vorzuführen. Zwar wurden in den Kritiken die für romantische und moderne Musik unzureichende Größe des Orchesters bemängelt und die Leistungen der Chöre nicht immer wohlwollend betrachtet, jedoch die Bereitschaft der Chöre und ihres Leiters fanden weithin Anerkennung, sich für „alte" und „neue" Musik gleichermaßen einzusetzen.

Im gottesdienstlichen Singen sah Schäffer eine zentrale Aufgabe, denn dort verortete er nicht nur die Wurzel jeder Kirchenmusik, sondern in der liturgischen Feier verband sich Wort und Musik zu einer Einheit. So formulierte er in der Abrechnung für das Jahr 1976, die er am 19. Januar 1977 dem Ältestenkreis vorlegte, gleichsam programmatisch: „[...] ich möchte, daß der Bachchor seine Aufgabe im Gottesdienst wieder neu sehen lernt". Bei der Abrechnung ging es um ein Defizit, das sich durch die Aufführung von Bachkantaten im Gottesdienst ergab. Schäffer ließ 1976 nämlich am 8. Februar „Sie werden aus Saba alle kommen", am 7. März „Erhalt uns, Herr, bei deinem Wort", am 23. Mai „Lobe den Herren, den mächtigen König der Ehren" und am 3. Oktober „Brich dem Hungrigen dein Brot" singen. Die Honorare für Solisten und Instrumentalisten sollten, da sich die Christuskirchengemeinde dazu nicht in der Lage sah, von der Gesamtkirchengemeinde übernommen werden. Den diesbezüglichen Antrag vom 27. Januar 1977 an den Kirchengemeinderat begründete er damit, dass Aufführungen von Bachkantaten „auch eine wichtige übergemeindliche Aufgabe des Bachchors ist", dies belege der Besuch der Gottesdienste, und er fügte hinzu, „daß der Bachchor seine Aufgabe im Gottesdienst wieder bewußt erkennt".[81] Zwar sank in den Folgejahren die Anzahl der Bachkantaten in den Gottesdiensten, aber immer wieder wurde „Erschallet, ihr Lieder" oder „Gott, der Herr, ist Sonn und Schild" gesungen.

Eine Bereicherung des gottesdienstlichen Singens stellten die von Schäffer wieder neu belebten Kinder- und Jugendchöre dar. Das Angebot für Kinder wurde neben dem Kinderchor, der Vorläufer ging auf Göttsche und Kroll zurück, durch einen Flötenkreis erweitert. Sie traten in Gottesdiensten und bei Gemeindeveranstaltungen auf. Der Jugendchor, der mit einem Brief an die Christenlehrpflichtigen der Gemeinde vom 11. November 1975 angekündigt wurde und bereits am 7. Dezember zum ersten Mal im Gottesdienst sang, war zunächst als Chor der Gemeinde geplant. Doch schon bald kamen aus anderen Gemeinden Jugendliche zu Proben und Aufführungen, die zumeist in den Gottesdiensten stattfanden. Das Repertoire des Chores, der bis zu Schäffers Berufung zum Landeskantor und der Ernennung zum Landeskirchenmusikdirektor im Jahr 1981 existierte, reichte von einfachen Choralsätzen über kleinere Kantaten von Buxtehude bis zu leichten kirchenmusikalischen Werken von Mozart und Joseph Haydn. Am 21. Mai 1978 gestaltete der Jugendchor eine „Geistliche Abendmusik" in der Dreifaltigkeitskirche in Sandhofen, in der unter anderem das „Te Deum" von Marc-Antoine

Charpentier gesungen wurde. Aus dem gottesdienstlichen Singen ragt die Aufführung der „Matthäuspassion" von Schütz am Gründonnerstag, dem 12. April 1979, heraus.

Bereits im Bewerbungsgespräch gab Schäffer bekannt, dass er die Gründung eines Vokalensembles plane. Daraus entwickelte sich der Kammerchor, einer der führenden Kammerchöre der Region. Nach der Mitwirkung in Claudio Monteverdis „Marienvesper" am 5. Dezember 1976 trat der Chor mit einem A-cappella-Programm am 19. März 1977 zum ersten Mal an die Öffentlichkeit. Die vorgetragenen Werke – Motetten von Schütz und Poulenc, die „Evangelienmotette. Der barmherzige Samariter" von Johann Nepomuk David sowie Verdis „O Padre nostro" – ließen das Vorhaben Schäffers erkennen: die Interpretation anspruchsvoller Chormusik von der Renaissance bis in die Gegenwart. In seinem Bericht zur Visitation 1981 hielt Schäffer die übergemeindliche Funktion des Chores fest und betonte: „Seine Aufgabe ist es, auch schwierige Kirchenmusik in der Mannheimer Kirchengemeinde erklingen zu lassen, die sonst hier praktisch nicht existent wäre." Seine Bemerkung, der Chor singe „leider sehr selten Gottesdienste"[82], wurde allerdings mit der Zeit nichtig, da, so belegen es die überlieferten Programme ab 1982, der Kammerchor immer wieder die gottesdienstlichen Aufgaben des Jugendchores übernahm. So am Gründonnerstag 1983 mit der Aufführung der „Choralpassion" von Distler oder am Karfreitag des nächsten Jahres „Die sieben Worte" von Schütz. Für die Programme der Konzerte in den achtziger Jahren wählte Schäffer immer wieder Werke Bachs. So führte er am 15. April 1984 die Kantaten „Gottes Zeit ist die allerbeste Zeit" und „Himmelskönig sei willkommen" auf, „Ich hatte viel Bekümmernis" erklang am 13. November 1988 und am 24. März 1989 die „Johannes-Passion". In den Folgejahren sang der Chor zudem einige Motetten Bachs. Blickten Mitglieder des Bachchores bereits bei Gründung des Kammerchores argwöhnisch auf den neuen Chor, so verstärkte sich dies in den acht Jahren, in denen der Bachchor zwischen den Aufführungen der „Matthäus-Passion" in den Jahren 1982 und 1990 neben dem „Weihnachts-Oratorium" keinen „großen" Bach, also keine Passion und auch nicht die „Messe in h", aufführte. Dies lag an der Größe des Chores, die für Wiedergaben von Bachs Werken nicht mehr geeignet erschien. Grund hierfür waren die Erkenntnisse der Historischen Aufführungspraxis, die in den 1980er Jahren in Mannheim wichtige und überzeugende Akzente setzte.

> ### Exkurs: Hermann Schäffer und die Historische Aufführungspraxis
>
> Die Historische Aufführungspraxis machte Heinz-Rüdiger Drengemann in Mannheim bekannt, der von 1979 bis 2006 Kirchenmusiker an der Konkordienkirche war. Höhepunkt seiner Beschäftigung war die „Internationale Festwoche Alter Musik Mannheim", die im Jahr 1985 durchgeführt wurde und in der Händels „Jephtha" und Bachs „Messe in h" erklangen. Den Instrumentalpart übernahmen Ensembles

für Alte Musik, die sich auf das Spiel mit historischen Instrumenten spezialisiert hatten. Im Verlauf der Jahre engagierten auch andere Mannheimer Kirchenmusiker – Christiane Brasse-Nothdurft an der Melanchthonkirche und Klaus Heller an der Johanniskirche – immer mehr Ensembles, die auf historischen Instrumenten spielten. Schäffer, der die Konkurrenzsituation in Mannheim schätzte, weil dies die Stellung der Kirchenmusik in der Stadt stärkte, reagierte auf die neue Art des Musizierens. Zwar vermied er die übertriebene Herausstellung des Einzeltons, wie sie vor allem zu Beginn der Historischen Aufführungspraxis in Abkehr von dem „Einheitslegato" des traditionellen Bachspiels gepflegt wurde, und beharrte auf dem Nachvollzug der von Text und Musik vorgegebenen Melodiebögen. Die Vorstellung indes, dass eine vom Text geprägte Melodielinie durch Betonung des Einzeltons und damit des Textes den Ausdruck insgesamt verstärkte, kam seiner Musikauffassung nahe. Er übernahm Elemente der Historischen Aufführungspraxis, die die Bedeutung und den Ausdrucksgehalt des Textes verdeutlichten, und setzte sie in Konzerten mit dem Kammerchor ein, die in der Regel mit modernen Instrumenten begleitet wurden. In Aufführungen des „Weihnachts-Oratoriums" und anderer Werke Bachs übertrug er die gewonnenen Erkenntnisse dann auf den Bachchor.

Mit der Ernennung Schäffers zum Landeskantor und zum Kirchenmusikdirektor im Jahr 1981 war die von Kroll erbetene Einrichtung einer hauptamtlichen Assistenten-Stelle verbunden. Die auf jeweils zwei Jahre befristete Position sollte Berufsanfängern den Einstieg in das kirchenmusikalische Arbeiten ermöglichen. Zu den Aufgaben des Assistenten gehörten die Leitung des Kinderchors, den Unterricht der nebenberuflichen Kirchenmusiker in der D- und C-Ausbildung und die Mitgestaltung in den Gottesdiensten und Proben des Bachchores.

Neben seiner erfolgreichen Chorarbeit erwies sich Schäffer in seinen Orgelkonzerten als hervorragender Organist. Für sein erstes Konzert am 1. Januar 1976 wählte er Olivier Messiaens „La Nativité du Seigneur", das in Mannheim zum ersten Mal erklang. Dass der Organist nicht Bach und auch nicht Reger für sein Debut wählte, lag an der Ausdruckskraft und Wirkung des Werkes. Hans Forth schrieb in der Rhein-Neckar-Zeitung am 3. Januar von einer „beseelten Nachschöpfung", mit der die Zuhörer „zu einer engagierten Hörgemeinschaft" wurden.[83] Messiaens religiös begeisternde Musik – eine „moderne Musik, die schön ist"[84] – setzte Schäffer immer wieder auf seine Programme. Selbstverständlich spielte Schäffer auch die großen Orgelwerke Bachs. So trug er am 14. September 1976 an der Orgel der Jesuitenkirche Bachs „Dritten Teil der Clavierübung" vor, jene sogenannte „Orgelmesse", die auch Göttsche und Kroll in der Christuskirche aufgeführt hatten. Auf dieses Werk griff Schäffer zurück, als er am 8. März 1998 an der neuen Marcussen-Orgel der Christuskirche sein letztes Konzert spielte. Die Rezensionen zu den Konzerten priesen die technische Meisterschaft und die gedankliche Durchdringung des „kontrapunktischen Kompendiums".[85] Neben diesen Komponisten spielte Schäffer an der Steinmeyer-Orgel der Christuskirche die großen Werke der romantischen Orgelmusik. Seinen Rang als Orgelvirtuose belegte er unter anderem mit den Aufführungen von Julius Reubkes „Sonate c-Moll über den 94. Psalm", mit Regers „2. Sonate in d-Moll" und „Straf mich nicht in deinem Zorn" sowie mit Werken der französischen Orgelromantik – etwa Francks „Choral a-Moll" und „Choral h-Moll".

Zwei Orgelreihen gründete Schäffer, die bis zu seinem Ausscheiden im Jahr 1998 durchgeführt wurden. Am 7. September 1977 begann eine Reihe von Orgelkonzerten, die am frühen Mittwochabend durchgeführt wurde: die „September-Orgelkonzerte". Der

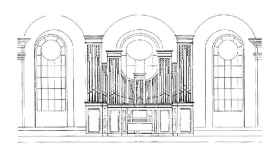

Erstes Konzert an der neuen Marcussen-Orgel am 8. Mai 1987. Privat

Erlös dieser Veranstaltungsreihe des Konventes der Mannheimer Kantoren – es wurde kein Eintritt erhoben, man bat um Spenden – diente zunächst der Finanzierung einer transportablen Truhenorgel, die dem ganzen Bezirk für Aufführungen zu Verfügung stehen sollte. Schäffer eröffnete die Reihe mit einem Programm, das Werke von Jehan Alain, Mozart und Reger enthielt. Neben Schäffer und anderen Organisten aus der Region spielten hauptamtliche und nebenamtliche Mannheimer Kirchenmusiker. Im Verlauf der Jahre gab Schäffer immer wieder jungen Organisten die Möglichkeit, erste Konzerterfahrungen zu sammeln. Von 1980 an wurde die Reihe auf sechs Konzerte erweitert und in „Mittwochskonzerte" umbenannt. In diesem Jahr trat zum ersten Mal der Kammerchor in der Reihe auf, in dem er Choräle von Bach sang, denen Choralbearbeitungen aus dem „Orgelbüchlein" gegenüberstanden. Neben dieser Reihe begannen mit einem Konzert am 31. Mai 1978 die „Mannheimer Orgeltage", die namhafte Organisten nach Mannheim brachten. Schäffer spielte im Eröffnungskonzert neben Werken Bachs die „Variationen über ein Rezitativ" von Schönberg und von Liszt „Präludium und Fuge über B-A-C-H". Die Reihe wurde ab 1987 in „Internationale Orgeltage" umbenannt, um ab 1990 die Bezeichnung „Mannheimer Orgeltage" anzunehmen, die die neue Orgel in der Heilig-Geist-Kirche mit einschloss.

Exkurs: Renovierung der Steinmeyer-Orgel und Neubau der Marcussen-Orgel

In die Amtszeit Schäffers fielen die Renovierung der Steinmeyer-Orgel und der Bau der neuen Marcussen-Orgel. Ausschlaggebend für die Wiederinstandsetzung der Steinmeyer-Orgel war ein Gutachten von Gerhard Wagner, dem damaligen Sachverständigen des Orgel- und Glocken-Prüfungsamtes Nordbaden, der in einem Schreiben an das Kirchengemeindeamt vom 28. Juli 1971 der Orgel bescheinigte: „Die Orgel besitzt heute schon Denkmalwert. [Sie ist] ein nachgerade singuläres Werk, dem vielleicht noch die Passauer Domorgel zur Seite gestellt werden kann."[86] Zugleich bat er um Bereitstellung von Mitteln für einen Rückbau in die Disposition von 1911. Der Rückbau wurde gefordert, weil während der Renovierung 1952 die Steinmeyer-Orgel „eine Umdisposition in Richtung auf Aufhellung und Annäherung an barocke Klanglichkeit"[87] erfuhr. Kurz nach der Amtsübernahme bat Stephan Kroll in einem Schreiben an den Finanzausschuss vom 10. Januar 1969 „dringend darum", „zahlreiche Nachbesserungsarbeiten an der Orgel [...] vornehmen zu lassen".[88] Notwendig war vor allem eine Tieferstimmung der Orgel, da das Instrument seit der Renovierung von 1939 in einer damals üblichen hohen Kammertonstimmung gestimmt war. Ebenfalls wurde 1969 eine Überholung der Marcussen-Orgel nötig. So standen in der Christuskirche über Jahre hinweg zwei Orgeln, die beide in verbesserungswürdigem Zustand waren. Das Gutachten Wagners von 1971 gab den Anstoß zu einem Umdenken, das letztendlich zu der Einstufung der Steinmeyer-Orgel als denkmalgeschütztes Instrument führte.

Der Kirchengemeinderat bat den Oberkirchenrat in Karlsruhe in einem Schreiben vom 13. Oktober 1973 um Bezuschussung der umfangreichen Renovierung der Orgel. Dabei wurden die Kosten auf etwa 36.000 DM beziffert. Bei einem Treffen von Wagner, Kroll und Vertretern der Firma Steinmeyer, das in einem Schreiben von Wagner an den Kirchengemeinderat vom 13. Oktober des Jahres dokumentiert ist, kam zum ersten Mal die Rede darauf, „dieses bedeutende Orgelwerk wieder in klanglich und technisch guten Zustand zu bringen".[89] In den Folgejahren führte das Kirchengemeindeamt Verhandlungen mit dem Oberkirchenrat und dem Landesdenkmalamt, die die Finanzierung der umfangreichen Arbeiten sichern sollten. In einem Schreiben vom 11. Mai 1976 an den Kirchengemeinderat deutete Wagner die möglichen Konsequenzen an, falls die Arbeiten an der Steinmeyer-Orgel nicht durchgeführt werden sollten: „Wenn diese Arbeiten unterbleiben, wird die in ihrer Art zumindest in Baden einmalige Großorgel allmählich verrotten und später kaum noch mit Erfolg zu restaurieren sein."[90] Dass die Steinmeyer-Orgel in den ursprünglichen Stand zurückgebaut werden sollte, war Überzeugung aller Beteiligten. Das Gutachten von Bernd Sulzmann, dem Orgelsachverständigen des Landesdenkmalamtes vom 7. November 1979, belegte von staatlicher Seite das Interesse an den Arbeiten und sicherte die finanzielle Beteiligung des Landesdenkmalamtes zu: „Die Rückführung des Instrumentes auf seine ursprüngliche Disposition ist ein besonderes Anliegen." Detailliert benannte Sulzmann die auszuführenden Arbeiten, so den Ausbau der Register, „die vor 1952 nicht vorhanden waren", sowie den Einbau von verschiedenen, grundtönigen Registern, etwa die Unda-maris 8'.[91] Zusammen mit diesen Arbeiten wurde auch ein neuer Spieltisch mit einer neuen Setzeranlage in Auftrag gegeben. In einem Schreiben an das Landesdenkmalamt vom 2. April 1981 bat der Verwaltungsdirektor des Kirchengemeindeamtes Werner Elker um eine Erhöhung des Zuschusses, da sich die Kosten der Renovierung durch Steinmeyer auf 549.180 DM beliefen. Schließlich konnten die Arbeiten von der Firma Steinmeyer 1984 durchgeführt werden, und die Orgel als romantisches Instrument erklang wieder in nahezu originalem Zustand, das Fernwerk wurde bei der Renovierung zunächst ausgespart.

Gleichzeitig zu den Vorarbeiten an der Renovierung der Steinmeyer-Orgel setzten die Planungen für einen Neubau einer Barock-Orgel ein. Am Anfang stand der Wunsch Schäffers, die seiner Ansicht nach für den Raum ungenügende Marcussen-Orgel zu ersetzen, um auch die von Seiten der Gemeinde geäußerten Bedenken zu zerstreuen, in der Christuskirche könnte nach dem Umbau der Steinmeyer-Orgel keine Barockliteratur mehr erklingen. Für einen

Die Steinmeyer-Orgel nach der Restaurierung von 1984. Foto: Foto-Werbe-Studio Wolf D. Schwarz, Mannheim

Neubau setzten sich unter anderem der Landeskirchenmusikdirektor Hübner, der Orgelsachverständige des Landesdenkmalamtes Sulzmann und Wagner vom Orgel- und Glockenprüfungsamt Nordbaden ein. Zunächst dachte man daran, die Orgel auf der Ostempore aufzustellen, aber bereits im Mai 1977 entschied man sich für die Südempore. Auf die Ausschreibung bewarben sich verschiedene Orgelbaufirmen, darunter Johannes Klais aus Bonn, dessen Angebot zunächst favorisiert wurde. Den Auftrag erhielt jedoch die Firma Marcussen & Søn aus Apenrade in Dänemark, die von Dezember 1987 bis Mai 1988 eine schließlich 31 Register umfassende Barockorgel errichtete. Statische Gründe machten eine Verstärkung der Südempore notwendig, wofür auf dem Programm eines Konzertes des Kammerchores vom 29. November 1987 um weitere Spenden gebeten wurde. Mit einem Gottesdienst wurde die neue Orgel am 8. Mai 1988 eingeweiht und am selben Tag zum ersten Mal in einem Konzert durch Schäffer vorgestellt. Dieses Konzert war das erste der „I. Internationalen Orgeltage Mannheim", in weiteren drei Konzerten trugen namhafte Organisten wie Ewald Kooiman, Lionel Rogg und Angelo Turriziani Kompositionen des 17. und 18. Jahrhunderts auf dem neuen Instrument vor. Den Neubau der Marcussen-Orgel – die von Deffner nach Mannheim mitgebrachte Marcussen-Orgel wurde nach einer Renovierung in der Petrus-Kirche in Mannheim-Wallstadt aufgestellt – ermöglichten vor allem viele Spenden aus der Gemeinde, aber auch aus der Wirtschaft, dies wurde vor allem vom Vorstandsmitglied der MVV, Hans Lehmann, organisiert. In einem Gespräch im August 2010 erinnerte sich Pfarrer Lang, wie er die Nachricht, dass er eine Spende für die Orgel über 300.000 DM von der Familie Heberle erhalten habe, dem Bachchor und seinem Leiter überbrachte: „Das war einer der schönsten Jubelabende!"[92] Einen großen Anteil an der Durchsetzung des Orgelneubaus hatte der Förderkreis für die Kirchenmusik an der Christuskirche, der 1983 gegründet wurde, sich am 11. April 1984 zu seiner ersten Mitgliederversammlung traf und an den Planungen der neuen Orgel beteiligt war.

Die neue, 1988 eingeweihte Marcussen-Orgel auf der Südempore. Foto: Foto-Werbe-Studio Wolf D. Schwarz, Mannheim

1998 erhielt Schäffer einen Ruf nach Heidelberg als Rektor der Hochschule für Kirchenmusik. Schäffer, der die Jahre hindurch Dozent für Orgel an der Hochschule für Musik in Mannheim war, wollte seine Erfahrungen an zukünftige Kirchenmusiker weitergeben. Andreas Petersen, der letzte Assistent Schäffers, füllte die einjährige Vakanz in Gottesdiensten und Konzerten aus. Ein Jahr nach dem letzten Konzert Schäffers gab der neue Kantor Johannes Michel mit der Aufführung der „Johannes-Passion" von Bach am 2. April 1999 sein Debut mit dem Bachchor. Alle Kirchenmusiker der Christuskirche waren dem „Soli Deo Gloria" verpflichtet, auch wenn nicht Werke Bachs aufgeführt wurden. Aber 100 Jahre Kirchenmusikgeschichte in der Christuskirche zeigen: Die größte Kirche der Stadt war und ist das kirchenmusikalische Zentrum Mannheims."[93]

1. Vgl. Karl-Hermann Schlage, Albrecht Hänlein (1846–1909). Sein Leben und Wirken als Organist und Musikdirektor in Mannheim und für die evangelische Kirchenmusik in Baden, in: Lebensbilder aus der Evangelischen Kirche in Baden im 19. und 20. Jahrhundert (Band 5), hrsg. von Gerhard Schwinge, Heidelberg 2007, S. 275-297.
2. Vereinschronik von 1899, S. 3, zitiert nach Karl-Hermann Schlage, Evangelische Kirchenmusik in Mannheim. Ihre Entwicklung vom 19. zum 20. Jahrhundert, Mannheim 2000, S. 9.
3. Gutachten von Poppen in: Archiv der Firma G.F Steinmeyer GmbH & Co. KG, Oettingen.
4. Gutachten von Landmann, in: Ebd.
5. Vgl. Martin Sander, Philipp Wolfrum (1854–1919). Komponist, Dirigent, Kirchenmusiker – Gründer und langjähriger künstlerischer Leiter des Heidelberger Bachvereins, in: Lebensbilder (wie Anm. 1), S. 299-331.
6. Die Zeugnisse Regers und Wolfrums in: Max-Reger-Institut, Nachlass Landmann.
7. Im Folgenden ist mit ‚Bach' Johann Sebastian Bach gemeint.
8. Max-Reger-Institut, Nachlass Landmann.
9. Ebd.
10. Zitiert nach Stadtarchiv Mannheim, XX. Protokollbuch des Kirchengemeinderates 1909-1914, S. 195, Nr. 409.
11. Ebd., S. 238, Nr. 125.
12. Schlage, wie Anm. 2, S. 52.
13. Zitiert nach Ebd., S. 54.
14. Zitiert nach Stadtarchiv Mannheim, XX. Protokollbuch des Kirchengemeinderates 1909-1914, S. 296f., Nr. 119.
15. Zitiert nach Stadtarchiv Mannheim, XXI. Protokollbuch des Kirchengemeinderates 1914-1915, S. 74, Nr. 345.
16. Zitiert nach Max-Reger-Institut, Nachlass Landmann.
17. Ebd.
18. Konzertzettel vom 11. April 1916 in: ebd.
19. „Bleib bei uns, denn es will Abend werden", „Weinen, Klagen, Sorgen, Zagen" und „Du Friedefürst, Herr Jesu Christ".
20. Max-Reger-Institut, Nachlass Landmann.
21. Zitiert nach Stadtarchiv Mannheim, XIII. Protokollbuch des Kirchengemeinderates 1917-1919, S. 172f. Nr. 133.
22. Zitiert nach Udo Wennemuth, Geschichte der evangelischen Kirche in Mannheim (= Quellen und Darstellungen zur Mannheimer Stadtgeschichte Band 4), Sigmaringen 1996, S. 181.
23. Max-Reger-Institut, Nachlass Landmann. Hervorhebung original.
24. Das Konzert ist nur durch eine Rezension bekannt: ebd.
25. Ebd.
26. Ebd.
27. Ebd.
28. Ebd.
29. Vgl. Schlage, wie Anm. 2, S. 69f.
30. Vgl. ebd., S. 113.
31. Textbuch, S. 15, in: Max-Reger-Institut, Nachlass Landmann.
32. Poppen führte in Heidelberg mehrere Werke auf, die dem Nationalsozialismus huldigten: von Otto Jochum „Hymne an das Vaterland", Gottfried Müller „Deutsches Heldenrequiem", Georg Büchner „Oratorium der Arbeit", Hermann Reutter „Gesang der Deutschen", Händel „Der Feldherr" (=„Judas Maccabäus") und „Das Opfer" (=nach Jephta) und von Paul Höffer „Der reiche Tag". Vgl. Harald Pfeiffer, Hermann Meinhard Poppen und das Heidelberger Musikleben, in: Renate Steiger (Hrsg.), Die Hochschule für Kirchenmusik der Evangelischen Landeskirche in Baden Heidelberg ehemals Kirchenmusikalisches Institut 1931-2006 und ihr Gründer Hermann Meinhard Poppen 1885-956, München 2006, S. 85-93.
33. Vgl. Gunnar Wiegand, Musik und Krieg: Sprachliche und kompositorische Mechanismen in Gottfried Müllers „Deutschem Heldenrequiem" und „Führerworten", in: Annemarie Firme und Ramona Hocker (Hrsg.), Von Schlachthymnen und Protestsongs. Zur Kulturgeschichte des Verhältnisses von Musik und Krieg, Bielefeld 2006, S. 175-191.
34. Zitiert nach Wennemuth, wie Anm. 22, S. 320.
35. Max-Reger-Institut, Nachlass Landmann.
36. Ebd.

Anmerkungen

37 LKA KA, Bestand 2.1., Nr. 1784, Schreiben des Evangelischen Kirchengemeinderates Mannheim an den Finanzbevollmächtigten des Bezirkes Mannheim vom 21. Oktober 1942.
38 Vgl. zu den biographischen Angaben die Lebensskizze in: Oskar Deffner, Musica sacra. Ein Lebens- und Arbeitsbericht aus den Jahren 1912-1960 in Kiel und Mannheim, Kiel 1981.
39 LKA KA, Bestand 2.1., Nr. 1784.
40 Schreiben von Dr. Gérard vom 22. Oktober 1942 an die Finanzabteilung beim Evang. Oberkirchenrat, in: ebd.
41 Deffner, wie Anm. 38, S. 15.
42 Fritz Stein, Theologe und Musikwissenschaftler, war ein Schüler Max Regers und in Kiel Generalmusikdirektor und Ordinarius für Musikwissenschaft an der Universität. Ab 1933 reüssierte er in Berlin als Direktor der Staatlichen Musikhochschule und war überzeugter Nationalsozialist. Er verantwortete innerhalb des Kampfbundes für Deutsche Kultur als Reichsleiter für Kirchenmusik und Chorleitung die Entwicklung der evangelischen Kirchenmusik im Dritten Reich.
43 Vgl. Heinz Antholz, Artikel „Jugendbewegung", in: Musik in Geschichte und Gegenwart, 2. neu bearbeitete Auflage, Sachteil Band 4, Kassel 1996, Sp. 1569–1587.
44 Poppen gehörte zu den „Wandervögeln", dies ist in einigen Briefen dokumentiert, vgl. vom Verfasser, Hermann Meinhard Poppen (1885–1956). Als Musiker und als Landeskirchenmusikdirektor eine zur Führung bestimmte Persönlichkeit, in: Lebensbilder (wie Anm. 1), S. 333-363, besonders S. 344-347.
45 Oskar Söhngen, Wandel und Beharrung, Berlin 1965, S. 59, zitiert nach Wolfgang Herbst, Die Wiedergeburt der Kirchenmusik und ihr politischer Kontext, in: Dietrich Schuberth (Hrsg.), Kirchenmusik und Nationalsozialismus. Zehn Vorträge, Kassel 1995, S. 83-97, hier S. 84.
46 Landeskantorat Nordbaden, Nachlass Deffner.
47 Ebd. Schreibfehler sind stillschweigend korrigiert worden.
48 Ebd.
49 Ebd.
50 Deffner, wie Anm. 38, S. 27.
51 Ebd, S. 20.
52 Landeskantorat Nordbaden, Nachlass Deffner.
53 Deffner, wie Anm. 38, S. 20f.
54 Bescheid vom 13. August 1962, in: Archiv der Christuskirche: AZ 10/6 Band 1, Visitationen 1950-1974.
55 Archiv der Christuskirche: AZ 11/ Visitationen Ost.
56 Zur Aufführung kamen „Sei Lob und Ehr", „Schlage doch, gewünschte Stunde", „Jauchzet Gott in allen Landen" und „Gott, der Herr, ist Sonn und Schild".
57 Landeskantorat Nordbaden, Nachlass Deffner.
58 Vgl. die Aufführungsliste des Heidelberger Bachvereins zusammengestellt von Annemarie Spiecker, in: Musik in Heidelberg. 100 Jahre Heidelberger Bachverein 1885-1985. Dokumentation und Katalog, hrsg. von Renate Steiger, Heidelberg 1985, S. 217-229, hier S. 225.
59 Landeskantorat Nordbaden, Nachlass Deffner.
60 Ebd.
61 Archiv der Christuskirche: AZ 10/6 Band 1, Visitationen 1950 bis 1974, Bericht vom 12. Juni 1962, S. 8.
62 Archiv der Christuskirche: AZ 11/8 Visitationen Ost.
63 Archiv der Christuskirche: AZ 31/65 Band 1 1936-1976.
64 Archiv der Christuskirche: AZ 25/1 Personalakten.
65 Ebd.
66 Archiv der Christuskirche: AZ 31/65 Band 1 1936-76, Schreibfehler korrigiert.
67 Ebd.
68 Ebd., Hervorhebung original.
69 Ebd., Hervorhebung original.
70 Archiv der Christuskirche: AZ 25/1 Personalakten.
71 Brief von Rolf Schweizer an den Verfasser vom 7. Dezember 2010.
72 Archiv der Christuskirche: AZ 11/8 Visitationen Ost, Bericht vom 10. September 1974, S.10.

73 Ebd., Bericht von Kroll vom 9. Oktober 1974.
74 Archiv der Christuskirche: AZ 25/1 Personalakten.
75 Archiv Schäffer: Ordner: Mannheim ab Oktober 1975 bis Juli 1980.
76 Archiv der Christuskirche: AZ 11/8 Visitationen Ost.
77 Archiv des Landeskantorats Nordbaden: Handakte Schäffer.
78 Zitate: ebd.
79 Archiv der Christuskirche: AZ 34/4. Bachchor 1976–1995.
80 Archiv der Christuskirche: AZ 61/1. Bauwesen der Kirche. Orgel.
81 Archiv des Landeskantorats: Handakte Schäffer.
82 Ebd.
83 Archiv Schäffer: Ordner: Mannheim ab Oktober 1975 bis Juli 1980.
84 Hermann Schäffer in einem Gespräch mit dem Verfasser am 12. Mai 2010.
85 Hans Forthe in Rhein-Neckar-Zeitung vom 18. September 1976, in: Archiv Schäffer: Ordner: Mannheim ab Oktober 1975 bis Juli 1980.
86 Archiv der Christuskirche: AZ 61/1 Bauwesen der Kirche. Das Kirchengebäude. Die Orgel.
87 Archiv der Christuskirche: AZ 25/1 Kirchenmusiker und Dienstumfang. Artikel von Herbert Haag anlässlich der Verabschiedung von Oskar Deffner in „Die Mannheimer Gemeinde", 12. Jahrgang, Nr. 8 vom 17. April 1960.
88 Archiv der Christuskirche: AZ 61/1 Bauwesen der Kirche. Das Kirchengebäude. Die Orgel.
89 Ebd.
90 Ebd.
91 Ebd.
92 Eine Pfarrfamilie an der Christuskirche, Manuskript, S. 21.
93 Dieser Beitrag hätte nicht geschrieben werden können ohne die Unterstützung, die ich von vielen Seiten erhalten habe. Zu danken habe ich für die Einsicht in Quellen dem Landeskantorat Nordbaden an der Christuskirche und dem Pfarramt der Christuskirche in Mannheim, dem Stadtarchiv Mannheim, dem Landeskirchlichen Archiv Karlsruhe sowie dem Max-Reger-Archiv, Karlsruhe. Besonders danken möchte ich Herrn KMD Hermann Schäffer, der mir in Gesprächen Auskunft über seine Amtszeit gab und mir seine Unterlagen zu Verfügung stellte. Den langjährigen Mitgliedern des Bachchors – Waltraud Koubenec, Claudia Schwabe, Margarete Wasow und Dr. Hanns-Günter Krüger – möchte ich für ihr Material, das sie mir überließen, und vor allem für das lebendige Gespräch danken. Die Abschnitte über die Kantoren Göttsche, Kroll und Schäffer haben ihren Auskünften viel zu verdanken. Herr Dr. Krüger machte mir darüber hinaus seine Aufstellung der Konzerte des Bachchores vom 26. Juli 1946 bis zum 17. Oktober 1999 zugänglich. Wichtige Mitteilungen über das Wirken Göttsches erhielt ich von seinem Sohn, Gunter Göttsche, und von Klaus-Uwe Ludwig, einem seiner Schüler. Herrn Dr. Michael Wegner und Herrn Rudolf Günther danke ich für zahlreiche Hinweise und ihre Unterstützung bei der Auswahl der Abbildungen. Meinem Vater, Karl-Hermann Schlage, möchte ich für das Lesen des ersten Manuskriptes und für vielfältige Korrekturen und Ergänzungen danken. Zuletzt danke ich meiner Frau, Christiane Franke, für das Lesen der verschiedenen Textstadien und für ihre Geduld.

2. Die Kirchenmusik an der Christuskirche seit 1999

Aufgaben und Ziele

„Musik drückt aus, was nicht gesagt werden kann, worüber zu schweigen aber unmöglich ist." (Victor Hugo)

Die zwölf Jahre meiner Tätigkeit als Kantor an der Christuskirche Mannheim bis Ende 2011 waren geprägt von dem Bestreben, die reiche kirchenmusikalische Tradition fortzuführen, die Ressourcen, die meine Vorgänger geschaffen hatten, zu nutzen und weiterzuentwickeln, den neuen Umständen und Chancen jeweils anzupassen und so gut wie möglich öffentlich bekannt zu machen. So soll die Stellung der Christuskirche als einer überregional ausstrahlenden Kirche und als Dienstsitz des Landes- und Bezirkskantors zusätzlich unterstrichen werden.

Den größten Umfang dieser Arbeit nimmt die Gestaltung der Gottesdienste ein, für die sowohl die Chor- und Ensemblemitglieder motiviert werden wollen als auch zusätzliche finanzielle Mittel eingesetzt werden müssen. Die Zahl der musikalisch besonders gestalteten Gottesdienste konnte inzwischen auf rund 40 pro Jahr gesteigert werden. Insgesamt wurden in den zwölf Jahren über 400 Gottesdienste musikalisch bereichert, die von ca. 120.000 Gemeindegliedern mitgefeiert wurden. Im Zentrum stehen zweifellos die Kantatengottesdienste, die regelmäßig neben Weihnachten und Neujahr zunächst am Pfingstsonntag und am Buß- und Bettag, später auch am Ostersonntag, am Tag des Offenen Denkmals und jeweils an den beiden Weihnachts- und Osterfeiertagen stattfinden. Der am häufigsten aufgeführte Kantatenkomponist ist, wie nicht anders zu erwarten, Johann Sebastian Bach, von dem wir bisher 48 Kantaten und 20-mal die berühmten sechs Motetten aufführten. Besonders beliebt sind dabei die alljährlich wechselnden Kantaten aus dem Weihnachtsoratorium am Neujahrstag, die Kantaten zum Mitsingen an Pfingsten und die aus dem Feriensingen hervorgegangene Kantate im September. Daneben stehen 52 Aufführungen kleinerer Kantaten der reichen protestantischen Tradition, allen voran diejenigen von Dietrich Buxtehude. Zahlreiche weitere barocke Werke von Schütz, Werckmeister, Hammerschmidt, Brunckhorst, Telemann, Vierdanck, Ahle, Rosenmüller u. a., unbekanntere Werke von Briegel, Holzbauer, Frauenholtz, Jacobi oder Fux sowie Messkompositionen wie z. B. Mozarts „Krönungsmesse" spielen ebenfalls eine Rolle. Einen hohen Einsatz verlangt diese Arbeit einerseits von den Mitgliedern unserer Vokalchöre und des Blechbläserensembles, andererseits von Solisten und Orchestermusikern der Region. Diese werden dafür zwar bescheiden honoriert, legen aber dennoch eine große Begeisterung an den Tag und fühlen sich auch zu unserer Gemeinde zugehörig. Hier macht sich die räumliche Nähe zum Nationaltheater Mannheim ganz besonders vorteilhaft bemerkbar.

Um die Musizierenden Teil der Gottesdienst feiernden Gemeinde werden zu lassen, finden die allermeisten Gottesdienstmusiken auf der zur „Kantatenempore" mutierten Ostempore statt. Außerdem sind Chöre, Solisten und Orchester am gesamten Gottesdienst musikalisch beteiligt: Liturgische Stücke werden von Fall zu Fall unterschiedlich entfaltet und Choräle mit der Gemeinde im Wechsel musiziert. Die Erstellung der dazu notwendigen Orchesterarrangements oder kleineren Kompositionen sowie eines übersichtlichen Programms für die Gemeinde gehören zwar zu den zeitintensiven, aber trotzdem besonders gerne übernommenen Tätigkeiten, die in enger Zusammenarbeit mit meinen jeweiligen Assistentinnen und Assistenten geschehen.

Mehr denn je zeigt sich heute, dass musikalische und pädagogische Qualität wichtige Voraussetzungen sind, um Menschen für die Kirchenmusik und die Kirche zu gewinnen. „Gut gemeint" reicht immer seltener aus. Auch dies ist keine religiöse Frage, keine Frage des Verlustes von Glauben oder Frömmigkeit, sondern ein Ausdruck unserer modernen Gesellschaft, die solche Ansprüche hervorbringt. Die evangelische Kirche versucht schon lange, dieser Entwicklung gerecht zu werden. Nach dem Zweiten Weltkrieg hat man die Zahl der hauptamtlichen Kirchenmusiker auf weit über zweitausend in ganz Deutschland gesteigert, in Baden z. B. von einer Stelle (an der Christuskirche) auf sechzig. Leider ist diese Zahl angesichts der Finanzprobleme der Kirche wieder rückläufig.

Landeskantor KMD Johannes Michel

Geb. 1962, Abitur 1981 an der Ev. Internatsschule in Gaienhofen. 1981–83 Klavierstudium in Basel, 1983–85 Studium der Kirchenmusik in Heidelberg (B-Prüfung), 1986 an der MHS Frankfurt, 1986–88 in Heidelberg (A-Prüfung), 1988–92 in Stuttgart (Solistenexamen Orgel). 1988–98 Bezirkskantor in Eberbach/Neckar. Seit 1999 Landes- und Bezirkskantor an der Christuskirche Mannheim, Kirchenmusikdirektor. 1989–2001 Lehrbeauftragter für Liturgisches und künstlerisches Orgelspiel an der Hochschule für Kirchenmusik Heidelberg, seit 2001 Lehrbeauftragter für künstlerisches Orgelspiel an der Musikhochschule Mannheim. Komponist zahlreicher kirchenmusikalischer Werke, u. a. „Jazzmesse", „Kreuzigung", „Swing- und Jazz-Chorbuch" und Autor einer Orgelschule und eines Weihnachtschorbuchs. Vorsitzender der Karg-Elert-Gesellschaft. Zahlreiche CD-Einspielungen auf der Orgel und dem Kunstharmonium.

Nichts verloren hat die Musik aber von ihrer Anziehungskraft. Die Wurzel dieser Kraft liegt zweifellos in ihrer Ganzheitlichkeit. Sie vereint und erfordert das Zusammenwirken verschiedener Fertigkeiten und Phänomene. Ich lade ein, auch in Zukunft mit der Kirchenmusik das auszudrücken, was nicht oder schwerer gesagt werden kann, worüber wir aber nicht schweigen wollen: Jubel, Freude, Klage, Trost und Gebet.

Chöre und Instrumentalensemble

Bachchor Mannheim

Der Bachchor Mannheim ist mit seinen über 140 Mitgliedern nach wie vor eine tragende Säule der Kirchenmusik in der Gemeinde und der Region. Seine enorme Leistungsfähigkeit und Einsatzfreude ist auch in der Größe dieses Laienchores begründet. Zahlreiche Mitglieder sind seit Jahrzehnten dabei und tragen mit ihrer Erfahrung und musikalischen Kompetenz wesentlich zum Gelingen bei. Glücklicherweise zieht diese attraktive Chorarbeit ständig neue, auch junge Chorsängerinnen und -sänger an. Durch diesen „Generationenvertrag" ist es möglich, mitunter in relativ kurzer Zeit, Oratorien und Kantaten zu realisieren. Die älteren Chormitglieder kennen viele Werke und lernen schnell neue Partien, die jüngeren Stimmen haben dadurch die Möglichkeit, sich gut zu integrieren, und bringen dem Chorklang Kraft und Glanz. Alle lassen sich sehr gerne auf eine genaue und detailgetreue Chorarbeit hinsichtlich Intonation und Vokalklang ein. Andererseits ist das Ensemble aber auch in der Lage,

Der Bachchor 2009. Foto: Kantorat der Christuskirche

Siegfried Haas, Chorobmann von Bach- und Kammerchor. Foto: R. Schneider

viele Dinge vom Blatt zu singen. Dadurch wird die abwechslungsreiche Gestaltung der Gottesdienste erst möglich.

Insgesamt hat der Bachchor in diesen zwölf Jahren 35 Konzerte gesungen, mit wenigen Ausnahmen alles Oratorienkonzerte mit Solisten und Orchester. Hier ist unser ständiger Partner die Sinfonietta Mannheim, ein Orchester aus Berufsmusikern Mannheims und der benachbarten Orchester. Die Musiker bringen sich mit viel Energie und großer Virtuosität ein und sorgen so für ein hohes Niveau. Neben den sehr bekannten Oratorien wie Bachs Passionen und dem „Weihnachtsoratorium", dem „Elias" von Mendelssohn Bartholdy, den Requien von Brahms und Verdi, die alle mehrfach aufgeführt wurden, liegt ein weiterer Arbeitsschwerpunkt im Bereich der Romantik und frühen Moderne. Zahlreiche Werke konnten in der Christuskirche oder in Mannheim erstaufgeführt werden. Von Schuberts letzter Messe über Werke von Holzbauer und Richter ragen vor allem die große Messe in D-Dur der englischen Komponistin Ethel Smyth, die Requien von Cherubini, Fauré und Dvořák, aber auch selten zu hörende sinfonische Kantaten von Alexander von Zemlinsky („23. Psalm"), der jung verstorbenen Lili Boulanger („Du fond de l'abîme"), Max Reger („Der Einsiedler") oder Arno Landmanns „Charfreitagsgesang" heraus. Die moderne Tonsprache wird, soweit der Schwierigkeitsgrad eine Realisierung zulässt, gerne gesungen. Neben Werken von Kodály („Psalmus Hungaricus"), Poulenc, Duruflé und Bernstein ragen zwei Aufführungen von Werken des uns freundschaftlich verbundenen amerikanischen Komponisten Samuel Adler (*1928 in Mannheim) heraus, darunter die Uraufführung unseres Auftragswerkes „Jonah". Des Weiteren sind hier die Uraufführung zweier Kantaten aus meiner Feder („Kreuzigung", „Und Maria sang") oder das ungeheuer eindrucksvolle „Golgotha" von Frank Martin zu nennen. Neben Verdi, Puccini und Rossini gehört Mendelssohn Bartholdy zu den beliebtesten Komponisten des Chors, der mit dem „Lobgesang", Psalmkantaten, und den Oratorien „Christus" und „Elias" regelmäßig auf dem Programm steht. Immer wieder gelingt es uns dabei, herausragende Solisten zu engagieren: Franz Mazura, Thomas Jesatko, Stefan Vinke, Ki-Chun Park, Renée Morloc, Sabine Goetz und Heidrun Kordes seien hier stellvertretend genannt. Im Rahmen der großen Aufführungen finden oftmals Einführungsvorträge von Bruno Dumbeck, Claudia Schwabe u. a. statt, die die Werke dem Publikum verständlicher machen sollen.

Kammerchor Mannheim

Der Kammerchor Mannheim hat in der Christuskirche in 24 Konzerten ein breites musikalisches Spektrum, von Motetten der Renaissance bis zur „Bergpredigt" des zeitgenössischen Komponisten Axel Ruoff, realisiert. Neben großen Oratorien wie Bachs „Matthäus-Passion", zwei Aufführungen der „h-Moll-Messe" von J. S. Bach und des „Requiems" von Mozart stehen aber vor allem Werke in mittelgroßer Besetzung im Zentrum des Repertoires. Rossinis „Petite Messe Solennelle" mit Klavier und Harmonium, die „Exequien" von Schütz, alle Bach-Motetten, zahlreiche Kantaten und Messen, die „Messe e-Moll" von Bruckner und die vermutliche Uraufführung von F. X. Richters „Messe in h-Moll" kennzeichnen diese Arbeit. Dabei kommen auch immer wieder Orchester mit historischen Instrumenten zur Zusammenarbeit nach Mannheim, wie zum Beispiel „L'Arpa festante" zu Monteverdis „Marienvesper" oder Händels „Dixit Dominus" und „Israel in Ägypten". Einen anderen musikalischen Akzent setzen die Jazz-Aufführungen: insgesamt vier Aufführungen von Duke Ellingtons „Sacred Concert" mit der Big Band der Musikhochschule Mannheim und drei Aufführungen meiner „jazzmesse" aus dem Jahre 2010 waren darunter.

Kammerchor 2009. Foto: Kantorat an der Christuskirche

Kammerchor mit Solisten 2009. Foto: Kantorat an der Christuskirche

Über 40 Konzerte hat der Kammerchor in den letzten zwölf Jahren außerhalb der Christuskirche gesungen. Das ist nur möglich, weil der zweite Schwerpunkt der Chorarbeit auf dem wunderbaren A-cappella-Repertoire liegt. Da sind zum einen die Konzerte in der näheren Umgebung zu nennen: Sinsheim, Walldorf, Heidelberg, Schwetzingen, Ladenburg, Eberbach, Neckarhausen, Leinsweiler (auf Einladung unseres früheren Kantors Heinz Markus Göttsche) oder die Kraichtaler Kirchenmusiktage sind naheliegende Ziele. Kürzere Chorfahrten hatten Stuttgart, Frankfurt, Trier (Konzert im hohen Dom), Öhringen und Karlsruhe zum Ziel. Besonders beliebt sind bei den Chorsängern die Fernreisen: In den letzten Jahren führten diese nach Norddeutschland (mit Konzerten in Lübeck, Husum und Hamburg [St. Jakobi]), in den Schwarzwald und dreimal an den Bodensee, wo wir unter anderem in wunderbaren Münstern und Domkirchen in Lindau, Salem, St. Gallen, Konstanz und Breisach singen konnten. Im schweizerischen Stein am Rhein und in Bad Dürrheim wollte uns das begeisterte Publikum wieder hören, so dass mehrere Konzerte zustande kamen. Ein Höhepunkt war zweifellos die Reise nach Leipzig mit zwei Auftritten in der Thomaskirche, der Wirkungsstätte von Johann Sebastian Bach. Das Repertoire des Chors ist breit gestreut von Motetten alter englischer Meister über die Werke von Bach, Mendelssohn, Bruckner und Reger, Bernstein, Britten, Barber und reicht bis zur großen A-cappella-Messe von Frank Martin. Im Jahre 2005 hat der Kammerchor in der ARD-Produktion „Lieder zum Advent" vier Sendungen eingesungen.

Die gesamte Chorarbeit wurde und wird organisatorisch und auch in der Probenarbeit wesentlich unterstützt durch die jeweiligen Assistentinnen und Assistenten sowie seit vielen Jahren durch den Chorobmann für Bach- und Kammerchor, Siegfried Haas, und die Mitarbeiterinnen im Sekretariat. 1999 garantierte Andreas Petersen (heute in Düsseldorf tätig) einen reibungslosen Übergang beim Amtswechsel im Kantorenamt, ihm folgten Heike Ittmann (heute Bezirkskantorin in Lampertheim), Markus Manderscheid (heute Kantor in Wolfsburg), Sascha André Heberling (Gelnhausen), Michael Kremzow (Nordhausen), Nicola Bergelt (Hamburg) und seit Februar 2011 Elisabeth Göbel. Im Sekretariat folgte auf Angelika Piech Sylvia Birnbaum, die seit 2004 tätig ist.

Sylvia Birnbaum 2010. Foto: Privat

Kinderchöre

Über viele Jahre bis zum Jahr 2010 leitete Patricia Rojas-Schubert einen eigenen kleinen Kinderchor in unserer Gemeinde, der zusammen mit anderen Mannheimer Kinderchören geistliche Kindermusicals während der Neuen Geistlichen Woche in der Christuskirche aufführte. Zumeist gelang es Frau Rojas-Schubert in Zusammenarbeit mit Hartmut Greiling als Librettisten, neue Werke aus der Taufe zu heben. So kamen zahlreiche Uraufführungen zustande, die weitgehend auch veröffentlicht wurden und somit das Repertoire für Kinderchöre über Mannheim hinaus bereicherten: „Eins, zwei, tausend" und „Jona" von Rolf Schweizer, das von mir geschriebene Singspiel „Fikus Gummibaum und Susi Himmelreich" und „Geschichten von Abraham und Sarah" von Eberhart Knechtel.

Seit Anfang der 90er Jahre besteht eine enge Zusammenarbeit zwischen den Assistenzkantoren an der Christuskirche und der Oststadt-Grundschule Mannheim. Die Kantoren gehen in die Schule und erarbeiten zusammen mit der dafür zuständigen Lehrerin, über lange Jahre Katharina Seip und seit 2009 Veronique Köstler, Lieder und Singspiele.

Neben Kinder- und Volksliedern für Gemeinde- bzw. Schulfeste und dem Krippenspiel für den Familiengottesdienst an Heiligabend wird jedes Jahr auch ein größeres Musiktheaterstück einstudiert und in der Christuskirche aufgeführt. In den letzten Jahren gehörten dazu unter anderem „Aufgepasst, sei angepasst" von unserer Kantorin Heike Ittmann, „Kalif Storch" von Jehn, „Die Stunde der Uhren" von G. A. Meyer, „Jona" von K. Enßle, „Mäuse in der Christuskirche" von E. Mayr und „Der kleine Tag" von R. Zuckowski. Wesentlich zum Gelingen aller Aufführungen trugen Geertje und Andrew Gardner bei, die die Regie bzw. die technische Ausstattung z. B. die Beleuchtung, übernahmen.

Das Blechbläserensemble 2003. Foto: Kantorat an der Christuskirche

Blechbläserensemble

Zu den selbstständigen Aufgaben der Assistenten gehören die Leitung des Blechbläserensembles und die Leitung des Kinderchors der Oststadtschule, letzteres gemeinsam mit einer Musiklehrerin. Das Blechbläserensemble besteht seit 2002. Ambitionierte Bläserinnen und Bläser aus Mannheim und Umgebung treffen sich projektweise und gestalten mehrmals im Jahr festliche Gottesdienste in der Christuskirche. Sie musizieren anspruchsvolle Bläserchorliteratur aller Epochen und führen regelmäßig Bearbeitungen sinfonischer bzw. oratorischer Werke im Zusammenspiel mit der Orgel auf, so zum Beispiel ein Arrangement aus Teilen der „Reformationssinfonie" Mendelssohn Bartholdys oder die anspruchsvolle Komposition „Cortège" von Gaston Litaize.

Orgelkonzerte

Den hervorragenden Orgeln der Christuskirche kommt eine besondere Bedeutung zu. Insbesondere die wertvolle, unter Denkmalschutz stehende Steinmeyer-Orgel, die in großen Teilen original erhalten ist, konnte nach mehreren Umgestaltungen in einigen Details wieder näher an den Originalklang herangeführt werden.

Ohne großen Aufwand war es möglich, die Stimmtonhöhe von 447 auf 444 Hz zurückzunehmen, was der Zusammenarbeit mit Instrumenten und Orchestern zugute kam. Die Einweihung einer wiederbeschafften Celesta im Fernwerk, einer durchschlagenden Zungenstimme Klarinette 8' und eines streichenden Registers Dolce 4' im Jahre 2003 waren durch großzügige Spenden ebenso möglich wie die Anschaffung einer neuen Truhenorgel im Jahre 2004, zu der der Mannheimer Komponist Hanno Haag (†) eigens ein Werk schrieb. In über 120 Orgelkonzerten spielten zahlreiche Gastorganisten, darunter prominente Künstler wie die Orgelprofessoren Stefan Engels (Princeton), Ludger Lohmann (Stuttgart), Martin Sander (Heidelberg), Arvid Gast (damals Leipzig), Wolfgang Seifen (Berlin), die Komponisten Theo Brandmüller (Saarbrücken) und Ruth Zechlin (Berlin), die Domorganisten Wolfgang Baumgratz (Bremen),

*Johannes Michel in Aktion 1999.
Foto: Kantorat an der Christuskirche*

Johannes Michel erklärt Kindern die Steinmeyer-Orgel 2010. Foto: Thomas Tröster

Willibald Guggenmoos (St. Gallen), Winfried Bönig (Köln), Markus Eichenlaub (damals Limburg), Thomas Sauer (Berlin), Samuel Kummer (Frauenkirche Dresden) und Christoph Schoener (St. Michaelis Hamburg) und viele andere. Dazu kamen zahlreiche Orgelabende der Assistenzkantoren sowie über 80 von mir selbst gespielte Konzerte. Diese finden häufig innerhalb von Veranstaltungsreihen wie dem Orgeltriptychon, bei den mit der Heilig-Geist-Kirche gemeinsam veranstalteten Orgeltagen, in den Orgelnächten im Rahmen der Langen Nacht der Museen, den Orgelfestivals zu verschiedenen Themen wie „Impressionismus in der Orgelmusik", „Bach bearbeitet", dem Orgelfrühling oder den beliebten Silvesterkonzerten statt.

Auch die Musikhochschule Mannheim ist regelmäßig zu Gast, insbesondere mit Orgelkonzerten der Orgelklassen. Mehrere CD-Aufnahmen kamen in den letzten Jahren zustande, darunter „Orgelkonzert in D" mit Andreas Petersen oder „Universum Bach" und „Colors of Pipe-Organ-Jazz" mit mir.

Großer Beliebtheit erfreuen sich die jährlich bis zu zehn Orgelführungen, die sowohl für geschlossene Gesellschaften, Service-Clubs, Schulklassen, das SWR-Kurpfalz-Radio, das Agendadiplom als auch für die Öffentlichkeit stattfinden. Zu dieser Bildungsarbeit zählen auch Orgelseminare durch die Hochschulprofessoren Martin Sander, Ludger Lohmann, Gerhard Gnann und Martin Schmeding. Außerdem wurden 25 Orgelkonzerte für Kinder angeboten. Dabei waren Transkriptionen beliebter Programmmusiken wie „Peter und der Wolf" von Sergei Prokofieff oder dem „Karneval der Tiere" von Camille Saint-Saëns, aber vor allem die von der Schauspielerin Eva Martin-Schneider und Christiane Michel-Ostertun selbst geschriebenen Programme wie „Die Konferenz der Tiere" u. a., von denen drei an unseren Orgeln auf CD eingespielt wurden, zu hören.

BACHfestival und Gastkonzerte

Im Frühjahr 2011 fand zum ersten Mal in neuerer Zeit ein achttägiges BACHfestival an der Christuskirche statt, bei dem sich alle musikalischen Aktivitäten der Musik von Johann Sebastian Bach widmeten. Diese Veranstaltungsreihe mit musikalischen Gottesdiensten und vielseitigen Konzerten zum Thema Bach wird aufgrund der positiven Resonanz bereits im Jahre 2012 eine Fortsetzung finden.

Mehrmals im Jahr ist die Christuskirche als Konzertkirche gefragt. Berühmte Virtuosen, u. a. Ludwig Güttler und Giora Feidman, das Ensemble German Brass, das Hillard-Ensemble und das SWR-Vokalensemble sowie die Jazzmusiker Jan Gabarek oder Brad Mehldau waren hier vor großem Publikum zu Gast. Auch regionale Klangkörper, beispielsweise das Sinfonieorchester der Musikschule, das Stamitzorchester, das SAP-Sinfonieorchester, das Sinfonische Blasorchester der Musikschule, die Capella Palatina unter Hanno Haag, der Chor der Musikhochschule und vor allem das Ensemble Mannheimer Blech unter Leitung von Ehrhard Wetz zogen viele Zuhörer in ihren Bann.

KMD Johannes Michel

Drei Stimmen aus der Fachwelt

Thomas Jesatko, Bassbariton am Nationaltheater Mannheim

Es ist mir eine hohe Ehre, ein paar Zeilen über meinen Freund Johannes Michel schreiben zu dürfen. Ich weiß gar nicht, wo ich anfangen soll, so viele Facetten hat dieser Glücksfall für die Christuskirche. Er ist ein unglaublich vielseitig begabter, umtriebiger, charmanter Mann, der seine Fähigkeiten selbstausbeuterisch in den Dienst seiner Gemeinde und Kirche stellt.

Er gehört zweifellos zu den ersten Musikern unseres Landes als Organist, Chorleiter, Dirigent und Komponist. Seine zusätzlichen Aufgaben als nordbadischer Landeskantor, Pädagoge und Vorsitzender der Karg-Elert-Gesellschaft seien hier nur erwähnt.

Es ist für mich immer ein großes Vergnügen, mit ihm musizieren zu dürfen. Seine große Souveränität in der Beherrschung der Mittel, sei es die Orgel (auch mal schnell komplexe Sätze für den Sänger transponieren, seine hochvirtuosen Orgelbearbeitungen, sein begnadetes Spiel), als Dirigent (wenn man ihn überzeugen kann, geht er gern auf Anregungen ein) oder als Komponist (ich durfte dabei sein, wie er eine Komposition für mich in unglaublicher Geschwindigkeit fertigstellte), sein Einfallsreichtum, dabei aber auch sein Vertrauen in den musikalischen Partner machen ein wahres „concertare" im Sinne von „gemeinsam um beste Ergebnisse wetteifern" möglich – der Idealfall für einen Musiker.

Was hat er nicht alles für Ideen, seiner Gemeinde die musica sacra oft im wahrsten Sinne des Wortes schmackhaft zu machen! Es ist für alle Beteiligten ja meist besonders erquicklich, wenn wie im Falle von „Bach und Bacchus" Pflicht und Neigung sich vereinen. Überhaupt sei dies nur ein kleines Beispiel für seine auch wagemutige, immer sehr intelligente und den Zuhörer fordernde Programmgestaltung, ohne dabei das klassische Repertoire zu vernachlässigen. So sind zum Beispiel die alljährlichen Silvester-Orgelfeuerwerke in Mannheim „Kult".

Als beliebter und kompetenter Chorleiter weiß er, die Möglichkeiten des Bachchores und des Kammerchores kontinuierlich fortzuentwickeln und immer wieder zu Höchstleistungen zu bringen, die die Zuhörer begeistern.

Als Komponist gehört er in der evangelischen Kirchenmusik wohl zu den fruchtbarsten, erfolgreichsten und meistaufgeführten Zeitgenossen. Er deckt hier ein unglaublich breites Spektrum von Chor- und Orchestermusik über Orgel- und Bläsermusik ab.

Über sein eigenes Schaffen hinaus ist er ein vielschichtig interessierter Mensch, der es bei seinem enormen Arbeitsaufwand noch schafft, als Zuhörer, Zuseher und als Inspirator am kulturellen und gesellschaftlichen Leben unserer Stadt und darüber hinaus teilzuhaben und Freundschaften zu pflegen.

Ich kann der Gemeinde zu ihrem Jubiläum und zu ihrem Kantor nur gratulieren und mich glücklich schätzen, mit ihm immer wieder in der wunderschönen Christuskirche zu Gottes Ehre und hoffentlich zur Erbauung der Zuhörer musizieren zu dürfen, und mit einem herzlichen „ad multos annos" enden.

Falk M. Zimmermann, Trompeter am Nationaltheater Mannheim

Johannes Michel ist ein gefragter Konzertorganist auf internationalen Podien, Komponist gefragter geistlicher Musik aller Art, vom Chorbuch angefangen über anspruchsvolle Kammermusik für Blechbläser bis hin zum zeitgenössischen Oratorium.

Ebenso ist er Vorsitzender der Karg-Elert-Gesellschaft und Dozent für Orgelspiel an der Musikhochschule in Mannheim. Diese Aufgaben allein würden einem gewöhnlichen Menschen als Tagespensum vollauf genügen und jedes Arbeitsleben ausfüllen.

Im eigentlichen Beruf allerdings fungiert er als Landeskantor der Evangelischen Kirche in Baden und als Kirchenmusikdirektor und Kantor an der Christuskirche in Mannheim. Und genau hier, in der täglichen Arbeit mit dem Bach- und Kammerchor, mit den Menschen seiner Christusgemeinde, an seinen drei Orgeln und mit den verschiedensten Ensembles an der Christuskirche findet er die Erfüllung, die ihn zum herausragenden Musiker hat werden lassen.

Davon zeugt nicht nur die einzigartige Fülle verschiedenster Konzerte und die Freude am gemeinsamen Musizieren im Gottesdienst, sondern vor allem seine ungebrochene Begeisterungsfähigkeit für alle Arten guter Musik und sein ständiges Beharren auf höchster musikalischer Qualität zum Wohle Gottes!

Immer getreu seinem Lebensmotto: Größte Vielfalt mit höchstem Anspruch!

Stefan M. Dettlinger, Kulturchef des „Mannheimer Morgen"

Nein, es war kein leichtes Erbe, das Johannes Michel, damals 36, im Januar 1999 antrat. 23 Jahre sind eine lange Zeit. So lange hatte Hermann Schäffer immerhin die Kirchenmusik an der Mannheimer Christuskirche betreut, den Bachchor zu neuer Blüte geführt und 1976 den Kammerchor gegründet. Dem jungen Michel, der nun als Kirchenmusikdirektor an der Christuskirche, als Bezirkskantor für Mannheim und Landeskantor Nordbaden fungierte, kam aber freilich eines zugute: Zuvor war er schon zehn Jahre lang Leiter der Eberbacher Kantorei und der Singschule Eberbach sowie Bezirkskantor in Eberbach. Zudem hatte sich Michel, der in Basel, Heidelberg, Frankfurt und seiner Geburtsstadt Stuttgart eine fundierte Ausbildung genossen hatte, schon als Konzertorganist und Komponist einen Namen gemacht.

Erstaunlich rasch war der Mann in Mannheim und der gesamten Metropolregion heimisch geworden. Er lehrt inzwischen „Künstlerisches Orgelspiel" – in Heidelberg an der Hochschule für Kirchenmusik und in Mannheim an der Staatlichen Hochschule für Musik und darstellende Kunst. Aber Michel ist auch Kreativer und Produzent. Eine Flut an Kompositionen für unterschiedliche Besetzungen sowie einige Fachpublikationen sind in seiner „Mannheimer Ära" bislang entstanden. Auch seine Fähigkeiten im organisatorischen Bereich sind erwähnenswert. Seine Assistenten loben die von ihm gepflegte „flache Hierarchie" und die Fähigkeit zu delegieren. Nicht zuletzt ist Michel auch einer, der immer offen auf die Medien zugeht.

Der eher lockere, kameradschaftliche Umgangston, den er Chorsängerinnen und -sängern sowie Instrumentalisten (Sinfonietta Mannheim, Blechbläserensemble) gegenüber pflegt, sollte nicht darüber hinwegtäuschen, dass Michel hart probt, was zu exzellenten Interpretationsergebnissen führt. Zudem: An keiner anderen Mannheimer Kirche wird so ausgiebig und an so vielen Sonn- und Feiertagen im Kirchenjahr gesungen, gestrichen, geblasen und geschlagen wie an der Christuskirche.

Neben der regelmäßigen Gestaltung von Kantatengottesdiensten sind es selbstredend auch die großen Oratorienkonzerte, die Jahr für Jahr Tausende Musikfreunde anziehen. Hier legt der Kantor und Komponist Michel wie sein Vorgänger großen Wert auf den Brückenschlag zwischen Tradition und Moderne. Die Meisterwerke Bachs, Mozarts, Mendelssohns, Beethovens, Schuberts und Brahms' stehen neben selten zu Hörendem aus dem 19. und 20. Jahrhundert, wobei der Bachchor etwa Zoltan Kodalys „Psalmus hungaricus" natürlich in der ungarischen Originalsprache aufführt – auch dies eine gewachsene Tradition an der Christuskirche. Erst- und Uraufführungen – auch einiger Kompositionen von Michel („Jazzmesse"), der als Komponist immer mit seinem vollen Namen Johannes Matthias Michel in Erscheinung tritt – stehen neben Wiederentdeckungen der „Mannheimer Schule" („Miserere" von Ignaz Holzbauer) und dem spätromantischen „Charfreitagsgesang" von Arno Landmann, dem Gründer des Mannheimer Bachchors.

Natürlich ist für einen international renommierten Konzertorganisten wie Michel die Christuskirche mit ihren berühmten Orgeln ein „musikalisches Schlaraffenland". Die „barocke" Marcussen-Orgel und die „spätromantische" Steinmeyer-Orgel werden von Johannes Michel gern und oft frequentiert und haben ihn zu vielfältigen Kompositionen animiert.

Förderkreis für die Kirchenmusik

Der Förderkreis für die Kirchenmusik wurde anlässlich der Beschaffung einer zweiten großen Orgel für die Christuskirche gegründet. Die Kosten eines Instrumentes der geplanten Größe konnten nicht aus Mitteln der Gemeinde oder der Landeskirche getragen werden, so dass die Finanzierung im Wesentlichen über Spenden erfolgen musste. Der Vorschlag, eingehende Spenden über das Konto des Hilfsvereins der

Christuskirche zu verbuchen und – soweit erforderlich – auch einen Zuschuss aus Mitteln des Hilfsvereins beizusteuern, wurde aus Satzungserwägungen abgelehnt. Daher gründete im Juni 1983 Rudolf Günther als Ältester der Ostpfarrei mit weiteren Befürwortern des Orgelprojektes einen ausschließlich zur Förderung der Kirchenmusik an der Christuskirche dienenden Förderkreis, als dessen 1. Vorsitzender er seit der Gründung bis heute wirkt. Der Verein wurde von Anbeginn ausdrücklich mit dem Ziel gegründet, nach Fertigstellung der Orgel weiterhin das krichenmusikalische Geschehen in der Christuskirche, in besonderem Maße aber die Aufführungen der beiden Chöre zu unterstützen.

Aus Mitteln des Förderkreises konnten seither zahlreiche Projekte verwirklicht werden, wobei die Ausrüstung der Steinmeyer-Orgel mit einer Setzeranlage, die Beschaffung von zwei Pedalpauken sowie einer neuen Truhenorgel und der Celesta für das Fernwerk der großen Orgel besonders zu erwähnen sind. Auch einige Oratorien-Aufführungen wurden durch direkte Zuschüsse oder die Zusage zur Übernahme von Defiziten seitens des Förderkreises ermöglicht.

Ein weiteres Anliegen des Förderkreises besteht darin, die Mitglieder mit den Grundlagen der Kirchenmusik vertraut zu machen, wobei vor allem die Kenntnis der Orgelmusik vermittelt werden soll. Schon wenige Jahre nach Gründung des Vereins wurde mit Fahrten zu besonders eindrucksvollen Orgeln in der näheren Umgebung

Bachchor und Kammerchor 2004. Foto: Kantorat an der Christuskirche

begonnen. Zunächst waren diese „Orgelfahrten" eintägig und führten zu Kirchen in Baden, in der Pfalz und in Südhessen. Ab 2001 wurden dann weiter entfernte Städte gewählt, und die Fahrten erstreckten sich über mehrere Tage, z. B. Leipzig und Naumburg, Freiburg und Umgebung, Amsterdam, Haarlem und Alkmaar, Berlin, Lindau, Dornbirn und St. Gallen, Paris, Dresden und Freiberg sowie Ulm. Unvergesslich sind dabei für viele Teilnehmer exklusive Momente, die man als Musikfreund sonst nicht erleben kann. Unter Ausschluss der Öffentlichkeit einen ganzen Abend in der Leipziger Thomaskirche, der Grote Kerk in Alkmaar, mit Daniel Roth in der Kirche St. Sulpice in Paris oder Thomas Lennartz in der Kathedrale zu Dresden zu verbringen ist kein alltägliches Musikerlebnis.

Der Förderkreis ist ein übergemeindlicher Verein aus Freunden der Kirchenmusik an der Christuskirche. Durch intensive Werbung vor dem Hintergrund der jetzt zunehmend knapper werdenden Zuschüsse aus kirchlichen Mitteln konnte die Zahl der Mitglieder auf 250 gesteigert werden.

CDs aus der Christuskirche

Max Reger, Orgelwerke. Arvid Gast. Motette-Ursina, Düsseldorf 1991
Johannes Brahms, Orgelwerke. Hermann Schäffer. Motette-Ursina, Düsseldorf 1992
Ich rühm dich, Heidelberg. [Orgelwerke von A. Schlick]. Johannes Matthias Michel. Christopherus, Heidelberg 1996
Orgelkonzert in D. Andreas Petersen. Christuskirche. [Eigenverlag] Mannheim 2000
Universum Bach. Johannes Matthias Michel. Christopherus, Heidelberg 2001
Die Kirschin Elfriede – Ein Orgelkonzert für Kinder. Christiane Michel-Ostertun. Strube, München 2002
Die Konferenz der Tiere – Ein Orgelkonzert für Kinder. Christiane Michel-Ostertun, Strube, München 2004
Glocken – Chöre – Orgeln. Bachchor, Kammerchor, Solisten, Sinfonietta Mannheim, Markus Manderscheid, Joannes [Matthias] Michel. Christuskirche. Mannheim [Eigenverlag] 2004
Eberhards verwegene Abenteuer – Ein Orgelkonzert für Kinder. Christiane Michel-Ostertun. Strube, München 2006
Colors of Pipe Organ Jazz. Johannes Matthias Michel. Ambiente, Algermissen 2007
La Fête de Saint Hubert. Deutsche Naturhornsolisten, Johannes [Matthias] Michel. Darbringhaus und Grimm, Detmold 2009
Das Mannheimer Wunderwerk – 100 Jahre Steinmeyer-Orgel der Christuskirche Mannheim. Orgel: Johannes Matthias Michel. Orgelwerke von Max Reger, Sigfrid Karg-Elert und Arno Landmann. Ambiente, Algermissen. In Vorbereitung (Oktober 2011)
Sinfonische Klangwelt für Blechbläser und Orgel. Mannheimer Blech, Leitung: Ehrhard Wetz. Orgel: Johannes Matthias Michel. Werke von Mendelssohn, Strauss, Widor, Dupré und Michel. Strube, München. In Vorbereitung (November 2011)

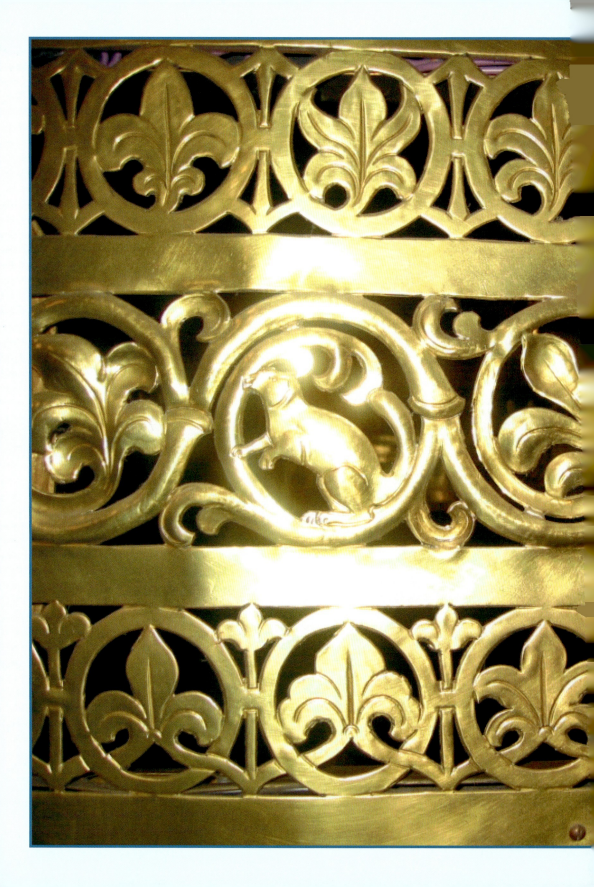

D. Anhang

Synopse wichtiger Ereignisse an der Christuskirche sowie auf lokaler, nationaler und internationaler Ebene

	Christuskirche	Mannheim	Allgemeine Geschichte
1911	Ostpfarrei: ca. 4.400[1] Westpfarrei: ca. 6.000 Oktober: Einweihung der Christuskirche Stadtpfarrer Dr. Hans Hoff an der Ostpfarrei (bis 1933) Stadtpfarrer Dr. Paul Klein an der Westpfarrei (bis 1930) Arno Landmann Organist (bis 1942)	Einwohner: 200.285[1] Ev. Christen: ca. 50%[2]	Erster Internationaler Frauentag
1912		Inbetriebnahme der Hauptfeuerwache am Neckar	China wird Republik
1913		Rheinau und Sandhofen eingemeidet	
1914	Gründung des Bachchors		Ausbruch des Ersten Weltkriegs
1915		Die Stadt wird erstmals von Flugzeugen bombardiert	
1916			
1917			Russische Revolution
1918		Abdankung des Großherzogs von von Baden; Ende des landesherrlichen Kirchenregiments	Niederlage des Deutschen Reichs Novemberrevolution Abdankung Kaiser Wilhelms II.
1919			Versailler Vertrag Friedrich Ebert wird Reichspräsident
1920		Eröffnung des Herschelbads	Kapp-Putsch
1921	Ostpfarrei: ca. 7.000[1] Westpfarrei: ca. 7.000	Einwohner: 239.042[1] Evang. Christen: ca. 50%[2] Schwerste Explosionkatastrophe der BASF Gründung des Großkraftwerks Mannheim (GKM)	Mord an Reichsfinanzminister Matthias Erzberger
1922	Einbau einer elektrischen Läutemaschine für die Kirchenglocken	Einweihung der Städtischen Krankenanstalten am Neckar (seit 1998 Universitätsklinikum Mannheim)	Mord an Reichsaußenminister Walter Rathenau
1923		Französische Truppen besetzen die Häfen, das Schloss und weitere Teile der Stadt (bis 1924)	Die Türkei wird Republik Ruhrbesetzung, Inflation, Hitler-Putsch
1924			
1925		Austellung „Neue Sachlichkeit" in der Kunsthalle Flughafen in Neuostheim	Paul von Hindenburg wird Reichspräsident
1926	Gründung des Evangelischen Hilfsvereins e.V.	Die Firmen Benz & Co und Daimler fusionieren	Deutschland wird Mitglied im Völkerbund

Gegenüberliegende Seite: Radleuchter im Zentrum des Kirchenraums, Detailansicht des Ornamentbandes. Foto: R. Schneider

	Christuskirche	Mannheim	Allgemeine Geschichte
1927		Eröffnung des Planetariums im Luisenpark	
1928			
1929	Gedächtnisfeier zur Speyerer Protestation (1529) in der Christuskirche	Wallstadt eingemeindet Eröffnung des neuen Theresienkrankenhauses	Tod von Gutav Stresemann Weltwirtschaftskrise
1930	Stadtpfarrer Rudolf Mayer an der Westpfarrei (bis 1956)	Friedrichsfeld und Seckenheim werden eingemeindet	
1931	Ostpfarrei: ca. 7.200[1] Westpfarrei: ca. 6.800 Gründung des ersten Kindergartens	Einwohner: 276.703[1] Evang. Christen: ca. 50%[2] Pfarrer Erwin Eckert (Trinitatis) wird wegen Beitritts zur KPD aus der badischen Kirche ausgeschlossen.	
1932			
1933	Stadtpfarrer Dr. Friedrich Wilhelm Weber an der Ostpfarrei (bis 1958) Zentrale Kundgebung zu Martin Luthers 450. Geburtstag	Die Nationalsozialisten bemächtigen sich der Stadtverwaltung	Hitler wird Reichskanzler Reichstagsbrand Emächtigungsgesetz Reichskonkordat mit dem Vatikan
1934			Gründung der „Bekennenden Kirche" mit der Barmer Theologischen Erklärung Ludwig Müller (Deutsche Christen) wird Ev. Reichsbischof (bis 1945) Sogenannter „Röhmputsch"
1935		Autobahn Heidelberg–Mannheim–Darmstadt wird eröffnet	Nürnberger Rassengesetze
1936			Besetzung des entmilitarisierten Rheinlands durch deutsche Truppen Olympische Spiele in Berlin
1937			
1938	Gründung eines Frauen- und Mütterkreises in der Westpfarrei	Reichsprogromnacht: Einrichtungen der jüd. Gemeinde, Geschäfte u. Wohnungen werden zerstört	Reichsprogrom-(„Reichskristall"-)nacht Anschluss Österreichs
1939	Neuer Spieltisch für die Steinmeyer-Orgel mit elektrischer Traktur		Besetzung der Tschechoslowakei Beginn des Zweiten Weltkriegs
1940		Deportation von fast 2.000 Mannheimer Juden nach Gurs (Südfrankreich)	
1941	Ostpfarrei und Westpfarrei: Für 1941 liegen keine verwendbaren Zahlen vor	Einwohner: 244.543[1] Ev. Christen: ca. 50%[2]	Angriff auf die Sowjetunion Der kath. Bischof von Münster, Clemens August Graf von Galen, predigt gegen die „Euthanasie"-Aktionen
1942	Martha Hoff, die Witwe von Pfarrer Dr. Hoff, wird nach Osteuropa deportiert und ist dort verschollen Beschlagnahme und Abtransport der vier größeren Kirchenglocken zum Einschmelzen zu Kriegszwecken	Die Widerstandsgruppe um Georg Lechleiter wird hingerichtet	Beginn der Ermordung von Millionen von Juden in Auschwitz und anderen Konzentrationslagern

Synopse

	Christuskirche	Mannheim	Allgemeine Geschichte
1943	Dr. Oskar Deffner Organist (bis 1960) Pfarrhaus der Ostpfarrei und Dach der Gemeindesäle ausgebrannt; Dachgeschoss der Westpfarrei ausgebrannt; Kirche durch Sprengbomben beschädigt	Schwerste alliierte Luftangriffe auf Mannheim	Niederlage der Deutschen in Stalingrad
1944			20. Juli: Gescheitertes Attentat auf Hitler Landung der Alliierten in der Normandie/Frankreich
1945	Gottesdienste der „American Army Church. Protestant" in der Christuskirche (bis 1947)	Sprengung der Rheinbrücke durch die deutschen Wehrmacht 28./29.März: US-Truppen besetzen die Stadt	Dietrich Bonhoeffer wird hingerichtet 8. Mai: Bedingungslose Kapitulation Atombomben auf Hiroshima und Nagasaki Rat der Ev. Kirche in Deutschland veröffentlicht das „Stuttgarter Schuldbekenntnis" Gründung der UNO
1946	Erste „Geistliche Woche" (bis 2006)	Wiederaufbau der Ebert-Brücke Erste Gemeinderatswahl	Nürnberger Prozesse
1947	Aufstellung einer zweiten Orgel auf der Ostempore (bis 1983)		Marshall-Plan
1948	Pfarrvikariat Neuostheim wird eigenständige Pfarrei der Gesamtgemeinde Mannheim	Wiederaufbau der Rheinbrücke	Währungsreform Berliner Luftbrücke Gründung Israels Gründung der Ev. Kirche in Deutschland (EKD) in Treysa (Hessen)
1949		VfR deutscher Fußballmeister Erster Maimarkt nach dem 2. Weltkrieg	Gründung der Bundesrepublik Deutschland und der Deutschen Demokratischen Republik Theodor Heuss wird Bundespräsident Gründung der NATO
1950		Bau der neuen Kurpfalzbrücke	Beginn des Koreakriegs (bis 1953)
1951	**Ostpfarrei: ca. 4.500**[1] **Westpfarrei: ca. 4.500** Wiedereröffnung des Kindergartens am Werderplatz 6	**Einwohner: 256.935**[1] **Ev. Christen: ca. 50%**[2]	
1952	Überholung der Steinmeyer-Orgel mit Einbau neuer Register	Mannheimer Kultur- und Dokumentarfilmwoche	Gründung des Landes Baden-Württemberg
1953			17. Juni: Aufstand in der DDR
1954		Stiftung des Schillerpreises	Deutschland (BRD) wird Fußballweltmeister
1955			Wiederbewaffnung und NATO-Beitritt der BRD Gründung des Warschauer Pakts
1956	Pfarrer Herbert Wäldin an der Westpfarrei (bis 1972), Einbau der fünf neu gegossenen Kirchenglocken Eröffnung des zweiten Kindergartens in der Rheinhäuserstraße		Aufstand in Ungarn und in Polen Einberufung der ersten Bundeswehreinheiten (Freiwillige)

	Christuskirche	Mannheim	Allgemeine Geschichte
1957		Eröffnung des Nationaltheaters auf dem Goetheplatz Bau der Jungbuschbrücke Erste Städtparnterschaft mit Swansea (Großbritannien)	Gründung der Europäischen Wirtschaftsgemeinschaft Start des ersten Erdsatelliten „Sputnik" (UdSSR)
1958	Pfarrer Wilhelm Karle an der Ostpfarrei (bis 1969), Restaurierung des Auferstehungsbilds über dem Triumphbogen durch Carolus Vocke		
1959		Städtpartnerschaft mit Toulon	Heinrich Lübke wird Bundespräsident
1960	Heinz Markus Göttsche Kantor (bis 1968) Erster Weltgebetstag der Frauen in der Christuskirche Patenschaft mit der evangelischen Kirchengemeinde in Bergfelde bei Berlin (bis 1990)	Stiftung des Konrad-Duden-Preises	
1961	**Ostpfarrei: 5.886 Mitglieder**[1] **Westpfarrei: 4.244 Mitglieder** Kreis junger Mütter, später: Frauengesprächskreis 50-jähriges Jubiläum, Festschrift, hrsg. von Herbert Wäldin	**Einwohner: 316.890**[1] **Ev.. Christen: 159.675 (= 50,9%)** Bezug des neuen Diakonissenkrankenhauses Einzug der Stadtbücherei ins Dalberghaus	13. August: Bau der Berliner Mauer Erster Mensch im All (UdSSR)
1962	Gründung des Kreises junger Christen		Kuba-Krise „Spiegelaffäre"
1963		Gründung der Griechisch-Orthodoxen Gemeinde Kreuzerhöhung	Vertrag über die deutsch-französische Zusammenarbeit
1964		Gründung des Instituts für Deutsche Sprache	Beginn des Vietnamkriegs (bis 1975)
1965			
1966			Beginn der Kulturrevolution in China (bis 1976)
1967		Mannheim wird Universitätsstadt	
1968	Stephan Kroll Kantor (bis 1974)		Aufstand in der Tschechoslowakei Studentenunruhen und APO
1969	Umzug des ersten Kindergartens in die Maximilianstraße		Erste bemannte Mondlandung (USA) Gustav Heinemann wird Bundespräsident
1970	Pfarrer Fritz Lang an der Ostpfarrei (bis 1989)		Warschauer Vertrag: Anerkennung der Oder-Neiße-Grenze
1971	**Ostpfarrei: 5.542**[1] **Westpfarrei: 4.281** Gottesdienste der kath. Heilig-Geist-Gemeinde in der Christuskirche	**Einwohner: 330.800**[1] **Ev. Christen: 170.838 (= 51,6%)**	Friedensnobelpreis für Willy Brandt
1972	Pfarrer Walther Bender an der Westpfarrei (bis 1978)	Einweihung der Kurt-Schumacher-Brücke	Olympische Spiele in München, Attentat auf israelische Mannschaft Grundlagenvertrag zwischen der BRD und der DDR
1973			Ölkrise: Sonntagsfahrverbot

Synopse

	Christuskirche	Mannheim	Allgemeine Geschichte
1974		Bau des Collini-Centers	Deutschland (BRD) wird Fußballweltmeister Walter Scheel wird Bundespräsident
1975	Hermann Schäffer Kantor (bis 1998)	Bundesgartenschau Einweihung des Fernmeldeturm	Protestbewegung gegen den Bau des Kernkraftwerks Wyhl (Oberrhein)
1976		Gründung des Zentralinstituts für seelische Gesundheit	
1977			Morde der RAF (Rot-Armee-Fraktion) an prominenten Personen
1978	Pfarrer Ernst Baier an der Westpfarrei (bis 1992)		
1979	Überführung der Schwesternstation in die Sozialstation Mannheim-Mitte		Karl Carstens wird Bundespräsident
1980			Gründungskongress der Grünen als Bundespartei
1981	Ostpfarrei: 4.514 Mitglieder[1] Westpfarrei: 3.891 Mitglieder	Einwohner: 308.943[1] Ev. Christen: 129.231 (= 42,6%) Gründung eines selbstverwalteten Frauenhauses	Großdemonstration gegen den Bau des Kernkraftwerks Brokdorf
1982	Wiedereröffnung der ausgebauten Katakomben Neugründung des ökumenischen Arbeitskreises mit der Heilig-Geist-Kirche und der Ev. methodistischen Kirche		Großdemonstration der Friedensbewegung im Bonner Hofgarten
1983	General-Renovierung des Innenraums der Kirche mit Wiederherstellung der Originalfassungen der Kirchenfenster Gottesdienste der Christusgemeinden in der Heilig-Geist-Kirche Gründung des Fördervereins für die Kirchenmusik Gründung des Gesprächskreis für Seniorinnen und Senioren	Eröffnung des Erweiterungsbaus der Kunsthalle	„Milliardenkredit" der BRD für die DDR
1984	Renovierung der Steinmeyer-Orgel mit Rückbau in den Originalzustand; neuer Spieltisch mit elektronischer Setzanlage		Richard von Weizsäcker wird Bundespräsident
1985		Verlegung des Maimarkts ins Mühlfeld	Michail Gorbatschow wird Generalsekretär der KPdSU
1986	75-jähriges Jubiläum, Festschrift, hrsg. von Rudolf Günther und Kurt F. Müller, Einrichtung des Carl-Reuther-Zimmers mit Archiv	Gründung des Rhein-Neckar-Fernsehens (RNF)	Reaktorkatastrophe in Tschernobyl
1987	Aufstellung einer großen zweiten Orgel auf der Mittelempore Erste Christmette zur Entlastung der zwei Gottedienste am Heiligen Abend	Erbauung des Jüdisches Gemeindezentrums mit Synagoge in F 3	Staatsbesuch Erich Honeckers in der BRD
1988	Einführung der Osternachtsfeier	Eröffnung des Erweiterungsbaus des Reiß-Museums in D 5	Einführung des DAX
1989			9. November: Fall der Berliner Mauer
1990	Pfarrer Winfried Oelschlegel Pfarrer an der Ostpfarrei (bis 1998)	Gründung des Landesmuseums für Technik und Arbeit	3. Oktober: Deutsche Wiedervereinigung; Deutschland wird Fußballweltmeister

	Christuskirche	Mannheim	Allgemeine Geschichte
1991	Ostpfarrei: 3.357[1] Westpfarrer: 3.016 Gründung des Fördervereins für die Erhaltung der Christuskirche (bis 1993)	Einwohner: 320.965[1] Ev. Christen: 113.703 (= 35,4%) Eröffnung des neuen Stadthauses auf N 1	Beginn der Kriege im ehemaligen Jugoslawien (bis 1999) Auflösung der Sowjetunion
1992			
1993	Pfarrer Dr. Matthias Meyer an der Westpfarrei, ab 1999 an der vereinigten Christusgemeinde		Gründung der Europäischen Union durch den Vertrag von Maastricht
1994		Bau von Benz-Stadion und Farlachtunnel	Roman Herzog wird Bundespräsident
1995	Gründung des Kinderchors unter der Leitung von Patricia Rojas-Schubert (bis 2010)	Eröffnung der Yavuz-Sultan-Selim Moschee Fusion der St-Hedig-Klinik mit dem Theresienkrankenhaus	
1996	Erste Einladung zum Ökumenischen Frühstück Erstmals drei Gottesdienste am Nachmittag des Heiligen Abends		Reform der deutschen Rechtschreibung
1997	1. Ausgabe des neuen Gemeindebriefs der Christuskirche	Erste Vesperkirche in der Konkordienkirche MERC erstmals deutscher Eishockeymeister	
1998	Am Eingang zur Ostpfarrei wird eine Gedenktafel für Martha Hoff angebracht Gründung des Fördervereins für ein Pfarrvikariat an der Christuskirche		
1999	Vereinigung von Ost-Pfarrei und West-Pfarrei zur Gemeinde der Christuskirche KMD Johannes Matthias Michel Kantor	Fusion des Diakonissenkrankenhauses mit dem Heinrich-Lanz-Krankenhaus zum Diakoniekrankenhaus	Einführung des Euro
2000		1. Ökumen. Kirchentag MA-LU in Ludwigshafen Einweihung des Ökumenischen Bildungszentrums sanctclara	
2001	Christusgemeinde: 4.212[1,3] Erster Ökumenischer Gottesdienst der Stadtteilökumene am Pfingstmontag Erster Jugendgottesdienst „Fisherman's Friends" Installation der Außenbeleuchtung der Christuskirche	Einwohner: 323.836[1] Ev. Christen: 88.706 (= 27,4%)[3]	11. September: Terroranschläge in den USA
2002	Gründung des XX-Kreises	Gründung der Popakademie	
2003		Enthüllung des Glaskubus zum Gedenken der jüdischen Opfer des Nationalsozialismus, P 2	Beginn des Kriegs im Irak
2004	Neue eigene Truhenorgel		Horst Köhler wird Bundespräsident
2005		Europäische Metrolpolregion „Rhein-Neckar" anerkannt Eröffnung der SAP-Arena	Joseph Ratzinger wird Papst Benedikt XVI.
2006	Gründung des Hauskreises 30+		

Synopse

	Christuskirche	Mannheim	Allgemeine Geschichte
2007	Erste Eröffnung des Weihnachtsmarktes am Wasserturm durch die Stadtteilökumene	400-jähriges Stadtjubiläum 2. Ökum. Kirchentag der Metropolregion Rhein-Neckar in Mannheim Erstmals Meile der Religionen	
2008	Installation einer neuen Innenbeleuchtung in der Christuskirche	Eröffnung Haus der Evang. Kirche in M 1, 1a	Weltfinanzkrise
2009	Barrierefreier Zugang zur Christuskirche	Erste Kindervesperkirche in der Jugendkirche	
2010			Christian Wulff wird Bundespräsident
2011	Christusgemeinde (2010): 3.964[1,3] 100-jähriges Jubiläum	Einwohner (2010) : ca. 322.878 Ev. Christen (2010): 78.926 (24,44%)	Erdbeben, Tsunami und Atomkatastrophe in Japan

[1] Die exakten oder interpolierten Zahlen für die Christuskirche beruhen für die Zeit von 1911–1951 auf Angaben aus dem Oberkirchenrat, Karlsruhe, für die Zeit ab 1961 auf Angaben der Evangelischen Kirchenverwaltung Mannheim. Die Angaben der Evangelischen Kirchenverwaltung Mannheim differieren z. T. nicht unerheblich von den entsprechenden Zahlen des Oberkirchenrats. Die Differenzen konnten nicht geklärt werden.
Die exakten oder interpolierten Zahlen für die Einwohner Mannheims und den Anteil der Evangelischen beruhen auf Angaben der Stadt Mannheim und (ab 1961) der Evangelischen Kirchenverwaltung Mannheim.

[2] Für Zeit von 1911–1951 liegen nur sporadische Angaben vor, die im Durchschnitt bei 50% liegen.

[3] Für 2001 und 2010 sind für die Christusgemeinde und für die Evangelische Kirche in Mannheim die Zahlen für Gemeindeglieder mit Hauptwohnsitz angeben.

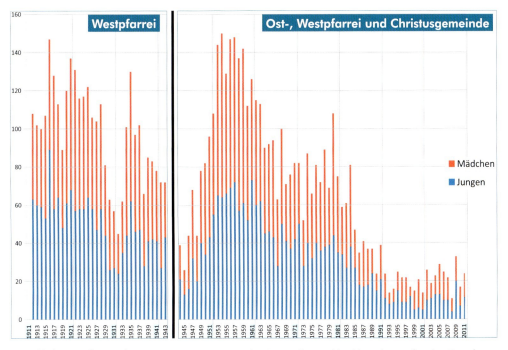

Anzahl der Konfirmanden von 1911–2011. Links: Westpfarrei (die Unterlagen für die Ostpfarrei wurden im 2. Weltkrieg vernichtet). Rechts: Ost- und Westpfarrei, ab 1999 Christusgemeinde. Bearbeitet von Pfarrer Dr. M. Meyer

Die Pfarrer, die Pfarrvikarinnen und Pfarrvikare, die Organisten und Kantoren, die kirchenmusikalischen Assistentinnen und Assistenten, die Kirchendiener an der Christuskirche 1911–2011

Die Pfarrer 1911–2011

Ostpfarrei 1911–1999

1911–1933	Stadtpfarrer Dr. Hans Hoff
1933–1958	Stadtpfarrer Dr. Friedrich Wilhelm Weber
1958–1969	Pfarrer Wilhelm Karle
1970–1989	Pfarrer Fritz Lang
1990–1998	Pfarrer Winfried Oelschlegel

Westpfarrei 1911–1999

1911–1930	Stadtpfarrer Dr. Paul Klein
1930–1956	Stadtpfarrer Rudolf Mayer
1956–1972	Pfarrer Herbert Wäldin
1972–1978	Pfarrer Walther Bender
1978–1992	Pfarrer Ernst Baier
1993–1999	Pfarrer Dr. Matthias Meyer

Christusgemeinde seit 1999

1999 –	Pfarrer Dr. Matthias Meyer

Die Pfarrvikarinnen und Pfarrvikare 1911–2011

Ostpfarrei

1925	Erich Kühn		1938	Klaus Hilmer
1926	Robert Steiger		1938	Ernst Amann
1927	Erwin Beisel		1939	Gottfried Auffahrt (formal bis 1943)
1928	Alexander Gocker			
1929	Otto Schmitt		1964/65	Dr. Helmut Gießer
1931	Oskar Fränkle		1965/68	Eckard Liebs
1932	Erwin Hegel (Neuostheim)		1968	Detlef Ahrnke
1934	Friedrich Staubitz (Neuostheim)		1969/70	Martin Spital
1935	Gotthold Weiß			

Ab 1970 waren die Pfarrvikarinnen und Pfarrvikare für beide Pfarreien zuständig

Westpfarrei

1911	Fritz Specht		1921	Wilhelm Gallé
1912	Lic. Ernst Moering		1923	Erich Fuchs
1912	Dr. Karl Schumann		1923	Paul Rößger
1914	August Erckenbrecht		1923	Eugen Speck
1914	Karl Dessecker (in Vertretung)		1926	Karl Krieger
1916	Ernst Jundt		1928	Egon Güß
1918	Heinrich Schulz		1928	Hans Barner
1919	Otto Heller		1931	Adolf Jörder
1919	Ruben Fink		1933	Albert Zeilinger
1921	Karl Steinmetz		1935	Wilhelm Albert Hauck

1936	Otto Doll (in Vertretung)
1938	Gerhard Gorenflo
1938/39	Herbert Wäldin
1939	Max Killius

1958/59	Hansjörg Pfisterer
1964	Horst Helmuth Eck
1968/69	Peter Heckmann
1969	Elfriede Ahrnke

Ab 1970 waren die Pfarrvikarinnen und Pfarrvikare für beide Pfarreien zuständig

Ostpfarrei und Westpfarrei

1970	Martin Spital
1971	Hartmut Müßig
1971/72	Hans-Alfred Schlobat
1972/74	Günter Hartmut Mono
1973	Hans-Dieter Köser
1974/75	Friedrich Herrmann
1975/77	Klaus Walter Weber
1978	Dr. Jan Badewien
1978/79	Gerda Kunkel

1979/81	Friederike Nestler
1982/83	Angelika Bless
1983/84	Martin Michel
1984/85	Günther Welker
1985	Ruthild Schuh
1987/88	Urs Keller
1988/90	Albrecht Fitterer-Pfeiffer
1990	Frank Wagner
1992/93	Markus Wagenbach

Christusgemeinde

1999/01	Anne Ressel
2001/05	Gerrit Hohage
2005/07	Philipp Beyhl

2007/09	Kim Apel
2009/10	Susanne Kobler-von Komorowski
2010 –	Henriette Freidhof

Die Organisten und Kantoren 1911–2011

1911–1942	Arno Landmann
1943–1960	Dr. Oskar Deffner
1960–1968	Heinz Markus Göttsche
1968–1974	Stephan Kroll
1975–1999	KMD Herrmann Schäffer
1999–	KMD Johannes Matthias Michel

Die kirchenmusikalischen Assistentinnen und Assistenten 1982–2011

1982/84	Gudrun Bechtel
1982/83	Viola Heise
1984/85	Johannes Schlage
1986/87	Uwe Schüssler
1987/88	Michael Bender
1989/90	Candida Schick
1990/92	Sönke Wittnebel
1992/93	Christian Pfeifer

1993/95	Christian Mause
1995/00	Andreas Petersen
2002/02	Heike Ittmann
2003/05	Markus Manderscheid
2005/07	Sascha Heberling
2007/09	Michael Kremzow
2009/11	Nicola Bergelt
2011–	Elisabeth Göbel

Die Kirchendiener 1911–2011

1911–1953	Karl Häffner
1954–1970	Georg Bosecker
1971–1995	Herbert Wüstner
1995–1996	Michael Thies
1996–1998	Peter Bill
1998–	Hans-Georg Heltmann

Personenregister für das Vorwort und die Teile A–C

Achtnich, Theodor 38
Adler, Samuel 246
Agustinus, Aurelius 167
Ahle, Johann Georg 243
Ahles, Carl 38
Ahrnke, Elfriede 129
Alain, Jehan 236
Albiker, Karl 44,57
Altendorf, P. 100
Altenheimer, Klaus 151,153f,162,180,188
Ameln, Konrad 209
Andersen, Torge 172
Apel, Kim 161,162
Arndt, Ernst Moritz 205
Arnold, Daniel 172
Auffarth, Gottfried 102

Bach, Johann Sebastian 193,195,197,199,201–204, 207–209,212–215, 218–224, 227–234,236,239, 243,246f,249,252–255,257
Bach, Johann Christoph 221
Bach, Philipp Emanuel 223
Bachert (Firma) 60f
Badewien, Jan 131
Baier, Ernst 131–144
Ballmann, Wilhelm 45
Barber, Chris 249
Barner, Hans 116,145
Barth, Karl 167
Bartholomä, Helmuth 95
Bassermann, Robert 18
Bauer, Astrid 175
Baumgratz, Wolfgang 251
Becheikh, Karim 174
Beck, Katrin 171
Beethoven, Ludwig van 223f,231,255
Behaghel, Hermann 18f,24,69
Beißbart & Hoffmann 50
Bellardi, Rudolf 203
Belzner, Holmes (Firma) 67
Bender, Walther 130–133,138,146f, 223
Berg, Arthur 208
Bergdolt, Gottfried 142
Bergdolt, Laura 171
Bergdolt, Wilhelm 214
Bergelt, Nicola 249
Berger, Klaus 165
Berger, Amelie 171,174
Bergerhausen, Heidrun 157
Berkmann, Julia 172
Bernstein, Leonard 230f,246,249
Beuttenmüller (aus Durlach) 39
Beyhl, Philipp 161f,185

Bill, Peter 157
Billing, Hermann 22–24
Birkel, Simone 186
Birnbaum, Annika 172
Birnbaum, Sylvia 178,249
Bismarck, Otto von 167
Blank, Evelyn 181
Blarr, Oskar Gottlieb 229–231
Boehringer (Familie) 61
Bohrmann, Philipp 61
Bönig, Winfried 252
Bosecker, Georg 157
Boudgoust, Bernhard 184–186
Boulanger, Lilli 246
Brahms, Johannes 201,205,207, 215,219,225,230,246,255, 257
Brandmüller, Theo 251
Brasse-Nothdurft, Christiane 234
Bremsteller, Ulrich 223
Breuer, Irmgard 160,192
Breuer, Wolfgang 160,192
Briamonte-Geiser, Tatjana 151,153,188
Briegel, Wolfgang Carl 243
Britten, Benjamin 230,249
Bruckner, Anton 224,229f,247,249
Brunckhorst, Arnold Matthias 243
Buch, Adolf 18
Büchner, Georg 83,24
Burkhard, Rudolf 24
Burrer, Friedrich 54
Buxtehude, Diet(e)rich 213,218,221,232,243

Caldara, Antonio 200
Cassar, Karl 45
Charpentier, Marc-Antoine 233
Cherubini, Luigi 246
Cladders, Daphne 179
Comenius, Johann Amos 167
Corelli, Arcangelo 221
Crüger, Johann 218
Curjel, Robert 16

Dahm, Marieluise 183
Dammast, Margot 169,180
Dammert, Diana 179
Dannenhauer, Frank 175
Dapper, Ernst 196
David, Johann Nepomuk 210,233
Deffner, Oskar 112
Deffner, Oskar 112,207–215,217, 220–222,239
Denzel, August 37
Desprez, s. Josquin Desprez 200
Dettlinger, Stefan M. 254
Dibelius, Otto 114

Diefenbacher, Hilde 163,169,183
Diefenbacher, Werner 163,182
Diffené, Bertha, geb. Bassermann 59
Diffené, Karl 59
Distler, Hugo 209,213,218,220,233
Döring, Emil 15,23f,28,36,39f
Drengemann, Heinz-Rüdiger 233
Driessler, Johannes 219f
Dudenhöfer, Manuela 171
Dumbeck, Bruno 246
Dupré, Marcel 257
Durm, Josef 24
Duruflé, Maurice 246
Dvořák, Antonin 246

Egel, Hermann Wilhelm 196
Eichenlaub, Markus 252
Eisner, Kurt 202
Eitenmüller, Günter 161f,165f,190
Elker, Werner 237
Ellington, Duke 247
Emlein, Rudolf 99
Eng, Johannes 119
Engelhard, Emil 19
Engelhardt, Klaus 165
Engelhorn, Georg 117
Engels, Stefan 251
Enßle, K. 249
Erat, Fabian 171f,174
Erler-Hammer, Ulrike 159f,180
Ernst, Ludwig Großherzog von Hessen 45
Ertel, Melanie 172

Faller, Ernst 37
Fauré, Gabriel 246
Feidman, Giora 252
Fescobaldi, Girolamo 193
Feuerstein, Rüdiger 185
Fischer, Ulrich 164f,188
Fischer-Valldorf Jörn 160
Fitterer-Pfeiffer Albrecht 142
Flügge, Julius 30
Forth, Hans 234
Fortner, Wolfgang 210
Franck, César 197,201,235
Franke, Christiane 242
Frauenholtz, Johann Christian 243
Freidhof, Henriette 151,161f,179
Frey, Theophil 22,24,25–28,30,44
Frey, Erwin 160
Friedrich II., Großherzog von Baden 40–42,202
Fritsch, Fernand 191
Fritsch, Bertrand 191
Fröhlich, Brigitte 230
Furtwängler, Wilhelm 223,225
Fussel, John 230

Personenregister

Fütterer, Vorn. unbekannt (Kirchenältester) 100
Fux, Johann Joseph 243

Gabarek, Jan 252
Gabrisch, Elisabeth 162f,169,180
Gabrisch, Irene 171
Gallas, Christine 167
Gallas, Steffen 160,167
Galm, Maria 127
Gamer, Rebekka 172
Gardner, Andrew 249
Gardner, Geertje 181,249
Gast, Arvid 251
Gastoldi, Giovanni Giacomo 213
Gauck, Joachim 188
Gérard, Karl-Friedrich 207
Gerstel, Wilhelm 45f,71
Gisy, Jutta 179
Gnann, Gerhard 252
Göbel, Elisabeth 249
Göckel, Karl 230
Godel, Hans-Thomas 192
Goetz, Sabine 246
Gölz, Richard 216
Göttsche, Heinz Markus 216–223, 228,232,234,242
Grabner, Hermann 203
Graebner, Julius 21
Granold, Liesel 182
Gravert, Detlev 151,153f
Greiling, Hartmut 249
Grischkat, Hans 215
Gröper (aus Mansfeld), Vorn. unbekannt 39
Grote, Gottfried 216
Guggenmoos, Willibald 252
Guilmant, Alexandre 197
Günther, Elsbeth 169
Günther, Rudolf 153,187,242,256
Gurlitt, Cornelius 27
Güttler, Ludwig 252

Haag, Hanno 222f, 226,251f
Haas, Judith, geb. Wilhelm 174
Haas, Siegfried 246,249
Habich, Ludwig 45
Häckel, Friedrich 197
Häffner, Karl 84,99,155
Halmhuber, Gustav 30
Hammer, Manfred 159f,180
Hammerschmidt, Andreas 243
Händel, Georg Friedrich 197,203, 213,221,226,230f,233,240
Hänlein, Albrecht 60
Hänlein, Alfred 195
Häring, Marianne 169
Hartmann, Vorn. unbekannt 18
Hartmann, Heinrich 24
Hartwig, Hermann 182
Hartwig, Claudia 182
Hassler, Armin 175
Hauck, Wilhelm Albert 102,149

Hauenstein, Vorn. unbekannt 45
Hauser, Albert 39
Haydn, (Johann) Michael 204,207
Haydn, Joseph 204,207,230–232
Heberle, (Familie) 239
Heberling, Sascha André 249
Hechler, Marianne 192
Heidland, Hans-Wolfgang 129,149
Heine, Ingelore 192
Heller, Klaus 218, 234
Heltmann, Hans-Georg 157,181
Heltmann, Johanna 165
Henkel, Anna 172
Hennig, Christa 120
Heymann, Caroline 175
Hilda von Nassau, Großherzogin von Baden 202
Hitler, Adolf 95,101,205f
Hitzig, Wilhelm 18,24,36–38
Hoff, Hans 41,76f,79–93,155, 200,202
Hoff, Martha, geb. Fränkel 80,81,155
Hoffart, Johannes 54
Höffer, Paul 240
Hofherr, Esther 157,183
Hohage, Gerrit 161f,171,175
Hohage, Karen 171
Hohenadel, Christa 181
Hohenadel, Hans 181
Hohlfeld, Brigitte 9,151,153f,183,188
Holdefleiß, Ingrid 159f,180,183,185,187
Holdefleiß, Jürgen 159f,180,187,192
Holzbauer, Ignaz 215,243,246,255
Honegger, Arthur 229
Höppner, Reinhard 188
Hubbes, Ute 159f,180
Huber, Wolfgang 188
Hübinger, Peter 186
Hübner, Erich 189,226,238
Huckschlag, Peter 53
Hugo, Victor 243

Ilg, Charlotte 184
Ittmann, Heike 249

Jacobi, Wolfgang 243
Janácek, Leoš 230
Jander, Elke 169
Jehle, Sebastian 172
Jehn, Wolfgang 249
Jesatko, Thomas 246,253
Jochum, Otto 240
Joest, Friedrich 103
John, Clive 231
Jöns, Jürgen 178
Josquin Deprez 200
Jülch, (aus Neckarelz) 39
Jung, Karl 166

Kaminski, Heinrich 212
Kämpgen, Heinz-Günter 151–154, 162,187
Kämpgen, Ingeborg 169,180,192
Karch, Georg Anton 18
Karcher, Karl Heinz 141
Karcher, Claudia 157,183
Karg-Elert, Sigfrid 257
Karle, Annemarie 118,120f,125,133,169
Karle, Wilhelm 115–128,129, 149,214
Katz, Hans 104,105
Kehrberger, Axel 66
Kehrberger, Brigitte 151,153f,180f,192
Kehrberger, Günther 66,142
Keller, Caroline, geb. Meyer 163,171,174,176
Keller, Hermann 203
Keller, Markus 159f,172
Kiefer, Friedrich 95f,146
Kienzle & Hacker 46
Kilger, Katja, geb. Meyer 171
Kittel-Kopsch, Marianne 180
Klais, Johannes 238
Klein, Paul 38,73,79–93,97,101,103, 114f,119f,120,129,145f,148,200
Klein, Stephan 153
Klett, Peter 66
Knechtel, Eberhart 249
Knodt, Karl Ernst 205
Kobler-von Komorowski, Susanne 161f.179,185,187
Koch, Birgit 174
Koch, Lore 171
Kodály, Zoltan 246,255
Koetscher, Hans 203
Kollhoff, Ursula 159f,163,180f,183, 185,192
Kooiman, Ewald 238
Kopch, Eleonore 9,160,169,183
Kordes, Heidrun 246
Korn, Hermann 37
Körner, Theodor 205
Köstler, Veronique 249
Koubenec, Waltraud 242
Kovacs, Cortina 179
Krämer-Hoffmann, Eva-Maria 171
Kremzow, Michael 249
Krenek, Ernst 203
Kriebitzsch, Johannes 55
Krieger, Christa 181–183,185,187
Kroll, Stephan 131,222–226,232–234, 236f
Krüger, Hanns-Günter 242
Krystek, Birgit 178
Kübart, Ursula 169,180,183
Kühlewein, Julius 91,145
Kuhn, Christa 169
Kummer, Samuel 252
Küng, Hans 156

Laih, Rainer 178
Landmann, Arno 57,87,196–207, 208–210,217,221,246,257
Lang, Fritz 129–142,144,150,169, 223,239
Lang, Helga, geb. Schmidt 131,134,141,169,150,169
Lanz, Heinrich 61,196
Lanz, Julia 57,60,66,196
Lehle, Hildegard 184
Lehman, Ernst 73,79
Lehmann, Hans 239
Lehmann, Kurt 148
Lennartz, Thomas 257
Lenz, Wolfgang 58
Levinger, Hermann 37
Leyendecker, Horst 64
Liebmann, Gustav 46
Liebs, Eckart 120
Lilje, Hanns 114
Lipps, Michael 186
List, Dorothea 169
List, Eva 171
Liszt, Franz 197,236
Litaize, Gaston 250
Locatelli, Pietro Antonio 221
Lohmann, Ludger 251f
Löwenhaupt, Heinrich 37
Ludwig, August 18,20,24
Ludwig, Florian 172
Ludwig, Kai-Uwe 219,242
Luther, Martin 55,167
Lutz, Maria 159f
Lützel, Johann Heinrich 207

Maas, Hermann 109, 110f,158
Maler, Karl 94
Manderscheid, Markus 249,257
Manier, Waltraud 157
Marcussen & Co 57,66,238
Marsteller, verh. Zeilinger Martha 146
Martin, Paul 41
Martin, Frank 219,231,246,249
Martin-Schneider, Eva 252
Mayer, Brigitte 99,102,115,120,125, 133f,141,168,171
Mayer, Rudolf 94–114,171
Mayr, E. 249
Mazura, Franz 246
Mehldau, Brad 252
Melanchthon, Philipp 55,167
Mendelssohn Bartholdy, Felix 230, 246,249,250,255,257
Messians, Olivier 234
Metzger, Gerhard 153
Meyer, Claudius 165
Meyer, Gerhard A. 249
Meyer, Henrike 165,172,183
Meyer, Matthias 142–145,151, 153,156,158–160,162,167, 171,180,183,186,188,191, 193
Meysen, Peter 65

Micheelsen, Hans Friedrich 210f,213f,222
Michel, Johannes 189,193,239,244–253,254f,257
Michel-Ostertun, Christiane 193,252,257
Mochayedi-Bergdolt, Beate 183
Moltmann, Jürgen 156,158,165
Monteverdi, Claudio 227f,233,247
Moos, Kätchen 127
Morloc, Renée 246
Mörsch, Emil 39
Moser, Karl 16
Moser, Ruth 184
Mozart, Wolfgang Amadeus 213, 219,221,224,230–232,236, 243,247,255
Müller, Gotfried 206,24
Müller, Julia 172
Müller, Kurt F. 64
Münch, Dominique 179
Münzel, Edith 112

Naudascher, Emil 44,47
Neuer, Jakob 49
Nordmann, Carl 30
Norpoth, Gertrude 170
Norten, Walter 155

Oelschlegel, Eveline 144
Oelschlegel, Winfried 142–144,158, 162
Otzen, Johannes 18–21,23f

Palestrina, Giovanni Pierluigi da 207
Park, Ki-Chun 246
Pärt, Arvo 230
Pascarella, Manuela 179
Paul, Carmen 172
Paul, Thomas 151,153f,160, 174–176
Paulik-Rebe, Lydia 160
Paulokat, Johannes 172
Pepping, Ernst 213,218
Pérez, Davide 200
Petersen, Andreas 239,249,252,257
Pfeiffenberg, Heinz 175
Pfeiffenberg, Peter 175
Pforr, Fritz 167
Pichl, Stephanie 181
Piech, Angelika 141,157,182,249
Plasger, Georg 165
Poppen, Hermann Meinhard 40, 196f,200,203,205,207, 213
Poulenc, Francis 227,233,246
Praetorius, Michael 209
Probst, Hansjörg 231
Prokofieff, Sergei 252
Puccini, Giacomo 246

Rapp, Jochen 181
Rathenau, Walther 85

Fotocollage von Handzetteln für Konzerte in der Christuskirche. Kantorat an der Christuskirche

Personenregister

Reger, Max 196f,199–201,207, 209,212,230,234–236,241, 246,249,257
Reinhardt, Robert 24
Reiter, Eveline 157
Remensperger, Paul 125
Reschke, Hans 215
Ressel, Anne 161f,165
Reubke, Julius 235
Reuther, Carl (Karl) 24,59
Reuther, Carl 65
Reuther, Familie 61
Reuther, Fritz 58
Reuther, Marie 59
Reutter, Hermann 240
Richter, Franz Xaver 215,246f
Riegel, Ernst 58,71
Riegel, Hildegard 184
Rilling, Helmuth 226
Ringle, Johanna 127
Ritter, Robert 37
Rodin, Auguste 44
Rogg, Lionel 238
Rojas-Schubert, Patricia 249
Rose, Gabriele 181
Rosenfeld, Vorn. unbekannt (Kantor) 136
Rosenmüller, Johann 213,243
Rossini, Gioacchino 246f
Rost, Gustav 145
Roth, Daniel 257
Rückleben, Hermann 145
Rüdinger, Lotte 184
Ruoff, Axel 247
Russow, Anja 179

Saint-Saëns, Camille 252
Sander, Martin 251f
Sannewald, Ursula 169
Sauer, Rosa 127
Sauer, Thomas 252
Scarlatti, Alessandro 215
Schäffer, Hermann 189,223, 226–239,254,257
Scharnberger, Immanuel 146
Schein, Johann Hermann 213
Schenk, Andreas 8
Scheuerle, Barbara 9
Scheuerle, Fridolin 9
Schick, Vladimir 181
Schiermeyer, Rolf-Dieter 151,153,160,188
Schilling, Rudolf 21
Schinnerer, Adolf Ferdinand 21,55
Schlage, Karl-Hermann 134,166,242
Schlage, Thomas 8
Schleiermacher, Friedrich 167
Schlick, Arnolt 193,257
Schloz, Heinrich 61
Schmalzhaf, Katja 172
Schmeding, Martin 252
Schmidt, Franz 230
Schmidt, Fritz 203

Schmidt, Heinrich 117,119,122,129,148,215
Schmidt, Thomas 175
Schmitt, Hans 219
Schmitthenner, Heinrich 41
Schmuch, Georg 60
Schneider, Karl 160,162,170,190
Schneider, Karl Robert Emanuel 145
Schneider, Renate 9,163,169,170, 182f,187,190
Schneider, Konstantin 172
Schoener, Christoph 252
Schoener, Karl-Heinz 150
Scholefiel,Harry B 106,108
Schönberg, Arnold 209,230,236
Schönenberger, (Firma) 46
Schönfisch, Jochen 174,176
Schönhaar, Karl 49
Schöning, Dorothea 180
Schöpffer, Adolf von 35,36,38
Schork, Marcus 151,153,160,181
Schrade, Christian 11,13,25,26, 28–35,38–39,41–44,46f,50–52, 58,61,63,66
Schrade, Johannes 30
Schrade, Juliane, geb. Tröster 30
Schrade, Pauline, geb. Troll 30
Schrade, Waltraut 30
Schrade, Wolfram 30
Schreck, Eugen 46,54
Schubert, Franz 224,246,255
Schumann, Robert 201
Schütz, Heinrich 209,213,218,220, 233,243,247
Schwabe, Claudia 242,246
Schwabe, Ulrich 218,226
Schwechten, Eugen 22
Schweikart, Lotte 169
Schweizer, Rolf 224,249
Scipio, Franz 18
Seel, Niklas 171
Seifen, Wolfgang 251
Seip, Katharina 249
Seitz, Jürgen 151,153,160,162,187
Selb, Roswitha 169,171
Senft, Anna 171
Sigmund, Käthe 127
Silbernagel, Julia 171
Silbernagel, (Familie) 176
Simon, Georg Ludwig 11,13,18,35f,38,41,78
Sinzheimer, Max 200,203.221
Smyth, Ethel 246
Soldan, Tobias 172
Soldan, (Familie) 176
Sorg, Benedikt 172
Spreng, Ilse 169
Stael, Armgard von 172
Stael, Ulrich von 167
Stefanski, Heribert 171
Stegmann, Birgit 151,153,181,192
Stein, Fritz 208
Stein, Hans-Joachim 122f,125

Steinbach, Jürgen 166,192
Steinbach, Magdalena 159f,169,180,192
Steiner, Rudolf 82
Steinmeyer & Co 40,57,201
Stephanie, Großherzogin von Baden 47
Stober, Leopold 22,24
Stoll, Klaus 175
Straube, Karl 196
Strauss, Richard 209
Strawinski, Igor 227
Strohm, Tammy 179
Sturm, Paul 85
Suckow, Waltraud 133
Sulzmann, Bernd 237f
Sütterlin, Alfons 203
Syrbe, Marlene 169
Syren, Hans 141
Szentmihalyi, Emilia 179

Taglang, Hermann 45
Taucher, Konrad 47
Teichmann, C.H. 229
Telemann, Georg Philipp 243
Thielicke, Helmuth 114
Thierfelder, Jörg 147
Thies, Michael 157
Thoma, Hans 55
Tillmann-Matter, Georg 47–49,51f, 54,58f,69
Tissot, Gilles 191
Traubel, Christian 65
Trumpp, Karlheinz 157,162f
Turriziani, Angelo 238

Uhlmann, Gustav 18f,24
Umland, Horst 192

Veesenmeyer, Emil 17,18,20,27
Verdi, Guiseppe 230,233,246
Vierdank, Johann 243
Vierne, Louis 200
Vinke, Stefan 246
Vocke, Carolus 63
Voges, Fritz 146f
Vogt, Hans 231
Völker, Franz 135,141
Volz, Kerstin 157,171
Volz, Oliver 171
Volz, Rüdiger 171,174–176
Vornehm, Maria 184
Vötterle, Karl 209

Wagenbach, Markus 142
Wagner, Frank 142
Wagner, Gerhard 236f,238
Wagner, Katharina 173
Wagner, Margarete 226
Wagner, Ulrike 179
Wäldin, 115–128,129f,149,158,214, 216f,220
Wallach, Manfred 139
Wasow, Margarete 242
Webber, Andrew Lloyd 230
Weber, Friedrich Wilhelm 62,71, 94–114, 115,120,129,206,217
Wegner, Michael 153,162,188,242
Wegner, Johannes 175
Weißheimer, Jakob 198
Weizsäcker, Richard von 114

Wengler, Friedrich Wilhelm 19
Wennemers, Sebastian 151,153
Wennemuth, Udo 8
Werckmeister, Andreas 243
Wernicke, Alfred 78,195
Wetz, Ehrhard 253,257
Widmann, Gabriele 160
Widor, Charles-Marie 257
Wieczorek-Zeul, Heidemarie 188
Wiegand, Hermann 181
Wiesner, Gerald 159,172,174f
Winkler, Irmgard 184
Woblewski, Gabriele 181
Wolf, Hugo 231
Wolff, Benjamin 171
Wolfrum, Philipp 197,199,201,207f
Wurth, Klaus 96
Wüstner, Herbert 157

Zahrnt, Heinz 165
Zechlin, Ruth 251
Zeilinger, Adolf 99
Zeilinger, Martha, geb.Marsteller 99
Zemlinsky, Alexander von 246
Zeyher, Carl 50
Ziegler, Friedrich 190
Ziegler, Gernot 150
Zimmermann, Falk M. 254
Zimmermann, Heinz Werner 230
Zimmermann, Philipp 185f
Zinzendorf, Nikolaus Ludwig von 167
Zuckowski, Rolf 249
Zuther, Hannelore 184

Die Autoren von Teil A und der historischen Abschnitte der Teile B und C:

DR. ANDREAS SCHENK studierte Kunstgeschichte und Religionswissenschaften an der Eberhard-Karls-Universität Tübingen. Er ist Mitarbeiter des Stadtarchivs Mannheim – Institut für Stadtgeschichte. Als ausgewiesener Kenner der Mannheimer Stadtplanung und Architektur ist er Autor zahlreicher baugeschichtlicher Publikationen, u. a. der sechsbändigen Buchreihe „Mannheim und seine Bauten 1907–2007".

DR. THOMAS SCHLAGE ist Musikwissenschaftler und nebenberuflicher Kirchenmusiker. Er ediert Kantaten Dieterich Buxtehudes und publiziert neben Aufsätzen zum Mannheimer Musikleben unter anderem über Bach und Mozart sowie über kirchenmusikalische Fragestellungen.

KIRCHENRAT DR. UDO WENNEMUTH ist Historiker, Autor zahlreicher kirchenhistorischer Veröffentlichungen und der beste Kenner der Evangelischen Kirche in Mannheim. 1996 erschien sein Standardwerk „Geschichte der evangelischen Kirche in Mannheim". Er ist Leiter des Landeskirchlichen Archivs und der Landeskirchlichen Bibliothek in Karlsruhe.